La Vita E Le Opere Del Trovatore Arnaldo Daniello: Edizione Critica, Corredata Delle Varianti Di Tutti I Manoscritti, D'un' Introduzione Storico-letteraria E Di Versione, Note...

Arnaut Daniel, Ugo Angelo Canello

LA VITA E LE OPERE

DEL TROVATORE

ARNALDO DANIELLO.

EDIZIONE CRITICA.

CORREDATA DELLE VARIANTI DI TUTTI I MANOSCRITTI,
D' UN' INTRODUZIONE STORICO-LETTERARIA E DI
VERSIONE, NOTE, RIMARIO E GLOSSARIO

A CURA DI

U. A. CANELLO.

HALLE.
MAX NIEMEYER EDITORE.
1883.

Prefazione.

Il proposito di scrivere un libro come questo deve essere parso temerario, in me, a più d'uno fra i colleghi e compagni di studi. Infatti, voler rendere chiaro nel secolo XIX un autore che i contemporanei di sette secoli fa dicevano inintelligibile, e che i più insigni tra i recenti maestri di filologia provenzale hanno dichiarato oscurissimo*, pare un assunto non pure temerario ma vano del tutto. Se non che le cose difficili o anzi difficilissime hanno sempre avuto per me una particolare attrattiva; e poichè la mia carriera filologica (mi sia permesso questo ricordo) è cominciata coll' illustrazione della lirica forse più bella certo più oscura del Parnaso italiano**, non mi è sembrato del tutto sconveniente il tentare, più maturo, l'illustrazione di questo difficilissimo tra i lirici tutti del Parnaso neolatino. Fallirò anche nell' impresa, pensai; ma è pur sempre sperabile che per via io venga rimovendo questo e quell' ostacolo, cosicchè meno disagevole essa abbia a riuscire a chi volesse ritentarla dipoi. E il problema di Arnaldo Daniello è

---

* Il Monaco di Montaudon, contemporaneo, dice che Arnaldo non sapea fare se non "matti versi che nessuno intendeva" (v. più innanzi, p. 40); e il biografo provenzale, posteriore di forse mezzo secolo, dice che "le sue canzoni non sono facili a intendere e ad apprendere" (v. p. 4). — Il Raynouard scrive che i versi d'Arnaldo sono "généralement obscurs et très-souvent inintelligibles" (Choix, II 221). Il Diez poi afferma che "la maggior parte delle liriche d'Arnaldo offrono maggiori o minori difficoltà anche al più esperto provenzalista" (L. u. W., 360).

** Dei Sepolcri carme di Ugo Foscolo commentato ... da U. A. Canello, Padova, 1873.

per più rispetti tanto importante che non sarà gran male se pur con lieve profitto io vi avessi spese intorno fatiche non lievi. Chè, in vero, un'illustrazione di Arnaldo Daniello dovrebbe costituire un cospicuo capitolo di critica dantesca, ed essere poi de' più importanti che si possano pensare rispetto alla storia della letteratura provenzale. Metteva conto adunque di tentare.

Accolsi per primo l'idea di questo libro nel leggere ai miei alunni dell'Università padovana (1879) le due liriche d'Arnaldo che il Bartsch ha messo nella Crestomazia provenzale. Volle poi la fortuna che l'anno appresso, ad accalorarmi nel lavoro, venisse qui, volontario d'un anno, il dottor L. Biadene, eccellente scolare d'eccellente maestro*. Con questo giovane egregio, che già aveva tentato una versione delle liriche d'Arnaldo (chiestagli dal Borgognoni, colla lusinga di trarne lume alla storia dell'antica lirica nostra), per tutto quell'anno nelle lunghe e gradite sue visite son venuto rileggendo e ristudiando le cose d'Arnaldo, disputandone talvolta con maggior interesse che se si fosse trattato della questione sociale.

Intanto da Modena, da Firenze, da Roma e da Parigi mi giungevano un po' per volta, a cura dei cari signori ed amici che ricordo a piè di pagina**, le varie lezioni che non erano a stampa; ed io via via proseguiva nelle mie elucubrazioni, e cominciava anche il terribile lavoro della classazione dei codici. Lavoro di Sisifo, che mi ha costato fatiche incredibili, pur dando ahimè! risultati assai spesso irrisorii. Per via poi m'avvedeva come sia probabilmente vana la speranza di molti i quali credono di poter dare un testo critico senza impacciarsi a interpretarlo; e mi persuasi che il lavoro di classazione e quello

---

* Giosuè Carducci.

** L. Lodi, F. Bariola, E. Monaci (che in parte affidò l'opera a persona non del tutto esperta), J. Gilliéron. Il prof. K. Bartsch mi regalava poi la collazione di N, e l'amico prof. E. Stengel la copia della sestina da S.

d'interpretazione devano procedere di pari passo, e che solo a furia d'interpretazioni e di classazioni provisorie sempre meno improbabili si possa giungere alla costituzione d'un testo relativamente autentico. Quindi sudori sempre nuovi e ricerche lunghissime e condotte con molta fatica sia per la qualità del soggetto e sia per la grande penuria di libri opportuni nella mia e nelle biblioteche di questa città *.

Fatto e rifatto più volte l'ordinamento delle varianti, costituito il testo, approntate le versioni, raccolto il materiale per le note e preparata l'introduzione, occorreva cercare un editore. Ed io ero così ben sicuro di non ne trovare, tanto più che il libro riusciva tipograficamente assai costoso, che ne cominciai la stampa a mie spese. Se non che, procedendo nel lavoro, la tipografia alla quale m'ero rivolto trovò l'opera superiore alle sue forze, e mi restituì il manoscritto. Esitai allora un poco tra il gettare da un canto ogni cosa e il tentare altre vie. E qui diranno i benevoli e i malevoli se la vanità m'abbia bene o male consigliato. Mi doleva, lo confesso, di lasciar ignorare ai compagni di studio il frutto delle lunghe fatiche, il quale a me pareva non del tutto spregevole; e, tanto per vedere, offersi il libro all'egregio editore signor M. Niemeyer, il quale, contro l'espettazione, subito accettò di stamparlo per suo conto, e anzi più tardi, quando il signor L. Constans fece conoscere il secondo canzoniere provenzale di Cheltenham, volle che a sue spese ne fosse tratta la desiderata copia delle poesie d'Arnaldo.

---

* Ho specialmente ma invano desiderato le collezioni complete del *Jahrbuch für romanische und englische Literatur*, dell' *Archiv für das Studium der neueren Sprachen*, delle *Romanische Studien* e della *Revue des langues romanes*. Solo per cortesia di amici, quali il Rajna ed il Biadene, ho potuto avere i volumi che più m'importavano di queste raccolte. E dolorosa mi fu anche la mancanza dell' *Histoire gén. d. Languedoc* e del *Recueil* del Bouquet (anche questo manca nella universitaria di Padova! Povera storia medioevale!) Nè mi fu dato di aver sottocchio nessuno fra i parecchi e importanti dizionarii occitanici moderni. Brutte miserie, che duole di dover pubblicare; ma è utile talvolta che avvengano anche gli scandali.

Così il libro si venne stampando sotto buoni ed insperati auspicii: i quali divennero poi ottimi quando ottenni dalla molta cortesia dell' amico e collega Chabaneau ch' egli leggesse le seconde bozze della stampa e mi permettesse di introdurre ancora nel testo, munite del suo nome, una serie di giunte e di osservazioni critiche che la grande sua speciale dottrina gli veniva via via suggerendo. Per tal guisa, se non m' inganno, il lettore vien ad avere al tempo stesso sotto gli occhi e il mio lavoro e una delle più autorevoli recensioni che se ne potessero desiderare.

Ed ora, nel licenziare l' opera mia, finirò col pregare i Dantisti e i cultori della filologia provenzale a voler condonarne le mende, un poco in grazia delle immense sue difficoltà intrinseche, e un poco anche in grazia delle non lievi difficoltà estrinseche di tra le quali il modesto operajo ha dovuto tirare innanzi il lavoro. E vogliano non dimenticare le Correzioni ed Aggiunte.

Padova, nel dicembre del 1882.

Introduzione.

I. La vita di Arnaldo Daniello. — II. Le opere superstiti di A. Daniello. — III. Altre opere attribuite ad Arnaldo Daniello. — IV. La fama di A. Daniello, e gli studii intorno a lui. — V. Dei criterii e dei materiali adoperati per questa edizione.

I. La vita di Arnaldo Daniello.

La vita di A. Daniello non ci è nota che a frammenti, e così magri e staccati, che dobbiamo rinunziare a darne un quadro d'insieme. Altro non resta che studiare uno dopo l'altro questi frammenti, e cercar d' indovinarne la connessione.

Cominciamo intanto col determinare l' età in cui visse il nostro trovatore.

Un biografo provenzale, che scrisse prima del 1300 [1], narra d'Arnaldo un'aventura alla corte di re Riccardo cuor di leone, e viene così indirettamente ad attestarci ch' egli fiorisse tra lo scorcio del 1189 e il 1199; anzi, poichè Riccardo prima crociato e poi prigioniero fu assente dai suoi dominii anglo-francesi quasi per interi i primi quattro anni del suo regno, questo limite di tempo verrebbe ulteriormente ristretto.

Se non che l' attestazione del biografo provenzale non sarebbe da accettare senza serio controllo, se essa, come è sembrato al Diez [2], fosse presso che sola in argomento. Ma non è sola; e altri dati vengono a confermarla, che verremo desumendo dalle poesie stesse del nostro trovatore e da quelle de' suoi contemporanei.

---

[1] A questa data si fa risalire la composizione del canzoniere provenzale R, nel qual solo sta la notizia; cfr. Groeber, Prov. Liedersamml., p. 368.

[2] L. u. W., 344—5.

G. M. Barbieri, tra gli altri codici ora perduti o smarriti, uno ne conobbe contenente canzoni di A. Daniello, accompagnate da glosse latine; e da una di queste, apposta al commiato della sestina:

Arnautz tramet son chantar dongla e donche
Ab grat de leis, que de sa veria larma
An Desirat, cab pretz dim cambra intra,

ricavò la notizia che „Bertran de Born et Arnaldo Daniello furono così amici, che insieme si chiamavano l' un l'altro Dezirat."[1] — Or di questo commiato sono possibili parecchie interpretazioni, che a suo luogo esporremo; ma non pare del tutto improbabile quella dell' antico glossatore, il quale mostra d' aver veduto indicata nel secondo verso la donna amata da Arnaldo, e nel terzo Don Bertrando del Bornio, cavaliere di pregio, che con quella donna era probabilmente in relazione d' amicizia.

Nella biografia provenzale di B. del Bornio si narra, infatti, che il fiero trovatore, essendo stato licenziato da Matilde di Montinhac e non sperando di trovar mai altra donna di tanto valore, pensò di venir trascegliendo da tutte le altre buone donne una qualche bellezza, o un bello sembiante, o il bel modo d' accogliere, o il gentile parlare, o il bel contegno, o il bello riguardare, o la bella taglia della persona, e di costruirsi così una donna ideale che gli potesse tener luogo della sdegnata Matilde.[2] Con questo concetto egli dettò la canzone : Dompna, puois de mi nous cal, nella stanza quinta della quale così dice: „E poi ch' ella è intatta, e mai non cadde e neppur pencolò l' amor suo, alla mia Meglio-di-bene domando la persona onesta e fresca pregiata, che fa pensare quanto bello sarebbe tenerla fra le braccia nuda."[3]

---

[1] Poes. rim., p. 97. Non risulta poi ben chiaro se la glossa stesse nel libro di Miquel de la Tor, ca. 33, onde il Barbieri accenna di togliere il testo dei tre versi (qui da noi riprodotti fedelmente dalla stampa), o se gli venisse da un codice diverso. Anche il Castelvetro conobbe „alcune chiose antiche scritte a mano, che si trovano alla sestina d'Arnaldo" (giunta ottava alle *Prose* del Bembo); e probabilissimamente erano quelle stesse vedute dal Barbieri.

[2] Stimming, B. de Born, 108.

[3] Stimming, 149; ma intendiamo alquanto diversamente da lui, dal Raynovard, Choix 2 XLIV, e dal Diez, L. u. W. Mettiamo poi un punto e virgola, anzichè al v. 46, al v. 43. Così ne guadagna assai il senso, avendosi qui evidente opposizione tra Donna Audiartz, dalle belle „faissos",

Ora questa Meglio-di-bene, che lo Stimming credette dapprima Donna Guiscarda, viscontessa di Comborn, cagione innocente dello sdegno di Matilde, e che poi dichiarò di non sapere chi sia [1], è, secondo ogni probabilità, l' alta donna amata e solennemente cantata da Arnaldo, che con questo *senhal* la nomina nelle canzoni VII e XVII.

Così, se l' antico glossatore ha visto giusto, concorderebbero benissimo i due dati: che B. del Bornio fosse amico di Meglio-di-bene, e però la lodasse nella canzone della „dompna soisebuda"; e che Arnaldo mandasse a lui, per meglio farla gradire, l' artificiosissima sestina, che sarebbe quindi a dire composta per Meglio-di-bene.

Tutto ciò è confortato da altri indizii che abbiamo di rapporti personali fra Bertrando ed Arnaldo.

Il biografo provenzale ci dice espressamente che Arnaldo, lasciato lo studio delle lettere, si diede alla vita di giullare.

Ora è assai notevole che B. del Bornio dia l' incarico di portare a Riccardo, ancor semplice duca d' Aquitania, il suo sirventese: Belh m'es quan vei camjar lo senhoratge, ad un *Arnautz juglars* [2]; e che alla sua volta A. Daniello invii la canzone: Lancan son passat li givre, a un *Bertran*.

S'aggiunge che, come mostreremo più innanzi, B. del Bornio ha riprodotto in un suo sirventese lo schema e le rime d' una fra le più celebri canzoni d' Arnaldo, composta appunto per Meglio-di-bene: il che dà ancora qualche indizio di rapporti personali fra i due, e insieme fa sospettare che Bertrando, il quale era piuttosto uomo d' armi che di penna, abbia potuto giovarsi talvolta dell' opera raffinatrice del suo giullare Arnaldo.

Ma checchè sia di quest' ultima ipotesi, par di poter conchiudere da tutti questi indizii, che veramente Arnaldo sia stato in buoni rapporti con B. del Bornio; e fosse quindi suo coetaneo. Ora, siccome Bertrando ha poetato ed operato tra

---

e che sapeva ben tendere lacciuoli, e Meglio-di-bene ancor giovine intatta, o innocente ed ingenua.

[1] Op. cit., 20, 255. Meglio-di-bene, come nota pure lo Stimming in quest' ultimo luogo, è adoperato anche da Folchetto di Marsiglia, per indicare probabilmente Adelaide di Marsiglia, per la quale dice nel commiato della canz.: Chantan volgra mon fin cor descobrir, d'aver cangiato *bon per meillor*. Cfr. Diez, L. u. W., 237.

[2] Op. cit., 139.

il 1175 e il 1196,[1] noi conchiuderemo che in questo tratto di tempo abbia poetato ed amato anche Arnaldo.

Altri argomenti per determinare i limiti estremi della carriera poetica d' Arnaldo s' hanno nei due celebri sirventesi di P. d'Alvernia e del Monaco di Montaudon contro i trovatori loro contemporanei. In quello di P. d' Alvernia che, secondo il Diez[2], cade tra il 1170 e il 1180, Arnaldo non è ricordato: ciò che vorrebbe dire che in questo tempo egli non poetasse ancora o non fosse peranco riuscito a guadagnare un pò di rinomanza. Lo ricorda invece il Monaco di Montaudon, che dettava il suo tra il 1190 e il 1200[3]; mostrando di conoscere la maniera nuova del poetare d' Arnaldo e le canzoni IX e X, per Laura, la bella aragonese.

Notiamo infine che poco dopo il 1200 c' era già chi imitava la sua nuova maniera; e che la canzone XII^a^, la sola di cui si possa assegnare con probabilità molta la data, cadrebbe nel 1181.

E concludiamo, essere pienamente da approvare il Diez, il quale metteva la carriera poetica d' Arnaldo tra il 1180 e il 1200.

Determinata l' età del nostro trovatore, procuriamo d' investigare qualche cosa delle sue condizioni sociali e delle vicende della sua vita.

Nella redazione più antica e genuina della sua biografia provenzale si narra: „Arnaldo Daniello fu del paese stesso di don Arnaldo di Maruolh, cioè del vescovado di Peiragora, d' un castello che si chiama Ribayrac[4]; e fu gentiluomo. Apprese bene le lettere [latine], e si dilettò di poetare in rime ricercate; per lo che le sue canzoni non solo facili ad intendere nè ad imparare. Amò un' alta donna di Guascogna, moglie di don Guglielmo di Bovilla; ma fu creduto che mai la donna lo compiacesse in cose d' amore; e però egli dice: Io sono Arnaldo che ammasso l' aura e caccio la lepre col bue e nuoto contro la corrente montana.“[5]

---

[1] L. Clédat, Du rôle historique de B. de Born, Paris 1879, p. 24 e 105.

[2] L. u. W., 75.

[3] Diez, L. u. W., 357; e cfr. anche Philippson, Der Mönch v. Montaudon, 72, dove si vorrebbe assegnare questa satira al 1199.

[4] Nel dipartimento della Dordogna.

[5] Questa prima parte della biografia d' Arnaldo sta in ABa secondo

La notizia, aggiunta nella redazione seriore (IKER), che Arnaldo, lasciato lo studio delle lettere, si facesse giullare, vale a dire, che coll' arte sua si procurasse i mezzi di vivere, è confermata e da una sua aventura alla corte di re Riccardo,

---

la redazione che noi diamo tradotta, e con qualche ampliamento in IKE ed N^2 (Cheltenham n. 1910), che ci arriva ancora a tempo per potercene servir qui. R s' attiene più dappresso alla seconda redazione, ma spesso altera a suo modo, ed è poi solo a dare la narrazione dell' avventura d' Arnaldo alla corte di re Riccardo. Questa biografia è stata già più volte stampata: il Doni la diede tradotta secondo E; il Raynouard, Choix V 31, la stampò seguendo E per la prima parte e poi R; il Rochegude, P. O. 253, benchè dica di attingere a RIBE, segue realmente, anche per la prima parte, R, facendovi qualche giunterella col sussidio degli altri codici; il Mahn, W. d. Tr. II 69, riprodusse la stampa del Raynouard; nei Ged. 1282 diede il testo esatto di A; e nelle Biographien der Troubadours (2^a ed.), sotto il numero XXXVII diede il testo di B, e sotto il XXXVIII, accusando di seguire EIR, diede un testo conflato per la prima parte su E ed I, senza distinguerne le varianti, per la seconda tentò di dare un' edizione grammaticale di R. Notiamo infine che il Galvani riprodusse, nei due studii che avremo a citare più innanzi, il testo del Raynouard, e nel Novellino provenzale (Scelta di curiosità letterarie, No. 107) ne diede una versione in italiano arcaico.

Noi diamo qui il testo critico della redazione, che ci pare più antica, secondo AB*a*, e in nota aggiungiamo quello in cui svariano gli altri codici. Per l' ortografia ci atteniamo ad A, colle norme che indicheremo più innanzi per il testo delle poesie.

Arnautz Daniels si fo d' aquella encontrada don fo Arnautz de Maruoill, de l' evescat de Peiregos, d' un chastel que a nom Ribairac; e fo gentils hom. Et amparet ben letras e deleitet se en trobar en caras rimas; per que las soas chanssos non son leus ad entendre ni ad aprendre. Et amet una auta dompna de Guascoigna, moiller d' en Guillem de Bouvila; mas non fo crezut que anc la dompna li fezes plazer en dreich d' amor; per que el ditz: Eu sui Arnautz qu' amas l' aura E catz la lebre ab lo bou E nadi contra suberna.

1. Narnautz N^2, Daniel *a*, Arnaut Daniel R. — d' aquella] del R. — narnautz KIEN^2, narnaut R.
2. Meroilli *a*, meruoill KIEN^2, marruelh R. — Peiragors *a*, peiregors KIN^2, peiregore E, + d. l'e. d. p. R. — Ribauac *a*, ribaurac I.
3. hōs R. — *Dopo* trobar AB *aggiungono un* et; KIEN^2 *aggiungono invece:* et abandonet las letras e fetz se joglar (ioglars N^2) e pres (apres E) una maniera de trobar. *In* R *questa parte del periodo suona:* et apres letras e fes se ioglars e pres manyeyra d. tr. en cars rims. *Resta così qualche dubbio se* AB *ed a conservino la redazione originale,* o se non *sieno uno scorcio di* KIEN^2.
4. por *a*. — + las KIEN^2. — sas ER. — leu d'e. R.

che conteremo più innanzi e dal sirventese contro Raimondo di Durfort e Turc Malec, del quale vogliamo qui studiare le ragioni, ricavandone curiose notizie sulla vita stessa d' Arnaldo e intorno a quella de' suoi tempi.

Un cavaliere caorsino, Bernardo di Cornilh, corteggiava donna Ina (o Ena o Aja o Maria, come leggono i diversi codici), la quale un giorno fece al cavaliere la proposta ch' egli dovesse *cornarla* in luogo ch'è bello tacere, ed ella gli concederebbe il suo amore. Bernardo rifiutò; la notizia della proposta e del rifiuto corse all' intorno e fu commentata in modo diverso dai cavalieri e dai trovatori, dal mondo elegante, in somma, d' allora.[1] Contro il cavaliere caorsino insorse specialmente Raimondo di Durfort, esso pure cavaliere, e prese a fulminare non solo lui, ma anche i suoi *guirens,* quelli che stavano dalla sua. Gli dice, che s' è lasciato consigliare (non da cavalieri ma) da serventi; ch' è un traditore (della cavalleria?), e un servo egli stesso; che la cosa è solo spiegabile, ammettendo che Bernardo temesse di-non aver vigore abbastanza a compiere l' opera; egli, Raimondo, si sarebbe condotto in modo ben differente;

---

5. enprendre N².
6. Bueovilla *a*, buouila K, buouilla IN², buouuila RB. — qella clompña anc l. f. *a*, + anc KIEN². — R *riassume la frase così:* mas anc non ac pl.
7. e. droit *a*. — A *dopo* ditz *aggiunge:* en una cansson. — Laura *a* N².
8. uadi KI. — contra] com R. — siberna KIN².
E *soggiunge:* aqui son de las soas chansos si com uos auziretz; N² *dice invece:* E fetz mantas bonas chansos tals con uos auszirez. R, *dal suo canto:* lonc tems estet en aq̄la amor en fes motas bonas chansos et el era mot auinens homs e cortes. (*Diamo più innanzi il resto di* R.)

[1] Vedi MB² n. 115; e Archiv, 34, 199—200, dove stanno, secondo A, i due sirventesi di Raimon de Durfort su questo argomento. E diciamo i due sirventesi di R. de D., sebbene *a*, d' accordo con DHIK, attribuisca il secondo a Turc Malec. Ma si noti che questi cinque codici spettano d' ordinario a una sola famiglia e le cinque testimonianze si ridurranno a una sola. È poi da notare che, secondo l' attestazione del Barbieri (Poes. rim., 118), il canzoniere di Miquel de la Tor a ca. 4 conteneva due sirventesi di Guilem de Dur fort da Caors, che probabilmente saranno stati i nostri, come mostra C, che appunto a questo G. de Durfort attribuisce il secondo. Ma vi sono anche argomenti decisivi per attribuire il secondo sirventese a R. de Durfort. A lui infatti lo dà R, e sostituisce: *Truc Maletz* a *En Raimon* nel primo verso; e poi anche nel testo di A nel v. 4º della stanza 3ª l' autore stesso si chiama *Raimon,* e lo stesso si conferma nel v. 4º dell' ultima stanza e nell' ultimo del congedo.

e non quella sola avrebbe servito, ma duecento, ma centomila. E faceva a Bernardo l' augurio, che potesse trovarsi in tali necessità da coprire una cavalla pregna.

Tra il primo e il secondo sirventese di Raimondo, fu scritto nello stesso metro il sirventese di A. Daniello, il quale si schierò tra i difensori di Bernardo; e contro il difeso e il difensore si sfogò Raimondo nel secondo. „Bernardo (egli dice qui) è un disgraziato ancora più grande di Arnaldo lo scolare, che si perde tra i dadi e il tavoliere, e mi ha l' aria d' un penitente, povero com' è di vesti e di borsa. Io gli darei larga mercede, s' egli volesse lasciarmi *cornare* per primo là ne' suoi paraggi; e l' assicuro ch' io saprei meglio *cornare*, che non Porcajo o Porta-joia, lo sciancato.“ E prosegne: „O scolare Arnaldo, vanne, ti prego, ancora stanotte o domani mattina a Donna Ena, e dille che Raimondo di Durfort le fa sapere, essersi ella benissimo condotta col caorsino quando gli mostrò il suo didietro; e che egli difficilmente le avrebbe risposto a quel modo, anzi l' avrebbe servita a passino, col vigore d' un servente [1].“

Avrebbe torto, noi crediamo, chi pigliasse questi sirventesi come la schietta espressione della coscienza de' cavalieri del secolo XII, in rapporto agli amori contro natura, o volesse indurre, dal vedere Arnaldo schierarsi tra i difensori di Bernardo di Cornilh, ch' egli fosse formato di creta diversa da quella di Raimondo di Durfort o di Turc Malec, difensori di donna Ena. Queste poesie sembrano a noi lo sfogo di capricci giovanili [2], e composte *inter pocula,* da gente allegra e chiassona.

[1] Arch., 34, 200. Traduciamo col veneto „a passino“ l' „apesi“ del testo, che deve riflettere il lat. *passienus passinus,* equivalente a *pathicus.* Ma è pur notevole, per la storia dei costumi, l' evoluzione dei significati di questa parola, che ormai non dice più se non „more pecudum“.

[2] Non ci sembra possibile assegnare la data precisa di queste tre composizioni satiriche; ma è lecito proporre l' ipotesi, che spettino alla gioventù di Arnaldo. Egli, infatti, è detto „escoliers“ da Raimondo di D.; nè ad uomo maturo o vecchio poteva rivolgersi, neppure per ischerzo, l' invereconda proposta accennata nel testo. Dice poi Raimondo al Caorsino, autore del magnanimo rifiuto, che, se lo si fosse impiccato a Béziers (Arch., 34, 200b), non si sarebbero fatte sul suo conto tante canzoni e „versi“, quanti ora se ne facevano: alludendo evidentemente agli Albigesi che s' impiccavano e bruciavano sotto l' accusa di eresia e di amori contro natura. Ora, a due riprese s' infierì a Béziers contro gli Albigesi: la

Infatti, neppure nella risposta di Arnaldo c' è la più piccola traccia di schifo morale pei fatti in discussione, e, se la musica è diversa, il tuono è pur sempre l' istesso.

Notevole poi sembra quel rivolgersi di Raimondo ad Arnaldo, come a giullare, avvezzo a recare in questa e in quella corte le poesie de' trovatori-cavalieri: tanto più che Arnaldo ci è dipinto povero in canna e bisognoso quindi di guadagnarsi in tutti i modi la vita. Se non che potremmo anche aver qui una semplice trovata poetica, giacchè Arnaldo non s' era mostrato l' uomo più adatto a far simili ambasciate.

Comunque sia di ciò, in qualità di giullare lo fa comparire il biografo provenzale seriore, alla corte di re Riccardo, nella quale egli potè stringere quei rapporti con Bertrando del Bornio, di cui abbiamo toccato. Egli narra:

„Una volta accadde ad Arnaldo di trovarsi alla corte del re Riccardo d' Inghilterra; e un altro giullare che c' era scommise, che avrebbe saputo poetare in rime più difficili di lui. Ad Arnaldo parve questo un insulto; e fu stabilito rimettessero tutti e due in mano del re il loro palafreno, [come pegno della scommessa]. Il re fece rinchiudere l' uno e l' altro in una camera; e Arnaldo, per il dispetto, non riusciva a mettere insieme un pajo di versi, mentre il giullare ben presto e con facilità ebbe composto il suo canto. Il tempo assegnato era di dieci giorni, e non ne mancavano ormai che cinque al giudizio del re; e il giullare domandò ad Arnaldo se avesse composto; e Don Arnaldo rispose: Sì, sono già tre giorni. E non ne aveva nemmeno un' idea. Il giullare cantava tutta la notte la sua canzone, affine di ben ritenerla a memoria; e Don Arnaldo pensò di fargli una burla. Una notte, che il giullare cantava, Don Arnaldo tutta l' imparò a memoria, le

prima volta nel 1181, dai crociati condotti da Enrico abbate di Chiaravalle (Labbe, Bibl. nova, II, 326; C. Schmidt, Histoire de Cathares, I, 83); la seconda, molto più terribilmente, nel 1209. E siccome quest' ultima data non s'accorda colle altre che abbiamo sulla vita di Arnaldo, siamo indotti ad attenerci alla prima, colla quale vedemmo coincidere il principio della sua carriera poetica. — Un *Raimundus de Durfort* apparisce come testimonio in un patto tra Raimondo VII di Tolosa e la città di Marsiglia nel 1230 (Papon, II, 306; Hist. gén. de Lang., III; Preuves 354) e in carte posteriori; ma nulla ci autorizza a identificare le due persone. E del resto una stessa persona avrebbe potuto comporre i sirventesi verso il 1181, e sottoscrivere il patto del 1230.

parole e la musica. E come furono dinanzi al re, Don Arnaldo disse di voler far sentire la sua canzone; e intonò molto bene quella del giullare. Questi, all' udirla, lo fissò in viso, e disse che quella canzone era sua. E il re disse: Come può essere? E il giullare pregò il re che ne ricercasse il vero. Il re chiese a Don Arnaldo, come stesse la cosa; e Don Arnaldo gli narrò tutto, punto per punto. N' ebbe il re molto sollazzo, e giudicò bella la burla; e, fatti restituire i pegni, a ciascuno fece dare bei doni. La canzone poi fu regalata a Don Arnaldo e incomincia: Anc ieu non l' ac, mas ela m' a." [1]

Ecco adunque Arnaldo nelle sue funzioni di giullare; funzioni, del resto, punto disonorevoli; tant' è vero che il biografo, pur nel contare questa avventura, non tralascia di premettere il *don* cavalleresco al nome d' Arnaldo.

Nè la sola corte di Riccardo frequentò Arnaldo, benchè i suoi rapporti con B. del Bornio facciano credere che in quella egli si trovasse più spesso che altrove. Egli stesso ci fa sapere che è stato in quella di Parigi per assistere alla coronazione del buon re [2]; altrove si mostra smanioso di poter passare i Pirenei per trovarsi in quella del re d' Aragona [3]. Di altri

---

[1] Diamo l' esatta lezione del codice (R), senza neppur risolvere le abbreviature o dividere e riunir le parole secondo il senso:

E fon auentura q̄l fon en la cort del rey richart dengla terra et estant en la cort us autres ioglars escomes lo com el trobaua en pus caras rimas q̄ el Ař tenc so a desquern e ferö messios cascu de son palafre q̄ non fera en poder del rey El rey enclaus cascu en .Ĭ. cābra en ař de fasti q̄ nac non ac poder q̄ lasses (*è incerto se l' ultimo segno sia un* ſ *o un* tz; *il sig. Gilliéron crede più probabile l'* ſ) un mot ab autre lo ioglar fes son cantar leu e tost e els non auian mas X iorns despazi e deuias iutgar ꝑ lo rey a cap de V iorns Lo ioglar demandet an ař si auia fag en ař respos q̄ oc passat a III iorns e non auia pessat El ioglar cantaua tota nueg sa canso ꝑ so q be la saubes en ař pesset col traysses isquern tan que uenc una nueg el ioglar la cantaua en ař laua tota arretener el so e can foro denan lo rey narnaut dis que uolia retraire sa chanso e comenset mot be la chanso q̄l ioglar auia facha El ioglar can lauzic gardet lo en la cara e dis q̄l lauia facha el reys dis cos podia far el ioglar preguet al rey q̄l ne saubes lo uer el rey demandet an ař com era estat En ař comtet li tot com era estat el rey ac ne gran gaug e tenc so tot a gran esquern e foro aquitiast los gatges e a cascu fes donar bels dos e fo donatz lo cantar an ař daniel q̄ di Anc yeu non lac mas ela ma Et aysi trobaretz de sa obra.

[2] Canz. XII.

[3] Canz. IX.

signori e re contemporanei egli tocca nelle sue canzoni, persino del signor di Pontremoli[1], con che verrebbe a destarci il sospetto che pur l' Italia fosse stata visitata da lui; e chiaramente egli ci dice altrove d' aver cercato „molte buone corti"[2], senza tuttavia trovarne una così ornata d' ogni buona qualità qual' era quella della sua donna.

E in amare e corteggiar donne, egli, come quasi tutti i trovatori e i giullari, spese la maggior parte del suo tempo. Rifare la storia degli amori o dei corteggiamenti d' Arnaldo è cosa impossibile: tanto scarsi sono nelle sue canzoni gli accenni a fatti reali, e tanto guardingo egli si mostra nel parlare delle donne da lui corteggiate.

Non volendo abbandonarci ad arrischiate ipotesi, noi dobbiamo dire che solo di due donne amate sicuramente da Arnaldo c' è indizio nelle sue canzoni: l' una, aragonese, probabilmente di nome Laura; l' altra guascone, ch' egli designa col nomignolo Meglio-di-bene.[3]

L' amore per l' aragonese ha preceduto quello per Meglio-di-bene, e per essa sembrano sicuramente le canzoni IX, X, XVI, quelle cioè in cui si gioca con l' *aura, lebres*. l' *Ebres, bou.* Questa donna fu severa talvolta con Arnaldo, che giocò allora sull' *aura amara,* e si dolse d' Amore e lo minacciò di brutti tiri; ma, ammollita col tempo dall' insistenza del poeta[4], concesse i suoi favori; ed egli potè dire che di tutti i mali tratti sofferti, d' aver passato fiumi e torrenti essa gli sapea fare dolce medicina *baisan tenen,* coi baci e cogli abbracciamenti.[5]

---

[1] Canz. III. [2] Canz. XV.

[3] Il Millot, II, 484, afferma che Arnaldo chiami questa stessa donna anche col nome di „bon esper"; e che Arnaldo usi di questa frase come *senhal* d' una donna da lui amata crede anche il Diez, L. u. W. 355. Ma questa frase non s' incontra, presso Arnaldo, se non nella stanza quinta della canzone quinta (mon bon esper mi dobla sa valors), dove è assolutamente impossibile ritenerla un „segnale".

[4] Canz. X.

[5] Canz. XVI, dove si narra compendiosamente tutta la storia di questo amore fortunato. — Il biografo provenzale ha creduto che almeno la principale fra le canzoni di questo gruppo, la X, fosse per la moglie di Guglielmo di Buovilla, e l' occasione dell' errore stava nel *bou,* qui ricordato, che par accennare alla donna del Buovilla; ma che questa donna fosse aragonese fu giustamente e finamente sospettato dal Diez (L. u. W., 357). Certamente però s' ingannava il Diez nell' affermare che questa donna si chiamasse Audierna, male interpretando una frase della canz. X.

Per l' aragonese potrebb' essere anche la canz. VI, che accenna a una rottura tra il poeta e la donna, e a una proibizione di più metter piede nella corte di lei. Arnaldo interpone degli amici per rifare la pace.

La canzone XIV, ch' è diretta a donna d' altissimo grado, corteggiata dal trovatore per avervi conforto dell' abbandono dell' altra per la quale gli era toccato cacciare la lepre col bue, sembra la prima per Meglio-di-bene; per la quale furono certamente composte la VII, la XVII, e con molta probabilità anche la XVIII. E da queste impariamo, che la nuova donna era altissima e severa; che, sulle prime, egli dovette contentarsi di vederla[1]; e che solo più tardi gli venne dato di aprire l' animo a sempre più audaci speranze.

Delle canzoni, che non si può dire a chi sieno dirette, noteremo che la III, la V e la VIII cantano l'epinicio d' amore; mentre la quarta ci mostra il trovatore stanco e diffidente dell' amor delle donne, troppo esperte nell' arte d' ingannare. Nella XII il poeta par rifaccia la storia d' un suo amore fortunato con una gran castellana; e forse si tratta d' un amor giovanile.

Così consacrando il suo tempo all' arte e all' amore visse Arnaldo Daniello, nato gentiluomo, educato da latinista, vissuto da giullare e poeta. Dei tristi anni della vecchiaja, o se la vecchiaja ei vedesse, non sappiamo; e ciò che si narra degli ultimi suoi anni spesi in penitenza, va relegato tra le leggende sorte intorno al suo nome, delle quali avremo a discorrere più innanzi.

II. Le opere superstiti di A. Daniello.

Delle opere di A. Daniello parte ci restano, e parte sono andate, o si credono andate, perdute. Noi qui ci occupiamo di quelle che ci rimangono (e sono tutti componimenti lirici) per istudiarne prima il contenuto ideale e quindi la forma.

Sotto il rispetto del contenuto ideale le poesie d' A. Daniello non offrono nulla di straordinario, benchè non manchino di qualche tratto notevole, che verremo mano mano rilevando.

[1] Canz. VII.

Il ciclo delle sue idee, dei suoi sentimenti e delle sue imaginazioni è ristretto, come in tutti i trovatori, forse in lui più ristretto che negli altri; ma da quello degli altri si distingue per la frequenza e finitezza d' una certa specie di quelle idee, imagini e sentimenti.

Così, ad esempio, il personificare l' Amore è un tratto comune dei trovatori, specie dei più colti, che hanno qualche tintura di poesia latina; ma Arnaldo sa continuare questa personificazione per più stanze d' una canzone[1], o anche per una canzone intera[2], ed Amore sa far parlare ed agire come persona viva.

Il pigliare argomento all' esaltazione amorosa, anzichè dall' aprirsi della stagione primaverile che la natura tutta richiama all' amore, dal cominciare del freddo invernale, che fa tacere gli uccelli e gli alberi spoglia di verde, ricorre anche in altri trovatori, p. es. in Bernardo da Ventadorn, nella bella canzone: Tant ai mon cor plen de joia; ma in Arnaldo questo contrasto fra la natura animale e vegetale e la psiche del poeta è frequentissimo; e mentre in primavera sono composte le canzoni II, IV, V, VIII, XII e XIII, d' inverno si canta d' amore nella III (ch' è veramente piena di fuoco e può reggere benissimo di fronte a quella che abbiamo citata di B. da Ventadorn), nella IX e XI; mentre la XVI, composta nell' autunno tardo, fa intravedere un inverno riscaldato dai raggi d' amore. Si direbbe che il nostro trovatore, smanioso di rendersi singolare, si stacchi della natura e voglia dominarla, mentre gli altri a lei mollemente si gettano in grembo.

Per questa via egli guadagna soggetti naturalmente ricchi d' antitesi, come si vede specialmente nella canzone IX; e l' antitesi, ch' è pur uno dei caratteri più spiccati della poesia trobadorica, ma che nel più dei trovatori si limita a una parola o a una frase, in Arnaldo pervade una poesia intera, ed appare, non la trovata del momento, suggerita dalla rima e dal verso, ma il frutto d' una seria meditazione poetica.

Che se bisogna pur dire che Arnaldo o raro o mai s' innalza a concezioni poetiche veramente grandi, non si può negare d' altra parte che, in mezzo agl' incredibili artificii della

---

[1] Canz. V e XIV.

[2] Canz. XVI.

sua forma, egli non sappia di tratto in tratto far vibrare la corda del sentimento, o trovare imagini piene di grazia e di freschezza. Così egli dice in un luogo che „se il fuoco d' amore gli riarde le midolle, non però egli desidera si spenga“[1]; per dipingere la freschezza delle carni della sua donna, egli le paragona ai fioretti in boccio, che gli augellini fanno tremolar bezzicando[2]; e della tarda stagione autunnale dà sul principio della canzone XI una descrizione piena di novità nelle imagini, benissimo rilevate dalla struttura del verso e della strofa. Nè mancano in Arnaldo intiere composizioni vivamente pensate e scritte, come la canzone III; o tutt' affatto singolari e riflettenti speciali condizioni d' un cervello tormentato dal pensiero amoroso, come la sestina.

Rispetto poi al modo di concepire l' amore e la sua virtù sull' animo dei veri amanti, Arnaldo ben merita il titolo che poi gli fu dato di „maestro d' amore,“ specialmente per la canzone XVI, st. 1—4, dove Amore è introdotto a dare al poeta gl' insegnamenti della sua scuola; e per la XI, dove sono detti gli effetti virtuosi d' Amore sovra i suoi fedeli. Chi poi volesse ricavare dalle poche liriche amorose tutta quanta un' *Ars amandi* cavalleresca, potrebbe farlo di leggeri, e imparare a distinguere l' amor vero dal falso[3]; e che la prima qualità dell' amante è la discrezione, giacchè Arnaldo amava, ma non si lasciava sfuggire una parola più del bisogno: amore gli frenava le labbra[4]; che i veri amanti devono essere „veraci, liberali, fidi, riconoscenti, facili al perdono“; spogli d' orgoglio e inchinevoli alle blandizie[5]; e che piuttosto d' amare disonorevolmente, meglio è non amare affatto.[6]

Effetto forse della grande discrezione l' Arnaldo ne' suoi amori, effetto notevole, che lo distingue da tutti gli altri, è, che egli, sebbene al pari degli altri maledica i referendarii e raccomandi di guardarsi dai ciarlieri, mai e poi mai parla del *gelos,* di quel povero *gelos,* o marito, ch' era il bersaglio alle maledizioni comuni di tutti gli amanti di Provenza. Ben

[1] Canz. VIII, st. 3.
[2] Canz. XII, st. 5.
[3] Canz. IV.
[4] Canz. VIII, st. 7.
[5] Canz. XIII, st. 2.
[6] Canz. IV.

sarebbe lecito supporre che Arnaldo abbia amato più spesso delle damigelle che non donne maritate; ma è pur da ricordare che l' amore per le damigelle non era di moda in Provenza a questa età, e che Arnaldo ha amato più d' una; e sarebbe strano che di queste nessuna fosse stata una *dama* altrui. Checchè sia di ciò, questo tratto caratteristico della poesia d' Arnaldo era da rilevare, poichè esso, che in Provenza è eccezionale, si riflette e ripete in tutta la nostra lirica aulica del dugento e finisce col cristallizzarsi nel Petrarca.

Noteremo infine che un altro tratto caratteristico delle poesie d' Arnaldo è un certo sfoggio di notizie classiche peregrine. Ovidio si leggeva nelle scuole medioevali; e al tempo di Arnaldo veniva già tradotto in francese da Crestien de Troie; e parecchi trovatori, tra i quali ricorderemo Bernardo da Ventadorn e Arnaldo de Maruolh, mostrano d' averlo conosciuto. Noi non sapremmo invero indicare nessun luogo del nostro trovatore che si possa dire con sicurezza imitato da Ovidio [1]; ma abbondanti vi troviamo invece la allusioni a fatti d' amore raccontati dal poeta sulmonese, come quelli d' Atalanta e Meleagro [2], di Paride ed Elena [3]; e, ciò ch' è affatto insolito, vi troviamo ricordati, oltre il Tigri, e l' Ebro spagnuolo, l' Ebro tracico o caucasico, il Meandro e perfino la palude lernea.[4]

Molto più caratteristica del contenuto è in A. Daniello la forma, sia che la si consideri sotto il rispetto della lingua e dello stile, o sotto quello della tecnica poetica.

Osserviamo per primo la lingua e lo stile.

A Ribérac, patria di Arnaldo, si parla tutt' ora una delle più pure varietà del limosino centrale, che si può dire il toscano dei dialetti occitanici.[5] Si può dunque presumere che il nostro trovatore, al pari di B. da Ventadorn, di A. de

---

[1] Uno ne addita il Millot, II, 487; ma esso sta in un componimento (ab plazer) che a torto si attribuisce ad Arnaldo, e spetta invece ad Ugo Brunenc.

[2] Canz. XI, st. 4.

[3] Canz. III, st. 6.

[4] Canz. XVI, st. 4.

[5] Chabaneau, Grammaire limousine, Avant-propos.; e La langue et la littérat. provençales, Paris 1879, p. 11. Cfr. Barbieri, p. 28.

Maruolh e di G. de Bornelh, venisse su naturalmente maestro del dire corretto, proprio e sicuro. Ned egli, nobilmente nato e cresciuto nelle scuole, poteva contentarsi di quella parte di lingua e di nessi ch' era sulle bocche di tutti. Coll' arte sua egli seppe accrescere e pulire le bellezze naturali; e con un artificio, ch' egli spesso scambiò coll' arte eccezionale, sforzò anche la sua lingua, la costrinse entro certe sue cerchie ideali; e, troppo schivandone la parte più corrente e vulgata, e troppo ricercando quell' altra ch' era solo di pochi, ne trasse qualcosa di molto nuovo, se non sempre molto vitale. Il Diez notava, infatti, in Arnaldo „espressioni da logogrifo, vocaboli di nuovo conio, strani giochi di parole e costruzioni difficili“ [1]; e dallo spoglio, invero, delle sue poesie autentiche risulta che egli ha adoperato non meno di settantasette parole, di cui non s' hanno esempii negli altri trovatori; che altre ne ha di uso assai raro; e che quaranta incirca ne usa fra le comuni con significato metaforico inaudito, o nel senso loro etimologico già estinto. Ricca è, adunque, la lingua d' Arnaldo; e la ricchezza le viene da due fonti: il latino e la parlata; questa non meno abbondante di quella. Alla parlata, infatti, noi dobbiamo supporre attinti que' suoi vocaboli, che non sono negli altri trovatori e non abbiano l' impronta latina, o non si rivelino creazioni personali; e l' ipotesi diventa certezza allorquando si vede che per alcuni di essi, mentre invano vi si cercano riscontri nella lirica, se ne hanno invece negli scarsi prodotti dell' epica, dove per norma alla lingua letteraria ed aulica sottentrano i liberi e svariati dialetti. I rapporti della lingua di Arnaldo coi dialetti si veggono anche nella fonetica di alcune voci ch' egli usa, come *mint sint* per *ment sent.* [2] — Rispetto ai latinismi, giova notare ch' egli ha l' accortezza di non adoperarli così crudamente come aveano fatto Marcabruno (*Pax in nomine domini,* MG. 720—21; *regom rex,* MW. I, 54) e Pietro d' Alvernia (*trinus et unus, discipulus,* MG. 1022; *nics* per neus, MW. I, 94; *Egiptè,* MW. I, 99; *requiès,* MW. I, 102), ed altri trovatori *letrat*; ma acconciamente sa dare alla parola latina forme provenzali. Del resto, di fronte alla lingua egli

---

[1] L. u. W., 351.

[2] Canz. XIII; e si vegga anche ciò che altrove annotiamo circa alcune sue rime.

si considera come il natural padrone, cui solo ritegno è il gusto artistico; e della libertà con cui la maneggiava basterà ricordar come prova il *Luna-pampa* per Pampelona della canz. XII.

Anche rispetto alla frase e al costrutto si mostra Arnaldo fabbro più industre degli altri, poichè a tempo opportuno sa sostenere il decoro del dettato latineggiando nella collocazione delle parole, e nella complicazione del periodo; e sa ricorrere ai proverbi e idiotismi per dar rilievo e vita al proprio pensiero. Anche l' arte delle sfumature è da lui trattata in modo notevole; e lo si vede nelle fini graduazioni di verbi e di aggettivi che abbondano nei suoi canti.

Notiamo infine, che è raro trovare in Arnaldo, ad onta della grande difficoltà delle sue rime e de' suoi metri, que' riempitivi e quelle lungaggini o storpiature che sono abbastanza frequenti nella lirica trobadorica e frequentissime nelle redazioni seriori delle canzoni epiche francesi.

Ed ora, passando alla tecnica poetica di Arnaldo, noteremo per primo, ch' egli usa liberamente d' ogni specie di verso, da quello di una sillaba sola o di due (n. IX) a quello di tre (n. VIII, IX), di quattro (n. II, III, VII, XII), di cinque (n. VII, IX), di sei (n. II, III, VII, IX, XII), di sette (n. IV, VII, VIII, X, XI, XVI, XVIII), di otto (n. I, II, IV, V, VI, VII, VIII, X, XI, XVI, XVIII), di dieci (n. V, VI, XII, XIII, XIV, XV, XVI, XVII, XVIII)[1]; dove è a notare però che Arnaldo, specie nelle canzoni più gravi, mette quasi tutti o tutti endecasillabi (n. XV, XVII e XVIII); che nella canzone n. IX, pare a bella posta abbia messo versi d' ogni misura dal monosillabo al senaro; e che più d' una volta egli mette l' uno accanto l' altro, quasi musicalmente eguali, il senaro piano e il settenaro tronco. — La cesura nel decasillabo è normalmente dopo la quarta; la cosidetta cesura lirica abbiamo in cinque casi (XII, 5, 24, 43; XV, 26; XVI, 27); ma nei primi due i codici permetterebbero

---

[1] Le Leys (I 100, 128 ecc.) negano il nome di versi veri e propri (bordo) a quelli che hanno meno di quattro sillabe, ai quali danno l' appellativo di *bordo biocat* o di *bordo enpeutat,* a seconda che si considerano o no come parti integranti d' un verso vero e proprio. Un esempio di *b. enpeutat* abbiamo qui nella canzone IIa; gli altri sono *b. biocat.*

anche di ridurre il verso alla misura comune. In conclusione, la struttura del verso nulla ha di particolare in A. Daniello.

Le sue singolarità caratteristiche cominciano nell' arte della rima, sia considerata nelle sue qualità individuali, e sia considerata in rapporto alla stanza e alla canzone.

Esattamente notava il più antico redattore della biografia provenzale di Arnaldo, ch' egli si dilettò delle „caras rimas“; mentre la redazione seriore parrebbe voler dire che le „caras rimas“ fossero una invenzione d'Arnaldo (et pres una manieira de trobar en caras rimas). Le rime difficili, infatti, erano al tempo d' Arnaldo tutt' altro che una novità. Possiamo dire che, fino a un certo grado, esse si trovino già nel conte di Poitiers[1]; e sono poi frequentissime in Marcabruno, in Rambaldo conte d' Oranges, e in Pietro d' Alvernia. Fra i contemporanei, o di poco anteriori ad Arnaldo, godeva fama di maestro in questo genere d' esercizii poetici Giraldo de Bornelh. Anzi in Giraldo e in Rambaldo d' O. s' hanno forse tali esemplari che non cedono dinanzi ai più elaborati di Arnaldo. In un punto solo, per quanto potemmo vedere, Arnaldo non ha avuto rivali o competitori; ed è nel tentare, coll' ossitono linguaggio provenzale, la rima sdrucciola[2], tentativo infelicemente riprodotto, molto più tardi, dal trovatore di Villarnaut.[3]

E come già questo fatto ci farebbe arguire, le rime d' Arnaldo sono ricchissime, e percorrono, diremo così, tutta la gamma vocale e consonante. Basti il dire che mentre nei cinquantaquattro componimenti che sono di P. Vidal o a lui vengono da qualche codice attribuiti, si hanno appena cinquantotto rime, e nei ventidue di F. da Mars., che abbiamo a stampa (a bella posta escludiamo la Confessione e la Preghiera), se ne hanno solo trentatre; mentre nell' artificiossimo R. d' Or., su trentaquattro suoi canti a stampa, non s' hanno più di centoventinove rime: nei soli diciasette d'Arnaldo (la sestina resta a sè, fuori del conto) si hanno ben novantotto rime diverse.

Nè la ricerca della rima variata e fuor del comune gl' im-

---

[1] Per es., in Farai chansoneta, e in Companho, non posc ecc.

[2] Canz. XI. Un simile tentativo pare sia passato per la mente anche a R. d' Or., cfr. MG 320—624, 626 ecc. Nella Flamenca, v. 595—6, abbiamo la coppia: víula - síula.

[3] Perticari, Dell' amor patrio di Dante, cap. 12. Ma ora se n' ha una stampa molto migliore in Bartsch, Denkmäler, 136; e in MG 1006.

pedisce di oservarne l'esattezza; poichè se nella canzone VIII e nella XIV, stando alla lezione dei codici, si avrebbe la 'sonansa borda' (Leys I 154) di *tems* : *ferms*, è ovvia la correzione della seconda in *frems*, forma sicuramente anche provenzale. E se in XIV 31, stando alla lezione d' un codice, si avrebbe la „sonansa borda" con accento acuto (Leys, I 152) di *esmes*: *-ers*, l' altro codice offre pronta la correzione dall' *esmes* in *esmers*. Ma non solo Arnaldo non si permette delle vere e proprie rime inesatte; egli anzi si mostra osservantissimo nel distinguere in rima gli *o* e gli *e* larghi dagli stretti. Qualche lieve offesa di questa norma si può riscontrar solo nel sirventese, dove il genere stesso del componimento consigliava una certa lassezza, e forse nella canzone XII, che mostreremo a suo luogo doversi mettere tra le composizioni giovanili d' Arnaldo. Offese apparenti di questa norma troveremo anche altrove; ma potremo anche mostrare, di volta in volta, come il nostro trovatore seguisse in quei casi la speciale fonetica del suo dialetto limosino, o arcaizzasse, o latineggiasse. Egli si mostra, anzi, tanto sicuro del fatto suo nel rimare esatto, che si permette talvolta di tendere qualche piccolo tranello al lettore, usando voci (dette *utrissonans* dalle Leys) che, a seconda si proferiscano con *o* od *e* stretto o largo, mutano di significato.[1] Caratteristico è poi del nostro trovatore, non già l' uso, ma l' uso frequente e ricercato delle „rimas equivocas" (Leys, I 188), costituite di parole che hanno lo stesso suono, ma significato diverso o sostanzialmente o per qualche speciale accezione.[2] Per questa predilezione per le rime equivoche Arnaldo dovea facilmente arrivare alle rime costituite sempre dalle stesse parole, nello stesso significato, nel che consiste una delle maggiori novità della sestina.

Ed eccoci così avviati a toccare delle rime d' Arnaldo in rapporto alla stanza e alla canzone.

La disposizione più comune delle rime nella stanza e nella canzone trobadorica è questa: ogni rima trova la sua

---

[1] Vedi le note a III 14, V 43, VI 34. — Sarebbero invece „rimas non plazens" quelle in *ol* da *ol* e da *oll* in VI e VIII, e quelle in *ela* da *ela* ed *ella* in III, se valesse l'affermazione delle Leys (I 38), contro l'attestazione dell'antico Rimario e l'uso comune dei trovatori.

[2] Le Leys, III 96: Aytals acordansas equivocas reputàm per mot belas e subtils.

risposta entro la stanza, e le rime della prima stanza si ripetono, nell' ordine identico, per tutte le seguenti. Secondo questa norma A. Daniello non ha composta che la canzone II, che tuttavia esce del comune per i *bordos empeutatz*, che cominciano le prime quattro stanze, e rimano fra loro, e soltanto fra loro. Nelle altre composizioni Arnaldo o segue certe usanze più riposte e fuori del comune, o fa assolutamente cammino da sè. Eccone una succinta rassegna.

Nel sirventese (n° I) egli ha voluto rispondere per le rime, e adottare quindi la disposizione che stava in quello di Raimondo di Durfort, al quale rispondeva. Ed è questa la distribuzione che abbiamo in altre composizioni liriche di natura popolare o fatte per il popolo, come il celebre compianto di Sordello.[1] Essa viene evidentemente dalla poesia epica carolingia, che si stende appunto per serie monorime o mono-assonati, d' un numero indeterminato di versi. S' hanno poi componimenti epici e lirici, tutti sulla stessa rima; e Peire Cardinal chiama *estribot* uno suo di questa fatta.

Nella canzone n° III le rime si rinnovano in ogni stanza, e la canzone ha quindi, per questo rispetto, la forma italiana. Ma non era questa una novità d' Arnaldo; poichè una canzone di tal fatta, che le Leys (I, 66) chiamano „rimas singulars" s' ha già in Bernardo da Ventadorn (Lanquan vey la fuelha, Choix, 3, 62); e l' usano i contemporanei d' Arnaldo, come Folchetto di Marsiglia, G. Faidit, e il Monaco di Montaudon; questa sistema di rime era anzi abbastanza frequente nelle canzoni con stanze lunghe e complicate.[2]

Nelle canzoni IV—IX si viene svolgendo e nelle seguenti X—XVII si compie una innovazione arnaldesca nell' arte della rima. In fatti, nella canzone n. IV, che ha otto versi, egli ne lascia quattro senza risposta di rima nella prima stanza, i quali ritrovano poi, uno ad uno e nello stesso ordine e posto, la loro rima nelle stanze seguenti; nelle canzoni V e VI, con strofe di sette versi, tre restano isolati; nella canz. VII, che ha strofe di undici versi, ne restano isolati cinque; nell' VIII, con strofe di nove versi, ne restano isolati ben sette; e infine

[1] Altri esempi si hanno nel Monaco di M., n. XVII, XVIII e XX (ed. Philipson); in Meyer, Rec. 72; e in Chrest., 159 e 162. E cfr. K. Bartsch, Jahrbuch für rom. u. engl. Litt. I, 172.

[2] Bartsch, op. cit., p. 173.

nella IX, con strofa, ch' è quasi un ricamo, di diciassette versi isolati restano tredici. Nelle canzoni poi X—XVII, i versi delle singole strofe restano isolati tutti, o per dirla colle Leys, tutte le rime sono „dissolutas" e si ha la „cobla estrampa" (Leys, I, 64).

Tuttavia non tutto questo procedimento è a dire una innovazione d' Arnaldo; i trovatori, che l' avevano preceduto nell' uso delle rime difficili, gli aveano anche mostrata la via di questa novità. L' uso, infatti, di lasciare nella stanza qualche verso isolato si riscontra già in Bernardo da Ventadorn e in Marcabruno; e molto innanzi si spinse per questa via R. d' Orange, che ne lascia cinque in una stanza di otto (MW I 70), e cinque ancora in una di sette (MW I 79); sei in una di otto (MW I 84); e sette su nove sono isolati in una canzone, che alcuni mss. danno a Rambaldo d' O., e altri a Rambaldo de Vaqueiras (MG 217, 524), e in un' altra che è sicuramente di Rambaldo (MG 626—627). Pietro Vidal anzi ha una canzone (n°43, ed. Bartsch) con strofe di tutte rime dissolute; ma poichè Arnaldo e Pietro Vidal erano contemporanei, ragione vuole che noi lasciamo ad Arnaldo, il quale facea professione di novità metriche, e di tali canzoni ne ha ben sette, il vanto d' esserne stato il trovatore.[1] Lo stesso si dica rispetto al sirventese di B. del Bornio, del quale tocchiamo più innanzi.

Arnaldo, adunque, trovava già accennata e portata ben innanzi questa riforma nella distribuzione delle rime, che evidentemente mirava a toglier loro la nota della volgarità, rinunciando al loro immediato lenocinio e cercando di ottenerne altri effetti più riposti e più delicati, ma a lui spetta il merito d' aver portato a compimento la riforma; e insieme d' aver meglio degli altri saputo trovare un correttivo all' apparenza antimusicale che la strofa e la canzone venivano per tal modo assumendo. Già il Bartsch notava, che tra le rime dissolute d' una strofa composta a questo modo suole sussistere una certa assonanza, cosicchè si vegga (conchiudeva il dotto critico), che esse stanno al luogo di rime vere e proprie.[2] Se non che, se si considera che nei poeti anteriori ad Arnaldo questo fatto

---

[1] Bartsch, Jahrb. I 177.

[2] Op. cit. p. 178. L' osservazione stessa era stata fatta, come vedremo, per A. Daniello, dal Galvani.

è piuttosto raro e non di rado disputabile, mentre è quasi normale nel nostro trovatore[1], dovrassi conchiudere che pur in esso risieda un raffinamento o perfezionamento artistico d' Arnaldo, il quale mediante queste mezze rime nella „cobla estrampa" lusingava misteriosamente l' orecchio e delle rime vere facea sorgere il desiderio e l' attesa: desiderio ed attesa, che vengono sempre meglio sodisfatti nelle stanze successive, nelle quali, in causa della ripetizione, si fanno meglio sentire anche quelle lievi assonanze.

A compenso artistico dell' assenza di rime nelle singole stanze par disegnato da Arnaldo anche l' uso delle rime equivoche, le quali meglio s' imprimono nella memoria e nell' orecchio dell' uditore, e, dando quasi un accordo maggiore della rima ordinaria, rifanno l' orecchio della lunga attesa.

Dalle rime equivoche poi, adoperate con molta larghezza nella canzone XVII[2], passava Arnaldo alle parole sempre identiche, messe a dare la rima, ricercando così ed ottenendo in parte un effetto estetico, che non fu, crediamo, sin' ora abbastanza analizzato, e del quale altrove abbiamo scritto: „Nella prima stanza [della sestina d' A. D.] mancano le rime, sostituite nell' originale da lievi assonanze vocali e consonantiche, come: arma-cambra, oncle-ongla, intra-verga. Nelle stanze successive il trovatore, ch' è tormentato quasi da certe idee fisse rappresentate dalle parole finali dei versi, se le sente rimulinare in mente, se le armonizza quasi in diverse posizioni, e un po' per volta avvezza sè e il lettore a sentire anche l' armonia latente delle assonanze speciali d' ogni stanza; nei tre versi del congedo poi egli riesce a riaccostare definitivamente le sei idee tormentose e ad accordarle in modo a tutti sensibile; e così giunge a calmare e a quietare nell' armonia il tormento dell' anima sua."[3] Nella sestina, infatti, il trovatore, ripigliando nel primo verso della seconda istanza l' ultima parola-rima della prima stanza, subito compiace l' orecchio; ma quando poi nel secondo verso va a ripigliare la parola-rima del primo verso della prima stanza, che l' uditore punto o poco ricorda,

---

[1] Il fenomeno si vede bene sviluppato in R. d' Or., MW. I 84, il quale, anche per altri rispetti, è da dire il vero precursore di Arnaldo.

[2] Sull' arte della rima in questa canzone, veggasi la nota speciale che vi abbiamo dedicato in fine al relativo commento.

[3] Fiorita di liriche provenzali tradotte; Bologna, Zanichelli, 1881; p. 35.

egli lo lascia come perduto in un vuoto disarmonico, che piano piano viene riempito dal ripigliare delle parole-rime meno lontane.[1] Insomma, quanto più si studia la sestina, sia in sè e per sè come composizione metrica e musicale, sia come metro adatto ad estrinsecare certe speciali condizioni della nostra psiche, si è condotti a conchiudere, che essa merita quell' ammirazione di cui le furono larghi solenni maestri dell' arte, come Dante e Petrarca.

Ma per comprendere appieno la portata della novità d' Arnaldo rispetto alla rima, conviene studiare attentamente quelle da lui introdotte nella struttura metrica della strofa e della canzone.

La stanza trobadorica comune è un tutto complesso, che per norma è divisibile in due parti, distinte non solo dal metro, ma anche dall' aria musicale che le accompagna. Una poi di queste due parti, si può, di norma, suddividere in due o più membri perfettamente corrispondenti, non già per le rime, ma per la quantità e distribuzione dei versi che le compongono. Se divisibile in tal modo è la prima parte della stanza, questi suoi membri si chiamano „piedi“, e nel secondo di essi si ripete il motivo musicale istesso sul quale si canta il primo; l' altra parte della strofa si chiama coda o sirma (σύρμα) ed ha un altro motivo musicale suo proprio. Se, per contro, la prima parte della stanza è indivisibile, essa si chiama „fronte“, e va sovra un' aria musicale sua propria; mentre è per norma divisibile la seconda, i cui membri corrispondenti, chiamati „versi“, vanno su un altro motivo, che nel secondo „verso“ è uguale a quello del primo e così via. Per tal modo la stanza trobadorica, nei migliori suoi rappresentanti, è divisa in tre parti, due delle quali, o piedi o versi, uguali fra loro, e la terza, o fronte o coda, sta sola. Da questa norma si staccano solo i trovatori più rozzi, e quelli che mirano all' impronta popolare delle loro composizioni; e in questi la stanza o non ha membratura alcuna, come per esempio in quasi tutti i componimenti del Monaco di Montaudon, o si divide in due parti uguali: andando probabilmente nel primo caso tutti versi su uno stesso motivo musicale, e nel secondo ripetendosi esso

[1] Cfr. il giudizio del Bembo, Prose, lib. II (p. 184 della Prose scelte del Bembo; Milano 1880).

per ciascuna delle metà della strofa. In altri casi infine abbiamo la strofa risultante di due piedi e di due versi, che viene ad essere una ripetizione di quest' ultimo tipo.

Arnaldo Daniello scrisse canzoni a stanza divisibile e a stanza indivisibile; ma mostra per quest' ultimo genere una speciale predilezione. Facciamo una breve rassegna della struttura delle sue strofe.

Delle diciotto liriche, che abbiamo di lui, hanno stanza affatto indivisibile nove: la I, II, VII, VIII, X, XI, XIV, XVII, XVIII; di sei deve restar dubbio se abbiano stanza divisibile o no; e sono la III, che potrebbe anche dividersi in due piedi e in due versi, uguali tutti fra loro (2+2 ‖ 2+2); la IX, che, secondo la ricompone il Bartsch, si potrebbe anche dividere in due piedi e sirma (2+2 ‖ 3); la XII, che, ricostrutta come vuole il Bartsch in sette versi, può anch' essa esser divisa come la IX, in due piedi e sirma (2+2 ‖ 3); la XIII, XV, XVI, che potrebbero venir anch' esse divise nello stesso modo, cioè in due piedi e sirma, tutte collo schema: 2+2 ‖ 3. Delle tre che restano, la strofa è divisibile in questo modo: per la V e VI, 2+2 ‖ 3; e per la IV, 4 ‖ 2 + 2 (fronte e due versi). Solo, del resto, la musica ci potrebbe dire sicuramente quali tra le composizioni d' Arnaldo che sono anche divisibili erano divise in fatto. E considerando che il trovatore, a proposito della VI, ch' è chiaramente e sicuramente divisibile, ci avverte poetar egli qui diversamente dal suo solito; e che Dante, il quale potè conoscere anche la modulazione delle liriche d' Arnaldo, ci afferma, che il nostro trovatore usò in quasi tutte le sue canzoni la stanza indivisa o (per usar la sua parola) l' oda continua;[1] siamo indotti a credere che veramente di tal fatta fossero quelle che noi demmo come incerte e taluna anche delle altre, che per la metrica sarebbero divisibili.

Ora, che senso ha questa predilezione quasi esclusiva di A. Daniello per la canzone ad oda continua? Prima di rispondere a questa domanda, gioverà vedere se ed in quali canzoni la stanza ad oda continua sia o non sia artisticamente elaborata. E qui l' esame più superficiale ci mostra subito che il caso del sirventese (nº I) è da tener affatto disgiunto

[1] De V. E., II 10.

dagli altri, avendosi in esso un modo di stanza popolare, nel quale, come dicemmo più innanzi, la stessa melodia si ripeteva per ogni verso della stanza; e le stanze erano distinte solo dalla pausa. Nella canzone III, che anche per il suo soggetto sembra escludere ogni artificiosità di modulazione, pare assai probabile che una stessa melodia si ripetesse di due in due versi.

Ben altro è l' intendimento riformatore che si rivela nelle altre canzoni, nelle quali evidentemente si mirava ad osteggiare l' andamento troppo meccanico e popolare delle canzoni costrutte secondo le norme più usuali.

Se, infatti, in ogni stanza della canzone comune si ripeteva per lo meno una volta una data aria musicale, siccome tutta la modulazione della prima stanza si ripeteva poi nelle successive, ne veniva di conseguenza, che in una canzone di sei o sette stanze, un dato motivo magari troppo facile si ripetesse per ben dodici o quattordici volte; con quale fastidio degli orechi più sazievoli, non è a dire. S' aggiungeva che la stanza, quale comunemente si costruiva di tre membri, era bensì un notevole progresso sulla seguenza monorima o sull' *estribot*, ma includeva il grave difetto di spezzare l' unità organica della canzone, a vantaggio dell' unità organica propria. Essa in sè era un tutto più o men bene proporzionato; ma non v' era nessuna ragione intrinseca perchè quel dato organismo metrico e musicale s' avesse a ripetere un sei o sette o anche più volte di seguito.

Questo danno era già stato sentito dai trovatori più antichi di Arnaldo; e le canzoni a stanza continua non sono rare in B. da Ventadorn,[1] o in Rambaldo d' Oranges,[2] o negli altri di quel tempo. Arnaldo Daniello si distingue da' suoi predecessori per aver portato la riforma agli estremi; per avere quasi del tutto abbandonato il sistema della stanza più usitata; e insieme per aver saputo confortare la sua innovazione metrica e musicale con quella corrispondente innovazione nell' arte della rima, che abbiamo già esaminato.

Per tal guisa egli ci apparisce, di fronte ai predecessori e ai contemporanei, nelle condizioni stesse in cui si mostrò

---

[1] H. Bischoff, Biographie des Troubadours B. v. Ventadorn, p. 76—77.

[2] Vedi MW. I 70, 71, 77, 80 ecc.

e si mostra ai nostri giorni l'apostolo della musica dell'avvenire, di fronte ai maestri della vecchia suola melodica. Arnaldo abbandona le rime rispondentisi nella stessa stanza; abbandona definitivamente il ripetersi simmetrico di certi motivi entro una stanza stessa [1]; e non già per ritornare alla stanza liscia primitiva, nella quale ogni verso era un membro indipendente, ma per cercare una specie di melopea, che secondasse lo svolgimento del pensiero, continuatamente, dal principio alla fine della stanza. E in questa guisa egli riesce non solo ad evitare il fastidio d'un' arietta ripetuta dodici o quattordici e più volte in una stessa canzone, ma riesce a dare unità organica, non più alla stanza che ridiventa membro d'un tutto ma al tutto, alla canzone.

Che se al Diez i procedimenti metrici d'Arnaldo parevano rivelare una strana avversione all'armonia [2], noi ripensiamo subito alle accuse lanciate contro i fautori della musica dell'avvenire; e crediamo di poter conchiudere, che Arnaldo, pur esagerando, cercasse un alto e bello ideale, degno di procurargli l'ammirazione di quelli che l'hanno saputo apprezzare.

III. Altre opere attribuite ad A. Daniello.

Diciotto brevi composizioni liriche, una d'argomento satirico le altre d'argomento amoroso: ecco tutto il patrimonio letterario che ci resta d'Arnaldo, patrimonio, che invero mal sembra proporzionato alla fama del nostro poeta; e però importa esaminare se ad altri titoli o perduti, o ingiustamente assegnati ad altri, sia da ripetere, almeno in parte, questa fama.

E prima di tutto abbiamo, infatti, parecchie composizioni liriche, delle quali si può disputare se appartengano ad Arnaldo.

Così i mss. CR^3H^2 gli attribuiscono la canzone: Ab plazer recep e recoill (MG 5, 413, 414), che A, l'indice di C e DD^cIKMN danno invece ad Uc Brunet. Ma il Groeber ha dimostrato,

---

[1] Il periodo musicale melodico comune consta ora di due parti, la prima delle quali si ripete dopo la seconda, a questo modo: ABA. Si suole poi anche aggiungere un terzo motivo di chiusa che riassuma i due, così: ABA ab.

[2] L. u. W., 353.

che questo errore di attribuzione dev' essere sorto nella fonte di H^2, giacchè solo in H^2 Arnaldo segue immediatamente Uc Brunet, e la canzone Ab plazer vi è la prima tra quelle assegnate ad Arnaldo: la fonte poi di H^2 andò a ingrossar quella che servì per R^3 e per C, il qual ultimo tuttavia mostra d' averne conosciuta un' altra colla retta attribuzione, poichè esso assegna questa lirica ad Arnaldo nell' indice.[1] S' aggiunge che la struttura della stanza in questa canzone, che ha una fronte e una coda (4 ‖ 4), sarebbe affato isolata in Arnaldo,[2] mentre è quella che il Brunet mostra di prediligere.

I mss. *c* ed U attribuiscono al nostro trovatore la canzone: Ar s' espan la flors enversa, che $CDEIKN^2MR$*a* assegnano concordi a R. d' Orange, ed è anonima in NO. Ora siccome *c* ed U sono codici strettamente imparentati, la loro testimonianza vale come quella d' un solo, e non può preponderare su quella degli altri, che costituiscono per norma tre gruppi: $DIKN^2$, ECRM, *a*. Ed è poi chiaro come un copista, trovando probabilmente anonimo questo componimento, lo potesse attribuire ad Arnaldo, giacchè esso è quasi un primo accenno alla sestina, in quanto conserva per tutte le stanze le stesse parole in rima, apportandovi solo mutamenti grammaticali e logici.

Il mss. *c* attribuisce ancora ad Arnaldo la canzone: Aissi com cel qu' a la lebre cassada (MG 14, 1185), assegnata da D^a IK a G. de Salinhac, da C *a* ad Am. de Pegulhan, da M a P. Bremon, ed anonima in P; ove si vede che il copista si lasciò trarre in inganno da reminiscenze di altre canzoni del nostro, ove si toccava di lepre cacciata col bue. Attribuisce lo stesso manoscritto ad Arnaldo la canzone: Tostemps serai sirvens per deservir (MG 577), che ADHIK assegnano ad Augier Novella; e poichè la canzone è piena di alliterazioni e di giochi di parole, è pur qui evidente la causa dell' inganno nell' amanuense di *c*, o della sua fonte.

I mss. M ed M^c attribuiscono, infine, ad Arnaldo la canzone: Ara sabrai s' a ges de cortesia (MG 418), che in CDD^cE FIKUGPRS*e* è assegnata a Guiraudo lo ros, in T a F. da Marsiglia, in *f* a Raimondo Jordan; ed è anonima in O; ma MM^c,

---

[1] Provenz. Liedersamml. 412, 418.
[2] Cfr. Bartsch, Jahrbuch der Dante-Gesellschaft, III, 313.
[3] MG 325, 1304; e Archiv, 35, 377.

che sono copia d'un unico apografo, non possono fare autorità contro tanti altri codici di famiglie diverse. — Notiamo ancora che il ms. di Saragozza dà ad Arnaldo l'*alba* di Cadenet: Eu sui tan corteza gaita (Milà, Notes sur trois mss., p. 10).

Varii commentatori della canzone V del Petrarca hanno poi affermato, ma senza arrecare nessuna prova[1], che il verso: Dregz e razos es qu' ieu chant em demori, col quale vi si finisce la prima stanza, sia il primo d' una canzone di A. Daniello. Ora noi abbiamo bensì in K, codice stato già del Petrarca e che ci mostra alcune sue glose marginali, una canzone che comincia con quel verso (MG 109); ma essa vi è anonima; ed in C (ove il primo verso suona: Razo e dreyt ay mi chant em demori (MG 437), essa è attribuita a Guglielmo de S. Gregori. Giova tuttavia notare che questa canzone è fatta di stanze ad oda continua, e con tutte rime isolate e difficili, come piacquero ad Arnaldo; che vi s' incontra qualche frase arnaldesca[2]; che una leggenda su Arnaldo, riferitaci da Benvenuto da Imola, mostra d' aver la sua radice, come chiariremo nel cap. seguente, nella stanza sesta di questa canzone: così che non deve parer punto arrischiata l' ipotesi che il Petrarca abbia trovato in alcun codice questa poesia sotto il nome d'Arnaldo Daniello, e ne abbia quindi preso il primo verso, per onorarlo insieme con altri di G. Cavalcanti, di Dante Alighieri, di Cino da Pistoja e uno suo proprio.[3] Ma, pur ammettendo quest' ipotesi, non potremmo ancora attribuire ad Arnaldo la canzone.

Benvenuto da Imola, nel suo commento alla Divina Comedia, ricorda una „cantilenam pulcherrimam", che Arnaldo

---

[1] Veggasi, per la controversia, il Crescimbeni, nei Commentari I, I, cap. 6. — Il Nostradamus, Vite, N° LXX, cita i tre primi versi d' una canzone di Guglielmo Boyer a Maria di Francia:

Drech e razon es qu' yeu kanti d' amour
Vezent qu' yeu ai ia consumat mon age
A l' y complaire e servir nuech e jour.

Soggiunge che il Monaco dell' Isole d' oro attribuisce questa canzone ad Arnaldo. Come ognuno può vedere, l' accordo tra le due canzoni non s' estende più in là del primo verso, e pur qui non è intero; e tutto fa credere che i tre versi citati dal Nostradamus sieno opera di lui, che conosceva il primo storpiato nelle edizioni del Petrarca.

[2] Sobrouratz hi foral reys de Londre; cfr. XII 39 ecc.

[3] Cfr. il Bartsch in Jahrb. XIII 28.

avrebbe mandato in vecchiaja al re di Francia e al re d' Inghilterra e ad altri principi, chiedendo loro soccorso [1]; e l' eco di questa „cantilena" si ripercuote poi nel commento del Landino, per diventarvi „una morale", mentre Jacopo della Lana sa dirci, che „le canzoni morali di Dante fossono ritratte et pigliassono forma da quelle di Arnalt di Daniel provenzale". Il Nostradamus poi attribuisce al nostro poeta, oltre una bella canzone contro la temerità di Bonifazio signore di Castellana ribelle ad Idelfonso I re d' Aragona e conte di Provenza nel 1189, e comedie e tragedie (poesie auliche, e di stampo popolare?) e albade e martegalle, e un canto intitolato *Las Phantaumarias del paganisme* (oscuro ricordo delle allusioni classiche d' Arnaldo e delle sue personificazioni d' Amore?), anche „un bel morale", che non sapremmo ben dire se sia anch' esso un' eco della „cantilena pulcherrima" di Benvenuto e della „morale" del Landino, o se forse non traduca un antico provenzale *romans*, che il Nostradamus avesse in qualcuna delle sue fonti; poichè è ben noto che *romans* dissero i provenzali un componimento poetico di soggetto morale e didattico.[2]

---

[1] Citiamo per intero questo luogo di Benvenuto nel capitolo seguente.

[2] Folquet de Lunel chiama *romans* una sua poesia di circa 500 versi, diretta contro gli abusi del vivere mondano; *romans* chiama Raimondo Feraut una sua pia leggenda in versi su S. Onorato; *romans* dice Manfredo Ermengau una sua epistola didattica in versi diretta a una sorella monaca; *romans* è ripetutamente chiamata la novella allegorica e didattica sulla Corte d'Amore (Revue des ll. rr. 1881 oct., p. 157—8); e *romans* dice infine Daude de Paradas il suo poema didattico sugli Uccelli da Caccia. Era, come si vede, un termine abbastanza generico, col significato prevalente di poesia didattica (cfr. Diez, Poesie der Tr., p. 120). Che se l' autore del Jaufre chiama anch' egli *romans* il suo racconto o *comte*, c' è da sospettare ch' egli adoperasse un francesismo: chè nel fr. ant. la parola mostra appunto prevalente questo significato. Infatti il senso primitivo di *romans* (= romanice) fu quello del nostro „volgare", tanto nel francese quanto nel provenzale. Di qui passò a significare, come sostantivo, un libro tradotto dal latino in volgare (vedine esempii provenzali in Meyer, Flamenca, p. XVIII); e siccome i Francesi del nord tradussero o rifecero dal latino specialmente le avventure della Tavola rotonda e quelle designate sotto il nome di „matière de Rome", ne venne la conseguenza che il nome di *romans* fosse particolarmente applicato ai racconti fantastici e amorosi di quel genere; mentre tra i Provenzali, che tradussero soltando o vite di santi o composizioni filosofiche e didattiche, *romans* venne a dire particolarmente o pia leggenda istruttiva ed edificante o poema didattico.

Ma ben altri titoli[1] di gloria letteraria, che non possano essere cosiffatti componimenti lirici, si vollero rivendicare ad A. Daniello; e noi li dobbiamo uno ad uno esaminare.

Si sostiene per primo che Arnaldo abbia composti dei romanzi[2], poichè ciò sarebbe incontrovertibilmente attestato da Dante, che nel XXVI del Purgatorio fa proclamare il nostro trovatore superiore a tutti gli altri in dettare

Versi d' amore e prose di romanzi.

Ma se con „versi d' amore" il poeta ha voluto certamente significare le liriche amorose d' Arnaldo, è poi veramente sicuro, che con „prose di romanzi" egli abbia voluto alludere a composizioni narrative, a *romanzi* nel senso francese antico e moderno? Gia molto a discutere diede quel „prose", che i critici parvero alfine accordarsi nell' interpretare per stanze epiche, sulla stessa rima o sulla stessa assonanza, come vanno infatti i romanzi francesi del ciclo carolingio; e fu ripetutamente citato l' esordio del Berceo a una sua pia leggenda:

Quiero far una *prosa* en roman paladino,

dove indubbiamente è detta „prosa" una narrazione in strofe di quattro versi alessandrini sulla stessa rima[3]. Pretende poi

---

[1] Il Raynouard, Lex. 2, 59ª, cita una canzone di A.D. che comincia Mot eran; ma la canzone è invece di Arnaldo de Maruelh. Due versi d' un' altra canzone d' Arnaldo D., che comincia Raso es, cita il Raynouard Lex. 2, 328ᵇ, ma così comincia invece l' *ensenhamen* dello stesso A. de M., dove appunto si hanno i due versi.

[2] Raynouard, Diez, Fauriel ecc.

[3] Sull' origine, natura e svolgimento delle *prose* si veggano i lavori capitali di F. Wolf (Ueber die Lais, Sequenzen und Leiche; Heidelb. 1841) e del Bartsch (Die lateinischen Sequenzen des Mittelalters; Rostock 1868). *Prose* furono dette, in opposizione agli *hymni* composti secondo la metrica classica, certe composizioni psalmodiche che si accomodarono alla musica pneumatica, solita a farsi in coda all' *alleluja*, e però furono anche dette *sequenze* (Wolf., p. 91 seqq.; Bartsch, p. 5). E poichè doveano servire alla musica, vennero a mano a mano acquistando un certo ritmo, vie più sempre regolare, senza tuttavia raggiunger mai la compassatezza degli *hymni* e delle canzoni. Servirono dapprima all' espressione lirica del sentimento religioso; furono poi adoperate anche in soggetti epici, sacri e profani, specialmente in argomenti didattico-morali. Il senso della parola al tempo di Dante così è determinato, pur con qualche dubbiezza, dal Wolf: „So scheint man im späteren Mittelalter Gedichte, vorzüglich geistliche, paränetisch-didaktische oder ascetisch-moralische, aber auch weltliche, besonders erzählende, selbst eigentlich epische, in langzeiligen

di sapere il Biagioli, all' autorità del quale si rimetteva il Diez[1], che „nel provenzale e nell' italiano del secolo XIII prosa significhi precisamente istoria e narrazione in versi"; ma non si vede d' onde egli abbia tratto questa induzione, e meno ancora si vede che mai starebbe a fare nel luogo dantesco l' aggiunta „di romanzi", qualora „prosa" avesse senza più il significato preteso dal Biagioli. Dal fatto, piuttosto, che la parola è adoperata dal Berceo per un componimento epico, e che essa sicuramente significò anche una certa specie di canti di chiesa, indurremmo, ch' essa, al tempo di Dante, non mirasse a distinguere il genere epico dal lirico, ma indicasse un certo genere metrico, adoperato nella poesia religiosa o morale, sia lirica che epica.

Resta a interpretare il „di romanzi", nel quale tutti s' accordarono a vedere i romanzi nel senso moderno della parola.[2]

Strophen mit unmittelbar gebundenen Reimen (einreimige Tiraden, Quintette, Quartette, Terzette oder Reimpaare), kurz solche strophische, die nicht nach den Regeln der eigentlich höfischen Kunstpoesie, sondern in der Weise der volksmässig-kirchlichen gebaut waren, Prosen genannt zu haben" (Op. cit., p. 304). — Crede poi il Wolf (che considerava Arnaldo come indubitato autore d' un *Rinaldo* e d' un *Lancilotto*) che Dante con *prose* volesse indicare le stanze in versi alessandrini sul fare di quelle del Berceo, in antitesi alle coppie di ottonari usate nei romanzi d' aventura e dette *romans* (?) dai provenzali (p. 305). Se non che questa e simili interpretazioni del *prose* dantesco furono dichiarate erronee dal Böhmer (Ueber Dante's Schrift de V. E., p. 7), al quale s' aggiunge ora G. Paris (Romania, X, 479); e la loro sentenza si fonda specialmente sul riscontro del seguente luogo del De v. eloquio: „Allegat ergo pro se lingua *oil*, quod propter sui faciliorem ac delectabiliorem vulgaritatem, quidquid redactum sive inventum est ad *vulgare prosaicum*, suum est: videlicet biblia cum Troianorum Romanorumque gestibus compilata, et Arturi regis ambages pulcerrimae, et quam plures aliae historiae ac *doctrinae*" (I, 10). Crede il Paris che i „biblia Troi. Rom." sieno sicuramente delle compilazioni storiche sul fare del *livre d' Orose;* ma e le „ambages regis Arturi?" A noi pare che, non volendo far violenza al testo, il „vulgare prosaicum" abbracci qui sia la *prosa* e sia i versi prosaici (ossia non incatenati in istrofe) che s' avevano in alcuni dei romanzi del ciclo d' Artù e in quasi tutti quelli del ciclo greco-romano. Nelle *doctrinae* poi, scritte in volgare *prosaico*, par a noi di vedere la stessissima frase, che tanto diede a fare ai commentatori del Purgatorio: *prose di romanzi*, e che noi spieghiamo più innanzi (p. 30—31).

[1] P. d. Tr., 208.

[2] Fa un' onorata mezza eccezione il nostro Galvani, che, alle ultime,

Ma noi abbiamo già notato il significato più usuale di questa parola tra i provenzali, significato ben diverso da quello ch' essa ebbe ed ha tra i francesi; e poichè qui Dante usa una voce di formazione straniera, provenzale o francese, e parlava e giudicava d' un poeta provenzale, par ben necessario supporre ch' egli l' adoperasse piuttosto nel senso dei provenzali, che non in quello dei francesi. S' aggiunge, che Dante in questo luogo del Purgatorio contrappone Arnaldo prima a Guido Guinicelli e poi a Giraldo de Bornelh, tutti e due poeti lirici, e, per quanto sappiamo, esclusivamente lirici; e sarebbe quindi molto strano, che il confronto fosse fatto vertere su generi poetici affatto differenti. Bensì noi sappiamo che tanto il Guinicelli quanto Giraldo de Bornelh hanno liricamente poetato e d' amore e di filosofia morale, e però su questi due punti attendiamo che deva cadere il confronto, dopo ch' è stato detto generalmente della superiorità d' Arnaldo rispetto alla forma (Fu miglior fabbro del parlar materno).

Ancora: quel „di romanzi" contrapposto al „d' amore", par deva indicare, non un genere poetico, ma il contenuto d' un certo genere di poesia, come infatti è indicato con „d' amore"; e il contenuto poetico in più spiccata antitesi coll' amore sarebbe appunto la „moralità" o rettitudine di Dante.

Per ultimo: sebbene non si possa addurre nessun esempio di „romanzo" in italiano col significato del *romans* provenzale, cioè di poesia didattico-morale, noi abbiamo un sicuro indicio che *romanzo* abbia veramente avuto un tale significato; e l' abbiamo in *romanzina* o *ramanzina* = 'ripassata' 'correzione' 'rimprovero', che subito si rivela collegato fonologicamente e morfologicamente con *romanzo ramanzo*, ma si mostrerà connesso con *romanzo* anche logicamente, solo supponendo che *romanzo* abbia avuto il significato di 'poesia morale' onde poi quello di 'sermone' 'predica' 'ramanzina'.

Riassumendo e concludendo, diciamo adunque: che l' Alighieri ha voluto dire, aver Arnaldo tutti i trovatori superato, oltrechè nel saper maneggiare la sua lingua, anche nel comporre versi o canzoni d' amore e poesie di metro meno artificioso, d' argomento morale e didattico.[1]

---

dubitò della interpretazione comune. Rivista filologico-letteraria (Verona 1872), II, 106.

[1] Riferiamo, *honoris causa,* l' interpretazione che contemporanea-

Non sussiste, adunque, che Dante abbia dichiarato Arnaldo autore di romanzi; e il fatto che l'Alighieri a più riprese parlando d'Arnaldo nel De V. E. non tocca mai neppur lontanamente di questi presunti romanzi di lui, ma solo spiega il soggetto e la tecnica delle sue liriche, avrebbe dovuto rendere più cauti i commentatori del luogo del Purgatorio.

Quali poi sieno le composizioni morali d'Arnaldo, che Dante ha conosciuto, oltre le liriche amorose, non è forse difficile ad assegnare.

Dante ha conosciuto, ben o male, il sirventese di Arnaldo contro R. di Durfort e Turc Malec: ciò che si rileva dal mettere egli il trovatore tra quelli che si purgano per sodomia attiva e passiva; Dante poi ben potè conoscere la composizione IV e qualche altra, dove il trovatore, anzichè rivolgersi alla sua bella, disputa e racconta d'Amore, de' suoi pericoli e delle sue virtù, fa insomma una specie di filosofia d'amore: ed egli aveva così già abbastanza in mano per chiamare Arnaldo autore di „prose di romanzi", quantunque il 'prose', convenientissimo al sirventese, sembri inesattamente applicato agli altri componimenti che Arnaldo dice *canti* o *cantari*. Se non che l'inesattezza ha riscontro in una simile del primo membro di quella frase, dove le solenni canzoni sono dette, forse impropriamente, 'versi'.[1]

---

mente a noi dava del luogo dantesco G. Paris, insistendo sulle orme del Böhmer (l. c.), ma trovando insieme una nuova sua via. Il luogo significa: „Il a dépassé tous les vers d'amour et toutes les proses de romans; il est supérieur à la fois aux auteurs de vers d'amour et de romans en prose, c'est-à-dire, ... il a effacé tous ceux qui ont écrit soit en provençal, soit en français" (Romania. X, 479; 1881 octobre).

[1] Per i Provenzali *vers* non è il nostro verso, ma una specie di componimento, che per lungo tempo andò tra loro confuso colla *chanso;* e dalla quale non è facile neppure ai critici moderni distinguerlo (v. A. Stimming, Der Troub. J. Rudel', p. 29—30). Il carattere specifico del 'vers' pare stia nell'esser costrutto di versi ottonari, anzichè decasillabi o senari e quaternari, e nell'aver rime tronche anzichè rime piane. Secondo le Leys (I 338) un'altra differenza caratteristica sarebbe il numero della strofe, che nella canzone non possono essere più di sette, e nel *vers* possano essere fin dieci. Forse Dante volle qui sfoggiare la sua riposta erudizione metrica, e chiamò a disegno col termine antico e generico di 'versi' le canzoni di Arnaldo. Il quale, del resto, par miri a distinguere le sue canzoni vere e proprie dalle altre composizioni che dice *chans* o *chantars*. Chiama egli espressamente canzone

Ma distrutta la testimonianza diretta di Dante, non sono distrutte le argomentazioni colle quali alcuni critici hanno voluto assegnare ad Arnaldo, non più dei romanzi in genere, ma due romanzi specificati: un *Lancilotto* e un *Rinaldo*.

Esaminiamo prima gli argomeuti addotti in favore del *Lancilotto*.

Il più strenuo sostenitore di questa opinione fu Valentino Schmidt, il quale voleva fondarla sui seguenti dati[1]:

1° T. Tasso, nei Discorsi sul poema eroico, dice senz' altro Arnaldo autore del *Lancilotto*.

2° Nel Paradiso l' Alighieri allude a un episodio del *Lancilotto*, che non si ha nel notissimo romanzo francese di questo nome, ed è dove è detto:

la II (v. 1), la III (v. 57), la V (v. 43), la VI (v. 4), la VII (v. 69; ma cfr. v. 56, ove par la si dica un *chantar*), la XII (v. 7), la XIII (v. 43), la XV (v. 43), la XVI (v. 4), la XVIII (v.37); e sicuramente canzone sarà poi da dire la XVII, tutta in rime piane e in versi decasillabi. Il poeta chiama *cans* la IX (v. 87) che pur pare foggiata sulla VII, e l' XI (v. 7, 49); *chantar* dice poi la XIV (v. 45) e la X (v. 10); nulla dell' XIII. Terrebbero più del *vers* che non della *chanso*, considerate nella loro struttura: il sirventese (n. I), la IV e la X, che tuttavia hanno le rime in maggioranza piane, l' XI e la XIV. — Per renderci poi ragione della improprietà o inesattezza od oscurità del *romanzi* siamo ricorsi a due ipotesi, che releghiamo qui, perchè non ci pajono abbastanza solide da poter figurare nel testo. E per primo si potrà supporre che Dante abbia conosciuto altri *sirventesi* morali di Arnaldo, e quindi potesse usare giustamente, parlando di essi e senza confonderli con alcune varietà della canzone, il plurale: *prose di romanzi*. La seconda ipotesi ha qualcosa di seducente, ma non troppo maggiore solidità. Come vedremo più innanzi, l'Equicola pare abbia avuto dinanzi un testo monco della biografia d' Arnaldo, che gli dava per patria *Maruolh*, e lo confondeva quindi col „minore Arnaldo", pur esso perigordino. Ora, nella biografia di A. de Maruolh è detto ch' egli „cantava trop be e ligia romans" (MB. n° XVIII), che saranno stati o romanzi nel senso moderno e francese, o nel significato provenzale da noi altrove indicato. E s' aggiunge che le *lettere d' amore*, in cui specialmente si distinse questo Arnaldo, sono in un metro (ottonari rimati a coppie, come nel *Jaufre* ecc.) cui bene spetterebbe il nome di prosa. E quello di *prosa morale* (=prosa di romanzi) conviene poi, sia per il metro (senari rimati a coppie) e sia per il contenuto, a una lunga composizione didattica di A. de Maruolh, cui alcuni codici prepongono il titolo di *ensenhamen* (MW, I 176; e cfr. Diez, L. u. W. 127; e Bartsch, Grundriss, p. 47)

[1] Nei Wiener Jahrbücher, 1825; XXIX, p. 93. Ma noi non conosciamo questo scritto che dai riassunti del Diez, dell' Hofmann, ecc.

Onde Beatrice, ch' era un poco scevra,
Ridendo parve quella che tossio
Al primo fallo scritto di Ginevra.
(XVI, 13.)

Alla quale osservazione dello Schmidt aggiungeva il Diez l' altra, che bene si spiegherebbe la grande ammirazione di Dante per Arnaldo, ammettendo ch' egli lo avesse saputo autore del Lancilotto, interprete d' amore fra Paolo e Francesca.[1]

3° Il minnesingero tedesco Ulrich von Zazichoven, che nel secolo XII scrisse un *Lancilotto*, essenzialmente diverso dal francese, direbbe per espresso d' aver seguito il provenzale Arnaldo. E aggiungeva il Fauriel[2], che Ulrich von Z. „sans être célèbre entre les minnesingers, est partant connu, et désigné plus d' une fois, parmi eux, comme l' auteur de la version du Lancelot d' Arnaud."

Ma tutte e tre queste argomentazioni sono state dimostrate vane da Gaston Paris, il quale chiariva l' insussistenza delle facili affermazioni del Fauriel[3], e da Corrado Hofmann, che una ad una distruggeva le prove addotte dallo Schmidt.[4]

Quale autorità, infatti, si può assegnare da critici del secolo XIX (domanda l' Hofmann) a un attestazione del secolo XVI, riguardante un fatto del secolo XII? Nessuna, certamente; specie se si consideri che l' attestazione del Tasso è digiuna non solo d' ogni prova, ma d' ogni particolare indicazione.

Non sussiste poi che manchi nel Lancilotto francese l' episodio al quale Dante allude nel luogo citato del Paradiso; ne mancano i tratti caratteristici bensì nella redazione che ne abbiamo a stampa fino dal 1488; ma le redazioni manoscritte più antiche danno la chiave di tutte le allusioni dantesche.[5]

Dante, adunque, egli dice, se ha avuto in mente un *Lancilotto* di Arnaldo, ha avuto in mente un *Lancilotto* che

---

[1] P. d. Tr., 211.

[2] Histoire littéraire de la France, XXII, 215.

[3] Bibliothèque de l' Ecole des Chartes, XXVI I 6. E più largamente ora in Romania, X 484 segg.

[4] Sitzungsberichte der k. bayr. Akademie, 1870, vol. II. p. 48 segg.

[5] Questo celebre episodio si ha già a stampa secondo i mss. in Jonkbloet, Roman von Lancelot, II, XLI segg., e in Moland, Origines littéraires de la France, p. 373 segg. Da questi due libri ne riprodusse la parte essenziale l' Hofmann nello studio citato. Una versione fatta sui testi mss. si ha in P. Paris, Les romans de la T. R., III 253 segg.

dovea concordare punto per punto col *Lancilotto* francese; ma questo *Lancilotto* non può essere d' Arnaldo, perchè certamente anteriore a lui, avendo Crestien de Troie, di qualche poco più vecchio di Arnaldo, desunto dal *Lancilotto* francese il suo *Conte de la charrette.*[1] Non resterebbe, pertanto, che di supporre che Arnaldo abbia dato una versione provenzale del *Lancilotto*, e che in questa lo conoscesse l'Alighieri. È svanita ad ogni modo per Arnaldo la gloria d' avere composto il celebre romanzo.

Rispetto alle attestazioni di Ulrich von Zazichoven, della cui realtà già fortemente dubitava il Diez, ora che il romanzo tedesco è stato pubblicato per intero dall' Hahn[2], può ognuno sincerarsi a suo comodo che Ulrich non ha mai detto ciò che gli fu fatto dire; e meno che meno hanno detto gli altri minnesingeri, ciò che loro fa dire il Fauriel. Ulrich dice solo che Hûc von Morville (nel quale il Bächthold[3] crede di ravvisare un vescovo di Coutances, vissuto sulla fine del secolo XII e principio del XIII, alla corte dei re inglesi) gli diede „daz welsche buoch von Lancelete" (v. 9341), affinchè egli lo traducesse in tedesco. Ora, *welsch* è parola generica, che però significa più comunemente francese, e vi è ogni buona ragione per credere che francese fosse pure il libro avuto da Ulrich.[4] E giova poi notare che le allusioni di Dante non vi avrebbero spiegazione alcuna.

In conclusione, l' ipotesi d' un *Lancilotto* provenzale di Arnaldo Daniello è affatto inutile, e manca d' ogni ragione d'essere.

Vediamo se più forti sieno gli argomenti per attribuire al nostro trovatore un *Rinaldo*.

---

[1] Op. cit. p. 50. L'argomentazione dell' Hofmann non è naturalmente infirmata dalle dimostrazioni del signor P. Märtens, secondo il quale il *chevalier à la charette* non può essere stato desunto dalla parte corrispondente del romanzo francese in prosa, ma Crestien e l'autore del *Lancelot* avrebbero attinto a un' unica fonte, probabilmente in versi (Zur Lanzelot's Frage, nelle Roman. Studien del Boehmer, V, 647 seqq.). E opportunamente nota poi G. Paris: 'si Dante avait voulu dire, dans la *Comédie*, qu' Arnaut écrivit les plus beaux romans en prose qui existent, comment aurait-il pu affirmer ailleurs que tout ce qui est écrit en prose vulgaire est en langue d' oïl?' (Romania X 479). Non l' avrebbe affermato nemmeno nel caso che avesse ritenuto Arnaldo autore del solo *Lancilotto*.

[2] Lanzelet, Eine Erzählung von Ulrich v. Zatzihkoven; Frankf. a. M. 1845.

[3] Der Lanzilet des Ulrich v. Zatzihkoven, p. 35; e cfr. Rom. X 471.

[4] Märtens, Rom. Studien, V 687 seqq. Cfr. G. Paris, Rom. X 478.

Ciò non è: l' unica testimonianza che si adduca è quella del Pulci.

Come ormai tutti sanno in grazia delle belle ricerche del Rajna[1], il *Morgante* consta essenzialmente di due parti, superficialmente collegate fra loro, ma sostanzialmente diverse e per la fonte onde provengono e per la qualità dei fatti che narrano. Finita col canto XXIII la prima parte, che il poeta desumeva dal popolare *Orlando*, inframmettendovi di suo l' episodio di Margutte, egli viene nella seconda a rimaneggiare la vecchia favola della rotta di Roncisvalle, alla quale aggiunge sul principio la storia di Antea e de' suoi terribili giganti, scornati da Malagigi, e intercala quella di Rinaldo e Ricciardetto, che, a cavallo del diavolo Astarotte, giungono a tempo di partecipare alla battaglia di Roncisvalle.

Orbene; il Pulci allega come sue fonti per questa seconda parte Alcuino e Arnaldo; ed ad Arnaldo attribuisce in particolare la storia della venuta di Rinaldo dall' Egitto a Roncisvalle.

Ecco i luoghi in cui il poeta ne parla.

Narrato come Gano combinasse con Marsilio il tradimento, dice il poeta:

Io avevo pensato abbreviare
La istoria, e non sapevo che Rinaldo
In Roncisvalle potrebbe arrivare;
Un angel poi dal ciel m' ha mostro Arnaldo
Che certo uno autor degno mi pare . . .
Sì ch' io dirò come egli scrive appunto.
XXV, 115

Detto poi di Astarotte che s' avvia alla ricerca di Rinaldo e di Ricciardetto, segue il poeta:

E non sia altra opinion contraria,
Chè troppo belle cose dice Arnaldo;
E ciò che dice, il ver con man si tocca,
Che mai bugia non gli esce di bocca.
E ringrazio il mio car, non Angiolino,
(Senza il qual molto lavoravo invano)
Piuttosto un cherubino o serafino,
Onore e gloria di Montepulciano,
Che mi dette d' Arnaldo e d' Alcuino
Notizia, e lume del mio Carlomano;
Ch' io ero entrato in un oscuro bosco:
Or la strada e' l sentier del ver conosco.
XXV, 168—9

[1] Propugnatore, III e IV.

Narrando poi la rotta, si sofferma a criticare la versione popolare secondo la quale Turpino vi sarebbe stato morto. Infatti, Turpino questa istoria di sua mano scrisse,

E Alcuin[1] con lui poi si raccozza
E scrive insino alla morte di Carlo
E molto fu discreto ad onorarlo.
Dopo costui venne il famoso Arnaldo,
Che molto diligentemente ha scritto
E investigò dell' opre di Rinaldo,
Delle gran cose che fece in Egitto;
E va pel fil della sinopia saldo,
Senza uscir punto mai del segno ritto:
Grazie che date son prima che in culla,
Chè non direbbe una bugia per nulla.
XXVII, 79—80.

Già il Rajna notava, che in tutto l' episodio che il Pulci vorrebbe far credere come derivato da Arnaldo, nulla v' è che abbia l' aria tradizionale dei romanzi cavallereschi, se se ne tolga „il puro e semplice fatto della venuta, bastevolmente oziosa, di Rinaldo e Ricciardetto“[2] e la partecipazione di Rinaldo alla battaglia, che la stessa cronaca di Turpino, nominando tra gli eroi cristiani un *Rainoldus*, gli poteva suggerire. Anzi, è lecito ormai spingersi anche più avanti e indicare la fonte diretta più probabile di questo intervento di Rinaldo, partito d' Oriente, alla rotta di Roncisvalle. Questa fonte è il *Galien*, figliolo di Olivieri e della figlia dell' imperatore di Costantinopoli, indotto dal romanziere a giungere improviso al soccorso del padre nelle gole de' Pirenei. Ciò era già avvenuto nel Viaggio di Carlo Magno in Ispagna, dove Galeant viene invece di Portogallo, e conserva il suo nome.[3] Il Pulci altro non fece che attribuire a Rinaldo il fatto di Galien.

È poi anche dubbio se il Pulci, parlando d' Arnaldo come sua fonte poetica, avesse davvero in mente il trovatore famoso

---

[1] Girardo d' Amiens attribuisse ad Alcuino la Vita di Carlomagno scritta da Eginardo; e in un ms. del secolo XI ad Alcuino è attribuita una Vita fantastica di Carlo, forse l' abbozzo di quella che va sotto il nome di Turpino. Cfr. G. Paris, Hist. poét. de Ch.; p. 50, 492.

[2] La rotta di R., p. 159—60 dell' Estratto.

[3] Il viaggio di C. M. in Spagna, ed. A. Cerruti (Scelta di curiosità lett., n. 123—124, cap. LI e segg.). Intorno al *Galien* discorre G. Paris nel vol. XXVIII dell' *Hist. littér.*, che non è ancora giunto sin qui. Si vegga intanto L. Gautier, Épop. fr. II[1] 282 segg.

o altra persona; e l' Hofmann emette l' ipotesi che il Pulci così chiamasse con forma italiana Eginardo, che potè prima ridursi ad Anardo, e poi confondersi col più comune Arnaldo.

E la conclusione, ad ogni modo, è questa: che il Pulci non potè assolutamente attingere a un trovatore le discussioni teologiche di Astarotte e tutto il resto dell' episodio, ch' è affatto moderno; che alla sua fonte non potè, al caso, attingere altro che il puro scheletro della storia; e che questo scheletro, il poeta lo ebbe da ben altra narrazione, che non questo ipotetico *Rinaldo in Egitto* di A. Daniello.

Il quale, adunque, non consta abbia scritto alcun romanzo, nè d' amore come il *Lancilotto*, nè di *gesta* come il *Rinaldo*; e deve quindi e ha dovuto tuttaquanta la sua fama alle sue composizioni liriche, che abbiamo esaminate.

IV. La fama d' A. Daniello, e gli studii intorno a lui.

A. Daniello dovette aprirsi la strada alla fama di tramezzo a una folla di valorosi compagni. Verso il 1180, infatti, poetavano ancora Bernardo da Ventadorn, Marcabruno, P. d' Alvernia; e poetavano già Arnaut de Maruolh, Folchetto da Marsiglia, Pietro Vidal, R. de Miraval, Peirol, Ponzio de Capduolh, Gaucelmo Faidit, R. de Vaqueiras; e da poco (1173) era morto Rambaldo d' Orange.

Teneva poi lo scettro della poesia, sapendo sodisfare ai dotti e agli indotti, l' ancor giovine Giraldo de Bornelh, del quale narra il biografo provenzale che „fu persona di bassa estrazione, ma molto sapiente e per lo studio delle lettere [latine] e per ingegno naturale. E fu miglior trovatore di quanti l' avevano preceduto e di quanti gli vennero dietro; e però venne chiamato 'il maestro dei trovatori', e per tale si reputa ancora da chi sa apprezzare i detti sottili e ben assettati, in argomenti d' amore e di morale (*sen*). Molto l' onorarono gli uomini di pregio e intelligenti, e le donne che intendevano gli ammaestramenti delle sue canzoni. Il suo modo di vivere era questo: tutto l' inverno stava alla scuola e apprendeva le lettere [latine]; e l' estate girava per le corti, conducendo seco due cantadori, che dicevano le sue canzoni. Mai volle pigliar donna; e quanto guadagnava, faceane dono ai suoi poveri parenti e alla chiesa del castello dov' era nato. Questa chiesa, che tuttora sussiste, si chiamava di S. Gervasio".[1]

Ingegno poetico largo e comprensivo, sebbene non profondo, egli seppe ampliare gli orizzonti della lirica provenzale, e trattarne con eguale facilità tutti i generi, e svolgerne le due principali maniere, la popolare e la difficile, e in tutte e due segnalarsi. Forse egli cominciò con composizioni di stile oscuro e di metrica complicata; poi ritornò indietrò e si vantò di comporre tai canti che fossero con piacere ripetuti dalle donne che andavano ad attingere alla fontana. Certo pare di poter dire, che egli, poveramente nato, reagendo in favore della poesia schietta e sentita, lo facesse, conscio od inconscio, per forza della sua bassa origine. Si vede, infatti, com' egli per tal guisa si opponesse alla corrente promossa da Pietro d' Alvernia, borghese, e già prima da Rambaldo d' Orange, principe: i quali, alla lor volta, sembra reagissero contro la poesia schietta e sentita di B. da Ventadorn, figliolo d' un servo.

Delle opposizioni letterarie destate dalla poesia nuova di Giraldo de Bornelh il documento più importante sta nella nota rivista umoristica, che dei trovatori contemporanei fece P. d' Alvernia, quegli che sino allora era stato riputato il migliore di tutti. Nella seconda stanza di questa satira è detto: „Il secondo è G. de Bornelh, che m' ha l' aria d' un otre disseccato al sole, con quel suo canto magro e stentato, che somiglia a quello delle vecchie fantesche (porta-secchie); e s' egli si guardasse in uno specchio, non darebbe di sè stesso un ballerino."[2]

Ma non ostanti queste opposizioni la sua fama s' era venuta sempre meglio affermando, mentre s' oscurava quella del suo critico; e le canzoni morali ed amorose di Giraldo ebbero grandissima voga.

A lui venne ben presto a contrapporsi il Daniello, gentiluomo: il quale si atteggiò a rivendicatore della poesia studiata

---

[1] MB n° XX. — Altre notizie su Giraldo ci dà ora il ms. 1910 di Cheltenham; vedi la Revue des l. rom., 1881, giugno, p. 276—279.

[2] Bartsch, Chrest. 80.

e profonda di P. d' Alvernia e di R. d' Orange. Ligio quasi costantemente a quella maniera di poetare, egli la recò all' estremo suo limite, sia sotto il rispetto musicale e metrico, e sia sotto il rispetto stilistico. E par bene d' intravedere che tra lui e Giraldo ci sia stata qualche lotta poetica, sebbene Giraldo ammettesse anche il genere difficile e lo coltivasse egli stesso con gloria;[1] ma contro Arnaldo, che già veniva delineando le sue estreme innovazioni, insorse più vivamente uno schietto rappresentante della poesia trivialetta e fluida, ch' era per giunta un riprenditore di mestiere dei mali usi contemporanei, il monaco di Montaudon, che, sebbene nato gentiluomo, ne avea smesse le abitudini e le aspirazioni stando in convento.

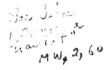

In una satira, ch' è come la continuazione e al tempo stesso l' antitesi di quella di P. d' Alvernia, egli dice d' Arnaldo: „Settimo viene Arnaldo Daniello, che in vita sua ben non cantò se non certi matti versi che non si capiscono. Dacchè prese a cacciare la lepre col bue e a nuotare contro la corrente montana, il suo canto non valse più un ballerino.“[2]

Ma se ben pare che il giudizio dato di Arnaldo dal Monaco di Montaudon echeggiasse quello dei più, non mancarono i pochi, i quali meglio sapessero apprezzare l' opera di lui; e ne abbiamo la prova nelle imitazioni che de' suoi schemi di strofa e della sua maniera in genere s' incontrano in trovatori contemporanei o di poco posteriori.

Ricordiamo per primo B. de Born, che ripetè la strofa e le rime della canzone: Sim fos Amors de joi donar tan larga, nel sirventese: Non posc mudar qu' un cantar non esparja;[3] ciò che fece anche un Guglielmo de Durfort (parente di Raimondo, o la stessa persona?) nella canzone: Quar say petit

---

[1] Bel saubra plus cubert far, mas non a chans pretz entier, qan tuich non sunt parsonier. Qui qeis n'azir mi sap bo qand auch dire per contens mon sonet rauquet e clar, el auch a la fon portar. Ja pois volrai clus trobar, non cuich aver maint parier... q' ieu cuig q' atretant grans sens es qui sap razon gardar, cum es mots entrebescar; MG 1387.

[2] MW, II 60—61.

[3] Lo Stimming, 100, credette che Arnaldo fosse invece l' imitatore; ma l' inverosimiglianza di questa ipotesi fu mostrata dal Bartsch, Groeber's Zeitschrift, III 410, che avea già rettamente sentenziato nel Dante-Jahrbuch, III 329. Cfr. E. Levy, G. Figueira, p. 19.

mi met en razon larga,[1] e Ugo di S. Cir nella sua che comincia: De vos me sui partitz, mal focs vos arga.[2]

Pietro Ramon de Tolosa, "uomo assennato (dice il biografo provenzale) e di gusto squisito",[3] che fioriva verso il 1200,[4] mostra chiare reminiscenze e imitazioni d' Arnaldo specialmente nella canzone: Era pus hyverns franh los brotz (MG 790—1), che ha stanze con tutte rime isolate e abbastanza difficili[5]. Ed Arnaldo imitò il guascone Guiraut de Calanson, che fioriva sul principio del secolo XIII, nella canzone: Sitot l' aura amara (MW, II 34), ch' è quasi tutta conflata di frasi e di rime arnaldesche, e nell' altra: Los grieus desirs quem solon far doler (MG 368; MW, II 56), attribuita da alcuni codici a G. di S. Leidier, dove s' hanno le rime: resplandres, Menandres (meandres), espandres, Flandres, refrandres, Avandres. Ma mentre il suo più antico biografo diceva di lui, che „ben seppe di lettere e fu sottile in trovare e fece canzoni magistrali e discordi come usavano allora, un rimaneggiatore di questa notizia soggiungeva al *magistrali* un *e spiacenti*; e la compiva così: „In Provenza non piacque; e poca reputazione ebbe tra i cortesi."[6]

Verso la metà del secolo XIII s' hanno ancora imitatori d' Arnaldo in G. di S. Gregori, contemporaneo di Blacasso († 1236), e in Bartolomeo Zorzi, morto verso il 1270. G. di S. Gregori, autore presunto della canzone: Dregz et rasos es qu' ieu chant em demori, che vedemmo costrutta al modo di Arnaldo, ricalcò anche la sestina in un sirventese (MG 940)

---

[1] La prima stanza è nello Choix, 5, 196. Noi ne abbiamo copia intera, ma non crediamo metta conto di stamparla. Un Guillelmus Durfortis è tra i soscrittori di un editto del 1197 di Pietro II di Aragona contro gli eretici albigesi; v. Mansi, Concilia, XXII 676, Venezia, 1778.

[2] Inedito in H.

[3] MB, nº XVII.

[4] Il Diez mette la carriera di questo trovatore fra il 1170 e il 1200; ma poichè quel Corrado Malaspina, al quale è diretta la canzone imitativa d' Arnaldo, nato nel 1180 si trova vivere fin oltre il 1250 (Litta, Malaspina, tav. III) sarà cauto mettere un poco più in quà anche la fine del poetare di Ramon.

[5] Veggasi anche la canzone in MG 942. — La dipendenza di P. Ramon da A. Daniello era già stata notata dal Barbieri, p. 129.

[6] MB nº LI. Non sapremmo altrimenti spiegare le contraddizioni palmari della biografia, quale ce la conservano IK.

contro la taccagneria di un don Aimaro, che vien contrapposta alla liberalità dello zio provosto; e B. Zorzi la ricalcò in un altro,[1] che per l' argomento potrebbe anche dirsi canzone; e della poesia difficile fu cultore amoroso, quantunque avesse a lagnarsi del pubblico, che non sapeva apprezzare e capire „i canti oscuri ricchi di pregio.“[2] Anche Ugo Brunenc mostra qua e là nel concetto qualche reminiscenza arnaldesca.

Nel complesso però bisogna dire che Arnaldo ha trovato pochi e poco valorosi imitatori in Provenza; nè poteva essere altrimenti, sia per la natura di questa poesia che era inaccessibile ai più, e sia per le circostanze politiche e sociali, tra le quali la poesia provenzale svolse la sua ultima età. Dopo il 1209, dopo le rovine della crociata albigese, mentre il dominio degl' invisi francesi si veniva sempre più allargando e assodando nel mezzodì, i trovatori si videro costretti a trattare la poesia come un' arma contro i preti ingordi e corrotti e contro i rozzi e sanguinarii padroni; ned ebbero più tempo o voglia di elaborare artificiosamente la strofa amorosa, in modo che accarezzasse le orecchie delicate dei signori e delle dame. E pur in Italia, ove la lirica provenzale ebbe una patria nuova e feconda, gli argomenti serii di politica abbondavano; e il campo della lirica amorosa venne notevolmente ristretto. E le nostre donne intendevano ancor meno delle provenzali la poesia difficile; e Sordello ci dice che alla sua dama piacevano le canzoni chiare;[3] e Lanfranco Cigala, nel fare l'elogio della poesia schietta e sentita, ci assicura che al suo tempo si sarebbero trovati appena quattro contro mille, che difendessero la poesia artificiosa ed oscura.[4]

Nè Arnaldo e la sua maniera trovarono maggior favore tra i dotti ed i critici illustratori che la lirica provenzale ebbe sino dal secolo XIII. Il nome d' Arnaldo mai s' incontra nella *Dreita maniera de trobar* di Raimondo Vidal da Bezaudun; e, ciò ch' è più notevole, neppure s' incontra in due novelle di questo stesso autore, che sono infarcite di luoghi di trovatori. Due citazioni di Arnaldo si hanno invece nel *Breviari*

[1] MG 573. — Qui viene evitato lo sconcio, ch' è nella sestina arnaldesca, della sostituzione del verbo *en-ongla* al sost. *ongla* in rima.

[2] Diez, L. u. W., 502.

[3] Choix, 3, 443.

[4] MG 551.

d' amor [1] di M. Ermengau, che scriveva dopo il 1288 (vv. 32289—90, 32573—80 ed. Azais; = II 19—20, XI 9—16); ma sono ben poche di fronte alle moltissime di poeti insignificanti. E le *Leys*, che appartengono alla metà del secolo XIV, toccando della figura rettorica, compar' riferiscono i primi due versi della "canso que fo A. D. can dish:

Lo ferms volers quel cor m' intra
Nom pot ges quey. escoyshendre ni ongla [2]

Nè più dei grammatici e dei poeti didattici mostrano di far conto d' Arnaldo i compilatori dei canzonieri, spettanti appunto alla seconda metà del secolo XIII e alla prima del XIV. I canzonieri, che non ordinano i trovatori secondo l' alfabeto, mettono al primo luogo Marcabruno o Pietro d' Alvernia, obedendo principalmente al criterio cronologico; Folchetto di Marsiglia o Giraldo de Bornelh, obedendo principalmente al criterio estetico. Arnaldo è, per norma, mescolato alla turba; e se E N lo mettono subito dopo G. de Bornelh, è lecito dubitare se ciò non sia dovuto al mero caso. In B ed U Arnaldo vien dopo Giraldo e tiene il secondo posto; e parrebbe potersene concludere che i compilatori di questi due codici stimassero Arnaldo il secondo dei trovatori e degno competitore di Giraldo; ma la conclusione sarebbe di certo falsa, al meno per B, che è una copia abbreviata dell' originale stesso che fu seguito da A, nel qual codice Arnaldo Daniello tiene il quinto posto e sta fra R. d' Orange e R. de Miraval. Notiamo infine che *a* assegna al nostro il terzo posto; ma qui pure è da ricordare che *a* è copia abbreviata di più ampio canzoniere. Per trovare un codice che assegni ad Arnaldo il primo posto bisogna venire al secolo decimosesto, al secondo canzonier provenzale di Cheltenham.[3]

Nè i compilatori de' canzonieri mostrano qualche deferenza per Arnaldo nell' accogliere di lui un numero relativamente grosso di composizioni; poichè se A D ne contegono, su diciotto, quattordici, C e K tredici, E ed H dieci ecc., resta pur

[1] Devo allo Chabaneau le indicazioni relative al *Breviari*. Cfr. Groeber, Prov. Lieders., 641.

[2] Las Leys d' amors, III, 330. La lezione di questi due versi si scosta da tutte le altre conosciute, e solo nel primo ricorda quella di *c*. Forse la citazione fu fatta a memoria.

[3] Vedi la Revue d. l. r., 1881, giugno, p. 265.

sempre notevole che il grosso canzoniere di Miquel de la Tor non ne potesse contenere più di dieci.[1]

Ora, considerando che pur nella nostra lirica aulica del dugento le tracce dell' influenza d' Arnaldo sono assai rare[2], dovrassi conchiudere che la fama grande del nostro trovatore comincia dal secolo XIV, con Dante, ed è per massima parte opera di lui.

Dante Altighieri mostrò il gran conto in cui teneva il Daniello in una serie delle sue poesie liriche, che, secondo il Carducci,[3] sarebbero anteriori al 1300; nel *De Vulgari Eloquio*, scritto tra il 1304—1307;[4] e infine nel luogo ben noto del Purgatorio, che certo pare scritto posteriormente al *De V. Eloquio.*

Nel Canzoniere dantesco si devono distinguere col Carducci tre diversi periodi e maniere di poetare. „Dante incominciò, come tutti i rimatori dell' età, prendendo l' ispirazione e il motivo dalla poesia d' amore cavalleresca"; e a questa prima maniera appartengono le liriche della Vita nuova, dal paragrafo primo al decimosettimo.[5] „Se non che e la tempra dell' animo e le condizioni degli affetti suoi, e le circostanze de' tempi dettero alla sua lirica qualche cosa di estatico e di solenne, un afflato mistico insomma; sotto il quale la materia prima di quella poesia, ch' era la trattazione cavalleresca dell' amore, venne del tutto rimutata e assunse nuova forma;" e s' ebbe così la seconda maniera e il secondo periodo della lirica dantesca, i cui prodotti stanno nei paragrafi 18—36, costituenti secondo il D' Ancona la seconda e terza parte della V. Nuova.[6] „Ma dopo la morte di Beatrice l' ardore dei sentimenti giovanili fino allor contenuto divampò in fiamma; e la

[1] Groeber, Liedersamml. 615.

[2] Di rime equivoche e di frasi chiuse e costrutti artificiosi si compiacque tra i nostri dugentisti specialmente Pannuccio del Bagno, pisano (Poeti del primo secolo, I 365, 374). Nelle Rime antiche, I 517, pubblicate dal D' Ancona si ha per intero una canzone dove occorrono due chiare reminiscenze d' Arnaldo. Anche il Guinicelli tentò le rime difficili nel sonetto: O caro padre meo.

[3] Delle rime di Dante Alighieri; in Studi letterari, Livorno, 1874; p. 215—216. Cfr. A. Bartoli, Letter. ital., cap. XII e XIII.

[4]) Cfr. D' Ovidio, in Arch. glottolog., II 63—64.

[5] Cfr. La V. N., ed. da A. D' Ancona. Queste liriche starebbero fra gli anni 1274 e il 1287.

[6] Queste liriche sarebbero state scritte dal 1287 al 1292.

poesia ne divenne reale espressione di passion naturale. Di che col procedere degli anni e degli studi pentitosi e come vergognando, il poeta trasmutò quell' ultima sua poesia a rappresentazione simbolica dell' amor della scienza, e quindi passando al dottrinale puro e alla lirica propriamente gnomica divenne il cantore della rettitudine; sin che dalla filosofia procedè alla teologia, e dalla *donna gentile* ritornò a Beatrice"; e così s' ebbe la terza maniera, un po' variopinta, della sua lirica.[1] Variopinta, ma segnata a vicenda delle due note caratteristiche della sensualità e della dottrina; e noi sappiamo che Dante, morta Beatrice, si abbandonò per qualche tempo a vita sregolata, e frequentò insieme le scuole de' filosofanti e quelle de' religiosi,[2] cercandovi quasi un contenuto più grave alle sue rime.[3] E della scuola egli si compiacque; e se prima avea saputo distinguersi (nelle liriche del secondo periodo) dai verseggiatori contemporanei per la freschezza e verità dell' ispirazione, ora ei mirò e seppe distinguersene colla studiatezza della forma, e con un contenuto il più possibile remoto dalle idee comuni. Allora „dalla purità e semplicità anche metrica del secondo periodo il poeta ritorna alle difficili combinazioni di rime e di stanze del sistema provenzale; e quindi ha forse origine quella sua grande stima per Arnaldo Daniello."[4] L' artificio dello stile, anche soverchio, dovette „apparire non difetto anzi pregio a chi sdegnava sì altamente i rimatori plebei; il padroneggiare la rima a baldanza e vistosamente col ricercarne la difficoltà doveva garbare a chi vantavasi di aver sempre tratto la rima a dir quel ch' ei volesse meglio: Dante dovè amare cotesto nuovo sistema di versificazione come freno alla facilità dissoluta dei ripetitori consuetudinarii delle medesime frasi e delle medesime consonanze. E tutto ciò dovette singolarmente piacergli quando fu su' l trasmutare alla fase dottrinale e al significato allegorico le *nuove rime*."[5] E che era mai

[1] Op. cit., 235. — Le rime di questo periodo stanno in parte nei paragrafi 36—50 che costituiscono, secondo il d' Ancona, la quarta parte della V. N., e vanno dal 1292 al 1299.

[2] Convito, II, 13.

[3] Altrimenti dal Carducci e dal D' Ancona intende la Beatrice e la storia degli amori di Dante il Bartoli nell' opera citata. Ma non vi ci arrestiamo, poichè tal divergenza nulla rileva per il nostro studio.

[4] Carducci, op. cit., 217.

[5] Op. cit. 217—218.

questa maniera arnaldesca se non l' esagerazione del sano principio artistico della convenienza tra il contenuto e la forma? Al contenuto morale e filosofico ben doveva corrispondere una forma più studiata e solenne di quella adoperata nelle mistiche canzoni d' amore per Beatrice.

Che se ci facciamo a cercare nelle liriche dantesche di questo periodo che e quanto vi possa essere dovuto all' imitazione d' Arnaldo, noi subito possiamo notare che, rispetto alle rime, esse vi si fanno meno comuni e riescono ad essere talvolta assolutamente *care*;[1] tal' altra sono *equivoche*, sono cioè costituite da parole identiche per il suono e differenti per significato più o meno completamente,[2] ciò che avviene in ispecie nella canzone: Amor, tu vedi ben ecc., ch' è una sestina rinterzata,[3] e nei due ultimi versi d' ogni stanza dell' altra, che con questa strettamente pare legarsi: Io son venuto al punto della rota. — Rispetto alla struttura della stanza e della canzone si vede subito ch' essa è qui molto più elaborata di quel che fosse nei componimenti anteriori: i settenari s' infrappongono più di frequente agli endecasillabi; abbondano le rime al mezzo; e direttamente da Arnaldo si attinge la forma della sestina: Al poco giorno ed al gran cerchio d' ombra, nella quale le sei parole si ripetono sempre collo stesso significato, se si eccettui *verde*, usato ora come aggiunto ed ora come sostantivo.[4] Nè contento di questa ingegnosa imitazione, volle provarsi Dante a contendere col maestro, e scrisse la sestina rinterzata, con rime equivoche, superandovi difficoltà incredibili: tanto che il poeta si crede in diritto di lodarsene dicendo sulla fine:

Sicch' io ardisco a far per questo freddo
La *novità*, che per *sua forma* luce,
Che mai non fu pensata in alcun tempo.

---

[1] Vedi in ispecie la canzone: Così nel mio parlar voglio esser aspro; e cfr. la prima stanza dell' altra: Le dolci rime ecc.

[2] Ciò fu già notato dal Carducci. In questo punto tuttavia Dante aveva avuto, come si vide, un precursore italiano.

[3] O *canzone rotonda*, secondo lo terminologia provenzale; cfr. Bartsch, Dante-Jahrbuch, III, 315—316.

[4] Diversamente si contengono le altre due sestine attribuite a Dante, ma a Dante negate dal Witte (Dante's Lyr. Ged., p. LVI della 2ª ed.). — Non sapremmo poi dire se sia accidentale o cercata l' assonanza che v' è fra *ombrà* : *donna*, *erba* : *pietra;* mentre, *verde* e *colli* avrebbero solo una mezza assonanza colle altre due coppie.

E di nuovo se ne lodava poi nel capitolo ultimo del De V. E. — Rispetto alla lingua, è da notare nei componimenti di questo periodo uno spesseggiare di latinismi e il ritorno a voci e modi provenzaleggianti, che distinguono le liriche dantesche del primo periodo. Così nella canzone: Poscia che Amor del tutto m' ha lasciato, abbiamo *messione* (prov. messio-s) per 'larga spesa', e *coraggi* per 'cuori'; e nella prima stanza dell' altra: Tre donne intorno ecc., abbiamo *raggio* (pr. ray-s) per 'rivolo', e *Drittura* per 'giustizia'.

Se poi dalla considerazione della forma, passiamo alla alla sostanza, troviamo che la situazione psicologica principale che ispira Dante e gli suggerisce molteplici antitesi, consiste nell' esser egli caldo d' amore, mentre l' inverno tien gelata la natura:[1] situazione fisica e psicologica che pur vedemmo rivelarsi in parecchie fra le canzoni del Daniello. Nè noi vogliamo già dire che Dante imitasse Arnaldo così grossolanamente da ricopiare, senza sentirla, una condizione psichica di lui; vogliamo invece affermare che Dante, appunto perchè venutosi a trovare in condizione psichica uguale a quella d' Arnaldo, dovette preferire a tutte le altre poesie dei trovatori quelle d' Arnaldo, che parevano l' estrinsecazione dell' anima sua propria. In un altro punto del contenuto queste liriche dantesche s' accordano con quelle d' Arnaldo e in genere con quelle de' provenzali: ed è nell' accennare abbastanza esplicitamente alle aspirazioni sensuali dell' amore, cosa affatto inaudita nei versi di Dante per Beatrice. Il Carducci richiamava in ispecie l' attenzione sul commiato della canzone: Tre donne ecc.:

Canzone, a' panni tuoi non ponga uom mano
Per veder quel che bella donna chiude;
Bastin le parti nude;
Lo dolce pomo a tutta gente nega
Per cui ciascun man piega...

Ma poichè qui il discorso è allegorico, queste espressioni perdono gran parte della loro vivacità e crudezza. Altrove sono accenni di simil fatta, e fuori d' allegoria. Il poeta di Beatrice confessa che vorrebbe tutta la vita farsi animale e gir pascendo l' erba

Sol per vedere de' suoi panni l' ombra;

---

[1] Vedi in ispecie le canzoni: Io son venuto al punto della rota; e Al poco giorno.

cioè, per vedere ciò che ascondevano i panni della sua cruda donna;[1] e nella canzone: Così nel mio parlar ecc., la passione amorosa de' sensi è dipinta con una vivacità che non ci saremmo aspettata da Dante.

Anche più evidenti sono le tracce dello studio messo dall' Alighieri intorno alla lirica arnaldescha nel De v. eloquio.

I poeti veramente illustri (egli dice nel libro II, cap. 2), che hanno poetato in volgare, pigliarono come soggetto delle loro rime o la salute della patria e la guerra, o la venere e l' amore, o la virtù e la morale.[2] Così fecero B. de Born, che cantò le armi dicendo: Non posc mudar ecc.; A. Daniello, che cantò l' amore nella canzone: L' aura amara; e G. de Bornelh, che poetò sulla rettitudine dicendo: Per solatz revelhar. E per tal modo vien Dante ad assegnare ad Arnaldo il primo posto tra i poeti provenzali, che dissero d' amore; tra gl' italiani contrapponendogli Cino da Pistoja, mentre sè stesso contrappone a Giraldo nel cantare della rettitudine, ossia nel comporre canzoni filosofiche e morali.

Più innanzi, nel cap. sesto dello stesso libro, Dante, volendo dare esempi della „constructio suprema", ossia del „gradus constructionis sapidus et venustus etiam et excelsus", di Giraldo cita la canzone: Si per mon Sobretotz non fos; di F. da Marsiglia: Tan m'abelis ecc.; di A. Daniello: Sols sui qui sai ecc.; e altro di altri trovatori provenzali, francesi e italiani. Cosicche, riguardo allo stile e all'arte di maneggiare la lingua, Dante distingue ancora, di tra la folla, A. Daniello; ma si contenta di citarlo per terzo, mandandogli innanzi Giraldo e Folchetto.

Nei capitoli decimo e decimoterzo, infine, dove tocca del modo di costruire la stanza, Dante avverte d' aver imitato Arnaldo nella sua sestina: Al poco giorno ecc.; e rispetto all' uso di lasciare tutti i versi d' una stanza senza consonanze cita la canzone: Sim fos Amors ecc.; dove è a notare specialmente che Arnaldo è il solo ch' egli citi per questo riguardo.

---

[1] Al poco giorno, st. 6.

[2] La bontà di questa partizione, che Dante mostra di stabilire e in via teoretica e in via sperimentale, non fu sinora abbastanza apprezzata. Noi ne abbiamo fatto nostro pro, nella Storia della lett. ital. nel secolo XVI, che ad essa quasi totalmente, nelle grandi partizioni della materia, informa

Riassumendo, adunque: Dante, che nelle sue liriche amorose del terzo periodo e nelle rime filosofiche mostra d' avere studiato e imitato Arnaldo, lo mette qui teoricamente primo fra i trovatori d' amore; primo e quasi unico nel magistero di costruire la stanza; e tra i primi nell' arte di maneggiare la lingua materna.

Veniamo ora a vedere come si accordi con tutto ciò il giudizio che su Arnaldo fa pronunciar l' Alighieri da Guido Guinicelli nel c. XXVI del Purgatorio.

Per apprezzare esattamente questo luogo, del quale abbiamo già discusso una parte (versi d' amore e prose di romanzi), gioverà ricordare che Dante, discorrendo poco prima con Bonagiunta da Lucca, poeta della vecchia scuola provenzaleggiante e cavalleresca, avea, di fronte a lui, messo in rilievo una parte della rivoluzione poetica propria, quella rivoluzione che si vede nelle poesie della seconda maniera (le *nuove rime*, che cominciano appunto colla canzone: Donne, che avete intelletto d' amore, citata da Bonagiunta), dicendo:

io mi son un che, quando
Amore spira, noto, ed, a quel modo
Che detta dentro, vo significando.

Alle quali parole risponde Bonagiunta, veder ora anch' egli

il nodo
Che il Notajo e Guittone e me ritenne
Di qua dal *dolce stil nuovo*, ch' i' odo.[1]

Nell' altro luogo, che ora ci facciamo ad esaminare, Dante mira ad accentuare la sua terza maniera di poetare, e però contrappone sè stesso a G. Guinicelli, che ne fu l' iniziatore e cui festeggia, infatti, come 'padre' suo e degli altri migliori suoi (amici), che mai

Rime d' amore usâr dolci e leggiadre.

Richiesto da Guido della ragione di tanta ammirazione e tenerezza, Dante risponde esserne cagione:

li dolci detti vostri
Che quanto durerà l' uso moderno
Faranno cari ancora i loro inchiostri.

E Guido:

O frate, disse, questi ch' io ti scerno
Col dito, e additò uno spirto innanzi,

[1] Purg. XXIV, 52—58.

Fu miglior fabbro del parlar materno.
Versi d' amore e prose di romanzi
Soverchiò tutti, e lascia dir gli stolti
Che quel di Lemosì credon ch' avanzi.[1]

Lo spirito additato dal Guinicelli era quello d' Arnaldo, che ivi si purgava d' amori contro natura.

Qui Dante comincia adunque col lodare il Guinicelli qual maestro di rime d' amore, che fossero al tempo stesso dolci, cioè piacevoli a tutti, e leggiadre, vale a dire anche eleganti e bene elaborate; qual maestro, insomma, di stile, di quello stil nuovo, che Dante aveva seguito, per diventarne alla sua volta maestro. Il Guinicelli si schermisce modestamente da una parte della lode (fu *miglior* fabbro), e una simile ma maggiore ne dà ad Arnaldo. Ciò nei primi tre versi, e propriamente nel terzo della risposta: „Fu miglior fabbro del parlar materno", che pienamente risponde alle „rime dolci e leggiadre" e ai „dolci detti", di cui avea toccato Dante. Aggiunge poi il Guinicelli, per compire l' elogio d' Arnaldo, un giudizio anche sul contenuto della poesia di lui, dicendolo superiore a tutti nella lirica amorosa („versi d' amore" = „rime d' amor"), e nei componimenti poetici morali. Stolti sono quelli che accettano la sentenza di certi barbassori *(credono)*, secondo i quali Giraldo de Bornelh sarebbe, per questo conto, superiore ad Arnaldo.

Si può forse rilevare una qualche contraddizione tra questo giudizio su Arnaldo e ciò che Dante mostrava di pensare intorno a lui nel *De vulg. eloquio*; ma la contraddizione è più apparente che reale. Parrebbe, infatti, che Dante dèsse qui ad Arnaldo il primato non solo nel poetare d' amore, come altrove avea fatto, ma anche nel cantare la rettitudine *(prose di romanzi)*, e nello stile e nella lingua; e ciò, mentre nel *De v. el.* avea messo per primo nel cantare la rettitudine Giraldo, e per l' arte della lingua avea citato Arnaldo solo nel terzo luogo.

Ma rispetto a quest' ultimo punto, è da avvertire che veramente il Guinicelli non dice Arnaldo superiore a tutti anche nello stile; egli lo dice per questo conto superiore a sè stesso; superiore a tutti lo dice solo per il contenuto della sua poesia, rispetto al quale pare istituito il paragone con quello di Lemosì, cioè Giraldo. E qui, dunque, la contraddizione esiste di fatto;

[1] Purg., XXVI, 112—120.

ma non è difficile a spiegare. Noi sappiamo che Dante nelle liriche della sua terza maniera, alla quale appartengono appunto le morali, s' attenne particolarmente alle forme e alla ispirazione d' Arnaldo; e fin d' allora dovette egli, adunque, considerarlo come maestro anche nella canzone e nel serventese morale. Ed è poi anche possibile, che i giudizi pronunciati da Dante su Arnaldo e Giraldo nel *De v. el.*, poichè suonavano contrari a quelli più in corso, abbiano destato opposizione e suscitato critiche: degli autori delle quali Dante avrebbe fatto qui giustizia, al solito, sommaria, chiamandoli stolti ed ignoranti ripetitori del detto altrui; e ciò per bocca d' un così solenne maestro come era G. Guinicelli.

Cotesto battesimo di gloria, impartito da Dante al Daniello, fu poi confermato dal Petrarca.

Il Petrarca avea letto e studiato gran parte della lirica trobadorica; e a ciò lo aveano spinto lo speciale suo stato psichico, il luogo dove passò la miglior parte della vita, e le condizioni della cultura poetica d' allora. E la stima che Dante professava per i trovatori, e specialmente per Arnaldo, dovette contribuire non poco a far sì che il Petrarca attentemente li ricercasse.

E della sua famigliarità con essi abbiamo prove sicure, oltrechè nel fatto ch' egli ha posseduto e annotato uno fra i più cospicui canzonieri occitanici [1] che tuttora sussistano (K), nelle imitazioni formali e sostanziali che della poesia trobadorica s' hanno nel canzoniere per Laura. E rispetto alla forma e rispetto alla sostanza noi studieremo qui i rapporti del Petrarca, non già coi trovatori in genere, ma con Arnaldo Daniello.

Ben poco del contenuto del canzoniere petrarchesco si può dir derivato dalle liriche d' Arnaldo; ma quel poco è affatto caratteristico. — Fu già notato dal Diez,[2] che il Petrarca si compiacque particolarmente di due artificiose imagini d' Arnaldo, di quelle due che già tra i contemporanei gli aveano acquistato mala fama: *cacciar la lepre col bue;* e *ammucchiar l' aura.* Se ne servì il Petrarca nel son. 158 in vita e più largamente

[1] Anche M parrebbe essere stato posseduto dal Petrarca, il quale vi avrebbe apposto una glosa marginale in una canzone (Ara sabrai) in esso a torto attribuita al Daniello, cfr. MG 438.

[2] L. u. W., 328.

ancora nella sestina ottava; nè contento di riprodurle tali e quali, volle rincarare la dose, facendo *zoppo e lento* il bue d' Arnaldo, e l' aria non solo *ammucchiando*, ma anche *abbracciando.* E poichè è tutt' altro che provato che la donna amata dal Petrarca si chiamasse realmente Laura, e questo nome pare piuttosto un *senhal*, è lecito sospettare che da Arnaldo lo togliesse il Petrarca, e s' incapriccisse insieme delle due strane imagini, strettamente collegate con esso. — Un' altra traccia meno evidente, ma non meno sicura e molto più importante, dell' influenza della poesia arnaldesca sul contenuto del Canzoniere sta, secondo noi, nelle sestine prima e settima; dove, contro ogni espettazione, si fanno sentire abbastanza chiaramente due note di sensualità. Nella prima è detto:

Con lei foss' io da che si parte il sole,
E non ci vedesse altri che le stelle,
Solo una notte; e mai non fosse l'alba;

e similmente nell' altra, „nata di notte, in mezzo ai boschi“:

Con essa (la luna) e con Amor in quella piaggia
Sola (Laura) venisse a stars' ivi una notte;
E 'l dì si stesse e 'l sol sempre nell' onde.

Come già notammo rispetto alla lirica dantesca, dove il contrasto è anche più spiccato, si è indotti a ravvisare in questa dissonanza un riflesso della poesia occitanica, e, per il caso nostro, un riflesso della poesia d' Arnaldo, che simili idee espresse nella sestina e nella canzone XII: chi ne dubitasse, lascierà di farlo, considerando che questi due tratti caratteristici stanno in due sestine, vale a dire in due liriche le quali, sotto il rispetto formale, vengono sicuramente da Arnaldo. — Altri accordi minori delle liriche petrarchesche con quelle d' Arnaldo verremo ricordando nelle note.[1]

Ora passando alla parte formale della lirica petrarchesca, osserveremo per primo esservi nel Canzoniere esempi parecchi di rime difficili;[2] che un curioso affastellamento di rime equivoche si ha nel sonetto: „Quand' io son tutto volto in quella parte“; e che abbondantissime sono le rime al mezzo nella canzone-indovinello: „Mai non vo' più cantar com' io soleva.“ La stanza senza membratura e con rime tutte isolate, come piacque ad

---

[1] Vedi, per es., quelle a XV 6—7, XVI 7 ecc.

[2] Si vegga soprattutto la canzone: „Se il pensier che mi strugge“, e il sonetto: „O d' ardente virtude ornata e calda“.

Arnaldo, fu riprodotta nella canzone: „Verdi panni, sanguigni, oscuri o persi.“ — Il Petrarca ha poi composto ben nove sestine, ch' egli teneva a far sapere derivate dal modello arnaldesco e non da quello di Dante;[1] e nella quinta di esse ei riproduce anche lo speciale artificio delle assonanze riposte fra le sei parole d' uscita. E forse, ricordevole d' Arnaldo, si permise d' infrangere per tre volte la legge nuova posta alla sestina da Dante, che, cioè, le sei parole si ripetessero sempre collo stesso significato.[2] Con Dante poi evidentemente gareggiò (e lo vinse di molto) nella sestina doppia, ch' è riuscita veramente a meraviglia, come sentì il Petrarca stesso, dicendo che in essa

doppiando il dolor, doppia lo stile,

e soggiungendo di sperare che Laura

Ben riconoscerà' l mutato stile
Ond' io vo' col pensier mutando stile.

Venendo ora a toccare del noto luogo de' *Trionfi*, che si riferisce ad Arnaldo, cominciamo coll' avvertire che i *Trionfi* nella concezione fantastica (visione), nella concezione filosofica (ascetismo), e nel metro (terzina), si rivelano ispirati dalla Divina Comedia; e però siamo quasi a priori indotti ad aspettarci in questo luogo un riflesso di quello corrispondente del Purgatorio.

E questo appunto avviene. Fatta l' enumerazione dei poeti greci, latini e italiani, già vinti da Amore, il Petrarca prosegue:

poi v' era un drappello
Di portamenti e di volgari strani.
Fra tutti il primo Arnaldo Daniello,
Gran maestro d' Amor, ch' alla sua terra
Ancor fa onor col suo dir novo e bello . . .
E' l vecchio Pier d' Alvernia con Giraldo.

Evidentemente, come nel luogo dantesco, anche qui la lode ha doppia ragione: il contenuto poetico amoroso (gran maestro d' amor), e la forma (dir nuovo e bello). Notevole è però, in questo accordo, la discordia dei due nostri poeti nello stabilire la priorità dell' argomento in lode d' Arnaldo. Vedemmo come

---

[1] Veggasi il luogo di Benv. da Imola, che citiamo più innanzi.

[2] Ciò avviene nella seconda, dove a *lauro* si sostituisce nel commiato *l'auro*; nella ottava, dove *Laura* è sostituita a *l'aura*; e nella seconda, dove *arriva* è sostituito a *riva*.

in Dante il „soverchiò tutti" si riferisca, secondo ogni probabilità, al contenuto poetico del nostro trovatore; qui, invece, s' insiste principalmente sul „dir nuovo e bello" di lui, che ai tempi del Petrarca manteneva ancor viva la fama della Provenza letteraria *(ancor fu onor)*; benchè col „primo" si fosse echeggiato già il giudizio dantesco, dandogli maggior estensione che in realtà non avesse.

E il primo fra i trovatori fu reputato ormai Arnaldo per circa quattro secoli; e la sua fama si intrecciò indissolubilmente con quella di Dante e del Petrarca, e con la fama di questi venne grandeggiando e a vicenda oscurandosi; e si mantenne ad ogni modo ben viva, mentre quella degli altri trovatori era presso che del tutto tramontata. — Noi ci proponiamo di rifare sommariamente la storia di questa fama, specie in Italia, dov' ella precipuamente si svolse; e la rifaremo cercando i giudizi e le notizie date di lui dai commentatori dei due poeti massimi nostri, i giudizi e le notizie offerte dai trattastisti d' arte poetica o dai critici letterarii, e infine le imitazioni e le trasformazioni della tecnica poetica speciale ad Arnaldo. E ciò faremo, giù di secolo in secolo; per giungere alfine al risveglio della critica moderna la quale, non contenta di ripetere o di giustificare il detto di Dante e di Petrarca, si propose di farne libero esame, e di scoprirne le storiche ragioni.

Nello scorcio del secolo XIV e lungo il XV troviamo parecchi nostri rimatori e poeti che si provarono a riprodurre la sestina arnaldesca. Al Boccaccio n' è attribuita dal Trissino una, della quale riferisce la prima stanza, dove rimano insieme il quinto e sesto verso.[1] Il Sacchetti tentò insieme la semplice e la doppia, con che si mostra imitatore, non d' Arnaldo, ma di Dante e del Petrarca; e saggi di sestina semplice diede anche Lorenzo il Magnifico.[2] Ma poche, nel complesso, furono queste imitazioni, come scarsa fu in genere la poesia volgare in questa età.

E mancò poi affatto, per quanto sappiamo, chi ne trattasse teoreticamente; poichè nè Antonio da Tempo, che scriveva in latino il suo trattato dei ritmi volgari nel 1332; nè Gidino da

[1] Il Moutier, nella sua edizione del Boccaccio, XVI 106, nota che nessun manoscritto da lui veduto contiene questo principio di sestina.

[2] Cfr. Quadrio, Storia e ragione d' ogni poesia (Mil., 1741), II, parte 2ª, p. 183 seq.

Sommacampagna, che in volgare rifece questo lavoro nella seconda metà del secolo, conoscono pur di nome la sestina, nè il nome ricordano d' Arnaldo.

Di lui pretendono invece sapere qualche cosa i commentatori di Dante; ma in realtà, come subito vedremo, il loro sapere si riduce a ben poca cosa.

Si contenta Jacopo della Lana di tradurre alla meglio i versi provenzali messi da Dante in bocca ad Arnaldo;[1] ned è meglio istrutto, benchè si diffonda in lunghe parole, l' anonimo fiorentino del sec. XIV, il quale chiosa: „Arnalt Daniel provenzale, il quale in fare prose di romanzi in lingua francesca, o vuo' dire in rima, avanzò gli altri, et all' Auttore piacquono molto le cose sue, tanto ch' egli è fama che le canzoni morali di Dante fossono ritratte et pigliassono forma da quelle di Arnalt di Daniel provenzale; et chi legge l' une et l' altre in molti luoghi il comprende."[2] Nè meglio istrutto egli è sul conto dell' antagonista di Arnaldo, del quale scrive: „Guido Brunello del Messo[3] fu similmente gran maestro di dire in rima, et ebbe gran fama innanzi a Arnaldo; tanto che, poi che Arnaldo disse doppo lui, era tanta la fama di Guido corsa innanzi, che ben che Arnalt dicesse meglio di lui, pure il grido antico dava fama e nome a Guido Brunello, et massimamente per quelli che non guardavano nè arte nè ragione, nè distintamente le cose dette in rima et dell' uno et dell' altro; ma Dante conferma qui essere stato Arnalt migliore dicitore di Guido Brunello, che diede fede al fatto, che' l vide, et non al dire delle genti et della fama."[4] È questa, infatti, una semplice interpretazione del luogo dantesco, fatta con qualche ingegno, ma con assoluta ignoranza dei fatti in quistione, come mostra l' errore perfino nel nome di Giraldo, e la storpiatura in quello della sua patria. — Arnaldo diventa *Arnoldo* per

---

[1] Bologna, 1866; II 311; ed. L. Scarabelli. I due trovatori vi sono detti messer Arnalt (*Arnale*, nel cod. 67 del Seminario di Padova) di Provenza e Guido Brunello. — Nulla ha l' Ottimo (Pisa 1828).

[2] Bologna, 1868; II 428; ed. Fanfani.

[3] Da *Limoges*, letto *limos*, poi diviso, nella presunzione che nella prima sillaba si avesse l' articolo, in *li mos*; infine male scritto o male rilevato, in *li mes*, onde: G. Brunello *del Mes*.

[4] II, 429. L' errore di „Guido" per „Giraldo", che proviene dal Laneo, sarà sorto per influenza del nome ben più noto del Guinicelli.

l' autore delle Chiose sopra Dante;[1] che soggiunge essere stati Arnoldo di provenza e Giraldo da Limusi „huomini virtudiosissimi introvare e belli dittatori in loro linghuaggio irime esonetti echanzone.“ Le parole pronunciate più innanzi da Arnoldo sono „ilinghua franciescha.“ — Nè di più sa dirci sul conto di Arnaldo Pietro di Dante, che tuttavia è meglio informato sul conto di Giraldo, del quale par abbia in parte conosciuto la biografia provenzale. Lo chiama, infatti, „Gerardum de Bornel de terra Esidueil de Limosino,“ aggiungendo la preziosa notizia: „quae est contrata inter Franciam et Bretanniam;“ e sa che Giraldo „magnus fuit inventor.“[2]

Più diligente degli altri trecentisti, se non degli altri, in fondo, meglio informato, è Benvenuto de' Rambaldi da Imola, che scrive: „Heic poëta inducit dictum Guidonem laudatum ab eo, ad commendandum quemdam spiritum modernum, quem praefert sibi et aliis in arte inveniendi. Ad cujus cognitionem volo te scire, quod iste magnus inventor fuit quidam provincialis tempore Raymundi Berengerii boni comitis Provinciae, nomine Arnaldus et cognomine Daniel: vir quidem curialis, prudens et sagax. Qui invenit multa et pulcra dicta vulgaria. A quo Petrarcha fatebatur sponte se accepisse modum et stilum cantilenae de quatuor rhythmis et non a Dante.[3] — Hic, dum

---

[1] Firenze, 1846; p. 466—67; ed. Vernon.

[2] Florentiae, 1845; ed. V. Nannucci. *Bronel* e *Sidoil* ha il cod. 164 del Seminario di Padova.

[3] Il Diez, L. u. W., 348 n., non osa dire di che specie di componimento si parli in questo luogo; ma sembra evidente trattarsi della sestina, che Dante prima e il Petrarca poi tolsero da Arnaldo. Ma come si spiega il *quatuor?* Noi crediamo ch' esso sia stato scritto dapprima IV alla romana, e che cotesto IV sia stato male trascritto o male scritto per un VI. — Altrimenti tentarono di spiegare questo luogo il Galvani, che ci vide un' allusione al sonetto, e ai quattro suoi membri, e il Wolf (op. cit., p.306) che vi scorse un' allusione alle ipotetiche stanze di quattro alessandrini sulla stessa rima, in cui Arnaldo avrebbe composto i suoi romanzi e la *cantilena*-sirventese di cui tocca in appresso Benvenuto. Ma, rispetto all'ipotesi del Galvani, è da osservare che non si conosce alcun sonetto di Arnaldo (e neppur d' altri trovatori *provenzali*), che Dante e Petrarca potessero imitare; e rispetto a quella del Wolf occorre appena ricordare che nè il Petrarca nè Dante hanno mai scritto, che si sappia, strofe di quattro versi alessandrini. Che se *cantilena* (come mostra il luogo del De v. e., II 8, citato dal Wolf) non pare adatto a denotare una varietà della canzone, qual' è la sestina, non è da dimenticare che la parola si

senuisset in paupertate, fecit cantilenam pulcherrimam, quam misit per nuntium suum ad regem Franciae, Angliae, et alios principes occidentis, rogans ut quem ad modum ipse cum persona juverat eos delectatione, ita ipsi cum fortuna sua juvarent eum utilitate. Quum autem nuntius post hoc reportasset multam pecuniam, dixit Arnaldus: *Nunc video, quod Deus non vult me derelinquere.* Et continuo, sumpto habitu monastico, probissimae vitae semper fuit.“ Rambaldo poi 's' accorge che i versi messi in bocca ad Arnaldo sono provenzali; e aggiunge: „Videtur quod poëta noster inseruit heic ista verba provincialia ad decorem latinitatis, et ut ostenderet se de omnibus aliquid scivisse.“ E fa la peregrina osservazione che la „lingua provincialis, quamvis non sit pulcra, tamen est difficilis.“ Intorno a „quel di Lemosi,“ osserva brevemente: „Iste novus inventor vocatus est Giraldus Brunellus, qui fuit de patria Lemovicensi, de qua diebus nostris fuerunt plures pontifices.“ Trova che le „sententiae“ (il contenuto poetico) di Arnaldo, „bonae erant“; e che Dante avea avuto mille ragioni di sferzare gli stolti che gli preferivano Giraldo.[1]

La fonte, o le fonti, a cui Benvenuto ha attinto queste notizie, non è nota; certo non era la biografia provenzale che conosciamo noi. Forse egli avea qualche notizia delle poesie stesse d' Arnaldo; o questa notizia aveva avuto il redattore della fonte di Benvenuto. Infatti, quell' accennare ad Arnaldo quale contemporaneo del buon conte di Provenza Raimondo Berengario, accuserebbe la conoscenza delle due tenzoni tra un *Arnaut* non altrimenti determinato e il conte di Provenza e tra il conte di Provenza e *Carn et ongla*, malamente interpretato per Arnaldo, il quale di *carn* ed *ongla* avea discorso nella celebre sestina.[2] In quanto poi alla storiella della canzone mandata ai principi d' occidente, e della povertà d' Arnaldo, e del suo finir frate, essa ha potuto derivare da due fonti a noi note: il sirventese di Raimon de Durfort, dove

trova anche adoperata a dire in generale 'aria musicale' su cui va un componimento.

[1] Appresso il Muratori, Ant. Ital. I, co. 1229—31. Del commento, che nel suo insieme e nel testo originale è ancora inedito, pubblicò una versione in usum Delphini un avvocato G. Tamburini, Imola 1856. I luoghi corrispondenti a quelli da noi citati vi si trovano nel vol. II, p. 521—22.

[2] Vedi i due componimenti in Arch. 34, 407; MG 1305, e Parn. oc. 106.

Arnaldo è dipinto come un povero spiantato, che tutto perdeva al tavoliere; e la canzone: Dregz et rasos es qu' ieu chant em demori, nella stanza sesta della quale è detto: „Se in breve non ho ciò che ebbi altre volte, giuro per San Gregorio, che voglio mettermi la tonaca bruna e lo scapolare ... e farmi tondere una chierica ampia in cima alla testa.“ [1] E in convento sappiamo, del resto, essere finiti parecchi fra i trovatori.

Se fra i trecentisti Benvenuto è il più diligente, il meno informato è Francesco Buti da Pisa, che non arriva nemmeno a capire chi sia „quel da Lemosì“, e Lemosì crede una „città di Francia“; e di „Francia“ dice troppo brevemente anche Arnaldo. Il quale è indotto da Dante „a parlare francioso, per mostrare ch' elli fu de Francia, e per mostrare al lettore ch' egli seppe il francesco.“ [2] Nella qual' ultima ipotesi Francesco s'incontra con Benvenuto; come s'incontra con Pietro di Dante nel chiamar francioso il provenzale; ma sarebbe troppo strano ch' egli avesse conosciuti questi due commentatori e avesse saputo giovarsene così male.

Nel secolo decimoquinto, il solo commentatore di Dante, il cui lavoro sia di pubblica ragione, è Cristoforo Landino, il quale nello spiegare il nostro luogo segue specialmente Benvenuto, da lui citato fra i suoi predecessori nel proemio; e dice: „Costui fu Arnaldo di provenza, molto lodato et approvato in rime di quella lingua, el quale essendo ne la sua senectu oppresso da povertà scrisse una morale (= cantilenam); colla quale dal re di Francia et d' inghilterra hebbe assai pecunia. Costui afferma il petrarcha haver imitato in molti luoghi.“ — „Quel di Lemosi. Non pone el nome; ma nominalo da la patria sua che è in francia.“ Ai versi provenzali messi in bocca ad Arnaldo nota: „Scrisse questi versi il poeta parte in lingua francese, et parte in catelana perche Arnaldo era docto nelluna et nellaltra lingua.“ [3]

Dei commentatori dei Trionfi petrarcheschi spetta a questa età solo Bernardo Illicinio (= da Montalcino) da Siena, qualificato, nell' edizione del 1513, quale „unico et excellentissimo interprete.“ Nondimeno egli avverte candidamente che solo

---

[1] MG 109, 437.

[2] Pisa, 1860; II, 632—35; ed. Cr. Giannini.

[3] Vinegia, 1484.

di Pietro d'Alvernia[1] conosceva opere; „de li altri confessaremo non havere più expedita notitia, volendo più presto a inscitia che a temerità essere ascripti, non deviando da la modesta sententia di coloro quali etiamdio quello che certamente credano sapere non senza timore affermano.“[2]

Tra gli altri scrittori che in questo secolo fecero menzione d'Arnaldo ricorderemo per primo l'autore della *Leandreide* o meglio *Leandrheride*, che scriveva nel 1415, e in un canto provenzale del suo poema in terza rima, ove si fa una rassegna talvolta abbastanza larga dei trovatori, dà del nostro il puro e semplice nome[3]; Benedetto da Cesena, che poco dopo il 1452 scriveva, pur egli in terza rima, un *Libellus de honore mulierum*, ove tra i poeti più celebri si contano:

> Brunecto che cantò in lingua francese,
> E Arnaldo provenzal che diede aiuto
> A quei che scripse rime, e quel Guittone
> Che fo più docto assai chel ver tenuto;
> E Folco de Marsilia si cantone
> Rime amorose, e morto poi el suo amore
> Al contemplante el suo intellecto alzone[4];

e infine Leone Cobelli, morto nel 1500, che nella sua *Cronica* fa perire in una fazione del 1278 sotto Forlì „Arnalt provinciale poeta ottimo in lingua galiga, del quale Arnalt ne fa mencione Dante.“[5] Abbiamo poi già detto che il Pulci attribuisce ad un famoso Arnaldo la composizione d'un *Rinaldo in Egitto*.

In conclusione, quando in ispecie si consideri che il Landino, il quale è di tutti il più istrutto, non fa che riassumere ad orecchio ed inesattamente le parole di Benvenuto, bisogna dire che, se le notizie intorno al Daniello erano già scarse sulla fine del secolo XIV, scarsissime diventano per tutto il XV.

---

[1] E probabilmente egli avea in mente uno dei due scrittori latini, portanti questo nome, e fioriti sulla fine del sec. XIII.

[2] Dall' edizione stagniniana del canzoniere petrarchesco (1513, Venezia), p. 32. B. da Montalcino, studioso di filosofia e di medicina, dedicò il suo lavoro a Borso d'Este, duca di Modena (1450—1471).

[3] Memorie dell' Istituto veneto, Venezia 1857; VI. p^te^ 2^a^ p. 468.

[4] Lib. IV, epist. 2^a^; Venetia 1500. L'età di questa composizione si desume in ispecie dal libro terzo ove è detto che Federigo III è da poco incoronato imperatore (1452), e dal libro quarto dove è detto che Giusto [de' Conti] da Valmontone „pur testè di questa vita è spento;“ ed è noto che Giusto moriva appunto nel 1452.

[5] Archivio stor. italiano, serie prima, app. VII, 15.

Abbiamo invece qualche più sicura traccia della florida fama d'Arnaldo in questo secolo tra gli Spagnoli, che, svezzatisi dulla balia provenzale, s' erano dati con ardore ad imitare e ad appropriarsi prima il Petrarca e poi anche Dante.

Ausias March, il più celebre tra gl' imitatori del Petrarca, fiorito verso 1450, nel suo 55° canto d' amore dice d'Arnaldo:

Envers alguns açò miracle par,
Mas sin's membram d' en Arnau Daniel,
E de aquels que la terra los es vel,
Sabrem Amor vers nos que pot donar.[1]

Il Rocaberti poi, suo contemporaneo, nella *Comedia de la gloria d'amor*, imitazione della Divina Comedia, mette alla pari Arnaldo e il Dio d' amore:

Tant contempli per discernir la forma
D' Amor, que viu, si Cupido no fos,
Deu for' Arnau Daniel en sa forma.[2]

Di poco posteriore pare sia Pere Torroellas (= Pedro Torrellas?), il quale in un componimento che comincia: *Tot mon voler* tra le varie citazioni di altri poeti, ha anche una stanza della canzone XVII d'Arnaldo, a questo modo:

Si ben fonch lonch sper no m' embarga
Quen tan rich loch me sos hem estanch
De uns sols bels dits me feran ioy larch
E sagray tan com ports la gamba
Quen no so gens vell que do aur per plom
E puys no say d'altre merce querer
Tant le seray franchs he obedients
Tro que samor sil blay faysan mofresca.[3]

Ma il marchese di Santillana, pur tanto erudito nelle antichità della poesia volgare, morto nel 1450, confessava di non conoscere le opere d' Arnaldo, e d' averne notizia solo attraverso Dante e Petrarca.[4]

Il secolo decimosesto, giustamente glorioso della compiuta rinascenza del sapere antico ed umano, può vantare titoli punto spregevoli anche per la ravvivata conoscenza della poesia e

---

[1] Bastero, Crusca provenzale, I, 75.

[2] Milà, Trobadores, 486—88.

[3] Balaguer, Hist. de Cataluña, III 732. (Debbo questa notizia all' illustre prof. Milà.)

[4] Milà, Trob., 520—21.

della vita medioevale. La ricerca e la scoperta del mondo antico, in ispecie del romano, era molto innanzi alla fine del secolo decimoquinto, che vi consacrò il miglior nerbo delle sue forze: il secolo decimosesto si compiacque ad allargare e ad approfondire la scoperta; e al tempo stesso tentò di ristabilire la conoscenza continua della civiltà dai tempi antichi ai moderni; e dei frutti dell' ingegno e dell' estro moderno si mostrò meno schivo e sprezzante, e ne studiò anzi con qualche amore la genesi. Allora tra noi si videro il Bojardo e l' Ariosto portare alla suprema loro significazione le saghe carolingie e arturiane; allora risorse vivissima l' ammirazione per i nostri massimi poeti del trecento, prima per il Petrarca e poi anche per Dante; e del Petracca in ispecie fu studiata la ragione poetica: e però l' attenzione della critica nostra si rivolse particolarmente ai lirici del dugento e ai trovatori di Provenza. Per tal modo s' intende come i commentatori di Dante e del Petrarca si mostrino in questo secolo di gran lunga più istrutti dei loro predecessori nello spiegare i noti due luoghi; e come fin d' allora i critici potessero, abbastanza ben preparati, affrontare il problema, posto da Dante, sul valore d' Arnaldo. Invertendo l' ordine tenuto sin ora, noi cercheremo prima i giudizii pronunciati su Arnaldo e le notizie di lui nei commentatori di Dante e del Petrarca; poi negli scrittori di poetiche e nei critici della storia letteraria; per toccar infine brevemente delle sorti della sestina e della canzone ad ode continua in questa età.

Primo per tempo e per merito ci si presenta a commentare il luogo dei Trionfi petrarcheschi e quel del Purgatorio Alessandro Vellutello, che nel commento ai Trionfi, uscito la prima volta nel 1525, dice di Arnaldo: „Costui fu provenzale, d' un castello chiamato Ribarac, nel vescovato di Peragos, gentilhuomo molto litterato. Fece assai bellissime canzoni e tanto poetiche, che non leggermente si possano intendere, *e portò il vanto di quanti Provenzali, che innanzi e dopo lui furon mai che in componer versi volgari s' esercitassero.* Amò un' alta donna di Guascogna, moglie di Guglielmo de Bovilla. De la quale, per quanto mostra in esse sue canzoni, non potè mai conseguire l' amore, perchè dice, ch' egli cacciava la lepre col bue *zoppo*, et in altro luogo l' aura.“ E seguita citando i due luoghi in cui il Petrarca ha riprodotto queste imagini. Di Giraldo asciuttamente nota: "Gerault de Berneil fu d' un castel de Limoges." — Riesce evidentissimo che il Vellutello conobbe d' Arnaldo, come mostra conoscere degli altri nominati dal Petrarca, le biografie provenzali. Per Arnaldo egli ebbe sott' occhio la biografia più succinta e più antica, che sta in ABa; e probabilla lezione di AB o altra molto simigliante, come mostra la lezione Peragos, di fronte al Peiregos di AB, mentre *a* legge: Peiragors. Alla biografia provenzale egli aggiunge ciò che noi abbiamo messo in corsivo, e deriva da Dante e dal Petrarca, la sentenza dei quali voleva egli mettere d' accordo con quella del biografo provenzale. — Infatti, nel commento al luogo del Purgatorio egli scrive: „Mostra Arnaldo Daniello provenzale, dando il pregio a lui oltre a tutti gli altri infiniti che d' amore scrissero in quella lingua, confutando la falsa opinione d' alcuni ignoranti, i quali voleano, che Gerault de Borneil, che fu d' un castello di Limoges, l' havesse avanzato, perchè portò il nome di maestro de' trombadori, che in lingua provenzale così domandavano quelli, che dicevano in rima. Ma noi che de le composizioni de l' uno e de l' altro habbiamo veduto, faremmo quella differentia da le cose d' Arnaldo a le sue, che da quelle del Petrarca a queste de' nostri moderni poeti, i quali, sotto nome d' imitazione e d' andar per le vie d' esso Petrarcha, l' hanno già tanto denudato, che non gli è rimaso pur una camicia rotta da potersi coprire. Fu adunque Arnault in quella lingua singulare, e le sue cose tanto poetiche, che senza gran considerazione mal si possono intendere, et il Petrarcha troviamo essersene non poco servito." E segue citando il luogo de' Trionfi.[1]

Nulla dice d' Arnaldo Fausto da Longiano nel commento ai Trionfi (1532); ed appena è degna di nota una confusione che commette Silvano da Venafro (1533), scrivendo: „A. Daniello fu di *meruelles* et l'inventor delle sestine;" confusione che gli sarà venuta, insieme col resto della notizia, dalla Natura d' Amore di M. Equicola (1525). Esattamente riproduce invece il Gesualdo (1533) la notizia provenzale più succinta; e aggiunge che per le rime in onor della donna di Bovilla „ottenne tra dicitori provenzali il primo luogo."[2]

---

[1] Vinegia, 1544.

[2] Anche il Gesualdo legge *Peragos* e *Ribarac* come il Vellutello;

Bernardino Daniello, che pubblicava il suo commento al Petrarca nel 1541 e avrebbe dunque potuto giovarsi de' suoi predecessori meglio informati, lo fa solo a metà, e con poca diligenza. Sa che Arnaldo è nativo da *Ribac* (= Ribarac), ma aggiunge cervelloticamente „castello di Provenza"; sa dell' amore d'Arnaldo per la donna di Bovilla, ma fa di Guglielmo un „conte", ed eleva Giraldo a signore di Limoges. Tuttavia sul conto di Giraldo egli si mostra meglio informato degli altri. Conosce il doppio e dubbio modo in cui i suoi predecessori scrivevano quel nome, e cerca di darne la ragione, dicendolo „Girardo Brunel, provenzalmente Geraut de Berneil."[1] Ricorda il giudizio di Dante, ma aggiunge: „Fu nondimeno eccellente et in molte corti onorato"; e prosegue trasumendo la solita notizia provenzale. — Nel commento al Purgatorio nulla aggiunge di nuovo.

Infine il Castelvetro, nel commento ai Trionfi, dopo citato il luogo del Purgatorio, soggiungeva: „D' Arnaldo Daniello et degli altri parleremo distesamente con l' ajuto di M. Gio. Maria Barbieri"; dal quale, adunque, si aspettava delle note per questo luogo del commento, note che non vennero.[2] Più innanzi scrive, che la fama d' Arnaldo „durerà, se M. Giov. Maria mio durerà la fatica impresa intorno a questi poeti provenzali." Tra gli scrittori di storia e di critica letteraria, e più ancora tra i provenzalisti del cinquecento primeggia, infatti, Gio. M. Barbieri, al quale noi verremo dopo aver ricordati gli autori di Poetiche e gli eruditi che prima di lui s' erano poco o molto occupati di Arnaldo nelle loro dotte disquisizioni.

Il Bembo fu il primo, in ordine di tempo, che leggesse le le poesie de' provenzali[3], e benchè altri poi l' avanzasse nell' in-

---

ma poichè omette le giunte di costui, è a credere ch' egli attingesse direttamente alla fonte del Vellutello.

[1] Anche nel commento al Purgatorio prima lo chiama *Gerault de Berneil,* e poi *Girardo Brunello.*

[2] Il Castelvetro scriveva il commento nel 1545, benchè solo nel 1582 esso venisse pubblicato. Cfr. Muratori, Vita p. 69.

[3] Questo vanto gli può essere disputato soltanto da Angelo Colocci (1467—1549), instancabile e dotto raccoglitore di cimelii neolatini. La biblioteca vaticana possiede due codici (dei quali diremo più innanzi), contenenti la versione delle canzoni XII, XVII e della sestina d' Arnaldo; versione che il Colocci, mediante l'amico Pietro Summonte, s'era procurato da un Bartholomeo Casassagia. Una versione della sestina d' Arnaldo

tendere quel linguaggio poetico, giustificata è la sua fama di buon provenzalista. Quanto egli avesse studiato i Provenzali e il nostro trovatore in particolare, appar dal primo libro delle *Prose*, dove si nota quanto gli antichi rimatori di Sicilia e di Toscana debbano ai Provenzali. Delle sestine, egli dice, „mostra che fosse il ritrovatore Arnaldo Daniello, che una ne fè, senza più"; alla Provenza si devono anche „quelle canzoni nelle quali le rime solamente di stanza in stanza si ripetono, e tante volte ha luogo ciascuna rima quante sono le stanze, nè più nè meno, nella qual maniera il medesimo Arnaldo *tutte* (!) le sue canzoni compose, comechè egli in alcuna canzone trapponesse eziamdio le rime ne' mezzi versi: il che fecero assai sovente ancora degli altri poeti di quella lingua e sopra tutti Giraldo Brunello." [1] — Dalle lettere del Bembo [2] sappiamo poi ch' egli s' era accinto a tradurre e a pubblicare le vite dei trovatori; e dalle mani del Bembo passò in quelle del Doni probabilmente non solo il testo provenzale ma anche la versione della biografia e della sestina d'Arnaldo, da quest' ultimo pubblicata, come vedremo, nei *Marmi*.

Presso che nulla è invece la notizia del Daniello presso i cinquecentisti autori di vere e proprie Poetiche. Il Trissino, che pur lo ricorda, mostra di conoscerlo solo attraverso Dante, del quale ripete l' inesatta sentenza che il nostro abbia usato la „stanzia continua" in quasi tutte le sue canzoni. E parlando poi della sestina, anzichè l' esempio d' Arnaldo, cita quello di Dante.[3] E della sestina trattano il Minturno (1563) e il Daniello senza fare il nome del nostro; e lo stesso avviene nelle Institutioni (1541) dell' Equicola, che pur avea mostrato nella Natura d'amore (1525) notevole conoscenza della poesia trobadorica.

M. Equicola scrive: „Arnaldo Daniele anchora esso di Meruelles il quale abbandono le lettere et fecese Ioglars amo un' altra [= alta] donna di Guascogna moglier di Guilielmo

---

versione diversa da questa e da quella pubblicata dal Doni, si trova sopra un foglietto staccato che sta in fine del codice 1290 dell' università di Bologna (sec. XVI).

[1] P. Bembo, Prose scelte, Milano 1880, p. 151—52.

[2] Opere, Venezia 1739; III 238[a]. Lettera del 12 nov. 1530, da Padova, ad A. Tibaldeo.

[3] Le opere, Verona 1729, II 60, 71.

Bouilla"[1]; dove notevole è in ispecie la confusione che sta per farsi tra l'Arnaldo nostro e quello de Marruolh, confusione che o sarà già stata nel codice, o per avventura sarà dovuta all' Equicola stesso, il quale qui come altrove cercava di restringere il dettato del suo originale. Ma non solo la biografia provenzale seriore conobbe d'Arnaldo l'Equicola; egli vide probabilmente anche il sirventese di lui e quelli di R. de Durfort, e di qui e insieme dalla biografia provenzale di R. de Durfort trasse la notizia: „Bernardo di Cornoil amo Dõna Nania."[2]

La conoscenza d'Arnaldo si fa abbastanza viva presso i critici ed eruditi, che s' occuparono di storia letteraria o delle questioni sulla nostra lingua. E così il diligente Francesco Alunno nella sua Fabrica del mondo (1546), n° 71 in fine, dà da prima la breve biografia provenzale, togliendola, insieme colle giunte, dal Gesualdo; e sèguita poi riassumendo la storiella contata da Benvenuto, chiamando „opera morale" quella che il primo avea detto „cantilenam." — Anche Fr. Giambullari, nel Gello, uscito la prima volta a Firenze nel 1546, tocca d'Arnaldo; e afferma che il Daniello „e gli altri famosi dicitori provenzali furono con il conte Raimondo Beringhieri, suocero di quel Carlo d'Angiò, che occupando il regno di Napoli" ecc.;[3] onde egli viene argomentando una fantastica priorità della nostra scuola poetica sicula sui provenzali. Il Giambullari conobbe probabilmente il commento di Benvenuto, dal quale attinse la notizia che Arnaldo fosse contemporaneo del conte Raimondo Berlinghieri di Provenza, nel quale egli ebbe il torto di voler trovare, senzar più, il suocero di Carlo d'Angiò, Raimondo-Berengario IV, anzichè qualcuno dei predecessori di lui, che portarono lo stesso nome.

Una discreta erudizione provenzale possedette B. Varchi, che ne diè prova nell' Ercolano (scritto tra il 1550 e il 1560), dove apprendiamo ch' egli pure, come il Bembo, s' era accinto a tra-

---

[1] Vinegia, 1526, ca. 173 v. — L'Equicola dovette avere sottocchio un codice della famiglia KIEN², e più precisamente uno vicinissimo a N², come mostra la lezione *iogl.ars*; vicinissimo, senza tuttavia essere identico, come appare dalla lezione *meruelles*.

[2] A ca. 174 v. — Altre varianti del nome di questa donna vedi qui addietro, p. 6.

[3] P. 61 dell' edizione originale.

durre in italiano le biografie de' trovatori (e ne dà per saggio quella di G. de Bornelh, ch' egli desunse probabilmente da *a*, dove, infatti, come nel libro che il Varchi dice di possedere, le biografie cominciano con quella di Giraldo), e mostra d' aver cercato le poesie d' Arnaldo nei codici fiorentini. specialmente in *c*, dal quale cita quella spuria: Aissi com cel qu' a la lebre cassada.[1] Discute i due luoghi del Purgatorio e dei Trionfi, che ad esso si riferiscono e ritorna sulla questione, già promossa dal Bembo[2], circa l' autore del verso citato dal Petrarca nella canzone: Lasso me ecc., ch' egli afferma essere Arnaldo.[3]

Questa affermazione porse occasione al Castelvetro, che già nella Giunta ottava alle Prose del Bembo avea datto saggio di erudizione provenzale straordinaria, di esercitare nella sua *Correttione di alcune cose* etc. la sua critica sagace e rigidissima, che non voleva arrendersi se non alle prove evidenti, bistrattando insieme e il Varchi come ignorante e il Bembo come vano e bugiardo.[4] L' amore del rigor critico non gli tolse, del resto, di affermare recisamente, nelle note alla versione della Poetica aristotelica, Arnaldo inventore della sestina[5], mentre il Bembo cautamente avea detto: „mostra d' essere.“ Ma il molto studio posto dal Castelvetro alle liriche provenzali, raccolte dal suo compatriota Barbieri e da lui stesso, gli permise forse d' essere fin d' allora così sicuramente affermativo.

S' ebbe il Doni il bel vanto di stampare per primo[6] alcuni versi provenzali e propriamente le tre prime stanze della sestina d' Arnaldo, ch' egli accompagnò d' una buona e fedele versione, aggiungendo tradotta la biografia del nostro trovatore, secondo la redazione seriore. E poichè egli ci avverte che il codice dal quale aveva e la sestina e la vita conteneva, oltre rime e biografie di trovatori, anche *fabliaux* (dei quali dà saggi); e poichè insieme il suo testo della sestina s' accorda quasi integralmente con quello di E, che appunto è detto aver

---

[1] Quesito IX; p. 24 s. dell' edizione di Milano, 1880.

[2] Lettere, I 123 (Verona, 1743).

[3] Quesito VII; p. 145—6 dell' edizione citata.

[4] P. 46—47 e 107 dell' edizione originale di Basilea. Dal primo dei luoghi citati apparirebbe anche che *tutti* i mss. provenzali del Bembo passassero in mano del Castelvetro. Ma, e l' attestazione del Doni?

[5] Basilea, 1576; p. 61.

[6] I. Marmi, Firenze, 1552; libro tenzo.

un contenuto analogo a quello indicato per il suo;[1] e poichè infine la versione della vita si accorda perfettamente col testo che ne abbiamo in E[2]: noi conchiuderemo, che pur E, ora a Parigi, sia stato un tempo in Italia, e propriamente sia appartenuto al Bembo, dal quale passò al Beccadelli, che lo cedette o ne concesse l' uso al Doni.

Al libro o canzoniere compilato da Miquel de la Tor attinse principalmente le sue notizie su Arnaldo Daniello Gio. Maria Barbieri, erudito modenese, maestro del Castelvetro, vissuto molti anni in Provenza, e delle cose provenzali e francesi e italiane antiche studiosissimo.[3] Morto nel 1574, egli lasciava inedita una preziosa memoria, pubblicata poi dal Tiraboschi nel 1790 col titolo: Dell' origine della poesia rimata, disposta (parrebbe) a introdurre ad un' ampia Arte poetica. — Il canzoniere di Miquel de la Tor offeriva al Barbieri una breve biografia e circa dieci liriche d' Arnaldo;[4] delle quali tuttavia egli solo quattro, o tutto al più, cinque, sicuramente allega; e sono le nostre: VIII, IX, X, XVI, XVIII.[5] E con questi ed altri sussidii eruditi, non difficili a determinare, così il Barbieri discorre d' Arnaldo: „Incominciando adunque, ragionevolmente *porremo fra tutti il primo* Arnaldo Daniello *come gran maestro d' amore,* il quale amò un' alta donna di Guascogna d' Agrismonte, mo-

[1] Per il contenuto di E siamo costretti di contentarci delle notizie che stanno in Groeber, Prov. Liedersamml., p. 583.

[2] Poichè il testo della biografia in E è assai simile a quello che se ne ha in K, codice sicuramente già posseduto dal Bembo, potrebbe sorgere il sospetto che il Doni attingesse a K anzichè ad E: tanto più che egli sevive *Peiregors* d' accordo con IK, mentre E ha *Peiregore,* e più innanzi traduce con „prese" ciò che in KI è *pres* e in E *apres.* Ma questi accordi sono troppo lievi per poter infirmare le conclusioni imposte da quelli che sono nel testo della sestina e nel contenuto dei due codici; e probabilmente si spiegano ammettendo che la versione stampata dal Doni provenga anch' essa dal Bembo, che ebbe dinanzi ed E e K.

[3] Vedi sulla dottrina e sui meriti scientifici del Barbieri lo studio del Mussafia nei Sitzungsberichte dell' Academia di Vienna, 1874.

[4] Groeber, Lieders., 615.

[5] P. 35, 50, 97. Riguardo al commiato della X, citato a p. 50, crediamo ch' egli lo trovasse in calce alla biografia. Conosce tuttavia anche il principio della canzone, che allega senza citazione di fonte. Questo principio si trovava nella stessa biografia, o altrove? La conoscenza della nona si desume dal fatto che ad essa si riferiscono le imitazioni di P. Ramon, notate dal Barbieri.

glie di Guglielmo di Bouvile, dalla quale nondimeno con tutto' l suo cantare, *tanto esultato dal Petrarca e da Dante,* non fu creduto che mai ottenesse piacere alcuno per conto d' amore, perciocchè egli nella chiusa d' una sua Canzone, che comincia

En cest Sonet coind e leri

egli dice

Ieu soi Arnautz, camas Laura
E cas la Lebre ab lo bou
E nadi contra Suberna."

E segue citando la prima stanza di *Ans que*, dove nell' ultimo verso è detto il suo bue essere stato più corrente della lepre, vale a dir, averla raggiunta; e cita il libro di Michele, a ca. 32[1]. — Senza nessuna allegazione, scrive nel capo decimo: „Arnaut Daniel fu del Vescovato di Peiregors (= KIN[2]) d' un Castello, che ha nome Ribariac, al tempo del buon conte Raimondo Berlinghieri di Provenza, il quale avendo imparato ben lettere prese una *nuova* maniera di poetare in care rime, *onde tanto viene esaltato dal Petrarca, et da Dante, che lo preferiscono a tutti gli altri Rimatori nel cantare d' Amore; ma le sue Canzoni sono così difficili da intendere, che alcune si trovano essere state anticamente chiosate di comento latino per maggiore intelligenza. Nondimeno è pur vero, che le cose sue sono di buona inventione, et ch' egli si dee meritamente stimare il primo fra tutti."* E segue narrando, colle parole di Benvenuto, l'episodio della „cantilena"; e soggiunge la notizia, desunta da una delle citate chiose latine, che Arnaldo fosse intimo di Bertrando del Bornio.[2] — Inoltre, sa pur dirci il Barbieri che G. di S. Gregori ha imitato la sestina arnaldesca, e che Peire Ramon s' è attenuto alla maniera d' Arnaldo nella canzone in lode di Corrado Malaspina.[3]

Sebbene in questi luoghi il Barbieri sia meno esatto del solito nell' allegare le sue fonti, pare tuttavia non difficile scevērare nel suo discorso ciò ch' egli attingeva all' antica biografia, e ciò ch' egli aggiunge di nuovo; e il nuovo abbiamo messo in

---

[1] P. 50. In questo capitolo che tratta: *Della propagazion della Poesia per mezzo degli Amor de' Poeti,* Arnaldo è messo al primo posto.

[2] P. 97. Qui Arnaldo è messo al terzo posto, dopo P. d' Alvernia e G. de Bornelh, come richiedeva l'ordine cronologico.

[3] P. 118 e 129.

corsivo. Il dubbio può restare per un punto: il casato o la patria della donna di Bovilla, amata da Arnaldo, *Agrismonte*. E senza poter nulla sicuramente risolvere, incliniamo a credere che questo dato stèsse nella biografia provenzale, poichè è vero bensì ch' egli poteva desumerlo, come facciamo noi, dalla canzone XI, dove è detto da Arnaldo che il *dolce* nome della sua donna *mou en agre* = „comincia per *Agre*"; ma non pare probabile che il Barbieri facesse egli stesso questa deduzione, senza nulla avvertire. Per tal modo la biografia provenzale veduta dal Barbieri, che nel rimanente pare fosse molto vicina alla nostra redazione più antica, mostra d' aver avuto un valore speciale.

Così vediamo il Barbieri, e in grazie dell' ottima fonte di cui disponeva e in grazia dell' attento studio delle poesie d' Arnaldo, farne notevolmente avanzare la critica conoscenza, senza riuscir tuttavia a rendersi un conto esatto del giudizio portatone da Dante, e dei problemi ch' esso giudizio fa sorgere.

Mentre il Bembo, il Colocci, il Vellutello, il Barbieri, il Castelvetro e poco dopo il Pinelli[1] s' erano messi a studiare i provenzali sugli antichi canzonieri, e v' impiegavano una diligenza e severità oggi stesso degne d' ogni elogio, un provenzale, Giovanni Nostradamus, pieno di affetto per le antiche memorie del suo paese, e non privo d' una certa preparazione, s' accinse a rivendicare alla sua patria tante glorie obbliate; e credette meglio riuscirvi mescolando deliberatamente al vero tutto quanto gli pareva condurre al suo scopo.

Dal testo a stampa delle *Vies* del Nostradamus apparirebbe ch'egli avesse conosciute d' Arnaldo solo le canzoni X XVII e la sestina, e insieme la più antica redazione della biografia provenzale (AB a)[2]; ma dal primo abbozzo della vita d'Arnaldo e da uno spoglio lessicale che lo Chabaneau viene pubblicando e de' quali si compiacque anteciparmi la notizia, si vede che il Nostradamus conosceva anche le canzoni XII, XIV, XV e XVI, della qual' ultima come anche della sestina riferisce la prima stanza in calce all' abbozzo della Vita.[3] Nello spoglio

---

[1] A G. Pinelli è dovuta la compilazione del codice ambrosiano D 465 inf.

[2] Cfr. l' ottimo studio del Bartsch, Die Quellen von J. de Nostradamus Le vies ecc., in Jahrb., XIII, specialmente a p. 26—9.

[3] Gli accordi maggiori di questi due testi sono per la XVII con M*a*, per la sestina con R.

lessicale attribuisce ad Arnaldo anche la canzone: Las grans beutatz el fis enseignamens, ch'è invece di A. de Maruolh, la sestina di G. de S. Gregori e il primo dei versi provenzali che Dante mette in bocca al nostro trovatore. Omette il Nostradamus nell' abbozzo della Vita la storiella di Alaete, e le indicazioni cronologiche (nella vita di Amerigo di Belenoi dice Arnaldo amico e contemporaneo di lui); nè ancora gli attribuisce le tragedie e comedie ecc del testo a stampa. — Del merito poetico d' Arnaldo nessuno si mostra più persuaso del Nostradamus, che così ne conchiude la vita stampata: „Non si trova per certo alcun poeta provenzale, che abbia scritto più dottamente di lui; e il Petrarca l' ha imitato in più luoghi, e gli ha involato parecchie invenzioni poetiche.“ [1]

Mentre per tal guisa i critici, e propriamente gl' italiani, venivano rischiarando la vita e il carattere poetico d' Arnaldo Daniello, proseguivano anche e si ravvivavano le imitazioni delle sue novità metriche. Scrissero sestine più o meno bene riuscite il Bembo, il Casa, il Barbieri; il Baldi le modificò introducendovi due settenari al secondo e sesto posto della stanza; e G. Molino volle superare il Petrarca, e ne scrisse una triplice. Anche la canzone con stanze ad oda continua e tutte rime isolate fu tentata in questo secolo dal Bembo e dal Baldi; e più tardi dal Chiabrera. Ma, pure in questa età, pochi erano quelli tra i verseggiatori che, così facendo, sapessero di continuare una novità d' Arnaldo: i modelli erano sempre Dante e Petrarca. Le innovazioni d' Arnaldo venivano portando i loro ultimi frutti, senza che si più si sapesse del remoto germoglio. E se la sestina non potè resistere al tempo logoratore quale forma stabile della lirica, come quella che rispondeva, piuttosto che ad uno stato comune della psiche, a condizioni particolari di lui e di quell' età [2]; e se la stessa canzone ad oda continua e tutte rime isolate cadde essa pure per via dannata come disarmonica e troppo artificiosa, sopravvisse e tuttora perdura fiorente la canzone con rime intrecciantisi nella stessa stanza, ma con stanza indivisa: la quale regnò sempre più indisputata dal secolo

---

[1] Presso il Crescimbeni, Commentari, vol. II, parte I, p. 21 (N. 71).

[2] Qualche sagio di sestina si ebbe anche nel nostro secolo, specialmente in Germania, dove tentarono questo metro, oltre i traduttori del Petrarca e di Dante, anche il Löben e il Rückert in componimenti originali. Anche i francesi vi si provarono, v. Ferd. de Gramont. Les vers françois et leur prosodie, p. 313—7.

XVII in poi. Certo la causa precipua per cui si venne a tale modificazione sarà da cercare nel disuso di musicare la canzone, e quindi nel non più sentito bisogno di render membrata la stanza affinchè il motivo musicale fosse meglio a tutti accessibile; ma certo avrà contribuito a promovere il mutamento il fatto che già esistesse, anche quando la canzone per norma si musicava, quel tipo che meglio rispondeva alle innovate condizioni esterne ed interne della lirica nostra.

La fama d' Arnaldo, solita improvisamente con Dante e col Petrarca, s' era venuta, come vedemmo, oscurando sulla fine del secolo XIV e peggio poi nel secolo XV, per rifarsi viva lungo tutto il secolo XVI, nel quale si tentò anche di cercarne le intime ragioni.

Durante il secolo XVII essa si viene di nuovo oscurando, insieme con quella di Dante e del Petrarca, per risorgere nel secolo XVIII e nel nostro; dove essa fu oggetto di discussioni e di ricerche, che verremo mano mano accennando. Ricordiamo intanto i pochi che d' Arnaldo s' occuparono nel secolo XVII.

Nelle sue *Considerazioni* cita più volte il Tassoni l' autorità e i versi d' Arnaldo; e afferma d' aver lette la maggior parte delle opere dei trovatori nei manoscritti numerosi lasciati a Ludovico Barbieri dal padre Giovanni Maria. Ma sebbene i suoi studii abbastanza diligenti della materia gli permettano di chiamare con verità „menzognero“ il Nostradamus rispetto specialmente a ciò ch' egli asseriva intorno ai debiti del Petrarca verso i trovatori,[1] pure, quando viene al luogo de' Trionfi, si contenta di rimandare i lettori al libro del Nostradamus: libro che, essendo rimasta inedita l' opera preziosa del Barbieri, fu considerato a lungo come il più autorevole trattato della materia.

D' Arnaldo si ricordò il dotto Ubaldini, che ne avea veduto alcune composizioni nei codici vaticani; e nel glossario all' edizione dei Documenti d' Amore del Barberino (Roma 1640), alla voce *sonetto,* cita il primo verso della canzone X. — Nei codici fiorentini invece avea veduto alcune cose del nostro il Redi, che nelle annotazioni al Bacco in Toscana (Fir. 1685) cita il commiato della canzone XV, e i primi due versi della prima e i primi quattro della quinta stanza della X, di sul laurenziano U.

---

[1] Considerazioni sopra le rime del Petrarca; Modona, 1606. Prefazione.

Subito sul principio del secolo XVIII diede un grande impulso agli studi provenzali e toccò con speciale dottrina d' Arnaldo il Crescimbeni, che già nel 1698 avea pubblicato la sua Istoria della volgar poesia, e nel 1610 la fece seguire dai Commentarii, nei quali dava una nuova versione [1] dell' opera del Nostradamus e vi soggiungeva note critiche ed erudite non ispregevoli, mostrando di conoscere le poesie del nostro contenute nei codici Vaticani 3205 (g^1), 3206 (L) 3207 (H) e il 3204 (K) che ne conteneva la vita. [2] In giudizii letterarii non entra. In appendice poi ai Commentarii usciva la prima raccolta a stampa di poesie provenzali, con una versione a fronte, per cura del Salvini, che dello studio dedicato ai provenzali lasciò una prova anche nella compilazione del codice marucelliano A 120. D' A. Daniello stampò il Salvini, attingendo ai codici laurenziani U c, frammenti più o meno lunghi di ben sette canzoni; e insieme riprodusse quel tanto che della sestina aveva dato già il Doni. Nelle versioni se spesso erra, più per causa del cattivo testo ch' aveva dinanzi che per ignoranza, mostra anche in altri luoghi acutezza non poca.

Poco dopo il Crescimbeni s' accinse a illustrare la poesia provenzale il catalano Bastero, che potè consultare i codici romani e fiorentini, e pubblicò nel 1724 il primo volume (rimasto unico) della sua Crusca provenzale, in cui tocca, ma di volo, anche d' Arnaldo, a p. 75, riferendo il noto luogo di Ausias March, e rimandando per altre notizie al volume terzo, ove avrebbe trattato della sestina.

Una notizia succinta e non di rado erronea di Arnaldo dava poi il Quadrio nella sua Storia e ragione d' ogni poesia (Mil. 1741), giovandosi del Crescimbeni, ma dando anche prova di qualche ricerca propria. Crede che sia il Daniello quell' Arnaldo al quale il conte di Provenza (interpretato da lui per Raimondo Berenghieri IV) si rivolge in una tenzone (conservataci solo in H), chiamandolo „Carne ed unghia"; e oltre Arnaldo conosce anche „Raimondo di Durforte e Trucco o Trugo Malecco o Maletto" e i *loro* sirventesi per donna Aja. [3]

Benemeriti sono poi a dire in questo secolo per la cono-

---

[1] Se ne aveva avuta già una fino dal 1575 per opera del Giudici.
[2] „E alcune serventesi" dice inesattamente il Crescimbeni, II 1 26.
[3] Vol. II, p. 112—3.

scenza d' Arnaldo il Muratori, che nel I vol. delle Ant. Ital. pubblicava .ciò che di Arnaldo aveva scritto Benvenuto da Imola; e il Tiraboschi, che nel 1790 stampava l' opera del Barbieri; e il dal Plà, che per quella edizione procurava la versione italiana dei luoghi provenzali citati (versione, del resto, troppo spesso infelice), e compilava il codice barberiniano XLV, 59; e il Fontanini, compilatore del Marciano X Ital., n° 82, e il Bandini e il Lami, che pubblicavano gl' indici dei laurenziani (P U *c*) e del riccardiano (Q).

Ma se fino a qui vedemmo ben meritare della illustrazione d' Arnaldo specialmente gl' italiani, noi dobbiamo uscire d' Italia per cercare i più recenti suoi illustratori e critici, e andarcene in Francia e in Germania. E oltre le Alpi ci si presenta per primo il Millot, il quale, giovandosi delle ricerche e delle versioni preparate dal La Curne de Sainte-Palaye, discorre del nostro nel vol. II, p. 479 segg. della sua Histoire littéraire des troubadours. Egli è il primo che si opponga apertamente al giudizio dato su Arnaldo da Dante e dai critici italiani esplicitamente o tacitamente ammesso per valido. Afferma „falsa reputazione“ quella d' Arnaldo; e la sua sentenza parrebbe attendibile, considerando che del nostro trovatore egli conobbe, oltre le due redazioni della biografia, ben diciassette canzoni, e che di tre (X, XIII, XV) reca dei saggi tradotti. Ma è da notare che delle diciassette canzoni ch' egli dice d' aver veduto, una, della quale pur reca un lungo tratto, non è di Arnaldo, ma di Ugo Brunenc (Ab plazer etc.); e che a giudicare da questo e dagli altri frammenti tradotti, bisogna conchiudere che il Millot (o il Sainte-Palaye) ben poco capisse della lirica d' Arnaldo; basti dire che la frase: „e l' olor de noi grandres“ è tradotta: „et leur parfum surpassera celui que le mois de mai repand dans les campagnes.“[1] Chi traduce a questo modo non ha più il diritto di soggiungere: „Que de subtilité à la place de la nature!“

Il Ginguené, in una breve notizia su A. Daniello, inserita nel tomo XV dell' Histoire littéraire de la France, segue specialmente il Millot, cita frammenti di tre canzoni (IV, X, XVIII), conosce l' Alunno e il Doni e il Redi. Non entra a giudicare

[1] Il Sainte-Palaye pare che abbia letto *mai* anzichè *noi*, e preso il *grandres* per il comparativo di *grant* (grándior).

del valore poetico d' Arnaldo; ma riferisce il severo giudizio del Millot, soggiungendo che la ricercatezza d' Arnaldo potè attrarre il Petrarca, ed essere insieme una delle cause dell' affettazione che spesso sfigura i versi del primo fra i lirici italiani. [1]

Vennero poi il Raynouard e il Rochegude (1818, 1819); il secondo dei quali pubblicava due poesie d' Arnaldo, e la biografia più diffusa, e insieme nel Glossaire spiegava molte tra le voci più difficili del nostro trovatore; mentre il primo, oltre la biografia e due canzoni complete, dava copiosi frammenti delle altre; e nel Lexique citava e traduceva numerosissimi luoghi del nostro. In quanto al suo valore poetico, mentre il Rochegude s' asteneva da ogni giudizio, il Raynouard concordava interamente col Millot: „Arnaud Daniel (egli scrive) semble avoir affecté la bizarrerie des idées, l' obscurité des expressions, l' incohérence des images; on remarque dans ses vers des rimes, des coupes des vers audacieusement recherchées.“ „En lisant les ouvrages qui nous restent de ce troubadour, on comprend difficilement les causes de la grande célébrité dont il a joui de son vivant (?), et que lui ont assurée les éloges de Dante et de Pétrarque.“ [2] Nè sente il bisogno di togliere in qualche modo il contrasto fra il giudizio suo e quello di due siffatti maestri, benchè ne avesse occasione, quando più innanzi, primo fra gli studiosi, affermò sull' autorità di Dante, del Tasso e quella presunta di Ulrich de Zatchitschoven, Arnaldo autore d' un Lancilotto; e, su quella del Pulci, lo disse autore d' un Rinaldo. [3]

Questo bisogno fu invece vivamente sentito da V. Schmidt, dal Diez, da Fauriel e dal Galvani, che tutti e quattro nei romanzi d' Arnaldo cercarono la ragione principale della fama di lui. Abbiamo già, a suo luogo, ricordati e confutati gli argomenti dello Schmidt, del Diez e del Fauriel, e abbiamo anche ricordato il giudizio poco favorevole del Diez sulla lirica d' Arnaldo; ci resta solo adunque di toccare degli studii e dei giudizii del Galvani sul nostro trovatore.

Tre volte affrontò il Galvani il problema storico d' Arnaldo.

---

[1] P. 441. Il volume XV dell' Hist. litt. fu pubblicato solo nel 1820, ma il Ginguené era morto già nel 1816.

[2] Choix, V, 30—1; e cfr. II, 221.

[3] Choix, V, 318—9.

La prima fu nelle Osservazioni (1829), dove il dotto modenese si lascia evidentemente guidare dal Raynouard. „In quanto alle rime rimasteci di questo Arnaldo, io mi prendo (egli dice) dal severo Alighieri, di assai buon grado, dello *stolto*, perchè *quel di Limosì credo che avanzi.*" [1] Che poi Arnaldo abbia scritto un Rinaldo „non è forse che un trovato di quel balzano e nuovo ingegno del Pulci; altri gli attribrisce anche un Lancilotto o piuttosto „la versione provenzale (?) del chiarissimo romanzo Lancilotto del Lago";[2] ma il Galvani non si sente nè di affermare nè di negare.

Nella terza annata del *Educatore storico* (Modena, 1846—7) ritornava il Galvani sull' argomento; e questa volta si trovò d' accordo, senza mostrar di conoscerlo, col Diez, almeno nelle conclusioni generali. Opina ancora che l' attestazione del Pulci non sia sufficiente per attribuire al Daniello un Rinaldo[3], ma combatte vivamente i giudizii del Millot, del Ginguené e del Raynouard, contrarii al Daniello, sostenendo esser egli stato autore del Lancilotto, per il quale avrebbe avuto dal Petrarca il titolo di „maestro d' amore." Discorre anche a lungo delle liriche d' Arnaldo; mescolando tuttavia a poche acute osservazioni[4] molti errori grossolani, e mostrando frequenti volte d' intendere assai poco dell' original provenzale del nostro trovatore.[5]

Questo studio, stampato nell' Educatore storico, fu poi rimaneggiato e in più punti modificato; e nella nuova sua forma apparve nella *Rivista filolologico-letteraria* (Verona 1871—2), volume I e II; non completo, tuttavia, chè quel periodico finiva prima che fosse finito l' articolo. Dalla parte ch' è a stampa è dato intanto di rilevare che nel Galvani si venia facendo sempre più debole la fede nei romanzi di Arnaldo, e che egli s' era messo sulla via giusta di spiegare l' enigma, studiando

---

[1] Op. cit., p. 99.

[2] Op. cit., p. 431.

[3] Pag. 127.

[4] Così il Galvani s' accorge che tra le voci d' uscita nelle stanze della canzone XVII c' è assonanza. Cfr. qui sopra a p. 20.

[5] Giovandosi (!) del ms. estense egli così rifà il primo verso della canzone XVII: Sim fors Amors de joi donar tan l' aria; e lo traduce: Si mi forza Amore di gioia donar tanto l' aria.

la metrica e in genere la tecnica poetica del trovatore, al lume delle indicazioni dateci da Dante. E benchè qui pure non manchino i grossi spropositi, e manchi la conoscenza di quasi tutto quanto s' era fatto prima per chiarire il soggetto, sono pure più frequenti del solito le acute osservazioni delle quali noi ci siamo a suo luogo giovati, dandone il merito a chi di ragione.

Per finire l' elenco dei critici più recenti, che si sono occupati particolarmente di Arnaldo, noi dobbiamo ricordare il Paris e l' Hofmann, dei lavori dei quali ci siamo già occupati, e soprattutto i dotti e acuti studii del Bartsch sulla metrica provenzale, in ispecie quello sull' Arte della rima nel Jahrbuch v. I, e l' altro sulla Poetica di Dante, nel Jahrbuch der d. Dante-Gesellschaft, v. III.[1] È inutile dire quanto questi due lavori abbiano contribuito a far ben conoscere e giudicare, sotto l' aspetto formale, la poesia d' A. Daniello.

Dei commentatori della divina Comedia e dei Trionfi in questa ultima età non mette conto occuparsi: essi stanno tutti al di sotto di quanto potremmo imaginare, e farebbero ridere di sè, per questo conto, i loro colleghi del cinquecento o anche quelli più antichi.

Noi, ultimi venuti, ci siamo proposti di studiare Arnaldo Daniello nelle sue opere e nell' ambiente letterario in cui egli si svolse, procurando così di sapere ciò ch' egli valga in via assoluta di fronte alla grande poesia delle migliori età antiche e moderne; e più ancora, ciò ch' esso valga e significhi di fronte alla poesia provenzale della sua età. Al tempo stesso ci siamo ingegnati di chiarire e determinare il giudizio che di lui hanno portato due sommi poeti italiani.

V. Dei criterii e dei materiali adoperati per questa edizione.

Il critico, il quale col mezzo delle varie tradizioni manoscritte vuole ricostituire il testo autentico perduto d' un opera letteraria, si trova nel caso istesso d' un presidente d' assise o

[1] Non abbiamo potuto vedere il lavoro del Bartsch stesso Sulla struttura della strofa nella lirica tedesca, nella *Germania,* II 257—98.

di tribunale, il quale, mancando l' autore del fatto incriminato o restando esso reticente, ne investighi la verità coll' ajuto delle relazioni spesso contradditorie dei testimonii diretti e indiretti. Questi non hanno e non debbono avere per lui eguale autorità, sia per le loro qualità personali e sia per la provenienza delle loro informazioni. Quando, infatti, risultasse al presidente d' assise che tre fra questi testimonii hanno attinto le loro notizie da una identica persona: o questa persona potrà essa stessa attestare, e i tre saranno subito da licenziare; o essa non potrà, e allora le loro tre attestazioni riunite non varranno che per una; e un' attestazione opposta d' un testimonio indipendente basterà a bilanciarla, o anche a vincerla, se questo testimonio apparisca nell' insieme più degno di fede dell' altro dal quale i tre hanno avuto le loro informazioni. Per raggiungere la verità, dovrà adunque questo presidente distribuir prima i testimonii indiretti per gruppi determinati dalla fonte delle loro informazioni e risalire così alle testimonianze di altri o oculari o almeno più vicini al fatto stesso. Raggiunte così le testimonianze più autorevoli che si possano avere, egli dovrà bilanciarle e discuterle nei punti in cui si contraddicono o non vanno d' accordo; e nei casi in cui non vi sia intrinseca improbabiltà, se una testimonianza nega e due di pari autorità affermano, si dovrà affermare, checchè ne dica l' opinione pubblica o checchè bisbiglino le simpatie segrete del presidente. E naturale poi che non basti ad acquistare a due testimonianze autorità pari, il fatto che sì l' una come l' altra sia diretta. Molti sono e importanti i criterii secondarii; e se, ad esempio, un gruppo di testi, rappresentanti un unico teste oculare, o se un teste oculare stesso si mostri di continuo in contraddizione con sè e col vero nei casi più sicuri, ne verrà infirmata la sua autorità per i casi in cui si trovi in opposizione cogli altri. E del pari sarà da tener conto delle tendenze personali esornative, ottimiste o pessimiste, di questo o di quel teste; e così via discorrendo: onde si vede che, pur dopo divisi per gruppi i testimonii, la ricerca del vero non si riduce alla più semplice operazione aritmetica.

E quello che ha da fare un presidente d' assise, deve fare un critico ricostitutore d' un testo autentico.[1] Egli deve rac-

[1] Del metodo per ricostituire il testo dei trovatori hanno special-

cogliere per primo tutte le testimonianze, vale a dire tutte le versioni manoscritte (o stampate) di quel testo; e con un primo esame escludere quelle che si rivelino in relazione di copia ad apografo con altre che pure sussistono e si possono consultare. Nè qui il lavoro è finito; qui anzi comincia il vero e proprio lavoro. Confrontando, infatti, tra loro più codici, che non sono copie l' uno dell' altro, si trovano essere alcuni strettamente insieme legati da vincoli che possiamo dire di fratellanza, di cognazione e di affinità più o meno lontane; che' insomma, tutti risalgono a un unico capostipite. E così di alcuni altri e di alcuni altri ancora. Torna evidente allora che il critico non può e non deve assumere e valutare individualmente le attestazioni di questi codici: quelli d' una famiglia non possono attestare, tutti insieme, che per uno; e l' autorità di tutta la famiglia, composta magari di venti codici, può essere bilanciata o anche vinta da un codice solo, che sicuramente derivi da un apografo diverso. Tutta la diversità di valore fra quest' uno e quei venti starà in ciò: che mediante i venti sarà possibile ricostruire abbastanza sicuramente l' imagine dell' apografo perduto; mentre ciò non sarà dato di fare mediante il codice unico, specialmente se esso è un tardo e tralignato rampollo d' un pur nobile ceppo.

Fatta la classazione dei codici per famiglie, finisce il lavoro che si può dire strettamente scientifico, e comincia quella che è da dire piuttosto: *arte critica*. Si tratta ora di scegliere, tra le lezioni varie o contraddittorie delle diverse famiglie dei codici, quelle che abbiano maggiori probabilità d' essere autentiche. I casi, che qui si possono presentare, si riducono a quattro:

1. Le lezioni attestate sono tutte ammissibili, nulla essendovi in esse che offenda o la metrica o la grammatica, o sia dissonante dallo stile e dalle idee dell' autore; e il critico, che

---

mente trattato, da due punti di vista diversi, lo Stimming nella Prefazione al suo J. Rudel (1873), e il Bartsch in una severa recensione dell' edizione delle poesie di B. de Born, condotta dallo Stimming coi criterii già svolti in quella prefazione, recensione inserita nella Zeitschrift del Groeber, III 409—27. La divergenza fondamentale fra i due critici consiste in ciò, che lo Stimming fonda le sue classazioni soltanto sulle varianti, mentre il Bartsch, d' accordo col Groeber, crede sia da tenere gran conto del posto che i singoli poeti occupano nei mss., e dell' ordine in cui vi stanno le loro poesie. È inutile dir qui che noi stiamo più volentieri col Bartsch e col Groeber.

voglia procedere scientificamente, si limiterà qui a scegliere quella lezione che abbia per sè un maggior numero di testimonianze;

2. Delle lezioni attestate una par buona e l' altra è un evidente errore di metrica o di grammatica o simile; e in questo caso, dato pure che la buona lezione fosse in un solo codice e tutti gli altri avessero l' altra, la loro autorità è da rifiutare;

3. Le lezioni sono varie, e tutte in regola colla metrica e colla grammatica; ma una è oscura e l' altra è chiara; e in questo caso l' oscura è da preferire (anche se non si trattasse, come nel nostro caso, d' un autore per abitudine oscuro), essendo ragionevole supporre che i copisti, non intendendo la dizione oscura, vi abbiano sostituito quella più vulgata; e in genere tra due varie lezioni, tutte e due ammissibili, è da preferir quella dalla quale si vegga come potesse, o per error di scrittura o per error di lettura o per tendenza di render chiaro il dettato ecc., aver origine l' altra o le altre;

4. O nessuna delle lezioni attestate sodisfa al senso, alla metrica ecc., e allora il critico è in obbligo di tentare di sanar quel luogo per congliettura: non farlo, può essere segno di prudenza, ma anche di poco studio e poca penetrazione.

Queste norme e questi accorgimenti critici noi ci proponiamo di adoperare nella ricostituzione del testo delle poesie di Arnaldo Daniello. Prima ne classeremo i codici, per ogni singolo componimento, in famiglie; e poi coll' attestazione di queste famiglie ci proveremo a stabilire il più probabile testo autentico. A base del quale porremo il codice meglio conservato, della migliore famiglia; e di questo codice (poichè non ci accordiamo col Bartsch nell' ammettere la possibilità di determinare l' ortografia dell' età d' Arnaldo, o quella sua speciale)[1] seguiamo anche l' ortografia, solo permettendoci di so-

[1] Non si ha nessun canzoniere che risalga all' età d' Arnaldo e ci possa quindi informare dell' ortografia provenzale d' allora; nè, quando pure se ne avesse qualcuno, o si volesse ricorrere alle 'carte' notarili del tempo, si sarebbe poi mai sicuri che l' ortografia di quel dato raccoglitore di versi o di quel dato notaro fosse anche l' esatta ortografia d' Arnaldo. Per conoscere il suo modo di scrivere (o almeno quello di pronunciare) non abbiamo che il sussidio delle sue rime: le quali, infatti, ci permettono alcune induzioni, se non certe, probabili. Eccone la rassegna:

A) Sembra probabile che A. D. proferisse *ò*, anzichè *uò* od *uè*, il suono succedaneo d' un lat. ŏ́; e ciò apparirebbe 1) dal v. 33 della canzone

stituir sempre il *qu* al *q*, o *c* che stèsse per *qu* davanti ad *i* ed *e*, e così il *gu* al *g*, e di distinguere poi l'*j* dall'*i*, e il *v*

XV, dove ***jois***, di cui non si conosce un antico (cfr. tuttavia *ǧuoio* nel l'odierno 'rouergat'; Zeitschrift, III, 344) collaterale ***juois*** o ***jueis***, è fatto rimare con voci che potrebbero avere tanto l'*ò*, quanto l'*uo* o l'*ue*; 2) dalla rima interna del v. 1 della canzone seconda, dove *doil*, che non parrebbe poter avere un collaterale *duoil* o *dueil*, è fatto rimare con parole che possono avere ed hanno nei diversi mss., le tre forme diverse; 3) dalle rime in *òl òli*, in VI VII e X, che non potrebbero essere trascritte tutte in *uol uel*, *uoli ueli*. Se non che nessuna delle tre prove è assoluta, dovendosi considerare, rispetto alla prima e alla seconda, che non è provato e non è attestato, che la presenza dell'*u* dinanzi all'*ò* togliesse l'esattezza della rima; che cioè *jois* non rimasse esattamente con *puois* e simili; e che, d'altra parte, è ben possibile sia esistito, accanto a *jois*, un *juois* o *jueis*, qualora la base della parola sia, anzichè *gaudium*, *jocus* (vedi la nota a XV 33). Rispetto alla terza prova, è da ricordare che il dittongo provenzale *uo ue* si svolge a preferenza quando è seguito da consonante infetta di *i*, o capace di svolgerlo dietro di sè: *fuoill fueill*, *cuoissa cueissa*, *nuoit nuech* ecc. (ci contentiamo, per ora, di rimandare il lettore allo studio degli esemplari limosini dati dallo Chabaneau, p. 289, confrontando: *der* (duer) = *dormio*, *mer* (*muer*) = *morior*, p. 290; e più ancora allo studio delle forme 'ruteniche' quali *füel*, *üel* = *oclo*, *püec*, *cüebre* = *cŏprio* accanto ad *uome*, *uobro*, *cuol* = *collo* ecc., Zeitschrift, III, 331); e che quindi, nella lingua d'Arnaldo, potè essere normale un *tol*, *destol* (3ª pers.) accanto a *tuoill* (1ª pers.), *puois* e simili. E rispetto a tutte e tre, è da considerare che una lingua letteraria, specie ai suoi esordii, attinge voci e suoni da più lati; ed Arnaldo potè liberamente dire, secondo che la rima o l'eufonia gli consigliava: *foilla fuoilla fueilla*: forme che possono rappresentare tanto l'evoluzione cronologica di *fŏlia*, quanto le sue evoluzioni parallele nello spazio.

B) Dalla rima in III 50—5 (*jojos*: *razos* ecc.) si arguirebbe che Arnaldo, d'accordo co' suoi conterranei, non proferisse l'*n* indifferente; ma non perciò crediamo di poter cancellare questo *n* nelle rime della canzone VI, dove potrebbe essere stato conservato quale arcaismo.

C) Dal fatto che nella canzone XIII tutte le rime in ***aus*** sono della formula latina *al* + cons., mentre nella XI sono tutte di un *au* (*av*) originario, parrebbe di poter conchiudere, che nella lingua d'Arnaldo il primo *au* fosse meno stabile del secondo, e potesse, come insegna U. Faidit, alternare o permutarsi a libito del lettore, in *al*; ma questa conclusione è mostrata erronea dall'osservazione delle rime in VIII e IX, dove *aut* = *altus* è fatto rimare con *azaut* = *adaptus*, e *sauta* = *saltat* con *gauta* = *gabăta gav'ta*. E questo fatto è tale da confermarci appunto nella credenza che Arnaldo trattasse con molta libertà il materiale linguistico di cui disponeva, e lo facesse servire, da padrone, ai bisogni della sottile arte sua.

Queste considerazioni ci hanno persuaso a non tentare l'uniformazione dall' *u*; e inoltre di rendere per norma costante a sè stessa l'ortografia del codice in quel dato componimento. Per ottenere una certa uniformità ortografica abbiamo poi preso per base il codice A anche in pochi casi in cui poteva parer dubbio se esso fosse veramente il migliore della sua famiglia. In corsivo sta nel testo tutto ciò che vi è messo per conghiettura.

Resta ora che diciamo qualche cosa dei mezzi adoperati per la classazione dei codici delle poesie d'Arnaldo; e aggiungiamo poi la ragione dell' ordinamento che diamo a queste poesie nella nostra edizione.

I criterii di cui è dato servirsi per classare i codici d' Arnaldo Daniello sono:

1. Il posto che in questi codici è occupato da Arnaldo. Quando, infatti, in due o più canzonieri, che non sono copia l' uno dell' altro, trovassimo che Arnaldo vi è preceduto e seguito dagli stessi trovatori, noi avremmo qui un forte indizio di parentela fra quei codici. Ma poichè alcuni canzonieri dispongono i trovatori in ordine alfabetico, ed altri danno tumultuariamente mescolate le poesie di questo e di quell' autore,

---

metodica e generale dell' ortografia nel testo delle poesie d' Arnaldo, parendoci vicinissimo il pericolo di allontanarci, anzichè accostarcene, dalla dicitura vera e propria dell' autore. E, similmente, non abbiamo osato nemmeno sostituir sempre, come fa lo Stimming, l' *lh* e l' *nh* alle diverse grafie che nei codici rappresentano questi due suoni. È possibile, infatti, che *fuolha* non sia l' esatta trascrizione del *fuoilla* che per norma sta in A; e pare sicuro ormai che un *lonh* non renderebbe esattamente un *loin* o *loign* dei codici (cfr. Chabaneau, Gram. limous., p. 69 n.) Per le stesse ragioni ci siamo attenuti ai codici scrivendo *aia enveia enoia* anzichè *enveja enoja*, come vuole il Bartsch (cfr. Chab., Gram., p. 224). — Prevediamo facilmente che il nostro modo di procedere non possa avere l' approvazione di tutti; e perciò, persistendovi, preghiamo quelli che fossero d' altra opinione a considerare attentamente le obbiezioni generali e speciali che noi abbiamo fatto contro la presunzione che si possa determinare con sicurezza la pronuncia e la grafia del Daniello. Ad altri forse sarebbe parso partito medio plausibile il seguire la grafia o di AB o di D, e a quella ricondurre anche la grafia delle poesie che non stanno in questi codici. Ma, se questo partito avrebbe data una piacevole uniformità ai nostri testi, non ci avrebbe accostati d' un punto solo alla soluzione del problema. In conclusione, noi abbiamo creduto di far bene lasciando indeciso tutto quello che non ci pareva possibile di decidere; ma saremmo lieti che altri con maggiore dottrina e migliori ragionamenti ci dimostrasse possibilissimo ciò che a noi non par tale.

poco frutto si può aspettare da questo criterio; e quel poco ne è già stato cavato dal Groeber nelle sue Prov. Liedersammlungen.

2. Le false attribuzioni. Se due codici attribuiscono ad Arnaldo una composizione non sua, bisogna conchiudere che essi abbiano derivato questo loro errore comune da un istesso apografo, e sieno quindi, almeno per questa data composizione, strettamente imparentati.

3. L'ordine delle poesie nei diversi mss. Se due o più codici s'accordano in tutto o in parte nell'ordinamento delle poesie d'Arnaldo; e d'altro canto si vegga che questo ordinamento non è stato determinato da criterii cronologici o alfabetici, che potessero imporsi indipendentemente a questo e a quel collettore delle sue poesie, è necessario conchiudere, che quei due o più codici abbiano attinto a un'unica fonte, e che tutte le composizioni che vi hanno lo stesso ordinamento sieno imparentate nelle loro lezioni.

4. L'ordine delle strofe nelle singole poesie, e l'ordine dei versi nelle singole strofe. Quando due o più codici s'accordino nel *turbare* l'ordine delle strofe o dei versi, sarà da indurne una parentela fra loro. Resta ben inteso che, qualora non si potesse sicuramente determinare l'ordine autentico, questo criterio non vale: ben potendo due codici trovarsi d'accordo in un certo ordinamento, senza essere affini, quell'ordinamento essendo il vero, indipendentemente conservatosi in ambedue.

5. Identità di lacune, o di versi soprannumerarii.

6. ed ultimo. Errori di lezione e varie lezioni improbabili in comune.

Dei criterii 2, 4, 5 e 6 noi ci serviremo a tutto potere nelle note illustrative del testo e delle tabelle colle varianti; rispetto al criterio n. 1 abbiamo già detto che nessun giovamento è più da sperarne; e del criterio n. 3 (l'ordinamento delle poesie nei varii mss.) vogliamo dir qui subito quel tanto che importi, seguendo e completando le ricerche del Groeber. Ma prima di accingerci alle nostre deduzioni, diamo l'elenco dei codici indipendenti che contengono poesie d'Arnaldo e indichiamo con una tabella l'ordine in cui esse vi stanno.

Contengono poesie d'Arnaldo Daniello ben ventisette o più codici, che sono stati ormai riconosciuti indipendenti fra loro; e sono:

A (vaticano 5232), che ne ha quattordici: la 1, 2, 4, 7, 8, 9, 10, 11, 12, 13, 15 16, 17, e 18 (fol. 39—42 e fol. 205);

B (parigino della B. N., n° 1592), che ne ha sei: la 2, 10, 15, 16, 17 e 18 (fol 27 seg.);

C parigino della B. N., 856), che ne ha tredici: la 1, 2, 3, 6, 7, 8, 9, 10, 11, 12, 16, 17 e 18 (fol. 204—7 e fol. 115);

D (codice estense), che ne ha quattordici: la 1, 2, 4, 7, 8, 9, 10, 11, 12, 13, 15, 16, 17 e 18 (fol. 51-3, 138 e 159);

E (parig. della B. N., 1749), che ne ha dieci: la 2, 3, 5, 6, 7, 8, 11, 14, 16 e 18 (fol. 58—63);

F (chigiano L IV, 106), che ne ha due: la 15 e 17 (n° 99—100);

G (ambrosiano R. 71 sup.), che ne ha quattro: la 2, 7, 13 e 18 (fol. 73);

H (vaticano 3207), che ne ha undici: la 1, 2, 8, 9, 10, 11, 12, 13, 15, 17 e 18 (fol. 9—12, 41);

I (parigino della B. N. 854), che ne ha tredici: la 1, 2, 7, 8, 9, 10, 11, 12, 13, 15, 16, 17 e 18 (fol. 65—7 e 186);

K (parigino della B. N. 12473), che contiene le stesse poesie che I (fol. 50—2, 172);

L (vaticano 3206), che ne ha cinque: la 2, 7, 12, 16 e 17 (fol. 100, 105, 109 e 110);

M (parigino della B. N. 12474), che ne ha tre: la 12, 17 e 18 (fol. 143—5);

M^c (vaticani 4796 e 7182 [1]), che contengono le tre stesse di M;

---

[1] Il primo di questi due codici mi fu già da tempo indicato dal Monaci, che me ne diede anche la collazione per le poesie del Daniello. Il secondo trovai io stesso dietro un appunto fornitomi dallo Chabaneau. Sono tutti e due cartacei del sec. XVI; e contengono le tre canzoni d'Arnaldo, una di Guiraudot lo ros, ch'essi d'accordo con M attribuiscono al nostro, e due canzoni di Folchetto da Marsiglia. Il ms. 7182 ha di proprio quattro poesie anonime. Le canzoni di Arnaldo e di Folchetto sono accompagnate da una versione interlineare, traduzione ch'è dovuta, come già notammo (p. 63), a B. Casassagia. Benchè sembri probabilissimo s'abbiano qui semplici copie di M (del quale son copie anche il bolognese 1290 e la prima parte del vaticano 3205), ne comunichiamo ai lettori le varianti. — Il Monaci si riserba di dare un'esatta descrizione di questi codici e di pubblicarne le poesie inedite.

N (ms. di Cheltenham n° 8335), che ne ha nove: la 2, 7, 8, 9, 10, 11, 13, 15 e 16 (fol. 190—4);

N² (ms. di Cheltenham, n° 1290), che ne ha dodici, le prime dodici che stanno in IK (fol. 1—4);

P (laurenziano XLI, 42), che ne ha due, la 2 e 17 (fol. 20);

Q (riccardiano 2909), che ne ha cinque: la 2, 7, 13, 17 e 18 (fol 39—40);

R (parigino della B. N., 22543), che ne ha nove: la 1, 2, 7, 9, 10, 11, 16, 17 e 18 (fol. 27, 35, 48, 82, 95);

S (oxoniense, Douce 269), che ne ha tre: la 14, 16 e 18 (p. 134—7);

Sg (ms. di Saragozza[1]), che ne ha cinque: la 2, 10, 12, 13 e 17;

T (parigino della B. N. 15211), che ne ha tre: la 14, 16 e 17 (fol. 19—56);

U (laurenziano XLI, 43), che ne ha otto: la 9, 10, 12, 13, 15, 16, 17 e 18 (fol. 22—29);

V (marciano, app. ms. cod. XI[2]), che ne ha sei: la 9, 10, 12, 16, 17 e 18 (fol. 25, 63, 90, 102, 103);

a (riccardiano 2814), che ne ha nove: la 3, 5, 9, 10, 12, 13, 14, 15 e 18 (p. 104—111, e 194);

b (barberiniano, XLVI, 29), che contiene tre frammenti, già editi nella Poesia rimata del Barbieri, derivanti dal perduto libro di Michel della Torre. Per risparmio di spazio la lezione di questi frammenti è stata posta in nota, a piè delle respettive tabelle;

c (laurenziano, XC inf. 26), che ne ha sette: la 2, 10, 11, 12, 13 e 17 (fol. 37—41);

f (parigino della B. N. 12472), che contiene un solo frammento della XVII (fol. 79).

Il primo dei quattro canzonieri catalani, posseduti dal sig. Aguilò e descritti dal prof. Milà, contiene la sestina d' A. Daniello[3]; ma restò vana la speranza dataci dall' ottimo illustra-

[1] Vedine la descrizione nella Revue des langues romanes, 1880, p. 225 seqq. Vani riuscirono tutti i nostri tentativi per ottener copia o collazione di questo manoscritto posseduto dal sig. Gil.

[2] La poesie di Arnaldo Daniello vi sono state inscritte di seconda mano, su pagine e carte rimaste in bianco.

[3] Poëtes lyriques catalans, Paris 1878, p. 7 (Estratto dalla Revue des ll. rr.).

tore di poterne avere una collazione, tanto più desiderabile in quanto che il primo verso (Lo f. v. que dins el cor me intra) vi si discosta da tutte le altre lezioni conosciute, e di settenaro diventa decasillabo.

Abbiamo poi ricordato altrove che alcune citazioni di versi d'Arnaldo si hanno nel *Breviari* di M. Ermengau (p. 43), nelle Leys (ib.), in una composizione del catalano Torroella (p. 60) e nel primo abbozzo della vita d'Arnaldo tra le carte del Nostradamus (p. 69). Di questi frammenti terremo il conto che sembri conveniente nelle note.

Ecco ora la tabella (p. 86) rappresentante l'ordine in cui stanno le composizioni di A. Daniello in ciascuno di questi codici, o in ciascuna sezione indipendente di codice, che contenga più d'una poesia. Coi numeri in corsivo sono indicate quelle che non formano una serie continua.

Considerando le congruenze di questa tabella, si vede subito che, per primo, B non è che un estratto di A. Infatti:

B 1 =	A 4
2	3
3	5
4	8
5	9
6	12

Rispetto all'inversione dei nn. 3 e 4 in A, è lecito dubitare se esso A oppure B abbia deviato dal capostipite comune. IK SR^3 stanno con A; stanno con B, N^2 M (ed M^c) e *c*, per lasciare delle testimonianze meno sicure; e se si considera che IK anche in altre serie s'accordano un AB, ma in ordine inverso, la loro testimonianza sarà qui da sottrarre ad A e da dare a B, che così ci si mostrerebbe miglior conservatore dell'ordine del capostipite comune.

N^2 IKDN ed E si mostrano strettamente collegati fra loro; ed inoltre rivelano di appartenere allo stesso gruppo di AB. Infatti, la loro parentela speciale è mostrata dai seguenti riscontri:

	A	B	IK	N²	D	N	E	F	H¹	L³	MMᶜ	T3ᵃ	P	S	Sᵍ	C	R³	R⁵	R⁸	Q¹	G¹	c	U†	V	a
(12) Doutz	1		8	8	7				7	3	3				1	8						7	5	6	3
(4) Lancan	2																								
(17) Sim	4	1	7	6	3			1	2	*1*	1		1	2	2	4	2			5		1	2	4	
(3) Quan							8									3									5
(5) Lanquan							9																		6
(6) D'autra							10									13									
(18) Lo ferm	3	2	6	7	12		7		10		2			1		2	1			1	1	2	8	*1*	2
(2) Chansson	5	3	10	10	2	9	6		1	*2*			2	3	5	12			2**	2	2	3			
(7) Anc	6		9	9	8	4	2			4						7		2		4	4	5			
(13) Er vei	7		3	3	6	3			6			1			3					3	3	4	3		4
(15) Sols	8	4	2	2	5	2	1	2	5														7		*9*
(10) En cest	9	5	1	1	4	1			4						4	6		1					6	5	1
(8) Autet	10		11	11	9	5	3		9							9									
(11) En breu	11		12	12	10	6	4		8						6	10	5								
(16) Ans quel	12	6	5	5	11	7	5			5		2				5	3					6	4	*2*	
(14) Amors												3													7
(9) L'aura	13		4	4	1	8			3							11	4						1	*3*	8
(1) Puos	*14*		*13*		13											*1**			1						

* C, tra il n. 8 e 9, ha una canzone spuria: Ab plazer, che pur da R³ e da H è attribuita ad Arnaldo D. — Questo numero è attribuito da C e da R⁸ ad A. de Maruolh.

** Attribuita a G. de Cabestaing, e così pure nell'Indice di C.

† Tra il n. 2 e 3 U reca una canzone spuria: Ar resplan, che anche *c* attribuisce ad A. D.

N 1 =	D 4 =	IKN² 1 =	E 0 =	A 9
2	5	2	1	8
3	6	3	0	7
4	8	(9)	2	6,
5	9	11	3	10
6	10	12,	4	11
7	11	5	5	12
8	1	4	0	13
9	2	(10)	6	(5);

dove si vede come N possa essere un estratto di D o della sua fonte; e così pure E per la sua serie 1—6; l' accordo minimo è con IKN^2. L'accordo poi di $NDIKN^2$ con A è pieno per ben otto numeri, rispetto ai quali è a notare l'ordine inverso della prima serie, che mostra come o A o $NDIKN^2$ abbiano deviato dal prototipo; e, se il secondo supposto è vero, ne vien confermata la speciale parentela fra i cinque codici devianti.

Rispetto alla seconda serie di E, vi si scorgono parentele con codici d' altre famiglie. Infatti:

E 6 =	GQ 2 =	*c* 7		E 7 =	C 2
7	1	2;		8	3
				9	0
				10	13

Onde dedurremo la possibilità di parentela di quasi tutta l' ultima serie con C, e d' una parte con GQ*c*; e poichè v' è accordo anche fra E 3 4 e C 9 10, dove l' accordo è pieno anche col gruppo ABD ecc, se ne dedurrebbe che una stessa fonte abbia servito per le due poesie all' uno e all' altro gruppo.

Rispetto ad F, che è un estratto, nulla si può arguire di molto probabile dall' ordine delle sue due poesie: l'accordo maggiore par sussistere con DBA. Nè nulla di molto preciso si può argomentare rispetto ad LMM^cTPS. Infatti, per L avremmo:

L 3 =	D 7 =	IK 8	L *1* =	D 3 =	A 4	ed	L 4 =	*c* 5
4	8	9;	2	2	5;		5 =	6;

più probabile resta la parentela con D e suoi affini. — Rispetto ad MM^c, quasi identici fra di loro (come mostra anche la comune falsa attribuzione ad A. Daniello della canzone: Ara sabrai), abbiamo:

$$\begin{array}{ccccccccccccccccc} M\,1 & = & N^2\,6 & = & B\,1 & = & IK\,7 & = & S\,2 & = & R\,2 & = & c\,1 & \quad & M\,2 & = & a\,2 \\ 2 & & 7 & & 2 & & 6 & & 1 & & 1 & & 2; & & 3 & & 3; \end{array}$$

dove gli accordi, che cadono sovra serie di due soli numeri, accennerebbero a parentele con codici di famiglie diverse. — T ha la terza poesia in comune con *a*, e mostra il massimo accordo col gruppo U*c*:

$$\begin{array}{ccccc} T\,1 & = & U\,3 & = & c\,4 \\ 2 & & 4 & & 6. \end{array}$$

P ed S s'accordano strettamente fra loro; e P potrebbe essere un estratto di S o della sua fonte. I loro accordi con altri codici sarebbero questi:

$$\begin{array}{ccccccccc} P\,1 & = & S\,2 & = & L\,1 & = & A\,4 & = & D\,3 \\ 2 & = & 3 & = & 2 & & 5 & = & 2; \end{array}$$

$$\begin{array}{ccccccccccccc} S\,1 & = & M\,2 & = & c\,2 & = & B\,2 & = & R\,1 & = & D\,6 & = & A\,3 \\ 2 & & 1 & & 1 & & 1 & & 2 & & 7 & & 4; \end{array}$$

dove dalla prima tabella P ed T apparirebbero appartenere al gruppo A, e dalla seconda aver tali poesie che hanno capostipite comune nel gruppo A e in altri (R, *a*).

Anche il codice di Saragozza si mostra fondamentalmente legato al gruppo A; per quattro numeri infatti pare un estratto di A. In una falsa attribuzione (Eu sui tan coindeta gaita, G. de Bornelh) esso s'accorda con E.

Con C entriamo a considerare un 'altra famiglia di codici. Il suo n. 1 lo mostra imparentato, mediante la falsa attribuzione, con R^8; per il 2—3, esso mostra accordo con E, nella sua parte che non va col gruppo AB ecc.; infatti abbiamo:

$$\begin{array}{ccccc} C\,2 & = & E\,7 & = & a\,2 \\ 3 & & 8 & & 5. \end{array}$$

Per i n. 4—7, esso mostra di tornare di nuovo d' accordo con R, così:

$$\begin{array}{ccccccccc} C\,4 & = & R^3\,2 & = & U\,4 & \qquad & C\,6 & = & R^5\,1 \\ 5 & & 3 & = & 2; & & 7 & & 2. \end{array}$$

Per i numeri rimanenti 8—11 vi si vedono delle affinità col gruppo A, con speciale accordo con N, così:

C 8 =	N 0 =	H^1 7 =	IKN^2 8 =	E 0 =	A (1)
9	5	9	11	3	10
10	6	8	12	4	11
11	8	(3)	(4)	0	13;

C 11 =	N 8 =	D 1
12	9	2
13	0	0

Si conchiude, pertanto, che C sia di doppia natura, e nella prima sua parte s'accordi specialmente con R, nella seconda con N e suoi affini. Probabilmente esso disponeva delle fonti d' ambedue i gruppi.

Rispetto ad R, abbiamo già veduto come R^5 1—2 ed R^3 2—3 s' accordino con C; l' accordo di R^8 1—2 con C è mostrato dalle false attribuzioni; sicchè non restano incerti che che i numeri 1 e 4 di R^3; dove non sarà forse insignificante l' accordo

R^3 3 =	N 7 =	A 12 =	IKN^2 5 =	V *2*
4	8	13	4 =	*3*.

Q^1G^1 e *c* costituiscono un gruppetto a sè, che però mostra anche qualche affinità con altri. Abbiamo:

c 1 =	Q^1 (5) =	G^1 0 =	B 1 =	U 2 =	A 4 =	T 0
2	1	1	2	(8)	3	0
3	2	2	3	0	5	0
4	3	3	0	3	7	1
5	4	4	0	0	6	0
6	0	0	6	4	12	2
7	0	0	0	5	(1)	0.

Così vediamo anche U accordarsi per quattro numeri col gruppo *c*GQ; rispetto agli altri si consideri:

U 6 =	H 4 =	N 1 =	IK 1 =	N^2 1
7 =	5	2	2	2
8 =	10	0	6	7;

onde si conchiude che l'ultima sua parte stia col gruppo NH ecc.

Ad U sembra collegarsi anche V, intorno al quale tuttavia, considerata la condizione in cui vi stanno le poesie d'Arnaldo, nulla di preciso si può conchiudere. Abbiamo:

V *1* =	IK 6 =	N^2 7 =	N 0 =	a 3 =	U 1
2	5	5	7	12	4
3	4	4	8	13	8;

V	D	U	*a*
4	4	(2)	0
5	3	6	1
6	0	5	3

Ci resta a considerare l'ordine delle poesie in *a*, per le quali si notano i seguenti accordi:

a 2 =	N 2 =	N^2 7 =	IK 6	*a* 5 =	E 8
3	3		8;	6	9;

dove particolarmente notevole è l'accordo con E, essendo che solo in *a* ed E si ha il n. 6. Parentela con T è anche probabile per il n. 7, ch' è soltanto in questi due codici. Nel complesso bisognerà poi conchiudere che *a* non si mostra strettamente legato con nessuno dei gruppi rilevati anteriormente.

Per conseguenza, la considerazione dell' ordine delle poesie d' Arnaldo Daniello nei singoli codici ci porterebbe a dividerli in quattro gruppi: I. AB, IKDNN^{2}EHL; — II. CR; — III. QG*c*U; — IV. a. Per gli altri non par lecito sui dati raccolti stabilire nessuna classazione.

Questi risultati sono confermati, nel loro complesso, da quelli a cui arriveremo aggiungendovi lo studio delle varianti, e coll' ajuto degli altri criterii secondarii già enumerati; come si può vedere dall' unito prospetto, nel quale antecipiamo qui le risultanze del nostro lavoro [1].

1. A. H*I*KD; RC.
2. AB; SPL; GQe, *I*KN^2, DNHEC, R.
3. E*C*; a.
4. A; D^a.
5. Ea.
6. EC.
7. A; cGQ, *I*KN^2R, LNDE, *C*.
8. A, HIKN^2, ND, E*C*.
9. AIKN^2RaCDHN; UV.
10. AB, IKN^{2}N; *VU*, *DH*, aCR.
11. A, IKN^{2}R, HND, CE.
12. A; HIKN^{2}LDV; RacU, CMM^c.
13. A; Uc; aT; GQ, DNHIKN^2.

[1] Mettiamo in corsivo le sigle dei codici che per il Daniello sembrano avere un testo contaminato. Dividiamo con punto e virgola le classi, con semplice virgola le sottoclassi. Rispetto al n. 18, tutto è incerto.

14. Ta.
15. AB, EDHIKN^{2}NF, Ua.
16. ABEDNL, *IKN*^{2}; Uc, VTC, R.
17. AB, *LHD*, QcU, F*IKN*^{2}; PS, RVMM^{c}Cf.
18. ABIKN^2; CRaHEDSMM^{c}GQUcV.

Che se in qualche particolare i risultati ottenuti collo studio delle varianti discordano da quelli ottenuti per altra via; e se per taluna delle liriche lo studio delle varianti non conduce a risultati ben certi, sarà da cercarne la causa nella „contaminazione" dei codici. — Poteva, infatti, avvenire ed è realmente avvenuto che un copista delle poesie d' Arnaldo D. avesse dinarzi a sè, non uno, ma due o più apografi, dai quali venia trascegliendo quelle lezioni, che più gli paressero convenienti. Le copie in tal modo elaborate (e peggio poi le copie eclettiche di queste copie) non sono più classificabili, o si possono solo provvisoriamente classificare, attribuendole a quel gruppo col quale hanno un numero maggiore di congruenze.

È ben vero quello che dice il Bartsch, che, ammettendo siffatte „contaminazioni", si ha l' aria di mandar a rotoli tutta l' arte critica [1]; ma è pur vero dall' altra parte che i fatti non si possono distruggere; ed è un fatto da tempo riconosciuto che le lezioni di C sono in gran parte contaminate; che lo stesso è stato provato per R e per U [2]; e alle medesime conclusioni, rispetto alle poesie del Daniello, mostreremo noi doversi venire in più casi per GHLDcV ecc. Il caso della contaminazione non sarà, o almeno non dovrebb' essere, così frequente per gli altri trovatori, come è per il Daniello: per le sue poesie, infatti, la straordinaria oscurità spingeva i copisti culti e intelligenti a cercare più d' un apografo; e se n' ha la prova nel fatto, che il caso più difficile di classazione ci si presenta appunto nella sestina, che più delle altre poesie fu copiata e studiata.

In vista appunto delle difficoltà generali e di queste speciali, ci siamo astenuti dal tentare per ogni poesia la costruzione d'un albero genealogico dei respettivi codici, come usa fare la scuola berlinese; memori in questo delle parole di

---

[1] Groebers Zeitschrift, III 422.

[2] Groeber, Lieders. 576, 582—3.

P. Meyer: „Je suis très-loin de croire qu' il soit toujours possible de classer même approximativement les divers textes d' une chanson provençale, et je tiens pour purement chimériques beaucoup des tableaux généalogiques dans lesquels certains éditeurs résument leurs recherches sur la filiation des mss.“ [1]

Noi procurammo invece, mediante la loro collocazione nelle nostre tabelle, collocazione consigliata dalle reciproche affinità, di presentare allo studioso con molta chiarezza lo stato della questione critica per ogni singolo verso; e insieme le tendenze e i caratteri speciali d' ogni codice e d' ogni gruppo di codici. Che se per tal guisa abbiamo dovuto sagrificare qualche po' li spazio, non ne vorranno male i lettori all'egregio editore.

Resta a dire qualche cosa dell' ordine in cui pubblichiamo le poesie di A. Daniello.

Riuscendo impossibile di stabilirne la successione cronologica, e non parendo nemmeno possibile di partire le composizioni amorose in tanti gruppi quante sono state le donne corteggiate e cantate da Arnaldo; e i codici, d' altra parte, non presentando un ordinamento comune a tutti o alla grande maggioranza, che potesse presumersi quello dato dal poeta stesso ai suoi canti dispersi [2]: ci siamo risolti a disporle secondo le ragioni della metrica; ragioni che per Arnaldo Daniello meriterebbero in ogni caso d' andar sopra a tutte le altre. Messa pertanto all' uno dei termini la sestina, in cui si riassumono tutte le sue novità metriche, e all' altro collocato il sirventese a stanze popolari monorime, abbiamo distribuito le altre poesie in modo che presentassero lo svolgimento continuo della metrica arnaldesca, considerando in ispecie la costituzione della stanza senza membratura e a tutte rime isolate.

Aggiungiamo alcuni schiarimenti sul modo tenuto nel dare le varianti nelle tabelle.

Tra le varianti non sono ammesse quelle puramente ortografiche, che solo si comunicano per il codice seguito nel testo, qualora ci sia parso conveniente discostarcene. Ma, vice-

---

[1] Romania, X, 268.

[2] E la composizione dei canzonieri non pare possa risalire ai tempi di A. Daniello, cfr. Groeber, Liedersamml., p. 353.

versa, le vere e proprie varianti si danno secondo la speciale ortografia dei singoli codici. La † preposta a una data parola significa che quella parola (o anche più parole) manca nel ms.; e con essa s' indicano anche le lacune d' uno o più versi o d' una strofa. Per indicare che in luogo d' una data parola del nostro testo il codice ne ha un' altra, scriviamo la prima rinchiusa in mezza parentesi quadra, e facciamo seguire la seconda. Una variante segnata coll' iniziale majuscola corrisponde alla parola che nel testo sta in principio del verso. I puntini significano che una data lettera o parola o verso sono abrasi e illeggibili.

Le poesie di A. Daniello.

Testo critico.

I.

I Puois en Raimons e' n Trucs Malecs
Chapten na Ena e sos decs,
Enans serai vieills e canecs
Ans que m' acort en aitals precs
Don puosca venir tant grans pecs;
C' al cornar l' agra mestier becs
Ab queil traisses del corn los grecs;
E pois pogra ben issir secs
Quel fums es fortz qu' ieis dinz dels plecs.
II Ben l' agra obs que fos becutz
El becs que fos lones et agutz,
Quel corns es fers, laitz e pelutz
E nul jorn no estai essutz,
Et es prions; dins *ha* palutz,
Per que rellent' en sus lo glutz
C' ades per si cor ne rendutz;
E non vuoill que mais sia drutz
Cel que sa boch' al corn condutz.
III Pro hi agra d' autres assais,
De plus bels e que valgron mais,
E si en Bernartz s' en estrais,
Per Crist, anc noi fetz que savais,
Car l' en pres paors et esglais,
Car sil vengues d' amon lo rais
Tot l' escalderal col el cais;
E nois cove que dompna bais
Aquel qui corn' el corn putnais.

IV Bernart, ges eu no m' en acort
Al dig de Raimon de Durfort
Que vos anc mais n' aguessetz tort;
Que si cornavatz per deport
Ben trobavatz fort contrafort
E la pudors agraus tost mort,
Que peiz oil non fa fems en ort;
E vos, qui queus en desconort,
Lauzatz en Deu queus n' a estort.
V Ben es estortz de gran perill
Que retraich fora a son fill
Et a totz aicels de Cornill;
Mieills li fora fos en issill
Qu' el la cornes en le fonill
Entre l' eschina el penchenill
Per on se segon li rovill;
Ja non saubra tant de gandill
Noil compisses lo groing el cill.
VI Dompna, ges Bernartz non s' *atill*
Del corn cornar ses gran dozill
Ab quel seire trauc del penill,
Puois poira cornar ses perill.

II.

I Chansson doil mot son plan e prim
Farai puois que botonoill vim
E l' aussor cim
Son de color
De mainta flor
E verdeia la fuoilla,
Eil chant eil braill
Son a l' ombraill
Dels auzels per la bruoilla.
II Pel bruoill aug lo chan el refrim,
E per tal que nom fassa crim
Obre e lim
Motz de valor
Ab art d' Amor

Don non ai cor quem tuoilla;
Ans si bem faill
La sec a traill
On plus vas mi s' orguoilla.

III Petit val orguoill d' amador
Que leu trabucha son seignor
Del luoc aussor
Jus al terraill
Per tal trebaill
Que de joi lo despuoilla;
Dreitz es lagrim
Et arda e rim
Qui 'ncontra amor janguoilla.

IV Ges per janguoill nom vir aillor,
Bona dompna, ves cui ador;
Mas per paor
Del devinaill,
Don jois trassaill,
Fatz semblan que nous vuoilla;
C' anc nons gauzim
De lor noirim:
Malmes, que lor acuoilla!

V Si bem vau per tot a es daill,
Mos pessamens lai vos assaill;
Qu' ieu chant e vaill
Pel joi quens fim
Lai ons partim;
Dont sovens l' uoills mi muoilla
D' ira e de plor
E de doussor,
Car per joi ai quem duoilla.

VI Ges nom tuoill d' amor don badaill
Ni no sec mesura ni taill;
Sol m' o egaill
Que anc no vim
Del temps Caim
Amador meins acuoilla
Cor trichador
Ni bauzador,
Per que mos jois capduoilla.

VII Bella, qui queis destuoilla,
Arnautz drech cor
Lai ous honor,
Car vostre pretz capduoilla.

III.

I Can chai la fueilla
Dels ausors entresims,
El freitz s' ergueilla
Don sechȧl vais' ėl vims,
Dels dous refrims
Vei sordezir la brueilla;
Mas ieu soi prims
D' amor, qui que s' en tueilla.

II Tot quant es gela,
Mas ieu non puesc frezir,
C' amors novela
Mi fal cor reverdir;
Non dei fremir
C' Amors mi cuebr' ėm cela
Ėm fai tenir
Ma valor ėm cabdela.

III Bona es vida
Pos joia la mante,
Que tals n' escrida
Cui ges no vai tan be;
No sai de re
Coreillar m' escarida,
Que per ma fe
Del mieills ai ma partida.

IV De drudaria
Nom sai de re blasmar,
C' autrui paria
Torn ieu en reirazar;
Ges ab sa par
No sai doblar m' amia,
C' una non par
Que segonda noill sia.

V No vueill s' asemble
Mos cors ab autr' amor
Si qu' eu jail m' emble
Ni volval cap aillor;
Non ai paor
Que ja cel de Pontremble
N' aia gensor
De lieis ni que la semble.

VI Ges non es croia
Cella cui soi amis;
De sai Savoia
Plus bella nos noiris;
Tals m' abelis
Don ieu plus ai de joia
Non ac Paris
D' Elena, cel de Troia.

VII Tan pareis genta
Cella quem te joios
Las gensors trenta
Vens de belas faisos;
Ben es razos
Doncas que mos chans senta,
Quar es tan pros
E de ric pretz manenta.

VIII Vai t' en, chansos,
Denan lieis ti prezenta;
Que s' ill no fos
Noi meir' Arnautz s' ententa.

IV.

I Lancan son passat li giure
E noi reman puois ni comba,
Et el verdier la flors trembla
Sus el entrecim on poma,
La flors e li chan eil clar quil
Ab la sazon doussa e coigna
M' enseignon c' ab joi m' apoigna,
Sai al temps de l' intran d' april.

II Ben greu trob' om joi desliure,
C' a tantas partz volv e tomba
Fals' Amors, que no s' asembla
Lai on leiautatz asoma;
Qu' ieu non trob jes doas en mil
Ses falsa paraulla loigna,
E puois c' a travers non poigna
E no torne sa cartat vil.

III Tuich li plus savi en vant hiure
Ses muiol e ses retomba,
Cui ill gignosetz esclembla
La crin queil pend a la coma;
E plus pres li *brui* de l' auzil
On plus gentet s' en desloigna;
El fols cre mieills d' una moigna
Car a simple cor e gentil.

IV Ses fals' Amor cuidiei viure,
Mas ben vei c' un dat mi plomba
Quand ieu mieills vei qu' il m' o embla;
Car tuich li legat de Roma
No son jes de sen tant sotil,
Que na devisa Messoigna,
Que tant soaument caloigna,
Mens *poiria* falsar un fil.

V Qui Amor sec, per tals liure:
Cogul tenga per colomba,
S' il l' o ditz ni ver li sembla
Fassail plan del Puoi de Doma;
Quan d' el plus prop es tant s' apil
Si col proverbis s' acoigna;
Sil trai l' uoill, *el* puois loil oigna,
Sofra e sega ab cor humil.

VI Ben conosc ses art d' escriure
Que es plan o que es comba,
Qu' ieu sai drut que si assembla
Don blasm' a leis, el col groma;
Qu' ieu n' ai ja perdut ric cortil
Car non vuoill gabs ab vergoigna
Ni blasme ab honor loigna,
Per que ieu loing son seignoril.

VII Bertran, non cre de sai lo Nil
Mais tant de fin joi m' apoigna
Tro lai on lo soleills ploigna.
Tro lai on lo soleills plovil.

V.

I Lanquan vei fueill' e flor e frug
Parer dels albres eill ramel,
Et aug lo chan que faun el brug
La ran' el riu, el bosc l' auzel,
Dones mi fueilla em floris em fruch' Amors
El cor tan gen que la nueit me retsida
Quant autra gens dorm e pauz' e sojorna.
II Ar sai ieu c' Amors m' a condug
El sieu plus seguran castel
Don non dei renda ni trahug,
Ans m' en ha fait don e capdel;
Non ai poder ni cor quem vir' aillors,
Qu' ensenhamens e fizeutatz plevida
Jai per estar, c' a bon pretz s' i atorna.
III Amors, de vos ai fag estug
Lonjamen verai e fizel,
C' anc no fis guanda ni esdug
D' amar, ans m' era bon e bel;
E vos faitz m' en dels grans afans socors!
Merces d' aitan, quel mieils aia delida
D' on *part* soleils duesc' al jorn quez ajorna.
IV D' enguan mi tueill e d' enueg fug
Per l' amor ab que m' atropel,
Don ai un tal ver dig adug
Re no sai que mentirs espel;
Hueimais pretz ieu ben pauc lauzenjadors
Per so qu' ieu vueill em vol sill c' ai cobida.
Et ieu soi cel quels sieus digz non trastorna.
V Si l' auzes dir, ben saubron tug
Que Jois mi montal cor el cel,
Quar deport mi creis e desdug
La bela que d' amor apel;

Mon bon esper mi dotbla sa valors
Quar qui mais val mais dopta far faillida
Et ill non es de re trista ni morna.
VI D' aquest' amor son lunh forsdug
Dompneiador fenhen, fradel,
Pero sis n' an maint pretz destrug
Tal ques fan cueinte et isnel;
Et ieu que soi dels leials amadors
Estau jauzens, c' Amors e Jois me guida
Lo cor en joi que aillors non trastorna.
VII Vai t' en, chansos, a la bela de cors
E diguas li c' Arnautz met en oblida
Tot' autr' amor per lieis vas cui s' adorna.

VI.

I D' autra guiza e d' autra razon
M' aven a chantar que no sol,
E nous cugetz que de mon dol
Esper a far bona chanson,
Mas mestiers m' es qu' eu fassa merceiar
A mans chantan leis que m' encolp' a tort
Qu' ieu n' ai lezer qu' estiers non parl' ab tres.
II Merce dei trobar e perdon
Sil dreit usatges nom destol
Tal que de merceiar nom tol.
Ja salvet merces lo lairon
Quez autre bes nol podia salvar;
Ieu non ai plus vas ma vida cofort
Que sil dreitz qu' ai nom val, vaillam merces.
III Donc ha hom dreg en amor? Non;
Mas cuidarion so li fol,
Qu' elaus encolpara, sis vol,
Quar li Frances no son Guascon
E quar la naus frais ans que fos a Bar.
Las! per aital colpa sui pres de mort,
Que d' als, per Crist, no sai qu' anc tort l' agues.
IV Ar conosc ieu e sap mi bon
C' om nos part leu de so que vol
Ans n' a cor plus humil e mol

Sitot l' estrai un tems son don;
Per meus o dic qu' anc non poc desamar
Celha quem tol del tot joi e deport,
Anz m' afortis ades on peger m' es.

V Hueimais, senhor e companhon,
Per Dieu, ans que del tot m' afol,
Preiatz lieis don m' amors nos tol
Qu' en aia merce cum del son;
E diguas tug, pos ieu non l' aus nomnar:
Bela, prendetz per nos n' Arnaut en cort
E no metatz son chantar en defes.

VII.

I Anc ieu non l' aic, mas ella m' a
Totz temps en son poder Amors,
E faim irat, let, savi, fol,
Cum cellui qu' en re nois torna,
C' om nois deffen qui ben ama;
C' Amors comanda
C' om la serva e la blanda,
Per qu' ieu n' aten
Soffren
Bona partida
Quand m' er escarida.

II S' ieu dic pauc, inz el cor m' esta,
Qu' estar mi fai temen paors;
La lengais feign, mas lo cors vol
So don dolens si sojorna;
Qu' el languis mas no s' en clama,
Qu' en tant a randa
Cum mars terra garanda
Non a tant gen
Presen
Cum la chausida
Qu' ieu ai encobida.

III Tant sai son pretz fin e certa
Per qu' ieu nom posc virar aillors;
Per so fatz eu quel cors m' en dol,
Que quan sols clau ni s' ajorna

Eu non aus dir qui m' aflama;
Lo cors m' abranda
Eill huoill n' ant la vianda,
Car solamen
Vezen
M' estai aizida:
Veus quem ten a vida!

IV Fols es qui per parlar en va
Quier cum sos jois sia dolors!
Car lausengier, cui Dieus afol,
Non ant jes lengueta adorna:
L' us conseilla e l' autre brama,
Per queis desmanda
Amors, tals fora granda!
Mas ieum deffen
Feignen
De lor brugida
Et am ses faillida.

V Pero gauzen mi ten e sa
Ab un plazer de que m' a sors,
Mas mi no passara jal col
Per paor qu' il nom fos morna,
Qu' enqueram sent de la flama
D' Amor quim manda
Que mon cor non espanda;
Si fatz, soven,
Temen,
Puois vei per crida
Maint' amor delida.

VI Maint bon chantar levet e pla
N' agr' ieu plus fait, sim fes socors
Cella quem da joi el mi tol;
Qu' er sui letz, er m' o trastorna,
Car a son vol me liama.
Ren noil demanda
Mos cors ni noil fai ganda,
Ans franchamen
Lim ren:
Doncs si m' oblida
Merces es perida.

VII Mieills-de-ben ren,
Sit pren,
Chanssos grazida,
C' Arnautz non oblida.

VIII.

I Autet e bas entrels prims fuoills
Son nou de flors li ram eil renc
E noi ten mut bec ni gola
Nuills auzels, anz braia e chanta
Cadahus
En son us:
Per joi qu' ai d' els e del tems
Chant, mas amors mi asauta
Quils motz ab lo son acorda.
II Dieu o grazisc e a mos huoills,
Que per lor conoissensam venc.
Jois, qu' adreich auci e fola
L' ira qu' ieu n' agui e l'anta,
Er va sus,
Qui qu' en mus,
D' Amor don sui fis e frems;
C' ab lieis c' al cor plus m' azauta
Sui liatz ab ferma corda.
III Merces, Amors, c' aras m' acuoills!
Tart mi fo, mas en grat m' o prenc,
Car si m' art dinz la meola
Lo fuocs non vuoill que s' escanta;
Mas pels us
Estauc clus
Que d' autrui joi fant greus gems
E pustell' ai' en sa gauta
Cel c' ab lieis si desacorda.
IV De bon' amor falsa l' escuoills,
E drutz es tornatz en fadenc,
Qui di qu' el parlar noil cola
Nuilla re*s quel* cor creanta
De pretz jus;
Car enfrus

Es d' aco qu' eu mout ai crems;
E qui de parlar trassauta
Dreitz es qu' en la lengais morda.

V Vers es qu'ieu l'am et es orguoills,
Mas ab jauzir celar loi tenc;
Qu'anc pos Sainz Pauls fetz pistola
Ni nuills hom dejus caranta
Non poc plus
Neis Jhesus
Far de tals, car totz absems
Als bos aips don es plus auta
Cella c' om per pros recorda.

VI Pretz e Valors, vostre capduoills
Es la bella c' ab sim retenc,
Qui m' a sol et ieu liei sola,
C' autra el mon nom atalanta;
Anz sui brus
Et estrus
Als autras el cor teing prems,
Mas pel sieu joi trepa e sauta:
No vuoill c' autra m'o comorda.

VII Arnautz ama e no di nems,
C' Amors l' afrena la gauta,
Que fols gabs no laill comorda.

IX.

I L' aura amara
Fals bruoills brancutz
Clarzir
Quel doutz espeissa ab fuoills,
Els letz
Becs
Dels auzels ramencs
Ten balps e mutz,
Pars
E non-pars;
Per qu' eu m' esfortz
De far e dir
Plazers

A mains per liei
Que m' a virat bas d' aut,
Don tem morir
Sils afans no m' asoma.

II Tant fo clara
Ma prima lutz
D' eslir
Lieis don crel cors los huoills,
Non pretz
Necs
Mans dos aigonencs;
D' autra s' esdutz
Rars
Mos preiars,
Pero deportz
M' es adauzir
Volers,
Bos motz ses grei
De liei don tant m' azaut
Qu' al sieu servir
Sui del pe tro c' al coma.

III Amors, gara,
Sui ben vengutz
C' auzir
Tem far sim desacuoills
Tals detz
Pecs
Que t' es mieills quet trencs;
Qu' ieu soi fis drutz
Cars
E non vars,
Mal cors ferms fortz
Mi fai cobrir
Mains vers;
C' ab tot lo nei
M' agr' ops us bais al chaut
Cor refrezir,
Que noi val autra goma.

IV Si m' ampara
Cill cuim trahutz

D' aizir,
Si qu' es de pretz capduoills,
Dels quetz
Precs
C' ai dedinz a rencs,
L' er fort rendutz
Clars
Mos pensars;
Qu' eu fora mortz,
Mas fam sofrir
L' espers
Queill prec quem brei,
C' aissom ten let e baut;
Que d' als jauzir
Nom val jois una poma.

V Doussa car', a
Totz aips volgutz,
Sofrir
M' er per vos mainz orguoills,
Car etz
Decs
De totz mos fadencs,
Don ai mains brutz
Pars
E gabars;
De vos nom tortz
Nim fai partir
Avers,
C' anc non amei
Ren tan ab meins d' ufaut,
Anz vos desir
Plus que Dieus cill de Doma.

VI Erat para,
Chans e condutz,
Formir
Al rei qui t' er escuoills;
Car pretz,
Secs
Sai, lai es doblencs,
E mantengutz

Dars
E manjars:
De joi lat portz,
Son anel mir,
Sil ders,
C' anc non estei
Jorn d' Aragon quel saut
Noi volgues ir,
Mas sai m' a' n clamat Roma.

VII Faitz es l' acortz
Qu' el cor remir
Totz sers
Lieis cui domnei
Ses parsonier Arnaut;
Qu' en autr' albir
N' es fort m' ententa soma.

X.

I En cest sonet coind' e leri
Fauc motz e capuig e doli,
E serant verai e cert
Quan n' aurai passat la lima;
Qu' Amors marves plan' e daura
Mon chantar que de liei mou
Qui pretz manten e governa.

II Tot jorn meillur et esmeri
Car la gensor serv e coli
Del mon, sous dic en apert.
Sieus sui del pe tro qu' en cima,
E si tot ventaill freid' aura
L' amors qu' inz el cor mi plou
Mi ten chaut on plus iverna.

III Mil messas n' aug e' n proferi
E' n art lum de cera e d' oli
Que Dieus m' en don bon issert
De lieis on nom val escrima;
E quan remir sa crin saura
El cors gai, grailet e nou
Mais l' am que quim des Luserna.

IV Tant l' am de cor e la queri
C' ab trop voler cug lam toli
S' om ren per ben amar pert.
Quel sieus cors sobretracima
Lo mieu tot e non s' isaura;
Tant a de vers fait renou
C' obrador n' a e taverna.

V No vuoill de Roma l' emperi
Ni c' om m' en fassa apostoli,
Qu' en lieis non aia revert
Per cui m' art lo cors em rima.
E sil maltraich nom restaura
Ab un baisar anz d' annou,
Mi auci e si enferna.

V Ges pel maltraich qu' ieu soferi
De ben amar nom destoli
Si tot me ten en desert,
Car sim fatz lo son el rima
Pieitz trac aman c' om que laura;
C' anc plus non amet un ou
Cel de Moncli n' Audjerna.

VII Ieu sui Arnautz qu' amas l' aura
E chatz la lebre ab lo bou
E nadi contra suberna.

XI.

I En breu brisaral temps braus,
Eill bisa busina els brancs
Qui s' entreseignon trastuich
De sobreclaus rams de fuoilla;
Car noi chanta auzels ni piula
M' enseign' Amors qu' ieu fassa adonc
Chan que non er segons ni tertz
Ans prims d' afrancar cor agre.

II Amors es de pretz la claus
E de proesa us estancs
Don naisson tuich li bon fruich,
S' es qui leialmen los cuoilla;
Q' un non delis gels ni niula

Mentre ques noiris el bon tronc;
Mas sil romp trefans ni culvertz
Peris tro leials lo sagre.

III Faillirs esmendatz es laus;
Et eu sentim n' ams los flancs
Que mais n' ai d' amor ses cuich
Que tals qu' en parla eis n' orguoilla;
Que pieitz mi fal cor de friula.
Mentr' ellam fetz semblan embronc,
Mais volgr' ieu trair pena els desertz
On anc non ac d' auzels agre.

IV Bona doctrina e soaus
E cors clars, sotils e francs
M' an d' Amor al ferm conduich
De lieis don plus vuoill quem cuoilla;
Car sim fo fera et escriula
Er jauzen breviam temps lonc,
Qu'il m'es plus fina et ieu lieis certz
Que Talant' e Meleagre.

V Tant dopti que per non-aus
Devenc sovens niers e blancs;
Si m' al sen desirs fors duich
No sap lo cors trep ois duoilla;
Mas Jois que d' esper m' afiula
M' encolpa car no la somonc;
Per qu' ieu sui d' est prec tant espertz
Non ai d' als talen neis magre.

VI Pensar de lieis m' es repaus,
E tragam ams los huoills crancs
S' a lieis vezer nols estuich;
El cor non crezatz qu' en tuoilla,
Car orars ni jocs ni viula
Nom pot de leis un travers jonc
Partir . . C' ai dig? Dieus, tum somertz
Om peris el peleagre!

VII Arnautz vol sos chans sia ofertz
Lai on doutz motz mou en agre.

XII.

I Doutz brais e critz,
Lais e cantars e voutas
Aug dels auzels qu' en lur latins fant precs
Quecs ab sa par, atressi cum nos fam
A las amigas en cui entendem;
E doncas ieu qu' en la genssor entendi
Dei far chansson sobre totz de bell' obra
Que noi aia mot fals mi rima estrampa.

II Non fui marritz
Ni non presi destoutas
Al prim qu' intriei el chastel dinz los decs,
Lai on estai midonz, don ai gran fam
C' anc non l' ac tal lo nebotz Sain Guillem;
Mil vetz lo jorn en badaill em n' estendi
Per la bella que totas autras sobra
Tant cant val mais fis gaugz qu' ira ni rampa.

III Ben fui grazitz
E mas paraulas coutas,
Per so que jes al chausir no fui pecs,
Anz volgui mais prendre fin aur que ram,
Lo jorn quez ieu e midonz nos baizem
Em fetz escut de son bel mantel endi
Que lausengier fals, lenga de colobra,
Non o visson, don tan mals motz escampa.

IV Dieus lo chauzitz,
Per cui foron assoutas
Las faillidas que fetz Longis lo cecs,
Voilla, sil platz, qu' ieu e midonz jassam
En la chambra on amdui nos mandem
Uns rics convens don tan gran joi atendi,
Quel seu bel cors baisan rizen descobra
E quel remir contral lum de la lampa.

V [Ges rams floritz
De floretas envoutas
Cui fan tremblar auzelhon ab lurs becs
Non es plus frescs, per qu' ieu no volh Roam
Aver ses lieis ni tot Jherusalem;

Pero totz fis mas juntas a lim rendi,
Qu' en liei amar agr' ondral reis de Dobra
O celh cui es l' Estel' e Luna-pampa.]

VI Bocca, que ditz?
Qu' eu crei quem auras toutas
Tals promessas don l' emperaire grecs
En for' onratz ol senher de Roam
Ol reis que ten Sur e Jerusalem;
Dones ben sui fols que quier tan quem rependi,
Ni·eu d' Amor non ai poder quem cobra,
Ni savis es es nuls om qui joi acampa.

VII Los deschausitz
Ab las lengas esmoutas
Non dupt' ieu jes, sil seignor dels Galecs
An fag faillir, perqu' es dreitz s' o blasmam,
Que son paren pres romieu, so sabem,
Raimon lo filh al comte, et aprendi
Que greu faral reis Ferrans de pretz cobra
Si mantenen nol solv e nol escampa.

VIII Eu l' agra vist, mas estiei per tal obra,
C' al coronar fui del bon rei d' Estampa.

IX [Mos sobrecors, si tot grans sens lo sobra,
Tenga que ten, si non gaire nois ampa.]

XIII.

I Er vei vermeills, vertz, blaus, blancs, gruocs
Vergiers, plans, plais, tertres e vaus;
Eil votz dels auzels sona e tint
Ab doutz acort maitin e tart.
Som met en cor qu' ieu colore mon chan
D' un' aital flor don lo fruitz sia amors,
E jois lo grans, e l' olors de noigandres.

II D' amor mi pren penssan lo fuocs
El desiriers doutz e coraus;
El mals es saboros qu' ieu sint
Eil flama soaus on plus m' art:
C' Amors enquier los sieus d' aital semblan,
Verais, francs, fis, merceians, parcedors,
Car a sa cort notz orguoills e val blandres.

III Mas mi non camja temps ni luocs,
Cosseills aizina bes ni maus;
E s' ieu al meu enten vos mint,
Jamais la bella no m' esgart
Qu' el cor el sen tenc dormen e veillan;
Qu' eu non vuoill jes quan pens sas grans valors,
Valer ses lieis on plus valc Alixandres.

IV Mout desir qu' enquer li fos cuocs
E m' avengues aitals jornaus,
Qu' ie' n vivria ben d' anz plus vint,
Tant me tel cor baut e gaillart.
Vai! Ben sui fols! Que vauc doncs als cercan?
(Qu' ieu non vuoil jes mas per geing treu aillors)
Baillir que clauon Tigris e *Meundres*?

V Maintas vetz m' es solatz enuocs
Ses liei, car de liei vuoill sivaus
Ades dir lo cart mot ol quint,
Quel cor non vir vas autra part:
Qu' ieu non ai d' als desire ni talan,
Per so qu' il es dels bos sabers sabors,
E vei l' el cor s' era en Poilla o en Flandres.

VI En autres faitz soven feing juocs,
El jorns sembla us anoaus;
E pesam car Dieus nom cossint
Com pogues temps breujar ab art,
Que lonc respieich fant languir fin aman.
Luna e soleills, trop faitz loncs vostres cors!
Pesam car plus sovens nous faill resplandres.

VII A lieis, cui son, vai, chanssos, derenan,
C' Arnautz non sap comptar sas grans ricors,
Que d' aussor sen li auria ops espandres.

XIV.

I Amors e jois e liocs e tems
Mi fan bon sen tornar e derc
D' aquel *noi* c' avia l' autr' an
Can cassaval lebr' ab lo bou;
Eram vai mieltz d' amor e pieis,
Car ben am, d' aisom clam astrucs,

Ma non amatz gau om encers,
S' Amors no vens son dur cor el mieus precs.
II Cel que tut ben pert a ensems
Mestiers es c' un ric segnor cerc
Per restaurar la perda el dan,
Quel paubres noil valria un uou;
Pero m' ai ieu causit e lieis
Don on ac lo cor nils uoills clucs;
E pliut, Amor, si lam conquers
Trevas totz temps ab totas fors dels decs.
III Pauc pot valer om de joi sems:
Per mel sai que l' ai e *tem* berc-
Car per un sobrefais d' afan
Don la dolors del cor nos mou;
E s' ab joi l' ira nom fors eis
Tost m' auran *miei* paren faducs;
Pero tals a mon cor convers
Qu' eu liei amar volgra murir senecs.
IV Non sai hom tan sia e Dieu frems
Ermita ni monge ni clerc,
Cum ieu vas cella de cui can,
Et er proat ans de l' annou.
Liges soi sieus mieltz que de mi eis,
Sim for' ieu si fos reis ni ducs;
Tant es e lieis mos cors esmers
Que s' autra' n voil ni' n deing, donc si' eu secs!
V D' aiso c' ai tant duptat e crems
Creis ades e meillur em derc,
Quel reproers, c' auzi antan,
Me dis que tant trona tro plou;
E s' ieu *no pec* cinc ans o sieis
Ben leu, can sera blancs mos sucs,
Gausirai so per qu' or soi sers,
C' aman preian s' afranca cors ufecs.
VI De luencs suspirs e de grieus gems
Mi pot trair cella cui m' aerc,
C' ades sol per un bel semblan
N' ai mogut mon chantar tot nou.
Contra mon vauc e no m' encreis,
Car gent mi fai pensar mos cucs.

Cor, vai sus? Ben vai, sit suffers.
Sec tant qu' en leis, c' ai encubit, not pecs.
Ans er plus vils aurs non es fers
C' Arnautz desam lieis on es ferm manecs.

XV.

I Sols sui qui sai lo sobrafan quem sortz
Al cor d' amor sofren per sobramar,
Car mos volers es tant ferms et entiers
C' anc no s' esduis de celliei ni s' estors
Cui encubic al prim vezer e puois:
Qu' ades ses lieis dic a lieis cochos motz,
Pois quan la vei non sai, tant l' ai, que dire.
II D' autras vezer sui secs e d' auzir sortz,
Qu' en sola lieis vei et aug et esgar;
E jes d' aisso noill sui fals plazentiers
Que mais la vol non ditz la bocal cors;
Qu' eu no vau tant chams, vauz ni plans ni puois
Qu' en un sol cors trob aissi bos aips totz:
Qu' en lieis los volc Dieus triar et assire.
III Ben ai estat a maintas bonas cortz,
Mas sai ab lieis trob pro mais que lauzar
Mesura e sen et autres bos mestiers,
Beutat, joven, bos faitz e bels demors.
Gen l' enseignet Cortesia e la duois,
Tant a de si totz faitz desplazens rotz
De lieis no cre rens de ben si adire.
IV Nuills jauzimens nom fora breus ni cortz
De lieis cui prec qu' o vuoilla devinar,
Que ja per mi non o sabra estiers
Sil cors ses dirs nos presenta de fors;
Que jes Rozers per aiga que l' engrois
Non a tal briu c' al cor plus larga dotz
Nom fassa estanc d' amor, quand la remire.
V Jois e solatz d' autram par fals e bortz,
C' una de pretz ab lieis nois pot egar,
Quel sieus solatz es dels autres sobriers.
Ai si no l' ai! Las! Tant mal m' a comors!

Pero l' afans m' es deportz, ris e jois
Car en pensan sui de lieis lecs e glotz:
Ai Dieus, si ja' n serai estiers jauzire!
VI Anc mais, sous pliu, nom plac tant treps ni bortz
Ni res al cor tant de joi nom poc dar
Cum fetz aquel don anc feinz lausengiers
No s' esbrugic qu' a mi solses tresors ....
Dic trop? Eu non, sol lieis non sia enois.
Bella, per dieu, lo parlar e la votz
Vuoill perdre enans que diga ren queus tire.
VII Ma chansos prec que nous sia enois,
Car si voletz grazir lo son els motz
Pauc preza Arnautz cui que plassa o que tire.

XVI.

I Ans quel cim reston de branchas
Sec ni despoillat de fuoilla
Farai, c' Amors m' o comanda,
Breu chansson de razon loigna.
Que gen m' a duoich de las artz de s' escola;
Tant sai quel cors fatz restar de suberna
E mos bous es pro plus correns que lebres.
II Ab razos coindas e franchas
M' a mandat qu' ieu no m' en tuoilla
Ni non serva autra ni' n blanda,
Puois tant fai c' ab si m' acoigna;
Em di que flors noil semble de viola
Quis camja leu sitot nonca s' iverna,
Ans per s' amor sia laurs o genebres
III Dis: tu, c' aillors non t' estanchas
Per autra quit deing nit vuoilla,
Totz plaitz esquiva e desmanda
Sai e lai qui quet somoigna;
Gran son dan fai qui se meteus afola,
E tu no far failla don hom t' esquerna,
Mas apres Dieu lieis honors e celebres.
IV E tu, coartz, non t' afranchas
Per respeich c' amar not vuoilla;
Sec, s' il te fuig nit fai ganda,

Que greu er c' om noi apoigna
Qui s' afortis de preiar e no cola.
Qu' ieu passera part la palutz de Lerna
Com peregrins o lai per on cor Ebres.

V S' ieu n' ai passatz pons ni planchas
Per lieis, cuidatz qu' ieu m' en duoilla?
Non eu, c' ab joi ses vianda
M' en sap far meizina coigna
Baisan tenen; el cors, sitot si vola,
Nois part de lieis quel capdella el governa.
Cors, on qu' ieu an, de lieis not loinz nit sebres!

VI De part Nil entro c' a Sanchas
Gensser nois viest nis despuoilla,
Car sa beutatz es tant granda
Que semblariaus messoigna.
Bem vai d' amor, qu' elam baisa e m' acola,
E nom frezis freitz ni gels ni buerna,
Nim fai dolor mals ni gota ni febres.

VII Sieus es Arnautz del cim tro en la sola
E senes lieis no vol aver Lucerna
Nil senhoriu del reion que cor Ebres.

XVII.

I Sim fos Amors de joi donar tant larga
Cum ieu vas lieis d' aver fin cor e franc,
Ja per gran ben nom calgra far embarc,
Qu' er am tant aut quel pes mi poia em tomba;
Mas quand m' albir cum es de pretz al som
Mout m' en am mais car anc l' ausiei voler,
C' aras sai ieu que mos cors e mos sens
Mi farant far lor grat rica conquesta.

II Pero s' ieu fatz lonc esper no m' embarga,
Qu' en tant ric luoc me sui mes e m' estanc
C' ab sos bels digz mi tengra de joi larc,
E segrai tant qu' om mi port a la tomba,
Qu' ieu non sui ges cel que lais aur per plom;
E pois en lieis nos taing c' om ren esmer
Tant li serai fis et obediens
Tro de s' amor, sil platz, baisan m' envesta.

III Us bons respieitz mi reven em descarga
D' un doutz desir don mi dolon li flanc,
Car en patz prenc l' afan el sofr' el parc
Pois de beutat son las autras en comba,
Que la gensser par c' aia pres un tom
Plus bas de liei, qui la ve, et es ver;
Que tuig bon aip, pretz e sabers e sens
Reingnon ab liei, c' us non es meins ni' n resta.

IV E pois tant val, nous cujetz que s' esparga
Mos ferms volers ni qu' eisforc ni qu' eisbranc,
Car eu no sui sieus ni mieus si m' en parc,
Per cel Seignor queis mostret en colomba:
Qu' el mon non ha home de negun nom
Tant desires gran benanansa aver
Cum ieu fatz lieis, e tenc a noncalens
Los enoios cui dans d' Amor es festa.

V Na Mieills-de-ben, ja nom siatz avarga,
Qu' en vostr' amor me trobaretz tot blanc,
Qu' ieu non ai cor ni poder quem descarc
Del ferm voler que non hieis de retomba;
Que quand m' esveill ni clau los huoills de som
A vos m' autrei, quan leu ni vau jazer;
E nous cujetz queis merme mos talens,
Non fara jes, qu' aral sent en la testa.

VI Fals lausengier, fuocs las lengas vos arga
E que perdatz ams los huoills de mal cranc,
Que per vos son estraich cavail e marc,
Amor toletz c' ab pauc del tot non tomba;
Confondaus Dieus que ja non sapchatz com,
Queus fatz als drutz maldire e vil tener;
Malastres es queus ten, desconoissens,
Que peior etz qui plus vos amonesta.

VII Arnautz a faitz e fara lonc atens,
Qu' atenden fai pros hom rica conquesta.

XVIII.

I Lo ferm voler qu' el cor m' intra
Nom pot jes becs escoissendre ni ongla
De lausengier qui pert per mal dir s' arma;

E car non l' aus batr' ab ram ni ab verga
Sivals a frau lai on non aurai oncle
Jauzirai joi en vergier o dinz cambra.

II Quan mi soven de la cambra
On a mon dan sai que nuills hom non intra,
Anz me son tuich plus que fraire ni oncle,
Non ai membre nom fremisca ni ongla,
Aissi cum fai l' enfas denant la verga:
Tal paor ai nol sia prop de l' arma.

III Del cors li fos, non de l' arma,
E cossentis m' a celat dinz sa cambra!
Que plus mi nafral cor que colps de verga
Car lo sieus sers lai on ill es non intra;
Totz temps serai ab lieis cum carns et ongla
E non creirai chastic d' amic ni d' oncle.

IV Anc la seror de mon oncle
Non amei plus ni tant, per aquest' arma!
C' aitant vezis cum es lo detz de l' ongla,
S' a lei plagues, volgr' esser de sa cambra;
De mi pot far l' amors qu' inz el cor m' intra
Mieills a son vol c' om fortz de frevol verga.

V Pois flori la seca verga
Ni d' en Adam mogron nebot ni oncle,
Tant fina amors cum cella qu' el cor m' intra
Non cuig fos anc en cors, non eis en arma;
On qu' ill estei, fors en plaza o dinz cambra,
Mos cors nois part de lieis tant cum ten l' ongla.

VI C' aissi s' enpren e s' enongla
Mos cors en lei cum l' escorssa en la verga;
Qu' ill m' es de joi tors e palaitz e cambra,
E non am tant fraire, paren ni oncle:
Qu' en paradis n' aura doble joi m' arma
Si ja nuills hom per ben amar lai intra.

VII Arnautz tramet sa chansson d' ongla e d' oncle,
A grat de lieis que de sa verg' a l' arma,
Son Desirat, cui pretz en cambra intra.

Le poesie di A. Daniello.

Traduzione.

I.

Sebbene don Raimondo e Truc Malec difendano donna Ena e le sue cose, io preferirei d' invecchiare e incanutire piuttosto che acconciarmi ad amori, onde possono venire sì grandi sconcezze. Infatti, chi vuol *cornare* avria bisogno d' un becco, con cui cavare dal *corno* le sporcizie; e con tutto ciò egli potrebbe ancora tornarne fuori accecato, poichè forte è il fumo che esce da quei recessi.

Ben avria bisogno d' avere buon becco, un becco che fosse lungo ed aguzzo, poichè il corno è duro, laido, piloso, e mai è asciutto bene; è profondo, e dentro vi sono paludi, cosicchè una colla vi ribolle e vien su, tanto che rigurgitata fluisce. Ed io non concedo che mai possa essere amante chi la bocca mette al contatto del corno.

Molti altri giuochi amorosi vi sono e più belli e che valgono meglio d' assai; e se don Bernardo non ne volle sapere, egli, per Cristo! non s' è condotto da villano. Paura egli ebbe e terrore, che dall' alto non gli venisse un' ondata a intiepidirgli il collo e le guance; e poi non è decente che una donna mai baci colui che ha potuto cornare il fetido corno.

Bernardo, io non son punto d' accordo con ciò che ha detto Raimondo di Durfort; e non credo che voi abbiate avuto torto. Se cornavate, infatti, per [amor di] diletto, avreste trovato del duro da rodere! E poi il puzzo vi avrebbe soffocato, poichè là pute peggio che negli orti concimati [di fresco]; e voi, lasciando dire chi ve ne rimprovera, dovete lodar Dio d' esservela cavata.

E cavato egli s' è bene d' un grave pericolo, poichè tosto lo si sarebbe narrato a suo figliuolo e a tutti quelli di Corneil. Minor male gli saria stato il dover andare in esiglio, che cornare laggiù nel basso fondo, tra la schiena e il pettignone, onde si espellono le sporcizie: chè già tanto non si avrebbe saputo guardare, che la non gli scompisciasse le guance e gli occhi.

Signora! Bernardo non si accinga a cornare quel corno senza [munirsi di] un bravo spinello, con cui traforar il sedere [partendo] dal pettignone; e allora potrà cornare senza pericolo.

II.

Una canzone vo' fare di parole al tempo stesso piane e peregrine, ora che rigermogliano i ramoscelli e le cime più elevate degli alberi si colorano di fiori, le fronde verdeggiano, e i canti e i gridi degli augelli si fanno riudire nell' ombroso frutteto.

Via per il frutteto sento canti e gorgheggi; e affinchè [l' amor mio] non possa muovermi rimbrotti, io m' accingo a limare versi pregiati, secondo l' arte d' Amore, dal quale non ho in animo di distaccarmi. Anzi, sebbene egli mi fallisca, io continuo a seguir le sue orme, quanto più ei mi mostra d' orgoglio.

Poco vale l' orgoglio a un amante: l' orgoglio [è un corsiero che] rovescia giù dall' alto il suo signore per terra; e con tale affanno, che di gioja [per sempre] lo spoglia. E dritto è che pianga, arda e s' affranga chi contro Amore alza la voce.

Ma alzi chi vuole la voce, non io, buona donna adorata, ad altre mi volterò; bensì per paura dei curiosi, a causa dei quali il Gaudio è in trepidanza continua, mi dò l' aria di non vi amare; chè mai noi avemmo di quella razza a godere: li colga il malanno!

Pure, sebben dappertutto io vada facendo tai mostre, sempre a voi rivengo col pensiero: chè io canto e il mio canto ha valore per il gaudio che ci demmo là dove ci siamo lasciati! E però spesso l' occhio mi si bagna d' ira, di pianto e di dolcezza, poichè da un gaudio ho ragion di dolore.

Ma dall' amor non mi tolgo, sebbene per Amore sospiri; io seguo misura e legge; e mi conforto pur col pensiero che, da quando è il mondo, non s' è veduto un amante il quale meno accogliesse di menzogna e d' inganno nel cuore; e perciò il mio gaudio s' accresce.

Bella, checchè facciano gli altri, Arnaldo è sempre indiritto a farvi onore, poichè il pregio vostro s' accresce.

III.

Quando dalle cime più alte [degli alberi?] cadono le foglie e il freddo diventa più crudo e fa disseccare la vite selvatica e il vinco, ben veggo ammutolire il boschetto; ma io, benchè altri sen tolga, sono caldo d' amore.

Tutto è gelo all' intorno; ma io non posso aver freddo, poichè un amore novello mi ringiovanisce il cuore. Non deggio tremare, giacchè Amore mi copre e mi avvolge, mi fa conservare il mio pregio e fàssi mio duce.

Bella cosa è la vita, se il gaudio la nutre; e se altri ne dice male, egli non è, come me, fortunato. Io non so in che dolermi del mio destino, poichè davvero ho avuto la miglior delle sorti.

Rispetto ai gaudii amorosi non posso dolermi, poichè ora mi è dato sprezzare l' altrui nobiltà. Non saprei trovare una pari all' amica mia: alcuna non se ne vede che non le sia seconda.

Non vo' che il mio cuore si volga ad altro affetto, sì ch' io stesso me la tolga ed essa volti altrove la mente. Già non ho a temere che quel da Pontremoli n' abbia una più bella o che a lei s' assomigli.

Nè punto è crudele quella cui sono amico; ed è la più bella di quante vivono al di quà delle Alpi. Tanto mi piace, che io da lei ho più di gioja che d' Elena non abbia avuto Paride trojano.

Tanto ha l' aria gentile colei per cui vivo in gaudio, che per bellezze del viso vince trenta fra le più belle. Dunque è ben dritto ch' ella oda i miei canti, ella ch' è tanto valente e possiede pregio sì grande.

Vàttene, canzone, e rècati al suo cospetto; chè se non fosse per lei, non ci avrebbe messo Arnaldo cotanto di studio.

IV.

Alloraquando sono passati i ghiacci, e non resta a loro poggio nè valle, e tremolano nel giardino i fiori su in cima [degli alberi?], promettendo bei frutti; la fioritura, i canti e i limpidi trilli, e la stagion dolce e gentile m' insegnano di darmi alla gioja, ora, in questo tempo, che s' entra in aprile.

Difficile è trovare una gioja amorosa scevra da ogni affanno; per tanti lati s' aggira e s' insinua l' Amor falso: ed essa non ferma sua stanza dove scarseggia la lealtà! Io non conosco tra mille [donne] due sole che non dieno belle parole e poi non offendano a tradimento, mostrando vile la loro preziosità.

Per Amore perde il cervello il più savio, senza vuotare bicchieri e bottiglie; e quel furbetto [d' Amore] gli scompone i ciuffetti che gli pendono dalla [lunga] chioma, e tanto più dappresso gli susurra all' orecchio quanto più bellamente l' altro se ne vorrebbe andare; e il pazzo gli crede peggio d' una monaca, poichè il cuore ha semplice e gentile.

Io ben credetti vivere senza Amor falso; ma ora veggo ch' egli inganna me pure e mi deruba mentre meglio potrei vederlo. Nessun legato di Roma ha ingegno cotanto sottile; e a donna Menzogna in persona, che tanto bene sa disputare, potrebbe egli dare dei punti.

Chiunque Amor segue si rassegni a questo: tenga per colombe i cuccoli; e, se a lui pare e glielo afferma, dica esser piano il Poggio di Doma; quanto più gli è dappresso, tanto più si faccia piccino, siccome insegna il proverbio; se gli trae un occhio, egli unga quello di lui; soffra e perduri con umile cuore.

Senz' esser letterato, io so ben distinguere il colle dal piano; e so pure di tali amanti che in modo s' appajano da averne onta la donna e l' uomo sudiciume. Io per me ho rinunciato a qualche ricca villana per non volere sollazzi vergognosi e biasimo disgiunto da ogni onore; e però rifuggo dall' avere quest' Amor per padrone.

Bertrando, io non credo che dalle rive del Nilo fin là dove il sole si corca, fin là dove il sole come nembo piovoso discende, mai più mi tocchi tanto di gaudio fino.

V.

Quando veggo i ramoscelli degli alberi ornarsi di foglie, di fiori e di frutti, e odo il canto e il gracidío che fanno la rana nel fossato, nel bosco l' augello: allora sento nel petto così largamente frondeggiarmi, dar fiori e fruttare l' Amore, che mi desto la notte mentre l' altra gente dorme, riposa e s' allieta.

Ora ben veggo che Amore mi ha collocato nel suo più sicuro castello, del quale non gli devo rendita nè tributo, anzi ne sono signore e capitano. Non ho forza nè volontà di volgermi altrove, poichè la Dottrina e la sicura Fedeltà vi stanno per dimora, e il buon Pregio i pressi ne adorna.

Amore, lungamente e fedelmente io mi sono studiato di piacervi; mai ho evitato o sfuggito d' amare, l' ebbi anzi sempre per cosa buona e bella. Or voi datemi ajuto nei grandi travagli! [Abbiatemi] grazia, se non altro per aver io eletta la meglio da là dove il sole tramonta fino all' oriente ove spunta il giorno.

Io rinuncio ad ogni inganno ed evito di dare ad altri fastidio, per l' Amore nella cui schiera ora sono, e dal quale ho preso tanto affetto alla verità che non so più [nemmeno] ciò che menzogna significhi. Oramai nulla più mi cale dei ciarlieri, però ch' io amo e mi ama colei che io desidero; ed io son tale da non cangiare la data parola.

Se osassi parlare, ben saprebbero tutti che il Gaudio il cuore m' inciela; giacchè diporto e sollazzo m' accresce la bella cui prego d' amore. Il suo pregio raddoppia la mia buona speranza, poichè chi più vale più teme d' errare, ed ella non è punto severa e morta alla gioja.

Da siffatto amore sono esclusi i donneatori infinti, pronti a tradire, poichè essi hanno distrutto molta virtù, sebbene sieno di quelli dall' aria elegante e svelta. Ed io che appartengo agli amatori leali godo poichè Amore e Gaudio avviano alla gioja il mio cuore, il quale ad altri non bada.

Vàttene, canzone, di corsa, alla bella, e dille che Arnaldo mette in obblio ogni altro amore, per lei a cui vuol esser bello.

VI.

Cantar mi conviene in altro modo e di altro soggetto ch' io non soleva; e non crediate già ch' io speri del mio dolore far buona canzone; ma uopo è ch' io molti, cantandola, faccia chieder mercè a colei che a torto m' incolpa: non avendo io più facoltà di parlarle se non 'a tre'.

Mercè devo trovare e perdono, se l' usanza non mi priva tanto del mio diritto da togliermi anche di chiedere grazia. Salvò già la grazia il ladrone, cui nessuna sua opera poteva salvare. Ed io per salvare la mia vita non ho altro conforto se non sperare che, non giovandomi il diritto, mi giovi la grazia.

E si hanno forse diritti in amore? No! Sarebbe questo ben folle pensiero: chè una donna, se le piace, vi potria biasimare perchè i Francesi non sono Guasconi, e perchè una nave è naufragata prima di toccar Bari. Lasso! e per tal colpa son presso alla morte; poichè, per Gesù, io non so d' averla altrimenti mai offesa!

Ora ben imparo, e ne sono contento, che non ci si stacca facilmente da ciò che si ama; chè anzi, se per qualche tempo ella ci nega i suoi favori, se ne ha il cuore più umile e fiacco. Ve lo dico io, che mai potei disamare colei che mi toglie il gaudio e il diporto; di tanto anzi si rinforza il mio attaccamento quanto essa mi è più cattiva.

Ed ora, miei signori ed amici, prima ch' ella del tutto mi rovini, per amor di Dio la pregate: pregate costei onde non si sa staccare il mio cuore, ch' ella abbia pietà di me come di cosa sua, e ditele in coro, poichè non oso proferirne il nome: Bella, accogliete, per amor nostro, in vostro cuore (?) Arnaldo, e non rifiutate di ascoltare il suo canto!

VII.

Mai non ebbi in mio poter quell' Amore che sempre in suo potere mi tiene e mi fa sdegnoso, lieto, savio e folle; ed io non me gli so ribellare, poichè non si difende chi ben ama. Amore comanda e vuol essere servito e accarezzato; e però io con pazienza ne aspetto la bella ricompensa che mi verrà, col tempo, assegnata.

Sebbene poco io ne parlo, molto ne ho in cuore, e ve lo fa rimanere paura. Va fingendo la lingua; ma il cuore ama ciò che gli dà doloroso diletto. Egli soffre, ma senza lamenti; chè tutt' intorno quanto è grande la terra ricinta dal mare, non si trova una così gentile, come la eletta ch' io ho preso ad amare.

Tanto io conosco il suo fino e sicuro valore che non posso rivolgermi ad altra. Ecco la causa perchè il cuore mi duole: gli è che nè quando il sole s' oscura nè quando ci arreca il giorno non oso dire il nome della mia fiamma. Mi brucia il cuore, e se ne pascono [solo] gli occhi; chè sol di vederla mi è dato; ed è questo che mi tiene in vita.

È folle chi con vani discorsi procura di mutarsi il gaudio in dolore. I referendarii, che Dio li rovini! non hanno lingua adornatrice: l' uno vi consiglia, brontola l' altro; e intanto vien disfatto [ogni] amore, per quanto grande esso fosse! Se non che io fingendo mi guardo dai loro discorsi, ed amo schivando ogni errore.

E però [la mia donna] mi tien lieto e in salute con un favore di che m' ha consolato, che non m' uscirà tuttavia dalla strozza, per tema ch' ella non mi si mostri adirata; poichè tuttora io sento la virtù di Amore che m' impone di non manifestare l' animo mio. E così io faccio celando (?) e temendo, poichè veggo per ciarle molti amori disfatti.

Altri canti facili e piani io avrei fatto, se mi avesse ajutato colei che mi dà il gaudio e me lo toglie; poichè ora io son lieto, ora mi fa cangiare, menandomi a suo talento. Nulla le chiede il mio cuore, nè tenta sfuggirle; anzi a lei liberalmente si sacra; e, se nondimeno mi obblia, morta dirassi Mercè.

Assicura, gentile canzone, Meglio-di-bene, che Arnaldo non obblia.

VIII.

In alto e in basso, tra le prime fogliuzze, si adornano di fiori novelli i rami degli alberi e le siepaglie; e più non tien muta la gola e il becco augello alcuno, anzi ciangotta e canta ciascuno alla sua maniera. Per il gaudio che ho di loro e della stagione canto io pure, poichè Amore mi spira e le parole accorda colle note.

Dio ne ringrazio e gli occhi miei, in grazia dei quali io la conobbi. Il gaudio, che vince e distrugge tutta l' ira e l' umiliazione che n' ebbi, (sen dolga chi vuole) ora s' accresce quel gaudio d'Amore, cui sono fermamente fedele: chè indissolubil legame mi stringe a colei la quale più piace al mio cuore.

Amor, ti ringrazio che alfine mi fai buona accoglienza! Fu lunga l' attesa, ma anche di ciò ti ringrazio, poichè sebbene il fuoco mi riarda le midolle, non vorrei tuttavia che si spegnesse. E se taccio, gli è per quei tali che dell' altrui gaudio fan gravi lamenti; chè meriterebbe un cancro sul viso chi volesse guastarsi con lei.

Del buono Amore si falsa la scuola, e l' intimo amante si cangia in repulso, quando uno dice che nel parlare non gli sfugge mai cosa che faccia precipitare il cuore dal regno del Pregio! Costui si mostra smanioso di ciò ch' io sempre ho temuto; e chi è troppo corrivo a parlare, giusto è poi s' abbia a morder la lingua.

Io l' amo, egli è vero: ed è orgoglio da parte mia; ma, se io godo, le assicuro anche il segreto; chè da quando S. Paolo scrisse le sue epistole e si cominciò a digiunar la quaresima, lo stesso Gesù più non potè farne una tale: essa ha tutte insieme le buone qualità per le quali più si loda una donna valente.

Pregio e Valore, vostro palagio è la bella che per suo mi accettò. Me solo ama essa, ed io sola lei: altra al mondo non mi piace; chè anzi alle altre mi mostro brusco e restio e il cuore ho serrato. Ma per il gaudio di lei è in festa e trassale; e non vo' che altra me lo rubi.

Ama Arnaldo, ma non dice parola di troppo. Amore gli frena la lingua, affinchè la follia non gli faccia far fallo.

IX.

L' aria pungente fa schiarire i boschetti fronzuti, cui la dolce spesseggiar fa di foglie, e fioche e mute rende le [già] liete gole degli augelli raminghi, a coppie già, or soli. Perciò m' è faticoso di fare e dire a molti cose piacevoli, per amor di colei che travolto m' ha d' alto in basso, e per la quale temo di morire, se non m' allevia gli affanni.

Tanto fu luminosa la mia prima ispirazione di elegger lei, de' cui guardi teme il mio cuore, che nulla pregio i segreti messaggi, i doni, le sollecitazioni [altrui]; ad altra raro si volge il mio prego amoroso, poichè diporto [maggiore] m'è udire i voleri e le buone parole di pace di lei che tanto mi abbella, che al suo servigio io son tutto da capo a piede.

E tu bada, Amore, ch'io sono giunto a tale che temo di far udire, se tu ancor mi respingi, tante delle tue (?) pecche, che meglio saria tu ti ammazzassi; poichè io sono un amante fino, prezioso, immutabile, e solo il cuor forte e fermo mi fa tener celati molti veri: chè ora, sebbene ci sia tanta neve, io avrei duopo d'un bacio che mi rinfrescasse il cuore bollente; altro medicamento non giova.

Se di tanto m'ajuta colei, alla quale mi dichiaro vassallo, che accolga, palagio com'è di valore, i taciti preghi che ho qui dentro schierati, ben chiaro le sarà fatto il mio pensiero: chè io sarei già morto, ma mi ha fatto durare la speranza, che la scongiuro d'abbreviarmi: ciò solo mi tien lieto e animoso; il goder d'altro non pregio un quattrino.

Dolce viso, donna d'ogni virtù, molti affronti saprò soffrire per voi, poichè voi siete la mèta di tutte le mie follie, delle quali son già corsi rumori e ciarle e motti. Da voi non mi staccano nè mi fanno partire ricchezze; chè mai ho amato alcuna donna con più di sincerità; e vi ho in cuore più che Dio quella (?) di Doma.

Or ti prepara, mio canto e *condotto*, a piacere al re che ti farà da maestro; poichè il Pregio orbo qui là si raddoppia, e si mantiene l'uso del regalare e del convitare. Allegro rècati là, cerca la sua porta, alza il saliscendi, [e digli]: ch'io non stetti un giorno che di corsa non avessi voluto andar in Aragona; ma qui mi han fatto venir quei di Roma.

Fatta ho la risoluzione di contemplare ogni sera in mio cuore colei che senza rivale io amoreggio: chè ad altra persona ben poco io rivolgo il pensiero.

X.

Su quest' arietta elegante e gaja faccio versi e li digrosso e li piallo, e [spero] saranno giusti e sicuri quando ci avrò passata la lima; poichè Amore istesso liscia ed indora il mio canto su colei che il Pregio mantiene e governa.

Ogni dì più io miglioro e mi purifico, servendo e riverendo la più gentile, posso ben dirlo, del mondo. Suo sono dal cucuzzolo ai piedi; e sebbene soffii la frigida brezza, l'Amore che mi piove nel petto, mi tien caldo anche nel cuor dell'inverno.

Mille messe ascolto e fo celebrare, e accendo lumi a cera e ad olio, affinchè Dio mi dia buona remunerazione dei servigi per quella contro la quale non mi so schermire; poichè quando contemplo i suoi biondi capelli e la persona balda, sottiletta e fresca, più io l'amo che chi mi regalasse Lucerna.

Tanto l'amo di cuore e la bramo, che per troppo amarla temo di perderla, se nulla per ben amare si perde. Il suo cuore tracima sul mio e lo allaga, nè più s'evapora; e tanto essa ha fatto co' [miei] versi da usuraja, che ora è padrona dell'officina e dello spaccio.

Non vorrei essere imperatore o papa romano, e rinunciar a tornare da quella per cui il cuore mi arde e mi si fende; e se prima dell'anno novello non mi ristora dei mali trattamenti, a me darà morte e a sè eterna dannazione.

Per i mali trattamenti che mi tocca soffrire io non tralascio di ben amar lei che così languire mi fa; poichè sebbene io lavori di musica e di rime, peggio vivo per amore di chi lavora [la terra]; nè più di me amò punto il signor di Monclin donna Audierna.

Io sono quell'Arnaldo che ammassa il vento e dà la caccia alla lepre col bue, e nuota contro la corrente montana.

XI.

Tra poco la cruda stagione e la brezza piomberanno fischiando sui rami, che già tutti prendono tinte variate per l'accartocciarsi delle foglie sui ramicelli; e poi che augello non vi canta nè pigola, Amore mi insegni a comporre tal canto che non sia nè secondo nè terzo, ma primo per abbuonire un cuor duro.

Amore apre la via al Pregio ed è un serbatojo di bontà, onde provengono tutti i buoni frutti, purchè vi sia chi lealmente li coltivi. Uno non ne guasta il gelo o la nebbia, finchè vien maturando sul buon tronco; ma se ne lo stacca il perfido o il vile, vien meno finchè un leale lo si ricolga (?).

Un errore emendato dà lode; ed io mi sento qui tra i due fianchi che senza dubbio ho più d' amore di tale che ne parla e se ne vanta; mi punge esso il cuore peggio d' una fibbia; e, mentre che la [mia donna] mi tenne il broncio, io avrei preferito far *peni*tenza in quei deserti dove mai non nidificarono uccelli.

La buona e dolce dottrina e la persona bella, svelta e liberale di colei, dalla quale più desidero essere accolto, m' hanno condotto alle stanze d' Amore; e se finora ella mi fu severa e rimproveratrice, ora, godendo, noi rendiamo brevi le ore; ed ella mi è più leale ed io a lei son più fido che Atalanta e Meleagro.

Pure tanto io dubito, che, per non osare, spesso divento nero e bianco; e tanto il desiderio m' ha tratto di senno, ch' io non so più se esultare o dolermi. Ma il Gaudio, che di speranze m' avvolge, m' incolpa perchè non la richiedo; e così io sono tanto vicino a farle quella tal domanda, che d' altro non ho il più piccolo desiderio.

Il solo pensare a lei mi dà posa; e possa io perdere per cancro ambedue gli occhi, se sol per vedere lei io non li tengo in serbo. Nè crediate che il mio cuore da lei si distacchi, poichè, o ch' io preghi o giuochi o suoni, non mi posso un minimo che allontanare da lei. [Allontanarmi?] Che ho detto? O Signore, tu mi affoga o fammi sommergere nel *pel*ago.

Arnaldo vuol offrire il suo canto colà dove una dolce parola comincia per *agra*.

XII.

Dolci garriti e zirli, lai e cantate e gorgheggi sento d' augelli che in loro linguaggi pregan d' amore ciascuno la sua compagna, così come noi facciamo colle amiche alle quali intendiamo [il pensiero]; ed io pertanto che l' intendo alla più gentile [del mondo] devo più d' ogni altro far canzone bellamente elaborata, così che non vi sia verso falso o rima imperfetta.

Io non mi smarrii nè presi vie traverse la prima volta che oltrepassai la cinta del castello dove madonna risiede; della quale ho più desiderio che di cibo avesse mai il nipote di S. Guglielmo. Mille volte al giorno io sospiro e stendo le braccia per la bella che tutte le altre sorpassa di quanto il vero gaudio amoroso avanza l' ira o il corruccio.

Cara fu la mia venuta e bene accette le mie parole (perciò ch' io non fui sciocco nella mia scelta, anzi seppi preferire al rame l' oro fino), quel dì ch' io e madonna ci baciammo, ed ella mi fece riparo col bello azzurro suo manto, affinchè i ciarloni dalla lingua serpentina non lo vedessero e ne andasse fuori qualche malo discorso.

Quel buon Dio, che già perdonò le colpe commesse dal cieco Longino, voglia, se gli piace, che io e madonna [insieme] giacciamo nella stanza dove ci demmo il ricco convegno: onde il gaudio sì grande m' attendo, di scoprire tra baci e sorrisi il suo corpo, e di contemplarlo contro il lume della lampada.

[Una rama rivestita di fioretti ancora in boccio e tremolanti al bezzicare degli augellini, non ha la freschezza di lei, talchè senz' essa io non vorrei Roam nè il regno di Gerusalemme; a mani giunte e pieno di fede a lei mi consacro, poichè in amar lei acquisterebbe onore il re di Douvres e quello che tiene Estella e Pamplona.]

Bocca, che dici? Certo credo che m' avrai frustate tali promesse di cui sarebbe onorato l' imperatore de' Greci, o il signore di Roam, o quegli che tiene Tiro e Gerusalemme. Invero ben folle sono io che tanto m' affatico a dir cosa di cui abbia a pentirmi, io che non ho poter di difendermi contro Amore; nè savio è colui che contro il [proprio] gaudio combatte.

Io non li temo i villani dalle lingue affilate, sebbene abbiano fatto fallire il signor di Gallizia che a dritto è biasmato; il quale, come è noto, fece prendere in romeaggio il suo parente Raimondo, il figlio del conte; ed io sento dire che difficilmente riacquisterà il suo pregio il re Ferrando, se immantinente non lo scioglie e non lo mette in salvo.

Io l' avrei veduto, ma ne fui impedito da altra faccenda: ito me n' era alla coronazione del buon re d' Estampes.

XIII.

Ora veggo vermigli, verdi, azzurri, bianchi, gialli i giardini, le pianure, le piagge, i colli e le valli; risuona distinta la voce degli augelli, che mattina e sera fanno dolci accordi; e ciò mi anima a colorare un mio canto di tali fiori il cui frutto sia amore, grano il gaudio e l' odore di noce reale (?).

Pensando [a lei], mi prende il fuoco amoroso e un desiderio dolce mi penetra il cuore. Gustoso è il male ch' io provo, soave la fiamma quanto più mi consuma. E così fatti vuol Amore i suoi seguaci: schietti, liberali, puri, riconoscenti, facili al perdono; nuoce alla sua corte l' orgoglio e giovano le blandizie.

Io poi sono tale che non muto per tempo o per luogo, e con senno m' acconcio ai beni ed ai mali; e se altro dico da quello che penso, possa mai più riguardarmi la bella che nel cuore e nella mente ho dormendo e vegliando. Quando ripenso alle sue grandi virtù io non vorria, senza lei, essere un nuovo Alessandro.

Molto mi saria grato di farle un' altra volta da cuoco e di passare un' altra simile giornata, chè certo ci guadagnerei un vent' anni di vita; tanto ella sa mettermi in cuore di baldezza e di gagliardia. — Va! Ben son pazzo! E che vado [dunque] cercando di meglio? (Poichè io non voglio, se non per infinta, amoreggiare con altre!) Posseder ciò che chiudono in seno il Tigri e il Meandro?

Molte volte m' è nojoso perfino il divertimento senza di lei; e però di lei voglio almeno dir sempre qualche parola, giacchè il cuore ad altro pensiero non volgo. Nè d' altro ho io desiderio o pensiero, poichè ella è la quintessenza d' ogni buona dottrina, e in cuor me la vedrei fossi in Puglia od in Fiandra.

In altre occupazioni io cerco invano distrarmi: il giorno mi sembra un anno, e mi duole che Iddio non consenta l' arte d' accorciare il tempo, poichè il lungo attendere fa languire il fido amante. O sole! o luna! troppo lunghi voi fate i vostri giri! Deh perchè non svanisce la luce vostra più presto?

A colei, di cui sono, ti presenta, o canzone; e dille che Arnaldo non sa tutti i pregi contare di lei: uopo gli saria d' ingegno più alto.

XIV.

Amore e gaudio e luogo e tempo ristorano il mio senno dai fastidii che aveva l' altr' anno, allorquando cacciavo la lepre col bue. Ora in amore sono più e meno fortunato: amo bene, e di ciò mi chiamo felice; ma non riamato godo mal certo, se Amore e il mio prego non vinceranno il duro cuore di lei.

Colui che a un tratto perde ogni suo bene, è duopo si cerchi un ricco signore col quale ristorare il tempo perduto ed il danno: un povero a nulla gli gioverebbe. E però io in lei m' ho scelto un signore, al quale mi sono dato ad occhi chiusi; e se tu, Amore, me la guadagni, io ti prometto tregua, com' è mio dovere, con tutte le altre.

Poco può valere un uomo che scemo ha il suo gaudio; e lo provo in me che l' ho tale e temo morire per un troppo grave affanno, il cui dolore non mi esce dal petto; e se il Gaudio non mi fa uscire di dentro questo tormento, presto i parenti miei mi piangeranno perduto. Se non che tal persona ha il mio cuore a sè attratto, che vorrei invecchiare nell' amore di lei.

Non conosco alcuno, romito, monaco o prete, che sia tanto devoto a Dio, come io sono devoto a colei di cui canto; e se ne vedranno le prove prima dell' anno novello. Devoto, anzi suo più che mio, io sono; e tale sarei, se fossi duca o re. Tanto in lei s' è immerso il mio cuore, che m' auguro di diventar cieco qualora altra donna bramassi o accettassi.

Di ciò che tanto ho temuto e paventato mi sento ora crescere l' animo e rialzarsi le speranze; chè il proverbio dèttomi l' altr' anno suona: tanto tuona che piove; e s' io ben mi conduco per cinque o sei anni (allorquando mi s' imbianchirà la testa!) ben potrò godere ciò per cui ora servo: poichè amando e supplicando mite si rende un animo altiero.

Dai lunghi sospiri e dai gemiti gravi può liberarmi colei, a cui mi sollevo; ed ora per un solo suo bello sguardo ne ho mosso un canto novello. Io vado per ardue strade, ma non me ne duole, chè la mente mi spira sol alti desiri. Cuor mio, avanzo? Sì, avanzerò, se tu sarai forte. Tien saldo, e non errare verso colei ch' io ho preso ad amare.

L' oro diverrà più vile del ferro, prima che Arnaldo disami colei alla quale è fermamente divoto.

XV.

Solo so io l' alto affanno, che grava il mio cuore, malato di troppo caldo amoroso; sì fermo e pieno è l' amor mio che mai non si staccò nè si rimosse da quella che fu il mio desiderio quando per primo la vidi e sempre dappoi. Ed ora, lontano da lei, le dico infiammate parole; poi, quando la veggo, non so più, tanto n'avrei, che dirle.

Non ho più occhi per vedere, non ho più orecchi per sentire le altre; lei sola io veggo e odo e rimiro. Nè ciò le dico per falsa piacenteria, poichè il mio cuore l' ama più che non dica la bocca. Posso, infatti, ben correre campi, valli, piani e montagne, ma non trovo in una sola persona accolte cotante virtù: Dio ha voluto trasceglier le meglio e tutte in lei collocarle.

Io so d' aver frequentato parecchie corti fiorite; ma qui nella sua trovo io più [che altrove] da lodare e moderazione e senno e altre buone qualità: bellezza, giovinezza, bell' oprare e ben trattenere. Ella è stata istruita ed educata dalla Cortesia, e tanto ha saputo rimuovere da sè perfin l' ombra d' un fatto spiacente, che io credo nessuna persona dabbene possa aver odio con lei.

Nessun favore mi parrebbe nè breve nè scarso da costei che prego voglia indovinare il mio desiderio, poichè da me nol potria sapere se il cuore senza parole non si fa capire; chè il Rodano, quand' è ingrossato dalle piogge, non è tanto violento che più violenta corrente amorosa non piombi a stagnarmi nel cuore, quand' io la rimiro.

Gioja e diletto con altra mi sembrano falsi e manchevoli, poichè non v' ha donna che lei possa uguagliare in valore; e il diletto ch' ella dà è superiore ad ogni altro. Ahimè! se non la godrò! Lasso! Come gravemente m' ha dentro ferito! Ma anche l' affanno per lei mi pare diporto, riso e gaudio, poichè pensando a lei [già abbastanza] ne godo coll' ingordo desiderio. O Dio! se ne potessi godere [anche] altrimenti!

Mai, v' assicuro, mi piacquero, come ora, i giochi e le feste cavalleresche; e nulla arrecò mai tanta gioja al cuor mio quanta ne diede quel tignoso (?) fallace referendario, che, senza muovere parola, dovette sciogliere con me la sua borsa... O dico io troppo? No, purchè a lei non dispiaccia: chè la favella e la voce vorrei perdere, o bella, piuttosto che dir cosa a voi mal gradita.

Io vi prego vogliate non disdegnare la mia canzone; e se voi ne gradirete l' aria e le parole, poco importa ad Arnaldo che ad altri essa piaccia o dispiaccia.

XVI.

Prima che le cime [de' rami] abbian vizze le frondi e si spoglino delle foglie, io vo' fare, come Amor mi comanda, una breve canzone di amplo soggetto. Ben egli m' ha istrutto nelle arti della sua scuola; e or tanto ne so che faccio arrestare la corrente montana e il mio bue è più presto d' una lepre.

Con ragionamenti acconci e belli egli mi ha imposto che non mi distolga da lei per altra servire o blandire, ora che m' ha ottenuto ch' ella in sua casa m' accetti; e mi dice che non rassomigli al fior della viola, che presto trapassa, sebbene ancor non sia inverno: anzi somigli al lauro e al ginepro.

Disse: Poi che tu con altre non ti compiaci, chiunque sia quella che si degnerebbe d' amarti o che t' ami, schiva e disdici ogni trattativa che qua e là ti venga proposta. Gran danno si fa chi sè stesso avvilisce; e tu non devi commettere tale errore onde si rida di te, ma lei, dopo Dio, onorare ed esaltare.

E non ti smarrire, codardo, per tema che non ti voglia amare. Inseguila, se ti fugge o ti schiva, poichè sarà ben difficile tu non la raggiunga, perdurando nel pregare, senza partirtene mai. Io [per tal donna] passerei, qual pellegrino, oltre la palude di Lerna o al di là della corrente dell' Ebro.

Or s' io per lei ho passato fiumi e torrenti, credete voi che me ne penta? Non già; chè colla sola vivanda del gaudio amoroso ella me ne sa ora fare dolce medicina di baci e di abbracciamenti; e il cuor mio, sebbene abbia le ali, non si parte da lei che lo dirige e governa. , Cuor mio, ovunque io vada, non ti dilungare nè separare da lei!

D' oltre il Nilo fino a Sanchas una più gentile non veste o spoglia la gonna. Tanto grande è la sua bellezza che vi parrebbe incredibile. Io son felice in amore: ella mi bacia e mi abbraccia. Non sento più nè il freddo, nè il gelo, nè la bufera; più non sento malanni di gotta o di febbre.

Suo è Arnaldo dal cucuzzolo fino alla suola [del piede]; nè, senza lei, vorrebbe aver Lucerna o la signoria del paese traversato dall' Ebro.

XVII.

Se Amore fosse con me tanto liberale di gaudio quanto io largheggio con lui di nobiltà e di schiettezza di cuore, per la grandezza del bene ch' io cerco non opporrei difficoltà; poichè io amo ora in luogo sì alto, che il solo pensarvi mi esalta ed abbassa. Ma poi, quando considero come la mia donna tocca il sommo d' ogni pregio, molto più apprezzo me stesso, che ebbi cuore d' amarla, poichè ora ben so che il mio cuore e il mio senno mi faran fare d' accordo ricca conquista.

Che se pure mi tocchi lungamente aspettare, non importa: io mi sono fermato e raccolto in donna sì potente che pur colle buone parole sapria farmi ricco di gaudio; e pronto sono io a perseverare sino alla tomba, non essendo tale da lasciar oro per piombo. E poi ch' essa è siffatta da non potervisi desiderare nulla di meglio, io le sarò fido e obbediente fin tanto che, se le piace, del suo amore con un bacio m' investa.

Una buona speranza mi ristora e solleva dall' interno tormento del dolce desio; e però piglio in pace l' affanno, lo sostengo e lo dimentico. Poi di bellezza sono le altre inferiori; e la più graziosa, vista accanto a lei, par che [improviso] discenda di un grado, e così è; poichè tutte le virtù, il pregio, il sapere, il senno, regnano in lei, nessuna vi manca od è assente.

E poi che tanto è il valor suo, non vi pensate che il fermo amor mio si disperda o si svaghi e dirami, giacchè io, se mi partissi da lei, non sarei più nè suo nè mio, ve lo giuro per lo Spirito Santo. Nè al mondo v' è uomo il quale desideri avere una grande fortuna come io desidero aver lei; e per lei tengo in non cale i nojosi pei quali è una festa il danno d' Amore.

Donna Meglio-di-bene, non vogliate essere avara con me, poichè nell' amarvi mi troverete purissimo. E poi io non ho coraggio nè forza di liberarmi da questo affetto, che non è ispirato dal vuotare bottiglie. Quando mi sveglio, quando mi alzo, e quando chiudo gli occhi per dormire, io a voi mi consacro. Nè crediate che mai abbia a scemare il mio ardore; no, no: chè ora stesso io lo sento bruciarmi la testa.

Falsi referendarii, possa il fuoc(bruciarvi la lingua, e un cancro corrodervi ambedue gli occhi! Per voi più non si vede regalare cavalli e marchi; e di tanto impedite l'Amore, che per poco non cade. Vi sperda Iddio, senza che ve ne accorgiate, poichè voi vi fate maledire e sprezzar dagli amanti. La Disgrazia è quella che vi sostiene, o sconoscenti, che peggiori divenite quant(più vi si corregge!

Arnaldo ha già imparato ad aspettare ed aspetterà; poichè aspettando il valentuomo fa ricche conquiste.

XVIII.

Il forte desio, che m' entra in cuore, non può spezzarlo dente ned unghia di referendario, che l'anima si danna colla maldicenza. E poi che non oso batterlo con bastone o con verga, di nascosto almeno, in luogo ove non ci sia zio, godrò il gaudio d' Amore in giardino o in istanza.

Quando mi sovvien della stanza, ove so che purtroppo non è dato d' entrare, anzi tutti mi sono peggio che zii o fratelli, io fremo in ogni membro e nell' unghie, come fanciullo dinanzi alla verga: tal paura ho di non esserle vicino all' anima.

Vicino al corpo le fossi, se non all' anima; e di celato mi accogliesse in sua stanza! Chè più mi offende che non colpo di verga il non poter io, suo servo, entrar dov' ella sta. Sempre sarò con lei come carne all' unghia, senza badare ad avvisi di amico o di zio.

Neppur la sorella di mio zio io non amai di più nè cotanto, per l' anima mia! Chè come il dito è vicino all' unghia, vorrei, se le piacesse, esser vicino alla sua stanza. Di me può fare a sua voglia l' Amore che in cuor m' entra, più che forte uomo di fragile verga.

Dacchè fiorì la secca verga e çominciò la stirpe d' Adamo, un amor fino, come quello che in cuor m' entra, non credo sia stato mai in un corpo o in un' anima. Dovunque ella sia, fuori in piazza o in sua stanza, il mio cuore non se ne stacca la distanza d' un' unghia.

Il mio cuore s' impiglia e s' innunghia in lei come la corteccia nella verga; poichè ella mi è torre, palagio e dimora di gaudio, e cotanto io non amo un fratello, un parente, uno zio. Così nel cielo doppio gaudio avrà l' anima mia, se in cielo s' entra per amar bene.

Arnaldo manda la sua canzone d' unghia e di zio, col permesso di colei che della sua verga ha l' anima, al suo Desirato nella cui stanza il Pregio ripara.

Tavole delle Varianti.

I. Puois en Raimons e'n Trucs Malecs.

		A	H	IK	D	R	C
I	1	r. ni truc	† en — e t.	† en — turcs		truc	turc
	2	Chapton na maria		n. ina	n. enan	.... e s.	Deten n. ynan
	3	e senecs	e senecs	e senecs	e senecs	E yeu s. v. e can	Et ieu s. v. e cauecx
	4	Que ia m' a.				.... m' a.	
	5			tans	tanz	gran precx	
	6			tornar I		Al c. — mestiers	Al c. — mestiers
	7			les I	c. lo sgecs	que — cor l. crecx	que trasques d. cor [l. crecx
	8		esser	esser	esser	pogram leu uenir s.	p. leu uenir fecx
	9			ieis] ies I	Qels	flums — que nimtrels [p.	Que f. e. fort quem [intrels p.
II	10		agr	agr			
	11	E quel b.	† que	† que	† que — long		
	12	fers] fort			Qels — † laitz	Car lo corn — † laitz	Quar lo corn — † laitz
	13	†		†	†	E anc .I. jorn n. [estet mutz	Et anc un iorn non [estet mutz
	14	prion d. la p.	† es — ha] en la	E puois d. en la p.	E pois d. en la p.	Ques tapon en la p.	Que se tapon en la p.
	15	rellent'] reuen				De prop li relen lo [lis g.	De prop li telhen lo- [lis g.
	16	a. prezi	redutz	redutz K	a. prezi	Per so me dis corn [lay r.	Per so me dis corn [lai r.
	17	sia mais	n. taing q.	n. taing q.	n. taing m. s.	Iamai nos cove sian d.	Iamais nos coue s. d.
	18	qa s.			s. bca corn c.	E qui sabora lai c.	E qui sabora lais c.
III	19					Car proia gran das- [sautz dassais	Quar pro i a. d'azauz [a.
	20		† e	† e	† e	D. p. ieus cun valg-	D. p. leus q. v. mot [m.
	21		s en bernart	s en (em K) b.	s em b.	† en [ram mot m.	
	22	non			no		q. senays
	23		pre			Si paor lui pres ni e.	Si paor lin p. ni e.
	24		Qe s.	Que s.	Que s.	C. s. trobes de vos l.	C. s. trobes de uos
	25		escalferal cors	escalferal cors	escalferal	Si l' e.	Sil e. [lor ays
	26		no	non	non		
	27	cornes c.	qe cornes c.	que cornes c.	que cornes c.	Sel q. corna lo c. p.	Sel q. corna lo c. p.
IV	28		† en	Bernartz — † en	Bernars — † en	Ies so sapcha ieu [nonz a.	Ges so sapchatz ieu [nom a.
	29		† de — surfort	† de	† de	Als ditz den r.	Als digz den r.

	30		† mais	† mais	† mais	B. de cornes fay [gran t.	Bernatz de cornes [fai gran t.
	31					Car s. cornase p.	Quar si cornessa p.
	32					Leu trobera	Leu trobera
	33		puidors			pudor agral	pudor agral tot
	34	pezoill‸n. fant				Ques pus fort que [f. e. ortz	Q. o. p. f. que f. e.
	35					E qui que ia lon d.	E qui que ia lon d.
	36					en] ne	en] ne
V	37	peril	† gran	† gran		estort	
	38		fora son f.	fora son f.	fora vostre f.	Car r. fora vostre f.	Quar r. foro uostre f.
	39		t. cels	t. cels	t. ces	aissels d. cormilh	tug lj aquels d.
	40	issil	fora] vengra	fora] vengra	fora] venga	†	†
	41		Qe — elenfonil	Que — el en f.	Qe — fanilh	Si l. — la fanilh	Sil l. — fanilh
	42						
	43	†				Lai on si sagau del r.	Lai on si sangna der.
	44			saupra		I. tan n. s. d. crodilh	I. t. n. sabra d. gron-
	45					compisse lon g.	lo guinh [dilh
VI	46	{	bernart non satrail	{	{	Bernat de cornes vos	Bernatz de cornes
	47	†	cor tornar : de g.	†	†	El c. [estrilh	Al c. [uos estrilh
	48		seir traig d.			que trauc la penel	que tr. la penel
	49	}	poiria	}	}	[pentilh	[pentilh

II. Chansson doil mot son plan e prim.

		AB	SP	L	QG	c	IKN²	D	N	H	E	C	R
I	1		dun	donl	dol (dolç [Q) moz	dolz motz	dol IK [donl N²			dol	don li m. s. [plazen e [p.	don	C. dun sol [m. pl.
	2		brotonon [v.	F. des q.	Fas pos [era b. — [vim] om [Q	Fatz mos [eral bro- [nol v.	Fas pos e- [ra b. — [vim] prim [N²	Fas pos er [botolc li [v.	Fas pos er [botono [li v.	Fas puos [era b.	Fas pos ar [botonon [cill v.	Fas pus ar [botonon [li v.	Fas era [cant b
	3		asor		au aucher [cirn Q	E li a.							Quel a.
	4			colors		Som	Som N² I						Uey d.

	5		mante	maingtas [flors				magta					
	6		uerdeon	l. foia	uerdeiar Q [uerdia G						†	reuerdis	
	7						E c. e. b.						
	8	a] per B		Sona	obrail Q				enbril				Auch per [l' o.
	9	broilla A	Dellausell [-proilla P	per] en								auzeletz	
II	10	Pelz bruo- [ills A	Per	El b.	Pels brolz (broç Q) — [los chanç	Fels [bruilh — [e referm	Pels [brueilz	Pels [bruills	Pels [bruoils	Pels [broills	Pels [brueils	Pels [bruelhs	Per la [bruelh a. [c. e. r.
	11	tal] so	t.com no f.	q. no [fachō cim	p. qom no [men f.	p. ghom [nō men f.	p. com no- [men(nom [N^2) f.	p. com [nom f.	p. com [nomen f.	p. com no [men f.	p. com no- [men f.	p.quom no [men f.	t. conz [nomen [enerim
	12												
	13		Mot	ualors									Mos motz
	14			amors		ar					ars		
	15		On	toia									
	16	Que si beis	Anc s. ben		beis Q ben [G	ben						ben	A.can mi f.
	17			L. sot a	sec] ses G								
	18		Com p.	me		veis						me	
III	19	orguoills	P. no v. o. [d'amor P	orgoillz	orgoils — [d'amor G	d' amor	Ren non [val or- [goills — [damor [N^2	Re no val [orguoillz	Re no val [orgoills	Re no ual [orgoilz	Re no v.	Re no v.	Que res no [val o. [d'amor
	20		Qades t.	Qar l.	Qades t.	Qades t.	Q. tost t.		Cades t.	Qades t.	Cades t.	Quades t.	Car l.
	21		Dal		De Q							De l.	De sus l'a.
	22	al] el A		el	Bais en [(e Q)	Bas el	Bas en (el [N^2)	Bas el	Bas el	Bas el	Bas el	Bas elh	Iois asse- [ralh
	23		En t. t.	Ab t. t.									ab t. t.
	24		De d. P										
	25			Dreich			Dreit N^2		agrim				Ben tanh [rargim
	26		art terrim [(tenim P)	† Et	art Q ard G	art	art — er- [rim K	art	art e lin			art	A creiser [rim

27		Qecontra. [(conq a. [P)	Cel qi d'a.	Cel (cil Q) [qi d'a.	Cel qi d'a.	Cel qe d'a.	Cel qui [d' a.	Cel qui [d' a.	Cel qui [d' a.	Cel que [d' a.	Sel que [d' a.	Sol com [endreg [sencuelha
IV 28	ianglor	non P		p. orguoill [non uai [a. G	p. orgulh [non uau [a.	p. orgoill [non ua- [ue a.	p. orguoill [nō uau a.	p. orgoill [non uau [a.	p. orgoill [non uau [a.	p. ergueill [non uau [a.	p. erguelh [no uau a.	p. erguelh [n.
29		Della d. [ver qi a.	Bella d.	d. uos c.								
30			pior	Orat p. G			pel	pel	pel			
31						De N²						† Mas
32		ioi	ioi		ios							
33		qeu nol v.	qeu nol v.	nos v.		nos v. IK	nos v.			senblon q. [nos		On joy q. mentu- [elha
34		Anc non	Anc nō	non	non	nos		nos		nous		Car nos [iauzinz
35					nairim							D. tal n.
36	qieu B — l. [ocuoilla	Cor ai qeu [lor o [toilla — [(coillaS)	Cor hai q̄u [l. broilla	l. o cuoilla [G	l. culha	Dellor IK qui l. o [cuoilla		quel lor [ocuoilla	l. o cuoilla	l.ho tueilla	l. ocuelha	Don tem [com mal [non [vuelha
V 37	tot] lot A	Se tot ual [(uals S) [p. dos [madaill	Si tot uals [p. dos [madaill	ben uai [(uau G)	ben — t. [adescailh	ben — t. [adesdaill		p. lot			ad estlalh	
38	Mas A	Mon pen- [samen l. [v. l'a.	Mō pes- [sam laz [v. l' a.	Nos p. G		pensamen [N²		nos				
39											chant] [clam	
40	q. cim	Per j. qe — [fan P.	Per j. qe	Per el j. — [fini Q				fint			Per — quēs	†
41	on	on	on	on — par- [trai Q	ont	on				Las on	on	
42	Mout s.	P oil mes- [moilla	P oil mes- [moilla	Mas s.	Mas s. — [oilh	Mas s. — [oilh	Dom — [oill me		oill me	ueill me	uelh me	
43												
44												
45		C. paor ai [q.	C. paor ai [qūm	qen d. G			Pro ai d'a- [mor quim [d.	Pro ai d'a- [mor quim [d.	Pro ai d'a- [mor quim [d.	Pro ai d'a- [mor quim [d.	Pro ai d'a- [mor [quem d.	

	AB	SP	L	QG	c	IK	D	N	H	E	C	R
VI 46	Er ai fam [d' a.	don] dun [S un P	dō	Er ai fam [d' a.	Er ai fam [d' a.	Er ai fam [d' a.	Aram fam [d' a.	Er ai fam [d' a.	Ar ai fam [d' a.	Aram fam [d' a.	Ar ai fam [d' a.	Er ay fag [d'a un b.
47	E non			E non	E no	E non	E no	E non	E no	E no	E non	Don nos [siec m.
48	Sols				Sols	Sols	Sols	Sols	Sols	Sols		Tot ad e.
49	Canc non [auzim			Canc non [auçim	Qanc non [auçim	Qanc non [auzim	Canc nō [auzim	Canc non [auzim	Qanc non [auçim	Canc non [auzim	Quanc non [auzim	Car a.
50		temp						Bel t.				
51		Amadors	Amadors	mainç Q								Amors on [m. s'ac.
52		trinzador [P			Coie t.						truchador	Fals tr.
53									†	†	....	
54		mon prez [c.	P.q̄ mō p̄z [c.			m. cors c.						Veus q. m. [chans c.
VII 55					q. qis			Dona q. q.	Dompna [q. q.	Dona q. q.	Dona q. q.	
56		†	†	Arnaud G [— dreiç	Arnaud [dreitz	dreitz IK	†					†
57				ous] on es	L. o es h.	L. ues		os	os	L. on es h.		
58										vostres		

III. Can chai la fueilla.

		E	C	a
I	1			
	2			
	3		freg	
	4	† vais' el	† vais' el	
	5		Del	De
	6		sorzir	Au s.
	7			
	8			
II	9	T. es gelat		
	10			
	11	amor	amor	
	12	fai		
	13			
	14			
	15	tener		
	16			
III	17	Bon		
	18	Quan j.		
	19	n'] m	tal	
	20			
	21	Nom	† de re	
	22	C. qui mescrida	Querelar quim [escrida	
	23			
	24			
IV	25			
	26		re] te	N. fai
	27			S' a.
	28	Terra torna e. reizarar	e. razonar	Tron t. e. r.
	29			
	30	doblar] eguar	doblar] eguar	ma vna

		E	C	a
	31	par] sai	par] sai	
	32			
V	33			v. semble
	34			
	35	Quen ueia mamble	Si quen manible	qe — membre
	36		Nin	
	37			
	38			
	39			
	40			
VI	41		{ (41–48)	
	42			
	43			
	44			non
	45	Tal	†	
	46			ai plus
	47			
	48	cill] fill		
VII	49			T. ꝑ es g.
	50			
	51			
	52			
	53			
	54			Donc
	55			tant es
	56			
VIII	57		{ (57–60)	
	58			Deran l. ti
	59		†	
	60			

IV. Lancan son passat li givre.

		A	D
I	1		
	2	puoi	
	3		verdiers
	4		S. en lantrecim
	5	clier quill	
	6		
	7		
	8		Chai el t. i. a.
II	9		
	10		tanta part uolūt [en comba
	11		
	12		leieutaz
	13		
	14		
	15		
	16		torn
III	17	pl. som e.	
	18		moilol
	19	gignoset [celembla	ginoset esclemba
	20		
	21	bruit	On pl. — bruit
	22		
	23	monga	
	24		Ca s. c. g.
IV	25		
	26		
	27		
	28		Ges t.
	29		
	30		Q. sa d.
	31		†
	32	Menposca	Men puoscom f.
V	33	tal	tal se l.
	34		So cuc t.
	35		Se il o di
	36		
	37		pl. brueb
	38		
	39	el] sol — [ongna	l' u. sel p. lo li o.
	40		segua
VI	41		
	42		Qui plan o qui es [de lomba
	43		
	44		blasmes l.
	45		
	46		v. iais a.
	47		Nil blasmes ab [l'onor l.
	48		P. queu l.
VII	49		
	50		fins iois
	51	†	
	52		†

V. Lanquan vei fueill' e flor e frug.

		E	a
I	1	† e frug	e frug e flor
	2		e r.
	3	el brueill	
	4	Las ranas	Ranas e.
	5	Adoncx	Adonc m. faicillem flor e.
	6		Al c. — mi
	7	autre gen	pauz e dorm
II	8		
	9	E siu — segur	segurai
	10		D. noi don r. n. trag
	11	e capors	A. ma fag d.
	12	E non	a. pdor n.
	13		feutatz
	14	car b. faitz si adorna	† Jai — † c'
III	15		
	16		
	17	ni estrug	
	18		
	19		f. me dels a. s.
	20		qe m. a. estida
	21	par	par soleil iusqal ser pos a.

	E	a
IV 22		
23		
24		
25		m. s' espel
26		p. eunn bel p.
27		
28		i. cel sois ql s.
V 29		
30		al c.
31		deportz
32		
33		valor
34		† mais (*il 2°*)
35		† de re
VI 36		for duc
37		fermen
38	P. eis uan m. piel . . . d.	m. p̄tz d.
39		coinde
40	ie . . q.	
41		mi
42		cors — nos tr.
VII 43		V. tan c.
44		
45		s' atorna

VI. D' autra guiza e d' autra razon.

	E	C
I 1		
2	M' av . . a c.	
3	cuge . . q.	
4		
5	mestier-quieu f. [merceia . .	
6	tor . .	A moutz
7	parla . . t.	
II 8		
9	dreitz	. . . .
10		
11		merce
12	Cautre ben	Quautre be
13		† plus
14	dreit — uaillan	dreyt
III 15		amors
16		
17		
18		
19		ans de b.
20		tal
21		anc] ieu
IV 22		
23		
24		
25		
26	puec	nom puec
27		† del tot
28	A. me dezafortis	
V 29	† e	
30		
31	amor nol	amor
32		
33	p. no laus aus n.	
34	narnaut	
35	. . . . . ar en d.	

VII. Ane ieu non l'aic, mas ella m'a.

	A	c	GQ	IK N²	L	N	D	E	R	C
I 1										
2			Tor G	Trastot e.					Trastot c.	
3		sauis et f.	lei Q		saui e fol		Em f.	Em f.		Em fai estar
4		nōs t.								noy t. [leus.f.
5				benben N²						
6										
7	† la — † la						† e		Conz	
8										
9									Soven	
10									es	Quem n' er
11										
II 12		Qeu d. p. [qins	En d. p. [qins [(quiz G)	Ieu d. p. [quins	En d. p. qinsz	On d. p. quinz	Sil d. p. quinz	Eu d. p. quins	Ben d.p.quins	
13			mi] mal G	Estar	men	Estar — te- [mens	Estar — teñs	Estar	Estar	Estar — te- [mens
14	feign] [plaing		feign] [plaing [— cor	lenga m. l. [cor no v.*	cor	feign] plaing	feign] plaing [— cors uos [dol	feign] plaing [— cor	L. lenga m. l. [cor non v.	lengua mi falh [mas c.
15		Zo ... do- [lenz	dolent — [seiorna [G	dolen	dolen		dolen	dolen s. se- [jorna	S. d. sedol ilh [se soiorn	Lai on d.
16		Gent l.	Gen l.	Gen l.]	Gen l.	Gen l.	Gen l.	Gen l.	E ieu languisc	Gen l.
17			Qe t. G — [amanda Q	arranda				Que t.	Que can a r.	Quar tot a r.
18	† terra	Qan m. et [tã g.	terra] [entra				mars clau e g.	mars clau ni g.	mar e t.	mars ni t.
19										N. es t.
20										Plazen
21										
22					nhai					
III 23		prez ...cer- [tan		Que a. N²					ei	T. a ric p.
24		P. qeu ... [puese		non		non	P. que nō [puos	P. que n.		

	25	faz eu] o [fatz	qel . . . mi	† eu Q — [cor	mene IK	cor			cor	Que so fas [ieu	No qiio fatz [ieu q. cor
	26		Qant sol- [eilz c.n. [solorna	Can soleis [clan (clar [G) n. so- [iorna	Qan lo s.— [Quant lo [soleilz N²	Quan soleillz [clan n. so- [jorna	Qan soleinç c.	Can soleinç c.	Quan soleilsc.	...... clau ni [sojorna	Tan cum ses [claire saiorna
	27				que IK	E n.					E n.
	28									cor	Quel cor
	29				h. man (nan [N³) lor [livranda	E loillz hā l.		†		E. h. an lal	Mas luelh nan [l. sanda
	30						Cā s.				
	31										
	32							Mei e.			
	33		qen	qim	tem I	qim	quam		quim		
IV	34			Fol G	Sols I	p. p. ama			qui parla e. v.	parlar	† es
	35			Q. cossi j.		† Quier	s. iors				Q. que s.
	36		lausen- [giers	lausen- [gers	Que lau- [sengiers	Que ill lau- [sengers	Queil l.	Queill lausen- [giers	Quill l.	Que l.	Que lausen- [giers
	37			lenga ta [dorna	lenga ta- [dorna IN² [(e adorna [K)	langa tadorna	lenga ta dorna	lenga tadorna	lengua	N. agues [lenga tan [dorna	lengua
	38				† e	autra				† e	a. clama
	39		demanda	demanda						demanda	quem
	40			tal	garanda [IK	tal fara					Amor — hora
	41			M. em d.	M. gem d. [I			M. em d.	M. em d.	M. iem d.	Per quem d.
	42										
	43				Dellor b. [IK	Do					bruda
	44			folida Q				baugida			Et ab sens f.
V	45		mi] men	en sa Q	Per IK — [en sa N²		P. iauieu m.	an	mi] men		Per g. m. t. e. [per s.
	46	de] ab	de] ab		de] ab IK	plaszers		plaçers			Us belhs pla- [zers ab q. mi s.

*) In K una mano posteriore ha aggiunto, tra *lenga* e *mas,* il *plang* di AND ecc.

	A	c	GQ	IKN²	L	N	D	E	R	C
47			nom Q	passeraIK		jal] tal	nō			
48			nom] me	nom] me [N²	nom] me	nom] me	nom] me	nom] me		quelh am fos
49		sen	enqera		anquera sint		sint	sint		enqueran sen
50				quenz IK [qem N²						
51			non] ne G [— span- [da Q			Quen	Queu	Quieu	†	Quieu
52			f. temen	f. temen	Sim fai s.					Som fai temen
53			Souen	Men ten [(tem I) [Souen N²						Sufren
54		Qeu v.	Qeu v.	Queu v. N²	Qieu v.	Quen v.	Queu v.	Que v. p. cuda		
55					Maintz amors [d.	Magnda gen [d.	Māgta gen [pida	Mainta gen [perida		
VI 56		en pl.							Mans	Mon b.
57			faiç — sen [ses s. G		ieu pois fatz [s. fis		feis			Ni agra t. s. [fezes
58			Cil qim [dona	Cil q. dona	Cill quim [dona	Cil q. dona	Cil q. dona	Sill q. dona	Silh q. dona	
59		leiz	l. ara m' o	Can s. N²			Er s.	Ar s. l. ar mi t.	os	Cum s. legres [miellis tr.
60			m' aliama	Qe a s. — [men N²	Qez a s.		m' aliama	men l.	Qab s. v. men l.	E quoram [vuelh men l.
61	noill									noy desman- [da
62					cor					Mon cor non [hi f. g.
63	Mas f.	Mas f.						Mas f.		
64										
65										
66				er					er	
VII 67		† ren								A mielh — † ren
68		Sitz	Sic Q	†	†	†	†	†	†	Prezen
69			ChanzonQ							Chanso
70										

VIII. Autet e bas entrels prims fuoills.

		A	H	IKN²	N	D	E	C
I	1							
	2		els rams li r.	els rams li r. [(riens N²)	els rans li r.	† li ram — li r.	Don — els rams [li r.	el ram li r.
	3	gola] ongla						
	4							
	5							
	6	hus						
	7	Pel — temps						
	8							
	9						Quels	Quels
II	10	† a						
	11		uene	conoissam I				
	12	folla					auci] anei	auci] anei
	13					L'i. q̄u naui e	aui	aui
	14		uau	uau				
	15							
	16	ferms		em K eu N²				
	17		assauta	auzauta K		adauta		
	18							
III	19		ar	ar — accuilliz N²	ar acuilliç	ar	Merce quar a.	Merce a. quar a.
	20							
	21	meolla	Quaissi	Caissi		l. mela	l. mueilla	l. muelha
	22	Ial f.						
	23		pel jus	pre N²				
	24	Es tant c.						
	25	autruis jois		gros g. IK	Qui	Qui	Qui — fai	Qui — grans g.
	26	ail		sa] la N²		p. ag e.	pustela en	E pus ben la en s.

NB. Il testo di *b*, str. I, è uguale a quello di HIKN. Nella stampa del Barbieri, p. 35, sono due varianti: v. 8 mi assauta] mia causa; v. 9 Quils] E vils.

		A	H	IK N²	N	D	E	C
	27							
IV	28							
	29							
	30	parlars	Que — parlars	Que IK — parlars	parlars	parlars uol	parlars	
	31	quel] cal	quel] ca	quel] ca	quel] ca	quel] ca	re ca c. crebanta	re cal c. crebanta
	32	us			us	us	us	us
	33	estrus		estus IK				
	34			trems N²				
	35							
	36						qu' en] que	qu' en] que
V	37					Ures		
	38	c. lotrenc	selat lo t.	selat — lo (li IK)	c. lotrenc´		lo trenc	lo t.
	39	Qez anc		[trenc N²	paulus	sainc	saint paul	sainh paul
	40		homs				h. deuis ill	h. deuis .....
	41			pec				pot
	42			N. en sus K				
	43	essems	† totz	† totz	† totz	† totz	tal — † totz	tal — † totz
	44		Ab los a. d. p. a.	Ab los a. doncs p.	Al b.	Al b. a. con e.	aip quar es	don] quar
				[sa (es N²) auta				
	45		Cellas	Cellas		Celas	Celas	
VI	46			uostres chan-			uostres	uostres
	47			[duoills IK				
	48	Que						
	49	atalenta		atalenta N²	atalenta	atalenta		
	50							
	51							
	52	Ad a.	A las a.	A las a.			A las a. e lor t.	A las a.
	53							
	54	ma comorda			ma comorda	ma couorda]		
VII	55		ditz	ditz	di temps			
	56		m' a.	m' a.	m' a.	m' a.	m' a.	m' a.
	57		la	la IK lai N²	lai	la	la	la

IX. L' aura amara.

		A	IKN²	R	a	C	D	H	N	UV
I	1									
	2		Fais N²	branex			Fal b. branzuz	Fal	b. bratuç	Fal bruoilh
	3		Clairir IK	Esclarzir	Sclarzir		Clarziz	Clarir		Clausir V
	4		als N² Ols N²		Qelz		Quel peissab [[dolces f.			Çels qespeis [a f. (fuoilh V)
	5			leytz		lecx	El lecs		El	
	6									
	7									
	8			Trembrar e m.						Tem U
	9									
	10				niun					
	11	qu'eu] que	Peu N²	Que per esfors		qu' eu] que	† qu' eu	qu'eu] que	Per ques forç	
	12	e de d.								
	13									
	14	m. e p.				*E m.*			m. e p.	
	15					Qui—*dautbas*	Qui ¦			Quim ma tor- [nat b.
	16						Dan			
	17	Si l'a.			m'adoma	Si l' a.	Si l' a.	Sill'a.—assoma	Si l' a.	Si l' a.
II	18		*Can* I — son							
	19		[N²							
	20				essir *	esir	esir		e dir	
	21	crel] cre lo	Don e cr. K		cor	† Lieis — [cren cor				cor
	22			pred	precs	precx				
	23									Nencs
	24	agonencs	doncs I — [agonecs N²	aguilens	amoũecz	....	aigonecx			Mainz don a. [(ogonencs V)

*) Corretto così, da *eslir*.

	A	IKN²	R	a	C	D	H	N	UV
25					a. sis lutz	a. sest luz	a. sestlutz	a. ses luç	
26				Tars					
27									
28									
29				etauzir (?)	et auzir	et auzir	et auçir	et auzir	auzir
30	voler			Vezers					
31		segrei		Bes					
32		Dellei IK							
33									
34		tro la c.			tro al c.			de ple	
III 35	cara		cara	cara		Amor			
36	uencutz	uencutz	uencutz	uencutz		uencuz	uencutz	uencutz	uencuz U
37		Chauzir		t					
38				Re fais s.					desacuoilh V
39			T. dest	Qals decs	dex	deiç			Tan d.
40	Precs	Precz IK			Precx				
41		es e m. K	er — que	Qe res m. qe [tr.	quec				qe tr. V — qe [ne tr. U
42									
43				Cårs					
44		avars IK	avars		avars	auars	auars		
45			Quel c. feres		c. fers			femrs	Mals corts — [fermes V
46	sofrir	Men f. sofrir	Quem f. sofrir	suffrir	....	frēs sofrir	Me f. suffrir	sofrir	
47				u	....				
48		uej N²		Qe totz l. ṇei					l. mei U [meis V
49		un — *bars* I	bas						un bas
50			C. a refreydir						
51	altra	aura coma I	Car no v.						
IV 52									non
53	C. qem t.	C. qem (*qen* I) [tralutz	Em tray a lutz		quem elutz	qun	qim	qem	C. qem pod [tuz
54	azir	auzir	Silh ques		auzir	auzir			Delir
55		Lei ṣị q. N²	[daisi pres c.						qu' es] qe
56				qecs	quecx				Quecs
57								Preç	

	58	deditz							dedirç	
	59	for	Ier N² — fors		for tendutz	for		for	for	es fortz
	60									
	61		pensamenz [IK							M. preyars
	62									
	63				fan					
	64		espres IK			espres (B)				
	65	qen bei		q. grei		q. grey		q. bei	q. bei	
	66		*a b.* I	leyt			Caichon t.			D. quo quem [tem l.
	67		auzir IK							al
	68	Nomna j.	Non K *Nō* I						Nomna j.	Non U nō V
V	69	Dolsa		E ma c.					carab	
	70		Ab t. IK — Ab [t. bos. a. N²	Semblans v.	Ab t. a.	Abt t. a.	Ab dolz a.			A t.
	71									
	72			Me seran [mant erguelh						
	73				ecs		esç			
	74									
	75		defencs N²K* [defens I	desrencx		mos] manhs [(B) — † *mos*				faidencs
	76	bruitz	aim N²						bruitz	
	77									
	78									
	79						nō		mon t.	
	80									
	81		*iuers* I							
	82									
	83	de faut		a m. de faut	amenz azaut	an d' u.	amengç d'u.	amengç d' u.	a m.	ameinz d'un- [faut
	84		*Desirs* I							
	85	dieu	dieu N²		die cel	*selh*	deu cel	deu cel	dieu sel	deu
VI	86			Er airara		parra				
	87		E çans K — [*Canc* I	Chan ab c.						
	88									parra Fornir

	A	IKN²	R	a	C	D	H	N	UV
89		que — *e*- [*scuoillitz* I	A lo r.						Arei (arrei U) [q. ten e.
90			C. uer precx	precs	precx	prec			precz
91	Seis						Cecs		Sencs
92	Chai	Chai l. on e. [IK Chai [el. d. N²	S. e lai	Chai lai on es	*S. e lai* es [doblatz	Chai — [doblens	S. e l.	Chai	Cai l. el d.
93		Es N²							
94									
95							maitiars		
96					lay	io			
97									
98		Sis IK — *decs* [I	Sis	Siz	dars				
99				non] vn			Car n.	stei	
100			q. assaut					?	
101			No uol guerir						Ni v.
102	M. lai			chamat		chai			chai mon
VII 103		Fautz N² — la [crotz IK	la crotz		la crotz		lo cors	lo cors	Paitz
104									
105				Tot					Tez U
106			L. que d.					L. donicuinei	
107					*ser p.*	parconer	abir		S. par com er [—Arnautz V
108	altr			atr					
109		Non es*	Non ten for- [men sa soma	Nos fore m'e.					Fortemet [(fortemente [U) ta s.

*) Dopo *es*, N² aggiunge *fort* con tutte lettere puntate.

X. En cest sonet coind' e leri.

		AB	IKN²	N	V	U	D	H	a	C	R
I	1				Abgaison [quindet [e l.	est — con- [des			Ab nou s.	Ab guay so [cuyndet	Ab nou so cundet
	2		Fors N² — [capud	capus	et deli	m. capuz		çapui	caputz*	capol	els capus els d.
	3	Que s.				uerais			Qi s.	Que s.	serai verus e sers
	4		† n' N²		Q. seran [plainat [ab l.	l'aur.			l'a. planat ab l.	passadal l.	passada lima
	5	a. ma de p.	marves] [ma es K [mai es I [— en d. IK [ei d. N²		amor ma [de pla [nem d.	amor mi [deplana e	a. maplanē d.	a. maplana [em d.	a. made plain [endura	amor mapla- [na em d.	a. narues p. e [dura
	6						de lei traieu		qieu d.	d. tal m.	
	7	Que	Que m. pr.	Cui pr.	Qe	Cui iois m.	† Qui — pres	Cui pr.	pres	Cui pr.	De iois capdels [e g.
II	8		Ades m.	E dis m.	Ades m.		Ades m.	Ades m.	Totz iorns		
	9		Que l.		serv] am	serv] am	serv] am	serv] am	serv] am	genser am e c.	serv] am
	10					sous] ço	seus — repert				en] et
	11		en] el	en] equel	Si u s. — tro [al c.	Sieu — tro [el c.	Si eu fos d. p. [tᵛ ē c.	tro en c.	tro en c.	Sieu — tro la c.	tro la c.
	12	ura A	† tot I — ura [IK		uentailla	uenta [freig a.	† freid' aura	uenta freig a.	uenta freig a.	uenta freig a.	tot .... freiduras
	13	del (dal B) [c. m. mou		L'a. que [del c. me [mou	el] lo	amor — [ploa	mī p.		c. mi mueu	amor — mi [mueu	
	14			o	cautz	o					
III	15				em pr.	messa — e [pr.		e pr.	e pr.		Si m.
	16		art] fas	art] faz	art] au	E faz l.	lun		lu^{m}ni	lums	lums

*) Corretto in *taputz*.

	AB	IKN²	N	V	U	D	H	a	C	R
17		mi IK			men] mi	b. aseret	assert	assert	dieu — acert	me — afert
18		D. l. quem [uenz [ses e.	D. l. quim [venz [ses e.		non					D. l. que uens [ses e.
19		tan IK	†E	crim	crine					Que q.
20	c. (color B) [qa graile	E son [blanc [cors fresc [e n.	E son [blanc [cors fresc [e n.	Nil cor gai [fresc e n.	c. qes gali- [ara e n.	gai e fresc n.	gai graile e n.	c. ques grailet mi [enueu	c. ques del- [guat e n.	Ni son bel cors [blanc e n.
21			qui quem					qui		luderna
IV 22						e lanqeri	e lamqueri	an		
23					Qe t. v. c. [qe lam			Qe t. uolers		Cab sobreuoler [lam t.
24				ben] trop	p. sobra- [mar p.	ben] trop	ben] trop	ben] trop	ben] trop	Que per sobre [amar la perda
25	Quel] lo	Quel fis c.	Quels fis c.	Quel fin [cor s.	Lo meu [cor s.	Quel fin c. [sobrestasi- [ma	Quel fis c. [sobrestarsi- [ma		sieu	Quel fis c.
26		totz N² — [seisaura	sessaura	seissaura	El seu so- [bretotz [ses- [saura	toz — seisaura	L. meus totz [e n. sesaura	sei sautra	totz — sai- [saura	De cantar e no [sen aura
27	ai — uer	T. ai da- [mor f. r.	uer	T. nai d. v. [faitz r.	T. na d. [uer f. re- [noui	T. nai d'v. [faiç r.	T. nai d. v. [faitz r.	T. nai	T. nai dauer f.	Enans nay fag un [vers nou
28	ai	ai	n'ai] a			ai	ai	ai	ai	ay e caterna
V 29					Nom			Nom		
30	mi	fas l'ap. K				m̄ f.				
31										aia . . . .
32			en r.		cor	Car si m'a. l. [cor	Car si m'a. l. [cor	Caissim m'a. [l. cor	Caissi m'a. l. [cor	. . . . . m'ort l. c.
33		E si mi- [donz n.	E si mi- [donz n.		non	maltragtz	maltragtz			nonz
34		Lamor [que dal [cor mes [mueu	Lamor qui [dal cor [mes [muo	bais a. de [l'a.			a. dun a.	b. quem don- [nueu	b. quem don [nueu	Dun dos bais [enans . . . . .
35					aucie		enferma			

VI 36		per N² — [qen N²	per — [quen	perl mal- [traitz	per—qem [sofri	qen s.	qen s.	qen s.	quen s.	
37					non					nonz
38	Liei anz [dic en des [cobert	Lei anz [dic en des [cubert	†		ten] son					mente a d.
39	f. los motz [en r.	Caissim [faill los [motz e.	Caissin f. [los motz [en r.	Per liei [fauc	Per lei faz	Per lei faz lo [son e la r.	Per leis faz [lo sc. el r.	Per lieis faz [lor	Per lieys fas	Per lei fas el so [el r.
40			qui	trauc—qi	trai amanz	tragtz	tragtz	amāz	tratz amans	Quieu soi sel cay [amat laura
41					non amet [plus	non amet plus [dun nou	non amet plus [d'un u.	non amet plus [dun veu	non amet plus [dun hueu	non amet pus [uticu
42				odierna	d. mondi	ordierna	odierna	Sol d. manclin [od.	S. den ancli a.	monclar odierna
VII 43			narnauz		Si eu s. [arnaut	†l'aura	q͡umas l'a.		amal a.	. . . .
44						leure lo b.		lebra		. . . .
45		siberna I		siberna	naudi	siberna		siberna		. . . .

NB. Il testo del commiato, quale sta in *b* f⁰ 5 (= Barbieri, 50; cfr. qui addietro a p. 68), concorda interamente con AB, i quali lo riproducono identico anche in coda alla biografia, cfr. p. 5—6.

XI. En breu brisaral temps braus.

	A	IKN²	R	H	N	D	CE
1			bricara	El	brisalal	brisa tals t.	brizal t.
2		bis el brunel e brancs	bis el brus el blancx	Cil bisel bus [nel b.	El bisel but' nel [br.	El bisel but' [nel br.	El bisel bruelhs [nil br.
3			Que	entretenon [trestutz		entrestenc	entretenon
4			.	sobredaus		ram	ram
5		†	non — pieula	Qẽ n. c. usel	Quer n.	Quer n. — n. [pola	no — n. pola
6	enseigna		adoncx				
7	Tal c. q. ner s.	Tal c. (chans N²) qui [ner s.	Chans	Tal c. qiner [segon	Tal c. quin [ner s.	T. c. qner uer [segnoz	T. c. que no [(n E) er s.
8	Mas p.	Al p. IK Als p. N²	Al prim	Azt prim des- [fraucat	de francar		de car franc (fr. [quarE) coratge

		A	IKN²	R	H	N	D	CE
II	9			Midons e. d. flor l.				
	10			E d. pretz es u.	estanos			
	11				li ba			
	12	leialmens		Si es q.		leialmens		Si es
	13	nin muoilla	Qu (qe us N²) nols d. g. [n. nuilla (nieula N²)	Car nols d. — neula	Deus n. d. genz [tu n.	Que un n. d. g. [n. mola	Que un — ni [mola	Que us — ni [mola (mueilla E)
	14	qel	noiriz en b.	Entre q. n. e broncx		qel	quel	quel noms el
	15	trafans		M. si es t.		nil c.	nil c.	
	16	Mor t. leial	Puois tro lalais (lo leials [N²) lo agre*	Pueys trop los l.	Pens trol l.	Pis t. leial	Mor tr.	Mor tro leyal
III	17		emendars	Falhir esmendar	emendatz	emendatz	em̄daz	emendatz E emandatz C
	18	sentim en- [trams	sentin IK	sent dams		s. irams		† n' C
	19							
	20	orgoilla	que p. e n'o.	qu'en] ne	eis] e	eis] e	que p. en o.	eis] e C
	21	fai al c.	c. que fruila (friolla N²) bronc IN²	fay cors que fuelha	Q. pos me f. [c. d. fuolla		fai al c.	d. froylla C [frueilla E
	22			Mentre que lam [sembla branc		Mentren elam		Mentre qu' C
	23	uolgra tr.		trayre pena d.	uolgra trar			el dezert
	24			auze	aucel			
IV	25			Bonas doctrinas s.			Onc — acels	B. dona — e [stiaus E
	26			E c. cars subtil e [franc	E c. cars s.			E c. leyals s.
	27	amors ab f.	ab f.	Ma damors ab f.		amors		
	28	tuoilla	on N²	que c.				
	29	et escuoilla		C. s. f. fer	†		dom — q. tinlla	† fo C — et [escuelha
	30	E. iauz eu [breuiar	iauzem N² — breuian	E j. e br. t. loncx	Er iausimen [breuian t. [loncx	breuian	breuian	breuian E
	31		el IK — sers	lieis] pus	fins			sers
	32	talenta m.	talenta m.	Q. tal en re melz agre	Q̄ en lente m.	talente m.		
V	33		Er an d. K, E tan d. IN²		queu	Can d.	E an d.	Can C — quieu- [uos a. C
	34		souenc	e blaus	niers] uertz			niers] uers C

	35	desirs] desus	sens	sen] sieus	sen] sieus	desirs] desus	als	
	36	† trep – doilla		N. sen l. c. trop os d.	c. tro ques d.	† trep — [deuoilla	c. crep es d.	ois] es
	37	afuoilla	ios qui	quem despert mafie- [ula	afolla		iors qui	M. iortz qui de- [spen la (ma E) [fuelha
	38			somoncx				
	39	del pr.	que s. del (sel N²) p.	que s.	qe s. de p̄c̄ t.	que s. despreç	que s. del p̄z. — [† t. e.	P. que s. d. prez [— espert C els C
	40	De t. que nai [nesmagre						
VI	41		eis r. IK					
	42			tr. ab l. h. cracx			am	
	43	escuich						
	44	cors — qem [duoilla	quem (qein N²) t.			cors — quem t.	E c.	
	45	uioila	oracs	C. onratz ni	C. chanz n. j.	uioila	oras	oras — uielha C [uiolas E
	46	N. p. partir u.	en tr.	ioncx	en tr.	en tr.	en tr.	un] a C — e t. [iorne E
	47		dieu		diz		deu	dieu C — cum s.
	48	el] en		pelueagre	pelagre		pezis	Hom
VII	49			Narnaut v. son c.			chaz	
	50			doutz] totz	on a.			

* Accanto a questa lezione una mano seriore ha aggiunto in K quella di A, che sta pure, ma unica e di mano seriore, in I.

	A	H	IKN²	L	D	V	R	a	e	U	C	MMc
I 1						els c.	Pos b.		Los braid [els cric	Los b. els		Moutz [braills
2		E sos e [çhanç e v.	E çans e [sons e. v.	E chantz e [sons e v.	E chans e [v.	Et chanz [et son [et v.	E chans e [sos e v.	E son e [chanz e v.	El sons el [chant es' [v.	El sons el [cant e. v.	E chans e [sos e v.	E sons e [chantz e [v. — [noutas [Mc
3		latin	asels I — [latin		in	latin	Caug d. [ayzels — [latin	leur	Qau d. — [latin- [pres	Qau d. a. [qe l. latin	lati	lurs
4			Quers N²	Damar [lors par	Damar lor [par	Damar lor [par	Damar lur [par	Damar lur [par	Damar [lors pars [a. con i [fan	Damars [lors pars [a.c.nos f.	Ab	atressi] tot [aissi
5	Ab aicel- [las en c. [nos e.			Alamias e.	c. nos e.		Las a. e. c. [nos e.	En las do- [nas e. qe [nos e.	E las a.	E l. amiga		A l. no- [stras e. [qe nos e.
6		in	dones IK	doncha		mentendi	Ladoncas	mentendi	donca — [genzer	donca — [genzer		gencer Mc
7	bell'] tal						saber tot	De	tot		ch. que sia [d. tal o.	tot
8	fals m. n. r. [estiampa		Qui n. ai [IK			strapa		motz — [rem	nō — [moz — [estram- [ba	non — moz		fals mot
II 9							N. soy [maytz	fiet	Don son [maric			
10							Nim p. res [d.	prezei e- [stantas	pexi	prensi		N. mo M
11		Lo iorn q.	Lo iorn q.	Lo jūrz q.	Lo ioř q.	Lo iorn q.		d. no det	A pr.	qem trei	al e.	Lo iorn q. [— cl] lo M
12		gran] tal	gran] tal	gran] tal	gran] tal		gran] tal	gran] tal	L.o. midon [stai d. a [g. f.	L. o. mi [don stai [mi don [don a. g. f.	Uezer la [bella de [cuy ay [molt g. f.	Uezer m. [de cui ieu [ai tal f.

13		Plus qe n. [a. l. neps [de s. g.	Plus qe n. [a.l.neps [de s. g.	Plus que [n. a. l. [neps de [s. g.	Plus q̄ n.a. [l.neps de [s. g.	nō ac t. l. [neps de [seignier [g.	Caytal n. [lac son [nebot [s. g.	C'a.t.n.l'a. [l. nebot [s. g.	Anc — ne- [bot	Anc n. l'a. [t.l. neps [segnen g.	non ac — [nebot	anc t.n.l'a. [le n.
14		em b. e. [destendi	j. me tre- [baill e. [destendi				Cent v. — [ne b. en [e.	Cent v. — [en esten- [de	Cent v. — [em badais [e.nestedei	Cent v. — [em b. e. [nested	Cent v.	.III. ves M [— em b.
15	bella] [genssor			qi t. [lautras			Vays l. b. [euy t. [beutaz s.	Vas l. b. [qi t.	Vas l. bel- [las qi	bellas	P. madona [q.	bella] [genzor
16	ranpa	mais grās [g. q̄ qim [n. r.	cant] con [— fis] [grans	qā v. orns [grāz gaug	T. co v. m. [gn̄çiois q.	cant] co — [fis] granz	fin ioy que [no fay r.	T. con v. [m. fin [gaug qe [no fai r.	Et an e. v. [m. gran g. [qe nōfam [r.	m. nai [gaug qi- [ra non r.	Si cum v. [m. gran [gaug que [no far r.	Si con v. [m. f. (fin) [(Mc) gaug [q.
III 17	grazitz] [auzitz				gririz		Besus [gesitz	Qeu soi [garitz	soi guaric		Sien f.	Ieu sui g.
18				mas] ons	ma	par .... col- [tas						toutas M
19	que] car		prees N²				P. tal q. — [fos	P. tal q.	P. tal q. — [fui] sai		P. tal q.	Per tal [don j.
20	volgui] [amei	Qanz [uolgram.	E v.	E uoilgz	uolgri	Et v. — † [fin	uolgra m. [perdre		uolgri	A. v. eu [m. — † fin	aur f.	A. amei m. [aur f. pen- [re qe r.
21			j. quieu e [ma dom- [nas b.	j. qieu e [madon- [na n.	q. ue ma- [dōnas n. [baissem	j. qeu et [madoña [n.	Al prim q. [i. ama- [dōnas b.	Al prim qe	Al prin [qeu e ma- [donna n.	Al prin [qeu e ma- [donna n.	Al prim [que	e madom- [nam b.
22	Qem f. — [indi			Om f. es- [cutz		† bel		bel] gent	Nim f. — [bel] gent	Nim f. — bel] gent	bel] ric	
23		lengas	lausen- [giers IK [— lengas	lausen- [gers		lausen- [giers	lausen- [giers	lauzan- [giers	lauzen- [gers	langen- [giers	lauzen- [giers f. [de l.	lauzen- [giers
24	tan] trop	No nos v.		No e v.		mal	N. nos fis- [san — mal [mot s'e.	N. nos — [mal mot [s'e.	uisim	uiensen d. [tal mal [mot e.	t. fals mot [s'e.	uisan cui [t. m.
IV 25	lo grazitz			Bels l. c.				lo grazitz	D. lau [chanzic		Dieu l. [grazitz	le
26					forcē a.		P. qui	assoutatz	acoltas		P. que f.	
27						longin	longie l. [sec	q.ses l.le c.	longin	longin	quel fe l.l. le [feex	

	A	H	IK N²	L	D	V	R	a	c	U	C	M Mᶜ
28		V. qen [semsieu [e m.	V. qen- [semsieu [e m.	V. qes- [sems ieu [e m.	V. q̃ssem [ieu e mi [don i.	V. qen- [sems eu [et m.	V. que i. e [m. lay j.	V. qeu e m. [lainz j.	V. qeu e mi [don lais j.	V. qeu e [midon [lais j.	Don quen [un lieg [ieu e m.	Don qen [un lieg [midons [et ieu j.
29		Dins l. c. o. [ensems n.	Dinz l. c. o. [ensems n.	Dedinsz l. [c. o. en [sems n.	Dedins la [c. o. es- [sems n.	on ensems [n.	abdos		ambedui			
30	Qieu autre [ioi non [desir ni a.		Vos r. I	entendi		Ꝥ un ric s c.	Un dos [couen d. [t. ric j.	Dun douz [couen d. [t. ric j.	Un dolz [conuen — [ioi] don	Un dolz [conuent [— joi] [don	Los r. c. [per que [tal j. a.	Los r. c. [per que [tal j. a.
31	Mais que [b. tenen [s. c. d.		baissan I	cors bel	cor		E quel s. c. [iogan b. d.	b. iogan d.	E qel s. e. [b. iugan d.	E qel s. c. [b. iugan d.	Q. s. gen [c. iogan [r. d.	Q. s. gen c. [iugan r. d.
32	El remire [c.	contra	lun I — [lampna N²			contra		O q. — lun		contra		
V 33–40	†	†	†	†	†	†	†	†	†	†	anzelhos fresc ondal	fuilhetas Qe f. Mᶜ ni] ab man — al [mi r. Mᶜ ondal rei
VI 41		qas					cas dig	qas dig	dic			
42		Eu cug q.					ayas	Qu'eu cug [q.	aiaz	aiatz	Ben cug q.	
43		don[qe					don] que	Tal pro- [messa	don] que	don] que		
44		ol] el					el senhor	fos (?) — el	F. onric — [senhor	F. om ric o. [seingnor	senhor	
45		Lo r.					rey q. t. su- [ric ihrl'm	rei q. t. s. [a j.	rei qi	rei q. — [o j.	O selh q. t. [s. e mais [besleem	
46	†	sui] es — [qi q. t. [qes r.	†	†	†	†	q. t. q. que [reprendi	qui ser t. q. [reprendi	q. t. q. qeu [r.	q. t. qe qer [reprendi	repenti	†

47							Q. neys a. [n. a. p. [quel [cobre	Qe ies a- [mors n. [al p. q. [combra	Qe ies a. n. [a p. qes [c.	Qe ges a. [n. na p. [qen c.	Que gens [amors n. [a p.	
48		atampa					Ni sant ge- [nieis nuls [hōz q. ioy [escampa	Ni san gi- [neis ni [hom q.	N. san gi- [nei ni [hom qe	Ni san gi- [niei a [hom qe	Ni san ley- [dier ni on [qe	
VII 49	Fols d.											
50				emoltas								comoutas [M, som. M^c
51	Non [blasmieu [j. qel s.			doptenj.s. [seignors	dupti ges [s. sei- [gnors	seigner	dupta j. — [del		N. dic eu j.		An fait [falhir los [s. d. g.	dupte pas [s.
52	Feiron f. [et es d.		San f. (faiz [I) — blas- [manz IN^2	E han f. — [dreich		San faitz	quel dreg [sieu [blasman		per cades [son [blasman		Non dup [ieu ges [p. qu'es [dreg sil b.	dreg sils [(silM^c) b.
53	parent] [cosin	Qar s.	Car s.	Qar sos [parentz	Car s. p. [ps r.	Car s.	Q. sos pa- [rens pren [romieus	†			Q. son ne- [bot p. r.	Qar s.
54	Lo pro [comte [richart [per qieu [entendi		Naimon [I K	Raiuiez lo [filz al c. [— † et		† et	Guillem l. [f. del c. en [reprendi		l. si alcon- [di et a.	c. ca [prendi	f. del c.	R. (*sic*) l. f. [del c.
55	greu] tart	feral		Q. gē f.			fara del [bon rey [feran [lobra		Q. g. al rei [ferran	g. farrei [ferran	Quel r. fer- [ran fera [greu de [bretz c.	Q. r. f. fara [gr. de p. c.
56		destampa	descampa	n. souen n. [descanpa	descham- [pa	descanpa	nols sol e [nols e.		Sen m. — [nul e.	Qel m. n. [soluos [nul e.		solul e nol [descanpa
VIII 57		restei	Queu — [restei	Qieu — [restei	restei	(Q)ueu — [restei	m. retenc [men t.				Leu l'a v. [m. laisci [men p. t.	m. ha mo [tout tals
58								†	†	†		
IX 59 60	{ †	{ †	{ †	{ †	{ †	{ †		{ †	{ †	{ †	{ †	{ †

		A	U	c	a	T	G Q	H	D	N	I K N²
I	1			Air v.		† blaus — [e groies	e grox Q				† vertz — e [groes (gruog [K) I K
	2		plais [plans	plais [plans	plais plans	plais] [pratz			Verges		
	3		uoutz	sonēt tuit	E lo baus d. a. [s. e cui	Es uoltz [— en tine	e tuit Q		voes		
	4				A bels macort	A d.					
	5		Ço		el c.				coloris		qen colorei N²
	6				atal f. d. lespo- [utz s.	atal f. d. [frue s. [amor	atal — fr. amo- [ros Q				
	7	grans] [rams — [nuo gain- [dres	ioi	ioi	nul grandes	E gioi l. [gratz e [lodor d. [notz [grandres	E lo g. iors [(granj. G) — [nuoiz gand- [res G	l. grai e lonors [de n.	e lonors d'noi [g̃ndes	noigrandes	noi gandros I
II	8		me uen [pesan	me uen [pesan					pesan		
	9	d. e cert- [ans	desirer		doutz] fiz	dutz	desireus — [doutz] [grans G		desieirs		desiers
	10		es amors [qem s.	qen s.	sint] fui	Els m.	qen s. G qem [s. Q.	sauboros	sauboros		saboros] [amoros — [quem s. N²
	11		E	E	Enflame si [laus o.	o			m'aut		
	12		amor — lo [s.		aitals [semblanz	lo s.	lo s. de tal	de tal	de tal	de tal	
	13		Francs e [fins m. [partidors	partidors	finz merceaus [partedors	merce [agias [preia- [dors	partidors	Fezels fr.	Verais fr.	Fiçels fr. — [partidors	Fiels fr. — [partedors [N²
	14		orgoilh		en sa	orguoll o [v.	blanders Q				orguoills] [enois — [blanders I

III 15				A mi n.	Ailas n. [camgian		A mi nos c.	A mi nos c.	A mi nos c.	A mi nos c.
16					Mon fin [cor per b. [ni per m.		cosseill — be	be		
17				vos men	E sien — [nos m.					
18			esgart*	non regart		n. (noz G) [regart	regart	regart	regart	regart
19		On metal [cor d.		cors el cor t.	sen si t. d. [v.	On mestal [cors d. pen- [san v.	On mestal [cors d. pens- [san v.	On mesta cors [d. pessan v.	On mestal cor [d. pessan v.	On mestal cors [d. v. (cor d. [pensan v. N²) v. res N²
20	E n.	sa	sas] as	jes mas per [gein treu [aillors	Eu n. v. j. [ca p. sa [gran [ualor	sas] as — ua- [lor Q		n. volgues q. [— sa		
21	on plus] [tant cum	om		Esser s. l.	Ualor	Esser s. l.	Esser s. l.	Esser s. l.	Esser s. l.	Esser s. l.
IV 22		fos sos c.		qeu si anqer [eux	Tot d. [qu'e. f. [sos c.	qu'e. f. sos c.	qu'e. f. sos c.	qu'e. f. sos [euer	Tot d. qu'e. [fos sos c.	qu'e. f. sos c.
23				O qem neschai [autre j.				O en a. etaus j.	etals	
24	plus de v.	Car en v. [d'a. p. de [v.	Qar eun v. [d'a. p. [de v.	Car ben v. d'a. [mais v.	Eieu v. p. [b. d'a. v.	Qen — vivria] [moria Q	Quen v	Quen v.		Quieu v.
25		Qel cor [mi ten b.	.	Qanqer nai [cor	Qel cors [mi ten [frese e g.		Quel cor mi te [frese e g.	Qel cor mi te [frese e g.	Quel cor mi [te frese e g.	Quel cor me [ten frese e g.
26	fols e q. v. [d. c.	Va — dun [alt c.	Va — dun [a.	Donc b. s. f. q. [v. aillors c.	Qe b. s. f. [qeu v. d.	Va G — b. [fui f. qeu v.	Va — † als	Va b. soz f. — [d. al s.	.	Va — † als IK
27				Mas eu n. v. lai [on son las [richors	Cieum ges [n. v. ses [lieis la [gran ricor	geinç trabail- [los	Qu'e. a n.			E nonca v. [mas
28	B. lauer q. [le clau t. e [mandres	B. lauer q. [clau t. e [mandres	menadres	ni e menandres	qo — mo- [nadres	clau t. e me- [nandres	menadres	B. lauer q. c. [menadres	B. q. dauos t. [e menan- [andres	B. lauer q. clau [— tirgre N² — [mandres IK [menandres N²

	A	U	c	a	T	G Q	H	D	N	IK N²
V 29		sollaz et e.			M. v. mon [s. e giocs		me solatz	enuiocs		
30				Dalts car d. (u)	Dautras e [d. l. v. son	car] mais	car] mas	car] mas	car] mas	car] mas
31	Com par- [le l.	el q.	Com parle [l.		cart] [us [tertz					
32		vas] en		vir] mut	Ges eu [non v.	vir] teng	non tenc ad a.	non tenc ad a.	non teing ad [a.	non teing en [a.
33		desire] [pensa- [ment	desire] pensa- [men	Ni puesc auer [desirer n. t.	Ni non — [disirier	Per cho nai [dal pessa- [men n. t.	Perso nai dal [pensamen [n. t.	ꝑ ço nai dal [pessamt n. t.	Per zon nai [dals pessa- [men n. t.	Per so nai [dals pensa- [ment n. t.
34		ils es de [bons s. s.		Car ela metz [de totz bes [sabors	de bon [saber [sabor	Qill mos de [toz lo (los [G) b. s. s.	Qill mes de [totz los belz [s. s.	Quill mes [d'toz los [bes s. s.	Quill mes de [toz los bos [s. s.	Quil mes de [totz los bes [(bos N²) s. s.
35	Ei teing [lo c.	E tenc la [el	E tenc la [el	E uec mel cor	Cil el c.	E teng len c.		eu peilla		c. feren p. IK
VI 36	s. fuig [luocs	Entrels a.	Entr a.	Vez totas au- [tras faz ferm [ioc	faitz son [feing e j.	Entrels tres f.	Mest a. — [feingz	Autrau a.	Mest autras [— feinz	Mes a. — feinz [IK
37	anoiaus	iorn	un a.	Car q̄x j. mi [sembluna [noitz	El giorn [mi sem- [blauan [no'als	iorn — sen- [blan G sem- [blam Q	semblam	senblan	semblam	senblan IK [semblam N²
38		non consit	non	Dieus fara [ben silmo [cossen	dieu non	non	pesan — non	pesan		pessam
39		breuar		Cum posca t.				Cū p.	beruiar	Con p.
40	langnir (?)	respeitz [fai	respeitz [fai	Car lones [esꝑs fai	Car loing	Car lunes G	lones respeitz [fai	lones respeitz	lonx respeiz [[fai	lones [respiegs fai
41		lonc uostr	lonc [uostre	lonc uostre	soleill — [lonc [uostre	fai — uostre Q		soleill		
42		non uus	Mal faitz [car		Mal fatz car [— no uos	Pessam		Pessam — nos	Pessan — uos	nos IK — res- [plandiers N²
VII 43		{	{		canson [enan	{	{	{	{	{
44		†	†		sa gran [ricor	†			†	†
45		}	}		Et d'a.	}	}	}	}	}

XIV. Amors e jois e liocs e tems.

		T	a
I	1		
	2	drechc	fan t. lo sen e d.
	3	noi] ioi	noi] ioi
	4	casaua lebres	chassauala lebra l.
	5	amar — pieg	preis
	6		amz d'a. ai nō anqars
	7	a. gioi g. — enciers	a. ioi g.
	8	amor — mieu	
II	9		totz bes
	10	Mestier — s. sierua	M. les qe rics segniors c.
	11		
	12	paubre non	
	13		Perzo
	14	nels uogill clus	non aic
	15	conqiers	
	16	del desc	Creuira t. t. a. t. tors d. detz
III	17	gioi	hom ualer
	18	te	ai agut b.
	19		
	20	dolor — non	dolor
	21	gioi l'i. uom non f.	E sap dellira non for e.
	22	Tut	aura
	23	tal ab	conuuers
	24	m. sen cesc	
IV	25	ferms	N. fai un t. sieu d. ferms
	26	monges	Ermitan
	27		C. i. sui seleis d.
	28	anoeu	
	29	sieu m. ce mieu	
	30		ieu sim f. r. o drutz
	31	mon cor esmes	enmers
	32	autram uol ieu non dic d. s.	
V	33		e trems
	34	miglura	
	35	Qeu riprocier c'a. an	
	36		
	37	non pec] mi pot	non] mi
	38	B. len c. s. blanc mon s.	leu tan s. blanc m. iuecs
	39	soi] sai — + sers	perqe s. s.
	40	cor	cor
VI	41		
	42		
	43		
	44		
	45	+	
	46		
	47		ben sai
	48		
VII	49	vils aurs] uiliars	
	50	arnaut	l. ont es fermanz necs

XV. Sols sui qui sai lo sobrafan quem sortz.

		BA	E*	D	H	IKN²	N	F	U	a
I	1	que		sa — quim s.	quim s.	que—† que N²	que		qim s.	sobrafar qim
	2		sofr. d'a.			sofreri N²		D'a. al c. s.		
	3		Que m.	Que m.	Que m.	Que m.	Que m.	Que m. — [fermes	mon uoler — [ferm	
	4		de lieis	i		esdeueis 1				
	5	eu cubit B — [uezers	uezers	als pms [uezers	als prims [uezers	als prims [uezers	al prims [uezers	als prims [uezers	e. en plimier [ueder	al] el
	6				l. cēs bos m.	l. cen bos m.	l. c. bos m.	Qan sui s. l. — [l. cent bos m.	l. c. bos m.	l. cent bos m.
	7	ai] am B		E can	E qan		E can		v. qe n.	ai] am
II	8		En autras [res sui	En altras res [s.	uesjer					
	9	Qeu A						aug] cuitz	Qa s.	Qan s.
	10				noi	de so non s.		non	non	
	11	la la v. A	vueill — di	di	voll — di	voill — di		uoill — di	uoilh	
	12		Que tan n. v. [quan vauc [ni pl.	Que tan n. v. [cap uaus	Qe tan n. v. [cab uaus	Que tan n. v. [cab (n. uom [pres N²) uaus	Que tan n. v. [es p̄s ni pl.	Qe tan n. v. [apres uaus [pl.	t. caps ni plain	t. capres v.
	13	trobes si b.	cor	trobar si b.		aissis N²	aissis	aissis	sols — bon	
	14			lo					Q. d. lo v. leis	† los — assire] [eslire
III	15	a] e		a] en			Gen a.		e. ad autras b.	e. ad autras b.
	16	† pro A							a l.	† pro
	17			Messir		Meszurt se N²			sens e autri	sens
	18	Beutatz [iouens	Beutatz j. et [autres bos f.	damors			Beutatz [iouens		bel	b. damor
	19		e lenduis		e laudois	† e IK		†	contratesi [aladois	† l'enseignet [— † e
	20		de] en — f. [plazens e [bos	ai — torz	T. a a sis [faichz de [plasers r.				si faich des- [pais r.	T. ai — depla- [gentz ros
	21	sia a dire				ren IK	sia a dire		crei	crei a r. d. b. [sia a dire

IV 22			no	non		no		Nuns — non [f. breu	n. sia breutz
23			cu			preç			
24		Ho j.	O j.	O j.		O j.			O j. — sabria
25	dir nol	digz nol p. [premiers d.	sos dich n. [p̄sūta	dich	dins no IK [datz N²	dir	†	sos diz non	c. qes dins n.
26	rosiers	roziers	rosers		rosers IK	rosiers		roines	j. lo reis — qi
27	c'al] car B				b.cantor p. IK			t. bruit	t. brui
28		N. fai ges tant [d'a.	tan l.		estant N² — [tan l.desire**	tan la desire		Non faz e. a. [tan la desire	Non f. e. [amors tan [la desire a l.
V 29		fols	fols	fols	autrui — fols	broç		autra	
30								non p. allei e.	
31		sieu			Quels IK — [des N²			sieu s. els d.	s. sols e. d. a. [pretz s.
32	m'a] mo A	l. quam m. mo [c.	ais — m. mozo [mors		A N²		†	E s. — m. mi [fai amors	m'a qeu mor
33		e iueis			e jois] en- [vieis (?) K [enueis IN²			deport	Pos l'a.
34			les		Ques e.				letz
35			†	d. seu lam s.	sera IK — es- [tiers] un iorn	A d.		iam s. de leis j.	A d. s. ja s. de [lieis j.
VI 36			A. m. e bons [plio nō plaz [tan de treps	treps] tembs	sos IK — [N² [platz IK	non		non — trep	A. pois s.
37			†			pot		non	† de — pot
38			a.dū aug fals l.	fals l.	fals l.	fals l.		fel lausenier	donc anc [feing l.
39		†	Ne ses [bruit	Ne ses bruit [qa mis ses [sos tesaors	sol so es I — [sol sos N²	esbrugit — [sols sos t.	†	sols sos t.	sols son t.
40			solei non enoi	so lei no e.				solei	† Dic
41	uuoil B							parlars	

	BA	E	D	H	IKN²	N	F	U	a
42	q. ia d. q.		res	V. prendre e.	quieus d. — [† ren N²				Vol p. mais q. [dire ren [qieus t.
VII 43	E ma c.	En ma chanso		E ma c.	E ma c. — nos [I	E ma c.		canzon — non [uus	chanso
44	los sos	Que s. — ils	Que s. — ils	Que s. — ils	Que s. nils m. [IN²	Que s. — los [sons nils m.	†	el m.	
45		que pes ni q.	o cui t.	o cui t.	o cui t.	o cui t.		arnaut	arnaut

XVI. Ans quel cim reston de branchas.

	AB	E	D	N	L	IKN²	c	U	V	T	C	R
I 1	que	que	que c. rest	que	que	que	cims r. [dels			Abans — [del	quels sims [r. dels	que sims r.
2	Ses A								Secs n. [despo- [glatz	Secs	Secs n. de- [spuelhon	Nutz e de- [spulhatz
3		que de r.					m'o] mi	m'o] mi		Fas car a.	Fas quar a.	
4					canchos							
5	duich				sa scola	Qui IK — [de l'e. N²	Qar g. ma- [duz ab la- [far de l'e.	Qar g. ma- [duz ab la- [far de sa [scola	Qar g. ma [d. — sa [scola	Mamors [madutz [d. l. a. de [l'e.	Quar g. [madutz [d. l. a. d. [l'e.	Car ieu [m'adueg [d. l. a. d. [l'e.
6		cor f. estar	restrar			fai r. I	Sei t. q.	Sei t. q.	estar	cor fai		
7	pro] trop [B	† pro			corrãt	† pro — c. [non es l.	pro] trop [— cozẽs	† pro	pro] trop [— leubres	pro] trop [— corrent	pro] trop	Mos b. e. [trop p.
II 8						Au N²	cõtas	raçon	Qab r.	Qab r.	Quab r.	coindas] [humils
9		que no			que no		nõ [destulha	non [destulha	qe nom [destuoil- [la	nom de- [stuoglia	que nom [destuelha	M'an m. q. [nom des- [tuelha
[illegible]	N. autran [s. [illegible]	N. a. no s. [ni	N. altr no [s. ni	N. a. n. s. ni	N. a. n. s. [in b.	N. s. a. ni [IK, [Nautra n. [s. nin N²	N. nõ seg [a. nim	N. n. sec [a. n.	N. nõ s. a. [ni	N. a. non [prec ni	N. a. n. [prec n.	N. a. n. ser [ni

	11			tan				Mas tant [sai c'ab	Mas t. sai [c'ab	Et pos — [c'ab mi [s'a.	am se		Tan vol [quab leys [m'a.
	12					flor	flor	non	flor non	flor non	flor non s. [muoglia	no s. ni v.	flor ni [semblan
	13	Qeis B	Ques		Qui — [icauerna	Qui – noca	Ques	Qes — [noca	Qes — non [sesiuerna	Qes — [noca	Qem taign [l.s. nonqe	Quem [camge l. [s. noqua	Ques — [noncay i.
	14		Anc — o] [no	Anc	o] e	o] e		Mas p. sa- [mors	Mas p. sa- [mors s. [laus	Mas p. — [laur	Mas p. — [laur g.	Mas p. — [laur	amors
III	15	Ditz A	Ditz	Ditz	Ditz			E tu	E tu	Anz dic [qaillors [nōt e.	Ans dic [calurs [non e.	Ans dic [qualhors [non t'e.	
	16	quet B		P. altr q. [degen n.			quet — [cuoilla	qec — [nulha	P. a. qec d. [o uoillas	qe te prec [ni te v.	P. a. cen [pres n.v.	quet prec [n. v.	
	17		esquim e		Soç p. e. e [demanda			Tot pladi	Tus plaidi [c. es d.	Son uoler [fui e d.	Si uoler [fui e d.	Son uoler [fuy e d.	Sos platz [enquir e [demanda
	18		ques s.	quez s.				qit s.	l. et qi net [s.				
	19	Que ses [clam faill [q.	Que ses [clam faill [q.	Que ses [clama [faill q.	Que ses [clam faill [q. s. m. [afala	†	Que ses [clam faill [(fai N²) q. [–asola N²	Qe fol [plah f.	Qi fol plaz [f.				
	20			dom h.	hom [nom			Don h. d'e.	fai fola d.	nō fazas [rem per [com t'e.	non fasas [pes per [com t'e.	no fassas [res per [quom t'e.	no fas f. de [can tes- [serna
	21			d. leu h.				Mos aprop [d.	M. aprop [d. les h.		M. a. l. de [dicus ho- [nor e c.		l. onres
IV	22	E t. qo [aus n.	E t. co aus [n.	E t. co aus [n.	E t. qo aus [n. tasran- [chas	coars	E t. co aus [n.	E t. qe [maus n.	E t. qe [aus n.	E t. co aus [n.	E t. cam [joi n.	E t. cab ioi [n. tafran- [has	E t. co- [mielhs n.
	23			respit		amor no v.		P. e per [camars [aculha		respiegz [camor	P. esper [c'a. tacu- [oglia	P. esper [quamors [tacuelha	P. autra [quit denh [nit v.
	24		Secx liste [f.	Secs li te f.			ni N²	S. set [defui n.	Se s.		sil defui n.	S. sit des- [fuy n.	Si sel te [fug

	AB	E	D	N	L	IK N²	c	U	V	T	C	R
25	aioigna A						Mas g.	Mas g.		apugna		Gren sera [c'om
26		l'af.				p. mas [non	†	Si s'a. d. p. [mai n. c.	pr. mas n. [e.	pr. mas [on c.	noy c.	Quis n'a. [d. p. mas [nos c.
27	E passarai [p. las p. de [userna	passarai p. [las p. [duzerna	passerai p. [las ptuz [de userna	E passarai [p. la plaus [duserna	pasarai p. [las p. [duserna	Quen (en [N²) pas- [sarai p. las [p. duzer- [na (ed u. [I K)	plutz	p. duserna	partz — p. [duzerna	paserai — [duserna	passarai [— p. [duserna	Conz p. p. [[las p. [dalerna
28	Mon per- [egrin lai [on c. en [ios e.	Mon pel- [egrin lai [on c. en [ios lebres	Mon per- [egrin lai [on c. en [ios e.	Mon per- [egrin lai [on c. en [ios e.	Monpele- [gri l. om [c. en ios e.	Mons p. [(laios IK) [l. o. c. (en [ios N²) e.	Lomb [peregris [o lai [drech [on c. e.	Mos p. [laius l. o. [c. e.	Mō p. o lai [part on [cor e.	Con p. on [l.		Con p. van [la p.
V 29			ei		Ieu	a N²	Sen	passat	ni] et	Si mai pas- [sat pont		passat
30		que m.				c. vos I K [— quem K			qe men	c. ce m'en		P. l. nos [cug que [m'e.
31		Non ges [cab	Non ges [c'ap				N. faz cap [j. les v.	Non faz [cab	N. fai cab	N. fas cam [j.	N. fas [quab j.	N. fas cap [j.
32				coigna sia	saup	Me s.	Mi saup	Mi — me- [dizina	Me — me- [disina		Me	Me s dar [uianda c.
33		cor			cor	cor N²	et cor s. [mi v.	B. t. mos c. [sit me v.	al cor [setotz [se v.	B. ten e. c. [s. muo- [glia	cor s. mi v.	teuer el [col s. ses [v.
34			quil	quil	qil c. e g.	quem c. [em g. IK	qem c. em [g.	qem c. e g.	Es totz d. [l. qil man- [ten el g.	l. col e.	quil	em g.
35			long n. [sobres		Qar o. — [nos loing [ne s.	loinz] part [IK partz [N²	no pars [nic s.	non parc [ni s.	Cor ou q. [a. tu d. l. [not de- [sciebres	Cor o. qu'i. [man d. l. [n. luoign.	Cor o. qu'i. [man d.	Cor o. qu'i. [man — [ni s.

VI 36	sainchasA	pert			Que de [paris tro	Ies de pa-[ris et us [casan-[chas	Ges de pa-[ris tro a s.			D. lai n.tro [roca [francas	Ges de pa-[ris tro [qua s.	Ies de pa-[ris tro a s.
37							ni d.	ni d.		Gensor de [lieis non [v. nei-[spuoglia		
38	beutat B	granida				E sa [valors es	E s.	E s.	Et s.	E s. beutat	E s. beutat	E s.
39	Ben uos [parria m.	Ben uos [parria m.	Ben uos [parria m.	Ben uos [pama [mentonia	Scembla-[ria uos	Qe sem-[blaria m.						semblaria
40	que ma-[brassa — [acolla	qui m'em-[brasse [m'a.	qui ma-[brassa	Ben — qui [mabrassa	amors qi [m'abra-[cha e per-[cola freig — [bulerna	Ben IK — [que [membr-[asse (-sen [N²) per-[colla IN²	Ben v. d'a. [sillam b.	Ben v. d'a. [si lam b.		d'a. se lam [b.	d'a. quel-[ham b.	amors sim [baya [nim per-[cola
41	buserna	buserna	bu'na	bul'na			Non dopti [mai jela [da ni b.	Non dotti [maigela-[da ni [buserna	Per que [nom pot [frezir [neus n. [b.	Per so [nom pot [sorir neu [n. buser-[na	Per so [nom pot [ferir neus [n. bolerna	Nom pot [tocar [neus n. g.
42	doler	deler	mal	Nira fai [doler	dolors	d. (dolors) [N²) nuls [m. g.	N. f. patz [m. n. gue-[ra ni f.	N. f. nul m. [d. gotta [n. f.	Ni f. sentir [d. gotta [ni f.	N. f. sentir [d. gotta [n. f.	N. f. sentir [dolors [guota n. f.	Ni dan te-[ner gota [dolor n. f.
VII 43		truesqu'en				Queu sui [a. IK — [Eus N² — [cim] cap [N²	narnautz [d. s. [iusq en	Sens es [narnaud [d. e. ius-[que l. s.		arnaut d. [som tro e.		narnant
44	†	buderna	†	†	†	Eu (e N²) [n. voill g. [ses leis a. [l.			†	E non [uogll ges [ses lieis [a. l.	E no vuelh [ges ses [lieys a. l.	
45		rei onor [les ebres				d. rene per [on cor [obres [(e. N²)	d. rei en q. [e. e.	Del s. d. rei [on q. e. e.		Ni s. d. rie [per on [e. e.	d. rene per [on e. e.	N. s. de lai [part on [e. e.

NB. Le varianti di *b* si riducono a *sims* e *dels* nel primo verso. Nella stampa della Poes. rim. il *sims* divente *sim;* e si ha poi: v. 4 chanto; v. 7 bow.

XVII. Sim fos Amors de

		AB	H	L	D	Q	c	U	F
I	1				fors	Si	amor	amor	
	2					† d'	ver l.		
	3		J. de mon [ior n. c. f. [unbarc *	gran ben] [amar		nō	nō cal de f.	Iai — non	
	4		Qeu a. — [ques [spers — [plomba	qespers	q̄s p̄s m. [p. en t.	Car a. t. a q^{e} [sper m. p. [c̄ plūba	an ten a. [qes per	ten a. qes [per m. p. [e. plomba	Qeu a. — [qespers [— [plomba
	5		E q.		E q.				E q.
	6					mē	c. ac		
	7			cor		Ara s. — [mon c. e [mon sen			cor
	8	richa A		fara					† far
II	9		Perso		n. m̄braria	Po s'e f.	Perzo	Perso feu [far	P. sim f.
	10						Qe t.	Qe t.	
	11	tenra		dich		tenra	bel — [tindra	son bel d. [— tindra	Don libel [dich m. [tenon
	12		El s.	O s.	t. cū mi	tant tro [me p.	O s. — mē [p.	men p.	O s.
	13		qi		qui	qi			qi
	14		non t.		nō t.	nos tan cō [r. mier			non
	15			s. fiçels ob.			fins	fins	fis] sers
	16		mi uesta	me uesta	mi uesta	mi uesta		basan sil [p.	
III	17			bo		Cun bon r.	Un bon [respeit	Un bon [respeit	(
	18					li] mei			
	19		Qez en	Qezen	Quez en		Qem p.	Qen p. — [e s. e p.	
	20			beutatz [sola l'a.	b. solas a [l'a.	beutaç			

* Nota marginale: Aillors ditz Ia per gran ioi nom calgra far embarc.

joi donar tant larga.

IKN²	PS	R	V	MMc	C	f
C. e. li soi [de uer c. [f. e fr.	C. soi a lei [d'a. c. f. e fr.	C. soy a ley [d'a. cor ferm [e fr.	C. iu son lei [d'a.	fin] ferm	cor fin	C. i. son l. [d'a. cor [fin
Iamais [per ioi n.	p. amar non [uolgra f.	p. nulh b. nol [c.	nō	I. de mon ioi [non pogra [uer e.	I. de mos [iorns n.	I. de uos [iors n.
Quieu a. — [qespers [— [plomba	Qe a. t. a. qes- [pers m. p. en [t. (comba S)	Quieu a. — [qespers	Quiu a. t. autz [que spes m. [p. e. plomba	Quieu a. — [qes pes — [plomba	Quieu a. — [plomba	Quieu a — [quespers [— [plomba
E q.	† m'	E q. — del s.	E q. — el s.	E q.	E q. maldir	E q. m'a. c. [soi d.
Tenc ma [honor c. [(canK) a.	Trop men — [ause	anc layc en v.				
	s. ben q. mon [c. (cor P)					Meras sai
						lor] mon
Sitot men [fas		Sieu en f. l. [aten n.	Si ben f.	Si ben men f.	E si bem f.	Per sim f.
En t.	Qe t. P	l. ai pauzat [mon e.				
Don libel [dig m. [tenon	Don (dom S) [libel diz me [terran	Don siey bel [dig m. tenon	Don li b. d. [m. teran	Don li belh [dig. m. tenon	Don li bel dig [mi faran d.	Don li bel [dig mi [tenron
El s.	† a P	Cuy s. t. tro [que p.	E serai	tant tro me p.	tan trom me [p.	
	lai S	† ges — lais] [camies	† ges	qi	lais] don	
non cal (t. [N²) com [r. en l. e.			E p. nō tahin [com e. l. r. e.	E car non cal [qom ren e. [l. es.	non	non
fis] sers		Yeu l. s. [tranex et o.	s. sers ab.	fis] serus	fis] sers	
	me uesta P	me resta	baisan sil p.	baizam M — [mi uesta	me uesta	
Sa grans [beutatz [(-tat N²) el [ric (rics N²) [pretz mi d.	La grans [ualors el fins [prez me d.	Sa gran valor [e son pretz [me d.	Sa gran ualor [el ric pretz [me d.	Sa grans (gran [M) beutatz [e sos pretz [m. d.	Sa gran ualor [el ric pretz [me d.	Sa grans [ualors e [sotz pretz [mi d.
Del grieu [sospir d.	Del greu sos- [pir d.	Del greu sos- [pir d. m. d. [miey f.	Dels greus [sospirs d. [m. d. le f.	Dels grieus [suspirs (sus- [pir Mc) d.	Dels grans [sospirs d. [m. d. mey f.	Dels [grieus [sospirs [d.
C. eu p. N²		E prenc e. p. [l'a. e s. el p.		Mas e.	em patz	em patz
Qe d.	tonba P	Car sas beu- [tatz totas a.	Car d. beutatz	Qar d.	Quar d. — [autres	beutatz

	AB	L	H	D	Q	c	U	F
21		Qa̅ l.	lan gen- [chers p. [qajā p.	Q. l. gen [d'cer p. [c'a. p. nas [leis tem	un rum			†
22		liei pocs o [dir en $\overset{s}{u}$*						
23	Que tant [b. B		tutz bos [aibs — [saber		toç — [saber	totz bos [aibs — [saber	toz bons [aibs — [saber	
24		ni r.	ab] en — [ni r.	ni r.	ni r.	ni testa	ni r.	
IV 25		non	nos	nō			non us c.	
26		esforz ni [sembranc	ni ser- [branch	ni sem- [branz		M.desirers [— esfort [ni sem- [blanc	M.desirers [— esfort [ni ses- [blanc	
27		No serai s. [n. m. s. [jam p.	Qieu n. [soi ges s.	†		sui] sai	sui] sai	
28		qis	qis	quis			mostrer	
29		El m.	El m. — [negus	El m.	†	hom	n. na hom	†
30						desirers		
31						nō caler	non caler	
32		L. deu- [inantz c.					enuois	
V 33			no	-beia j.	nō	Na en m. [— nō	Aa m. — [non	Ma m.
34	nostr A (?)			Que v.				

* La nostra collazione parrebbe dir veramente: Plus pocs o dir en $\overset{s}{u}$ bas de lei fusione sia stata fatta dal nostro collatore.

IKN²	PS	R	V	MMc	C	f
	aiam P	gensor	Car l. gensor	li gensers (g. [Mc) — para [Mc		gensor
delleis e [puois o [dir en v.	las v.	ve e dic v.		ue benper v.		ue e so es [v.
Cab leis [reigna [prets e [solatz e [senz	Car t. bons [aibs ioi e [ualors e [sens	Car en leys [es p. e solatz [e sens	Car totz bos [aibz iois e [sollatz e [sens	Qar t. b. a. iois [e solatz en- [sens	Quar totz bos [ayps ioys e [solatz e sens	Car totz [bons aips [ioi e [iouens [e sens
E tuich [bon aip [c'u. — [nim r.	Reghom — [nim r. S	E totz los aibs [c'us	ab] en — ni r.		ab] en	ab] en — [es] ues
v. cuias [dones q.	v. cuiaz dones [q.	cuietz] pes- [setz	v. cuiatz [dones q.	v. cuidatz [dones q.	v. cuiatz uos [q.	
M. deseri- [ers n. qes- [forqe nis [branc [(blanc I)	M. deziers n. [qeforz n.	M. desiries — [esforque [nis branc	M. deziriers — [es forqe nis [branc	M. deziriers [— esforqe [nis brarnc [M esforca [ni branc Mc)	M. deziriers n. [q. estorc n. [sesbranc	
Non serai [s. — si ia [m.' N², si [iam so p. [IK	Non serai m. [n. s. si ia [men p.	Ni seray m. [n. s. si ia m.	Nō serai m. n. [s. si ia men p.	Non serai (f. [M) m. n. s. si [ia men p.	Non serai m. [n. s. si ia [men p.	
Si maiut [sel ques [m.	Se maiut cel [q.	Si maiut sel q.	Si maiut zel q.	Si maiut sel [qis	Si maiut selh [q.	
Qen tot l. [m. n. es [hom d. [nuil n.	Qen tot lo m. [n. es hom [d. nul n.	Que huey n. es [negus hom [d. lun nonz	Que tot lo m. [n. es hom [d. nuilh n.	Qe neguns [homs n. es [de n. n.	Quen tot lo m. [n. es hom d. [nulh n.	†
T. [finament [desir g. [ben a.	Qaissi desir [de si granz [ben a.	T. lialmen de- [sir son ioy [a.	T. finamen [desir g. [ben a.	T. finamen [desir g. ben [a.	Ti finamen [dezir g. [ben a.	
lei sitot [men son [nosenz [IK	leis mas feng [men (mon [P) n.	leys de cuy [soy tan [temens	non caler	leis mas me [tem (met [men Mc) n.	lieys ma sen [men n.	
Deuina- [dor qui [(-dors [cui N²) d. [dels [drutz e. f.	Pels deuinans [c. d. dels [druz e. [(en S) f.	Pels deuinans [c. d. dels drutz [en testa	L. deuinans c. [d. de druz [e. f.	Pels deuinans [c. d. dels [drutz e. f.	Pels deuinans [c. d. dels [drutz e. f.	
	non					
		Cab v.	totz		flanc	

es uer; che sarebbero due lezioni malamente mescolate. Ma sospettiamo che la con-

	AB	L	H	D	Q	e	U	F
35			Qe ne n.					
36		quin nes [ges d.	qi nes ges [d. recom- [ba	qu nes ges [d.	n. es pas [retuba	D. ferms [uolers q. [n. es par [d. re- [comba	n. es de re- [comba	bieis] es
37		Q. qam — [del s.			ni clau] [me lau		claus — [soin	claus — [son
38						ni] me		
39			nos		no			nō
40	Ni o f.	jes tantal [urai sug [e. t.	jes tal sen [sent	jes carol [sin sent	Nō f. — [tesra	Nō f.		
VI 41		lausen- [giers	lausen- [gers f. la [lenga	lausen- [giers f. la [lengua	lausen- [gers foc	lausen- [giers [fores la [lengua	la lenga	lausen- [giers
42	p. l. h. am- [dos d. c.		O q. p. l. h. [ab u mal [tanch *	O. q. p. l. h. [tuich d' [mal tāc	Au q. p. tot [l. h.	O q. p. l. h. [ab un m. [tang	O q. p. l. h. [ab un m. [tanc	O q.
43	escaich B	estrait e.	Car p. — [estrat	estrait e.	estrait	estrait	estrait	estrait
44				Amors	Camor		de t.	
45		C. d. e sai [uos dire [com		sapbez	C. d. e j. n. [sabreç	sabes	sabes	
46		E al d. nos [faitz m.	Vos faich	Vos f. al d. [m.	Vos f. a. d. [maldir [ni v. t.	Vos f.	Vos f.	Qals d. [nos f. m.
47		E per nos [es casutz [prez e [iouenz **	Mal- [sasceres	E per nos [es cazuz [prez e [iouenz	Malsa- [stres			
48	Car p.	Et p. es on [p.	pezors es [com p. [v. a.	es can om [v. a.	es qant [hom v. a.	pegier es [qant hom [v. a.	pegier est [qant hom [v. a.	Qar p. e [qan hom [v. a.
VII 49		fait	Arnaut ha [fait	Narnauz a [fait	Naruaut — [lonc	Arnaut a [fait e f. [lonc a.	Arnaut a [fait e f. [lonc a.	†
50		homs	Qab soffrir [fa		Resperan [— rica] [euca		prodom	

* Nel margine c' è il seguente richiamo: e c uel s' E q̄ fossaz tuit ferit de

** Nota marginale: Aillors ditz Malsastres es qeus te desconoissens Qe etc.

IKN²	PS	R	V	MMc	C	f
	poder] talent	E non		E non aiges p. [que men [(dezarc		
qi nes ges [d.	q. nes pas [(pars P) d. [— reconba [P	De vostramor [q. n. es de [ren comba	q. non pars d.	n. es destra- [tomba	quen es pars [d.	
E q. neis [ueill IK, [Qui q. N² [-oill KN²	† m' — del s.	Ans can m'e. [n. claus l. h. [nil s.	del s.	q. ieu velh [(uueilh Mc) [e cl. l. h. del [s.		†
	Uostre re- [maing q. l. [en v.	Vostres re- [manh q. l. [min v. j.	Uostre re- [manc q.	Vostres re- [manc q.	Uostre re- [manc q.	
nos N²	E donc c. qes [(ges S) na- [bais mol [bilens	n. pessetz [quem nabais [m. t.	qe nabais m.	nos — q. na- [bais m.	quen abays [m.	
quar lo [sen e. IK	farai g. tals [sen sent	Ni non o fay [com los en [sus l. t.	No fara el q.	Ni o pot far [qel sen nai [e. l. t.	N. fara elh [quar al sens	
lausen- [giers IN² [— la [lenga IK	losengiers foc	lauzengiers....	lausengiers		Fols lausen- [giers fuec	
E (o N²) q. [p. tuich [l. h. d.	Et qe fosaz [tuit ferit d. [— cranc P[1]	p. vostres h. [ab m. fanc	O q.	† ams Mc	de] per	
Car p. — [estraich	Car p. – estrat	estranh e. e m.	Car p. v. s. [estrat caualz	Qar p. — [estrainh	estrag	
	del tot] de ioi	Camors tor- [batz cab		E uos a. t. — [† del tot	Qamor bais- [satz c'a p. d. [t. n. plomba	
C. d. e sai [nos dire [e.	C. d. car ges [no sabez	C. dieu e j. n. [reyatz c.	C. et sai nus [dir c.	C. d. e sai uos [dire c.	C. d. e sai uos [dire c.	†
Cals d. [nos (v. [N²) f. m.	Vos f.	Vos f.	vil] uer	fass	Vos f.	
E per uos [es cazutz [pretz e [iouenz	Malsastres -- [teng	Malestar es [quieu	Car per uos [es pretz ca- [zutz e iouenz	Qar per uos [es cazutz [prez e [iouenz	Mals astres es [quius sec d.	
Et est p. [que p. v. [(qui v. N²) [n'a.	Qar peiors es [com p.	peiors	Et es p. cant [h. v. n'a.	E valez mens [qant hom [v. a.	piegers es	
fait e fera [IK — † [atens I	Arnaut a fait	Narnaut a fag	†	†	†	†
	Qab soffrir [fan	Cap sufrir f. [riex homs				

[1] mal cranc.

		AB	IKN²	C	R	a	H	E
I	1				v. cal c.			
	2	p. mais b. [ies es- [condre	pot] po e [K		Nol	Non -- be^{t}es	Non	
	3		que KN²	l. si tot de [m.	l. si tot de [m. d. s' [ayna	lauzengiers [si tot de m.	q̄ per m. d. [pert s'a.	l. si tot p. m. [dire
	4	c. nols a. b. [am A	E puois n.	E pos n.	E pus n. a. [b. am r. [n. am v.	E pos n.	E pos n.	
	5	ab f.		aura	aura ongla	ab f. — airai		
	6					j. dinz v.		
II	7		Tan m. I					
	8		†hom IN²	sai quom [del mon [noy	sa q. lunh [h.	O. negus [hom per lo [me dan n. i.	homs	a . . . d.
	9		Amic s. IK	fraire] [nebot	Cab leys s.		Qab leis s.	
	10		neis l'o [IN²		a. talon [nonz f. [neiz l'o.	non f. [neus o.		no f.
	11				f. cozetz d.	f. tozetz [deran	f. tosetz d.	Plus que non [f.
	12	a. qeil s. [trop de [l'a.	p. a que s. [p. d. s'a. [IK, ai q̄ s. [trop d. [m'a. N²	Quar p. a. [n. s. trop [d.	nol que [d. m'a.	s. dan de^{t}ra a.	a. qe il s. trop [d. m'a.	a. queill s. [trop d. m'a.
III	13							
	14	Mas c.	Qem c. a [(as N²) c.	Quem c. a [c.	c. mas- [selatz		Mas c.	
	15		me	Quar p. me	Car pus [fort tem [que non [fai nebot [oncle	Car — d. ^{j} [vetza	Qar p.	colp
	16				C. est sieu [s.	C. est s. s.	C. est s. s.	
	17		Delleis se- [raisi com [es c.		† (vv. 17–22)			De lieis s. [aisi com
	18			Ia n.		Ia n.	Ia n.	casticx
IV	19							
	20	a. t. n. p. A		a. t. n. p.			a. t. n. p.	a. t. n. p.
	21					v. con lo detz [es d.	c. l. d. es de l'o.	Que tant
	22	chambra					Ab qel lai fos [v. c.	

* Questo verso è di mano più recente.

qu'el cor m'intra.

D	S	MMc	GQ	U	c	V
		el] il	v. qinz el c.		ferms	
	bec	Non Mc	Non G	Non	betz	Nō — sco- [scender
l. si tot p.	lausengiers si [tot de m.	Ni lauzengier [(-rs M) si [tot de m.	que Q	l. si tut p.		Des l. qe [perdon [p.
batrā rā n.	Et pos nols — [ni a v.	E pos n.	am r. G	a r.	b. ap rau n.	
lao n.		ab f. — aurei	aura uncle G [auria unde Q	ou		ou nō
	in v.	Iauzira j. dinz [v.	† en Q — diz [Q	iois — din- [zambra	Ni j. j.	Ciausirai [— o in c.
			Qau G			
al meu d.	O — entra	Ont	al meu dans — [nuç Q	danz — nus	nuills hom] [neguns	Ou
				A. lę s. pl.		Amic li s. [tuitz
	non f. — neus [l'o.	non f. Mc	E n. — non [f. G	non f. neisci [l'o.	non frenisca	nō f. ne [sci l'o.
Plus q̄ no [f.	Plus qe non f. [lenfan deuan	Plus qe l'e. [non fai d.	Plus qe no f. [lenfes d.	Plus qe non f. [l'enfant	Plus qe nō f.	Plus qe nō [f. lenfan
a. qeill s. [trop d. [m'a.	* paur a. n. s. [trop d.	s. trop d. m'a.	a. qel s. trop [d. m'a.	prop] trop'	prop] trop	noi s. trop [d.
				cor		cor
	celar	Em c. a c.	E c. a c.	Em c.		Em — † a
d. $\overset{s}{\text{u}}$ia	Qar p.	n. cors	n. cors G — [col d. uria G [colp Q	men n. — colp	colp	colp
la	Q. sui sieus — [non] o	lo] le M	noil i.	l. seu cors l.		l. siu colpx [la o. el
De lei s. [aissi com	carn	Delicis s. aissi [c. — carn M	Deleis s. aissi [c.	De leis serais [aisi c.	De leis s. [aissi c.	De lieis s. [aixi cō [car
ni oncle	Ia n. crerai		Ni n. crerai	castics		casticx
			Canc	soror		Car anc l. [soror
	amieu — eqest			a. t. n. p.	a. t. n. p.	Namei — [par
Que tan		Qe tan — lo] [le M Volgrieu es- [ser sil pla- [gues dins s.	Caitanz G [Caitaç Q			C aixi — l. [dis volgra [star d.

	AB	IKN²	C	R	a	H	E
23				amor cal [cor faz [ongla	me	me	
24			M. so voler [cum	fort d. [freiol	t fortz d. freul	M. son uoler	
V 25					floric l. sera [v.		floris
26		a. foro frai- [re ni IK, [a. fo n. N²	de a. hys- [siron bot [et o.	a. foron n.	azä foro n.	azä foron n. [et o.	a. foron n.
27		qil c. N²		amor com [sesta			
28	qanc fos e. [c. ni es e. A [qanc fos [mais e. c. [ni en B	N. cuitz [qanc fos	cug fos [mai ni en [c. ni e. a.	e cor	Cujatz fos a.	Cuiatz qe fes [e. c.	E cuidatz fos [anc e. c. neis [non e. a.
29	Cal estet [f.—cham- [bra A	ill] eu IK— [plaza] [plan	c. o en [plan o d.	Con q. — [† fors	plaza] plan	plaza] plan	plaza] pla
30			d. l. n. p.	d. l. n. p. [tant cant [t.	d. l. n. p. tant [cant t.	tan qan t.	d. l. n. p.
VI 31		Aissi		menpren [e s a- [zongla	empre e.		
32	en leis] el [sieu						
33	chambra			tors] cortz			
34		parent [fraire	Et am la [mais no [fas cozin [n. o.	E am la [mays no [fas ne- [bot n. o.	E am la mais [non faz co- [zin n. o.	Et am la mais [no fatz nebot [n. o.	E am la mais [no fis cozin [n. o.
35		paravis K					
36	amar pert [sarma	la K la la [N²		nulh		homs	
VII 37	doncle e [dongla	son chan- [tar [doncle [dongla	son chan- [tar	En Arnaut [— † e	son chantar	son chantar [doncle [dongla	son chantar
38		Ab g.		Ab g.	An g.	Ab g.	Ab g.
39	desirar — [chambra	d. (desirar [N²) qab [p. dinz c.	cui] qua	d. capres [de c.	desirar [capres de c.	d. cab p. dinz [c.	d. capres de c.

NB. La lezione del commiato secondo il Libro di Michel de la Tor (= b) s' v. 38 in luogo di *ueria* (come ha anche la stampa del Barbieri) b legge *uoria*; e nel

D	S	MMc	GQ	U	c	V
	amor	amor Mc	d'a. Q		el] al	amor q'i. [lo c.
	Meill — fort	M. son uoler	M. tot qe vol [c'o. (oz G) [fort	voil	M. so qes [uo..—fort	fort
	seza	fluric — li M	florit		florid	secch
	a. foren n. et [o.	E d'e. a. foron [n. et o.	E d'e. a. foron [n. et o.	E d'e. a. [forom n. e o.	E d'e. a. [foron n. et o.	Et d'e. a. [foron n. [et o.
		c. cil qinz el c.	amor	amor	amor — el] al	amor c. [sell
	No cre f. a. e. [c. ne e. a.	N. crei qe fos [inz e. c. ni [e. a.	No cre qe fos [e. c. nen e.	Non cre qe f. [c. c. ni es [e. a.	Non cre qe f. e. [c. ni es e.	Nō cre qe [f. e. cor [ni es e.
	ill] el	ill] ieu — dinz] [in	O Q	qu'ill] qe m — [† en plaza	Qe on qe mes- [tes f. e. pla [o d.	Ou qeu [mestei [dinz for [o in c.
†	Mon cor d. l. [non p. qan t.		uncla G	p. tan c. la carn [de l'o.	p. tant c. la carn de l'o.	t. cō la [carn de [l'o.
			pren G		enogla	Aissi
	Mon cor			Mons corts		
			en c. G	ill] el — des	ill] el	iois
	Et am la mais [no faz cozin [n. o.	paren] cosin				
	per armar la		entra Q	em Sin negun h. [— la i.	Si negus h.	Si negus [h. — la i.
	Arnaut t. son [chantar		Narnaut t. son [chantar — [dongle in [ongla Q	Arnaut t. son [cantar [doncle e [dongla	Arnaud t. son [chantar [dongla en o.	
	Ab g. d. l. qi [d. s. v. es l'a.	Grat d. si [dons q.	Ab g. si (ū Q) [dons q.	Ab ondraz [diz q. d.	Ab ondraz [diz q. d. sa- [mia l'a.	†
	desirar [qapres de c.	d. de leis qins [c.		pretz] iois	pretz] iois	

accorda particolarmente con E, solo che nel v. 37 anzichè *oncle* si ha *onche*; nel v. 39 invece di *Son* si ha *An*, e la stampa ha *dim* per *dins* (v. a pag. 2).

Note.

I.

Bibliografia, e classazione dei codici. — Sta in A (G. de Bornelh) HIKD e in CR (Arn. de Marolh). Il Mahn G 420—1 ha dato il testo di I e C; il Raynouard, Ch. v 40, avea pubblicato la stanza quarta secondo IK. — Nella stanza seconda i mss. discordano nell' ordinare i versi come mostra la presente tabella:

AKD:	10, 11, 12, † 14, 15, 16, 17, 18;
I:	10, 11, 12, † 14, 15, 16, 18, 17;
H:	10, 11, 12, 15, 13, 14, 16, 17, 18;
RC:	10, 11, 12, 14, 13, 15, 16, 18, 17.

Oltre ciò RC trasferiscono il loro verso rispondente al 30 nostro fra il 35 e il 36; e intercalano poi tra il v. 41 e 42: En loc fer don nom meravilh; e tra il 43 e 44: Que (qui C) gran cor a ques n (que s R) estendilh.

Con l' ajuto di questi dati e con quello delle varianti si è subito condotti a mettere in una sola famiglia R e C. Rispetto agli altri cinque, è ancora evidente che appartengono ad una istessa famiglia, con questa differenza, tuttavia, che A vi tiene una posizione distinta di fronte agli altri quattro. I quali si mostrano più strettamente collegati fra loro ai v. 8, 11, 20, 28—9, 39—40; e di loro H si rivela il meglio conservato e indipendente. Notevole è poi il fatto, che vedremo ripetersi altrove, che I, invece di aderire strettissimamente a K, ne diverge nell' ordinamento della strofa seconda, dove, tenuto conto della lacuna che ha in comune con K, s' accorda con RC, coi quali e insieme con A e D va nel leggere *rendutz*, anzichè *redutz* come K; cosicchè si ha ragione di sospettare che I sia codice contaminato, e che o il suo amanuense e un suo revisore disponesse di più che una fonte. Due essendo le famiglie in cui si dividono i codici di questa poesia; e quest' ultima essendo la meglio rappresentata, mettiamo a fondamento del nostro testo la lezione di A, che è il più sano rappresentante di questa famiglia, quello cioè che meglio conserva la lezione del capostipite comune di AHIKD, e questa lezione veniamo riscontrando su quella dell' altra famiglia.

Argomento. — È stato già esposto a p. 6—7 dell' Introduzione

1—2. Citati dal Lex. 2, 328a secondo A; e, fidandosi di questo sol luogo nella sola lezione di A, suppone il Rayn. un chaptar = maintenir. Ma non v' è dubbio trattarsi qui di *chaptener -ir,* come mostra la risposta del Durfort (Arch. 34, 200a, st. 1a); chè *chaptar* non potrebbe essere se non da *captare,* che non si vede come avrebbe potuto svolgere il significato di difendere o scusare. Il sing. col soggetto plurale è ben tollerabile in una composizione di tuono e maniere molto basse; e cfr. Diez, Gr. III, 275—6. — Il nome della donna non può essere determinato dalla lezione dei nostri codici. Altrove (nella biografia di R. de D.) essa è detta *Aja*; altrove ancora *Enan Iman* (Arch. 34, 199 200; e vedi qui addietro, p. 6 e 65). Il nome di questa donna e un' allusione velata all' avventura di cui essa fu l' eroina, si ha probabilmente in R. d' Orange, Escoutatz mas no sai que s' es, dove nella prosa della quinta stanza è detto: Domna, far ne podetz a vostra guiza, com fetz n' Aima [na Ima?] de l' espatla, que l' estuget lai on li plac (Chrest. 70). Non sappiamo se alcuno abbia dato o tentato una spiegazione di questo luogo; ma non pare improbabile che quell' *espatla* = *spathula* 'spatola' sia la rilla di qualche cavaliere meno scrupoloso di B. de Cornilh, ficcatasi da donna Ima in quel luogo che più le piacque. E se ciò fosse, se ne avrebbe anche un dato sicuro per reputare la composizione d' Arnaldo anteriore al 1170, anno in cui R. d' Orange mori. — *Decs* ha qui evidentemente il valore di 'vitium'; ma contro l' avvertenza del Rimario provenzale (Stengel, 45), mostra un *e* largo, rimando con *becs lecs pecs*, e coincidendo quindi per il suono con *decs* = 'terminus', che abbiamo in IX 74, XII 11, XIV 16. Non ne dedurremmo tuttavia che debba dirsi erronea l' indicazione del Rimario, e che quindi non sussista la distinzione anche etimologica tra i due *dec*, già affermata dallo Stengel (p. 115), e riaffermata da P. Meyer (Romania, X 268) contro il Diez; ma piuttosto diremo che A. Daniel in una poesia di bassa specie come è questa si sia permesso di usare una rima non esatta: e il caso si ripete al v. 9 dove si ha *plecs*, il qual pure secondo il Rimario e secondo l' etimologia deve avere un *e* stretta. — Rispetto all' etimologia dei due *decs* poi crediamo che ben facesse il Diez a mandarli insieme, quantunque non fosse felice nell' assegnarne l' etimo comune, che a noi pare essere il gotico *táikn-s* 'segno', ted. mod. *Zeichen*. E dal lato logico nessuno negherà che dal senso di 'segno' potessero svolgersi quello di 'limite' e quello di 'macchia', onde poi il traslato di 'vizio'. Le difficoltà insorgono dal lato della forma; ma rispetto alla vocale si confronti l' ital. *tècca* 'viziętto', che par non deva essere staccato da *tacca*, e l' ant. fr. *teke tecche* 'vizio'; e per l' anomala riduzione del *t-* a *d-* provenzale, si vedano i casi che ne citiamo in nota a II 37. Cfr. N. Caix, Studi d' et., p. 164. Un' altra base possibile dei due *dec* accenniamo in Arch. glott., III 383.

3. La buona lezione è data qui da CR, il cui capostipite leggeva evidentemente *canecs*. La rarità e novità della voce (manca al Lex.; ma è data dal Glossaire, tuttavia senza esempi) consigliò il copista del prototipo di AHIKD a sostituirvi *senecs*, abbastanza comune in provenzale, benchè di formazione letteraria (= s é n e x lat.). Ma se così la lezione era fatta più chiara, ne soffriva il dettato per quella tautologia, che l' autore avea saputo schivare.

4. *Precs* = preghi d' amore, come in XII 3 ecc.; cfr. *pregar* = faire l' amour, nel Glossaire.

6. *Cornar* nel significato di 'usare sodomiticamente' che gli spetta qui, e così *corn* per 'deretano' non sono registrati nè dal Lex. nè dal

Glossaire; ma il traslato da 'corno' a 'deretano' era facile, come mostra il Barbariccia dell' Inferno (XXI, 141) dantesco, che fece "del cul trombetta". E il commento, fin troppo chiaro, al nostro luogo si ha nel 2°. sirvensese di R. de Durfort, e nella sua vita: Si el no la cornava el cul.

7. *Grecs* aveva il capostipite della prima famiglia, *crecx* quello della seconda; se pure il vero o una parte del vero non si cela nella lezione di D: lo sgecs, cioè los gecs. Ma nessuna delle due parole si trova nei lessici; sebbene sia chiaro doversi qui aver tal voce che dica 'sterco' o qualcosa di somigliante. Ora, *crecs* o *grecx* potrebbe stare con *es-cracar* (sui derivati di *crac carc* veggasi il Flechia, Arch. glott., III 121 segg.); ma v' è qualche difficoltà per il significato e difficoltà non minore per la fonetica. Nè la difficoltà si toglie accogliendo la lezione isolata di I, che può dire *l' escrecs*: forma che fa pensare a un succedaneo provenzale del neutro *stercus*, il quale avrebbe potuto essere *estercs* e per metatesi *estrecs*. Ma, dato che *crecs* o *grecs* non sia voce provenzale a noi ignota, col significato di sterco o simile, la correzione più probabile ci pare *checs*, che, per la vocal radicale, raffrontiamo al fr. *chier conchier*, e meglio al veneto rustico e tirol. *chegar* ecc. (cfr. Mussafia, Beitrag z. Kunde, p. 102), cui nel veneto sta da canto *chègola* = 'caccola'. *Chec* sarebbe una base provenzale analoga a quella onde è mossa *chégola*. Lo Chabaneau si domanda invece se la vera lezione non fosse *fec-s* = *faex*; e analogamente sospetta si celi un *fegon* = **faecant* nel *segon* del v. 43. Ma, prima di tutto, un *fec-s* colla gutturale intatta non potrebb' essere se non dal nominativo latino, forse di formazione letteraria, analoga al *senec-s* del v. 2; mentre *faece-* non potea dare che *fetz*. Se poi ricorriamo ai lessici, troviamo che il Gloss. registra bensì un *fec* 'lie', ma senza recarne esempi; e che il Lex. 3, 297[b] ne dà bensì tre, ma che due sono di *fetz*, e l' altro è ricavato appunto dal v. 8 del nostro sirventese, dove a torto il R. mette, sull' autorità di C, *fecs* anzichè *secs*. Non sappiamo poi dire se i moderni dialetti occitanici abbiano la parola in questione.

8. *L' esser* di HIKD e il *venir* di CR hanno tutta l' aria di glosse; dubbio invece può restare se nel testo s' abbia da accogliere il *ben* comune a tutta le prima famiglia o il *leu* della seconda, il quale pare più riposto.

13. Qui non si è in caso di decidere se la vera lezione sia quella di H, o quella di CR. Forse nè l' una nè l' altra è l' originale; e una lacuna del capostipite delle due famiglie è stata riempita in modo diverso dall' amanuense di H e da quello dell' esemplare onde vengono CR.

14. La lezione di RC, che deve risalire a un *Qu' esta pon*, si spiega ammettendo che *pon* stia per *p̄on* = *preon*, che è la lezione di AH. E da un *pon* per *p̄on* si spiega anche il *pois* (*pots*) di IKD. Risulterebbe adunque lezione meglio conservata per questo lato quella di AH, che nel resto non differisce sostanzialmente da quella degli altri. Se non che, qual senso ci sarebbe a dire che [il foro deretano] è profondo, o che c' è del profondo nella palude deretana, cosicchè (*Per que*) ne ribolle e trabocca la colla? Non lo vediamo; vediamo anzi un controsenso nel dire che la colla ne ribolle su perchè là vi è una profonda palude; e però correggiamo la lezione di A, mutando semplicemente un *l* in *h*, il *la* in *ha*. Non ci sfugge tuttavia che in tal modo la punteggiatura ha qualcosa d' insolito.

15. *Rellent* è lezione attestata non solo da HIKDR, ma anche da C dove forse non s' ha che uno sbaglio della copia del Mahn o della sua stampa, e anche da A, giacchè il suo *reuen* ha piuttotto l' aria d' una grafia inesatta, coi due *l* troppo corti, che non d' una glossa. E sebbene i lessici non conoscano un prov. *rellentar* (fermentare, ribollire, schiumeggiare?), ben noto è il fr. *relent*, catal. *rellent* 'odor di stantio e di marcio', e il prov. *reles* 'grasciume'. — "*Relent* existe dans les dialectes modernes avec le même sens qu' en français. Mais je ne connais pas le verbe correspondant et ne le trouve dans aucun glossaire. Votre interprétation ne m'en paraît pas moins très probable". Chab.

16. Verso difficile, anche perchè la lezione di CR è troppo distante e non ajuta. Se qualcuno dei codici avesse offerto *ni* per il *ne*, avremmo accolta la lezione *redutz* interpretandola come 'reducit(se)'; ma il *ne* è fisso, e lo facciamo quindi eguale ad *inde*, e spieghiamo il *rendutz* come partic. di *rendre* nel senso di 'recere', 'vomitare'. In quanto a *reduire* ricordiamo che esso ha, pare, anche un senso osceno, come si vede in un luogo del primo sirventese di R. de Durfort secondo la lezione di CR, citato dal Lex. 3, 86ª. — "Peut-être: C'ades per si corn'e redutz (Allusion aux pets et aux vents, en général, de la dame?). La difficulté est que *redutz* (reducit) n'aurait pas de complément. Faut-il lire *re dutz*? Mais que serait ce *re*?" Chab.

17—8. Citati dal Lex. 5, 129ª secondo CR. Il commento della singolare usanza, a cui qui e nei vv. 25 e 44—5 si allude, è dato dalla stanza terza del secondo sirventese di R. de Durfort, che dice: Non es bona dompna el mon, Sim mostrava lo corn el con, Tot atretal cum il se son, E pois m' apellava: Raimon, Cornatz m' aissi sobrel redon! Q' ieu noi *baisses la cara el fron, Cum si uolgues beure* en fon. — Lo Chabaneau inclina ad interpretare il fondo del sirventese in modo affatto diverso dal nostro; e la sua interpretazione ben si conviene con questi due versi, che nella nostra rimangono oscuri. Viceversa poi diventerebbero oscuri allora altri luoghi del nostro sirventese (v. 6—9, 41) e più ancora quelli di R. de Durfort (v. qui addietro, p. 6—7). Ecco intanto l' interpretazione dell' ottimo nostro collega ed amico: "Peut-être faut-il prendre simplement les choses au pied de la lettre, et écarter l'idée de sodomie, qui, ce me semble, ne s'impose pas. La dame aura mis à l'obtention de ses faveurs une condition ridicule et grossière, pour se moquer d'un soupirant qu'elle voulait éconduire, et les beaux esprits du temps auront fait là dessus vers et chansons. Il me semble que tout peut s'expliquer ainsi. Dans votre "singolare usanza" je ne vois qu'un cas particulier; la posture indiquée par Raimon de D. est bien celle qu'il fallait prendre pour *corner*, pour corner avec la bouche, s'entend, car je ne vois nulle part d'allusion sûre à une autre partie du corps". – Ma se non si trattava che d'un bacio, perchè creare il nuovo verbo *cornar*? O forse si tratterebbe qui d' un' operazione preliminare di 'inrumatio'? Ma ormai anche il latino insudicia!

27. Ci pare che la correzione *corn' el* da *cornes* sia ben confortata dal testo di CR e meglio ancora dal v. 41. E un *el* ben poteva esser letto *ef*.

Tuttavia non essendo la correzione assolutamente necessaria, era forse meglio mettere nel testo il *cornes* della prima famiglia.

29. Parecchi *Durfort*, n. l., si hanno nel mezzodì di Francia: uno nel dipart. dell' Aude, un altro in quello del Tarn et Garonne, circond. di Moissac, cantone di Lauzerte, e altri. Questo secondo, che è nel Quercy, pare dover esser eil nostro. — "Paul Meyer, dans une intéressante notice inserée au t. VII, p. 445 de la nouvelle édition de l'Histoire de Languedoc, parle d'un Bernart de Durfort, à qui Raymon V comte de Toulouse avait donné en garde le château de *Brassac en Quercy* (arr. de Moissac), et qui *s'appelait avec lui Albert*. D'autre part il est question, dans la même Histoire, VI 711, sous la date de 1239 d'un Raimond-Bernard de Durfort, peut-être le même. Enfin je trouve dans les Anecdotes historiques ... tirées du recueil inédit d'Etienne de Bourbon, p. 287, le récit d'un miracle de St. Dominique qui d'après une note de l'éditeur, eut lieu a Fanjeaux [dept. de l'Aude, arr. de Castelnaudary] *dans la maison de Raimon de Durfort, qui fut en mémoire du fait convertie en chapelle et donnée plus tard aux frères prêcheurs* (v. Script. ord. praed., I 6, 27). Chabaneau.

32. Citato dal Lex. 3, 373ª secondo IK. Il Rayn. scrive *contra fort*, staccati; nè ammette *contrafort*, che manca anche al Glossaire. Qui tuttavia pare deva mettersi il sostantivo, e tradurlo: 'contrafforte', 'sbarramento'. L' identica frase ricorre in Marcabruno, MG 720—1, st. 6, e Meyer, Recueil I 76, il quale stampa unite le due parole, come del resto insegnava già il Rimario (Stengel, 57), dove la parola è interpretata per 'contrafforte delle scarpe'.

37—49. C ed R e in parte anche D hanno voluto rimediare al presunto sconcio del mutamento che avvien qui nel discorso; senza tuttavia riuscirvi (cfr. v. 41). Dopo la strofa quarta, diretta a Bernardo in persona, torna Arnaldo a discorrer qui co' suoi oppositori e col pubblico.

39. Su *Cornill* mi scrive lo Chabaneau: "Il y a deux Cornil dans la Corrèze, l'un, le plus important, dans l'arr. de Tulle, l'autre dans l'arr. de Brives. C'est de ce dernier qui faisait autrefois partie du Quercy. Un personnage nommé U. de Cornill figure come témoin dans une charte du vicomte de Turenne, datée de 1190 (Cart. de Beaulieu, p. 273)". Forse il nome della patria di Bernardo ha promosso il senso traslato in cui qui si adopera il vb. *cornar*. — Secondo lo Chab., la frase denoterebbe più tosto il casato o la famiglia, che non il paese di Bernardo; e ciò in causa del *fill* correlativo ad *aicells de Cornill*.

40. C' è qui forse un' allusione agli esigliati (*faidits*) in causa della eresia albigese, gli adepti della quale erano accusati di usar la sodomia; e a questo luogo fa riscontro, pare, quello di R. de Durfort: "Se fossetz pendutz a Beders, Non feir' om tant chanssos ni vers (Arch. 34, 200; cfr. l' Introd., p. 66).

41. *fonill* è ignoto al Lex.; il Glossaire lo spiega con 'vulve'. Evidentemente, a torto; poichè qui o si avrà un diminutivo di *fon fond* (*fundus*), il quale avrebbe svolto il significato spettante a *fundamen* prov., catal. *fonamen*, fr. *fondement*, it. fondamento, cioè 'deretano', cfr. il Lex. 2, 758ᵇ, e il Littré s. fondement; ovvero, come accenna la lezione di HIK, vi si avrà l' antico rappresentante del mod. limosino *enfounil*, sp. *fonil*, prtg. *funil* = lat. *fundibulum infundibulum* 'imbuto' (Diez, II 133). *Enfonill* hanno HIK, ma la loro autorità è bilanciata da AD della stessa famiglia; e la lezione di CR conforta apertamente *fonill*. S' aggiunge che da *infundibulum* non facilmente si poteva avere un *enfonill*, con *ll* = *lh* come esso mostra d' aver qui. — "Il me semble qu'il vaut mieux lire *efonill* [= *enfonill*] et traduire 'entonnoir', au sens métaphorique. Avec *fonil*, qui existe aussi, d'ailleurs, au même sens, on est obligé d'accepter un article *le* qui n'est pas normal, dans ce texte, surtout au cas oblique. *Enfounil* n'est pas particulier au Limousin. Le mot existe aussi en Languedoc, et sans doute ailleurs. Il signifie aussi 'gouffre' [E in tal senso non sarebbe da *fundiculo*-?]. *ND* reduit à *n* est un phénomène assez commun. Quant à *ill* de *ibl*, cfr. *escolh* de *scopulo*- etc. *Montmirail* (Tarn) est, en latin, 'Mons mirabilis'. Chab.

42. Citato dal Lex. 4, 492ᵃ. Su *penchenill*, veggasi il Diez, I 315.

43. Verso difficile o guasto. La lezione di C, colla quale s' accorda in complesso anche R, verrebbe a dire: "là dove si sanguina di ruggine (di liquido color ruggine)"; e 'sangue' e 'ruggine' sono messi insieme anche da Deude de Pradas, in Lex. 5, 105ᵃ. Lasciamo tuttavia nel testo la lezione di HIKD, perchè sospettiamo si celi nel *segon* un *cegon* per *chegon*, che sarebbe un ottimo riscontro al problematico *checs* del v. 7. *Li rovill* allora denoterebbero gli escrementi, color di ruggine, come sono per norma. E *rouil*, del resto, dice anche in genere 'sporcizia'.

44—45. Citati dal Lex. 4, 546ᵃ; il primo anche 3, 422ᵇ: sempre secondo IK.

46. Impossibile raggiunger qui la lezione sicura per la troppa divergenza delle due famiglie, e per la scarsa rappresentazion della prima. Volendoci attener ad essa, mutiamo in *atill*, l' *atrail*, che non dà senso e offende la metrica; e lo traduciamo: 's' accinga'.

48. Adottiamo con lievi modificazioni la lezione di H, unico rappresentate della prima famiglia. Il *trauc* per *traig* ci è dato da CR; e in quanto a *seir*, esso forse potrebbe restare invariato ed essere bisillabo, col accento sull' *i*. *Seire*, vb. sostantivato, non ha esempi nei lessici col significato traslato che qui gli spetta; ma è confortato dall' analogia italiana ("Lo piglieremo a calci nel sedere"). — Affatto diversamente spiega questo luogo lo Chabaneau, il quale vorrebbe leggere: Ab que seirel trauc d. p. = "avec quoi il ferme le trou d. p." E appoggia la sua interpretazione osservando che *dozill* "n' a jamais servi que à boucher des trous, non à en faire". Ma se questa interpretazione par più ligia alla lettera (*seirar* per *serrar*, come *sosteirar* per *sosterrar* ecc. Steng. 101), pare a me che l' altra meglio si convenga collo svolgimento logico della composizione. [Il me semble que la suite des idées s'accomode au contraire assez bien de mon explication. "Que Bernard n'aille pas la *corner*, c'est à dire appliquer sa bouche au derrière de Mᵉ Ena, avant de lui avoir fermé le trou du pénil avec un fort douzil, s'il ne veut pas qu'elle lui compisse *le groing el cill*"; cfr. v. 24—5. Chab. — Ma vedi la nota a i vv. 17—8]. E riguardo agli usi del *dozill* ricordiamo che il corrispondente italiano *spinello spillo* ha daccanto il vb. *spillare* (*spinare* nel veneto) = "forare la doga del tino o della botte, per cavarne il vino di saggio". *Penill* (*pentilh* in CR) è forma franceseggiante di *penchenilh*; non ha esempii nei lessici. — La lezione di CR non ci è chiara, giacchè non sappiamo che cosa vi possa significare *pena*. Forse 'prominenza'? Ma quale? O c' è qui allusione al 'pene'? Cfr. la nota a XI, 2?.

A meglio chiarire questo componimento d' Arnaldo, e quanto siamo venuti esponendo a p. 6—8 dell' Introduzione, riproduciamo qui dall' Arch. XXXIV 199—200 i due sirventesi di R. de Durfort. La lezione è secondo A; le altre sono ancora inedite, e per quanto è dato rilevare dai frammenti che il Raynouard ha riprodotto dai codici parigini, esse si scostano in modo notevole dall' unica pubblicata nell' Archivio.

I.

Truc malec auos mi teing
Defar anaiman chapteing
Epois eu ab uos me preing
Ben ai en mi tot lart el geing
Eia non uuoill qe hom menseing
Anz uolgra fos en un compeing
Cel que decornar ac desdeing
Tant que cornes un ega preing.
(*manca un verso nella stanza*).

Qieu noi conosc mot uilan
Cui que so teigna enuan
Si en bernatz tot en auran
Venial ser olendeman
Assaillir madompna naiman
Elail mostres la cuoissa ab man
Dizen saisim cornatz de plan
Eu uos farai mon drut certan
(*manca un verso nella stanza*).

Esaissi nom uoletz seruir
Et estiers nomen puosc partir
Cornatz lo corn caissi laus uir
Qieu lai faich lauar eforbir
E ia nol sentiretz pudir
Ni ia non tematz escarnir
Aissi es dreitz al mieu albir
Pois tant tatz quieu lo uuoill sofrir
Faitz o tost sin uoletz gauzir.

Ben uos en seria pres
Seignen bernat decornes
Si al cornar uos iratz mes

Mentre qel corns es endefes
Qe paor ai cautrei ades
Epois que lo corns sera pres
Adoncs noi cornaretz uos ges
Mas al redur ifaill lales.
(*manca un verso nella stanza*).

Seignor pois decornil es
Esai qe ben cornar sabes
Cornatz lo corn caissi uezes
Que daquest auretz mais de pres
Que sin cornauatz dautres detz
Segon quel seruiziu prendretz
Ia dan nous iteigna deuetz
O si quenou ia non auretz
Demi aisso que menqeretz.

(F)als dompneiador aprenetz
Demi aiso qe non sabetz
Per fals uos tenc car enqeretz
Dompna pois qe isordei pretz.

II.

En Raimon beus tenc agrat
Car aissi uos uei acordat
De gent captener en bernat
Cella qe non respos enfat
Al malastruc caersinat
Qeil mostret son corn enprirat
Sel lo soanet perfoudat
Et eu i uolgra auer cornat
Alegramen ses cor irat.

Ben es malastrucs edolens
Lo caersis ab sos guirens
Qan soanet aitals presens
Ben par qel cosseillet siruens
Ia el non sia mos parens
Que sella men mostres dos cens
En los cornera totz gauzens
Epois fora rics emanens
Neis ei refermera las dens.

Non es bona dompna elmon
Sim mostraua lo corn el con
Tot atretal cum il seson
E pois mapellaua Raimon

Cornatz maissi sobrel redon
Quieu noi baisses la cara el fron
Cum si volgues beure enfon
Drutz qa sa dompna aissi respon
Ben taing qe deson cor laon.

Caersinatz traicher sers
Tu qe daqest plaich malmers
Gartz perqe noi tornas enqers
Cornar adreich o areuers
Qel corns es ben lauatz e ters
Qieu en cor nera cen millers
Esi nia assatz defers
Si fossetz pendutz abeders
Non feirom tant chanssos ni vers

Plus es malastrucs sobriers
Que non es arnautz lescoliers
Cui coffondon datz etauliers
Euai coma penedenssiers
Paubres de draps ede diniers
Qieu li donera grans logiers
Perso qeu lai cornes primiers
Ecornera mieils que porqiers
Niporta ioia lescaciers.

Arnaut escoliers vai mi
Ancaranoich o al maiti
Anaenan edigasli
Qe raimons dedurfort lidi
Qe ben es pres del caersi
Qan li mostret son raboy
Mas greu li respondera aissi
Anz i cornera ses tay
Plus fres que sirvens apesi.

Bernat decornil eus defi
Qe aguetz delcornar fasti
Permon truc malec atresi
Ti puosc desfiar epermi.

II.

Bibliografia, e classazione dei codici. — Sta in ABSPLQGcIKN²-DNHECRS^g. A è stampato in MG 1289 e Arch. 51, 141; B in MG 46; S in MG 432; P in MG 1290 e Arch. 49, ?; C in MG 431. Per tutti gli altri, tranne S^g, abbiamo collazioni nostre. R e l' indice di C l' attribuiscono a G. de Cabestaing.

L' ordine delle strofe è quello da noi seguito, e quello che il senso sembra strettamente richiedere, in ABQGcIKN^2; invertono invece le stanze 5 e 6 tutti gli altri, che noi conosciamo. Invertono poi i vv. 28 e 29 QGcKN^{2}DNHECR; dove è soprattutto notevole che I si stacchi da KN^2 e dai soliti suoi affini, per mettersi con ABSPL, coi quali d' altronde non ha nessuna speciale convenienza di lezione. E noi ne conchiudiamo che pur per questo componimento l' amanuense di I abbia avuto sott' occhio più d' un esemplare; quello che ha servito per K e uno di quelli che hanno servito per ABSPL. — Notiamo ancora che AB dividono il v. 28 in due a *janglor*; e analogamente avviene in Q ai vv. 1, 10, 27, 46, mentre in un sol verso vi sono riuniti i nostri 12—3 e 30—1. G poi riduce a un solo verso i nostri 12—4, 16—7, 21—2, 23—4, 25—6, 30—1, 32—3, 34—5, 40—1, 43—1, 48—49, 50—1, 52—3, 56—7. Infine, *c* divide in due il v. 15 a *cor*.

Se ora, tenendo conto di questi dati e di quelli delle varianti, vogliamo tentare una classazione di questi codici, ci imbattiamo in difficoltà non lievi. Vediamo, infatti, esservi contraddizione tra i dati dell' ordinamento delle strofe e quelli dei vv. 28—9; poichè mentre secondo il primo dato si dovrebbero dividere i codici in due classi: I^a ABQGcIKN^2, II^a SPLDNHECR; secondo l' altro dato avremmo invece: I^a ABSPL*I*, II^a QGcKN^{2}DNHECR. Questa seconda classazione è confortata e meglio determinata dalle varianti, le quali richiedono tuttavia che si riunisca I a K. Resta allora a spiegare come SLP abbiano potuto venire al falso ordinamento delle strofe, e come GQcIKN^2 abbiano potuto mantenere o acquistare, in opposizione ai loro affini, il buono. E questo secondo fatto si spiegherà ammettendo: o che il prototipo della seconda famiglia fosse già guasto, e che un suo ramo siasi risanato attingendo ai predecessori di AB; o che, essendo il prototipo sano, solo un ramo della famiglia abbia deviato. Analogamente si ragioni per SPL. Il motivo poi che poteva spingere SPL, indipendentemente da DNH ecc., ad invertire le stanze 5 e 6 è chiaro: si trattava di ottenere per un' altra stanza la continuazione del gioco, per cui nel primo verso si ripeta una parola dell' ultimo della stanza precedente. — Studiando ora le varianti della prima classe: ABSPL, siamo indotti a dividerla in due famiglie indipendenti, come vogliono i vv. 11, 29, 33, 34, 35, 36, 40, 46, 51, 54; e la mancanza del congedo in SPL. Come poi subito mostra la tabella, AB da un lato ed SP dall' altro hanno quasi identica fra loro la lezione. — Venendo alla seconda classe, troviamo che pur in essa si hanno dei gruppi di codici ben distinti fra loro, come sarebbero GQc (v. 51), DNH, EC, e specialmente R, il quale ha lezioni sue proprie singolarissime. Ma, quando si consideri l' accordo di lezione ai vv. 2, 19 (che però esclude QGc), 27, 28, si è costretti a far di questi codici una sola famiglia, pur lasciando sussistere il sospetto che GQc ed IKN^2, i quali vedemmo correggere coll' ajuto di AB l' ordine delle loro strofe (così come I sicuramente attinse a fonte analogo di AB o di SPL l' ordine dei vv. 28—9), abbiano attinto alla stessa sorgente anche alcune lezioni al v. 19 e 54. Abbiamo adunque tre famiglie di codici, delle quali una numerosissima, ma con forse ben cinque membri contaminati e uno stravagante (R); e però pur qui mettiamo a base la famiglia AB, e su A in particolare veniamo ricostruendo il testo critico.

Argomento. — Al tornare della primavera torna anche il poeta al canto amoroso, e dice che in amore ei sarà devoto, discreto, umile e fermo; le male ciarle lo costringeranno a fingere d' amar altra donna, ma egli, memore del bene avuto dalla sua, mai ne distorrà l' animo e sempre più anzi sarà intento a farle onore.

1. *Doil*, o, come vorrebbe l' esattezza grafica della rima, *doill*, risulterà (di *do* = *de* + *ubi*) e dell' articolo *-il* (cfr. Stimming, B. de Born, 249); e questo *do* invece di *don* (= *de* + *unde*) avrà il suo riscontro nell' *o* (= *ŭbi*), che incontriamo qui stesso, al v. 57, in *ous* = *o* + *vos*. — Rispetto alla rima è da notare che questo *doil* dovrebbe avere, secondo etimologia, un *o* stretto, mentre largo l' hanno certamente *bruoill*, *orguoill* ecc. Ma probabilmente s' avrebbe torto credendo di scorgere qui una rima inesatta. S' hanno indizii, infatti, di più sorta che, almeno nel limosino, l' *ŭ* di *ubi unde usque* sia stato trattato come un *ŏ*. Così, nell' ant. prov. abbiamo *duesque* = *de-usque truesque* = *tro-usque*, dove l' *ue* rappresenta sicuramente l' *u* di *usque*. Poi, nel limosino moderno si ha *dente ente*, accanto a *dounte ounte*, risalenti al *dont ont* dell' a. provenzale, e quindi a *de-unde unde* (cfr. Chabaneau, Gram. p. 304); e nel Quercy si dice *en mai*, frase corrispondente per il senso e probabilissimamente anche per il materiale fonico, all' a. prov. *on mais* (Chab., p. 320). Ora, questi *e* del limosino moderno rappresentano una riduzione d' un intermediario *uè*, cfr. *le*, *fe*, *ne*, *vêlhe*, *plêve* = *luec*, *fuec*, *nuech*, *vuelha*, *plueva* (Chab., p. 289); il qual *uè* deve risalire a un *ŏ* lat. in sillaba aperta o in posizione. E ne raccogliamo la conclusione, già accennata, che l' *u* di *ubi* ecc., come l' *u* di *plŭvia*, sia stato qui trattato come un *ŏ* originario, e che quindi la rima d' Arnaldo: *dòil* sia esatta. — *Plan e prim* = "piani e sottili". Analogamente, R. d' Or.: Eu aital rimeta prima m' agradon lieu mot e prim, MG 629, 1; e la stessa antitesi fa egli in MG 351, 1. P. Ramon pare intendesse parafrasare il nostro luogo, dicendo: E si bes soill mot maestril, leu seran d' entendr' a un quec, MG 942, 1.

7—9. Nota l' artificioso stacco del gen. *dels auzels* dai sostantivi *chant* e *braill*, che lo reggono. — "Ces constructions brisées ne sont pas rares chez les troubadours des derniers temps. Voy. G. Riquier, MW IV. p. 88 v. 66, p. 91 v. 36, p. 215 v. 220, p. 218 v. 350, p. 219 v. 385. Cfr. Gisi, G. Anelier p. 29, in fine". Chab.

10. *Pel bruoill* ci sembra la buona lezione, non solo per ragion della rima interna, e perchè meglio corrisponde al *bruoilla* del v. precedente; ma anche perchè, annullata da A l' autorità di B, e infirmata quella della terza famiglia dalla lezione di R, sussiste intera e deve prevalere quella della seconda famiglia. — Questa strofa e le due seguenti sono "captinidas", come dicono le Leys, I 280; ripigliano, cioè, nel primo verso l' ultima parola della stanza precedente.

11. Verso di lezione difficile. La prima sua parte: *E per tal qu'* pare assicurata dalla attestazione della seconda famiglia, confortata da R, mentre il testo della prima resta solo, e non ha probabilità intrinseche. Per il resto del verso, siccome SPL sembran dare un senso non buono, e la lezione di QG-EC darebbe una sillaba di troppo, siamo ridotti a scegliere tra AB ed R. E la lezione di R col suo spiccio *encrim* parrebbe preferibile in sè, se il *fassa* non fosse attestato da tutti gli altri codici. E però seguiamo AB, la cui lezione sottintende un soggetto: 'Amore', o 'donna amata'; e il non aver inteso questo può aver indotto i copisti delle altre due classi ai loro speciali mutamenti. — "Si *fassa* était à la première pers.? *Afin que je ne me reproche rien, que je n'aie rien à me reprocher.*" Chab.

17. *Traill* deve dire 'traccia' 'vestigio'. Il Lex. non ne adduce che questo esempio. Sull' etimo, v. Diez, II 442 e cfr. Littré s. traille e trailler. — "Vayssier, diction. rouergat: *Traillo*, s. f., rêne, guide des chevaux de labour." Chab.

17—8. Citati dal Lex. 5, 400b, probabilmente da C.

19. La rima interna ci obbliga a scrivere *orguoill* contro la grammatica. Diplomaticamente, saremmo in dubbio sulla lezione da preferire. Notevole nella 3a famiglia è l' accordo fra ECR.

19—21. Citati dal Lex. 5, 394a.

21—22. Citati dal Lex. 2, 59a.

22. L' accordo di B, SP col lontano R (*afferalh* starà per *al ter.*) ci fa preferire *al* ad *el*, meglio correndo così anche il senso.

25. Citato dal Lex. 4, 7a. *Lagrim* si rivela forma latineggiante, sia per l' accento e sia per il *gr* intatto.

26. *Rim* = 'rimetur', cfr. X, 39.

27. La nostra lezione è preferibile non solo diplomaticamente, perchè attestata da quasi due famiglie, ma anche perchè si vede come l' insolita aferesi abbia potuto consigliare gli amanuensi degli altri codici al mutamento.

28—9. Anche diplomaticamente, l' ordine di AB, SPL è il solo accettevole.

30—1. Citati dal Lex. 3, 35a come un verso solo, e a un solo verso vedemmo ridurli G.

35. *Noirim.* Avrà esso il senso del lat. *nutrimen* onde proviene e che gli è attribuito dal Rimario antico (Stengel, 51)? o l' altro ben noto di 'razza' 'progenie'? La scelta deve dipendere dall interpretazione del verso seguente.

36. Verso molto difficile, che temiamo di non saper intendere. La lezione di SL, che ricorda da vicino un verso di B. da Vent. in MW I 14, è in apparenza assai chiara: "Io ho cuore di torlo a loro (il *noirim* = 'nutrimen', agli autori del *devinaill*)". Ma che significherebbe questo? Il 'frutto' o 'pane' dei referendarii in che avrebbe giovato ad Arnaldo? Oltre ciò, la stessa apparente chiarezza non è indizio di lezione originale. Restano gli altri codici, che (messo da parte il solitario R) vengono a leggere in uno di questi due modi: I° Malmes que lor o tuoilla! cioè, "il malanno (mal mese) lo tolga a loro, tolga ai referendarii il pane (= nutrimen)"; II° Malmes que lor acuoilla (DQ), cioè, "il malanno possa incoglier loro!" E in tutti e due questi casi si dovrà fare di *malmes* un sostantivo sul tipo di *malan s*; poichè non vediamo qual senso verrebbe, leggendo: *mal m' es* = "male mi è, difficile mi è (di torlo a loro o sim.)". Restando pertanto incerti fra le due accennate lezioni e interpretazioni, accettiamo nel testo la seconda ch' è diplomaticamente meglio assicurata. — Il *Glossaire* registra anche *ocoilla* = 'accueille'; ma un composto di tal genere ci sembra molto sospetto; e probabilmente il Rochegude l' ebbe dal nostro unico luogo, secondo la lezione di N, che appunto egli tenne sottocchio.

37—54. Chi ben considera queste due strofe, vede che solo nell' ordine in cui le diamo esse si connettono bene fra loro e con ciò che precede. Dice, infatti, Arnaldo che, a causa dei referendarii, è costretto di fingere d' amar altre donne; e naturalmente prosegue: Ma sebbene, dappertutto ove io vado, adoperi questo accorgimento e finzione, il mio pensiero corre sempre a voi ecc. S' inverta l' ordine della due strofe, come vogliono SPLDN ecc., ed ogni logico procedimento è turbato, e distrutta l' efficacia della conclusione della canzone.

37. *Daill* che significa? Il Glossaire non lo nota, bensì lo registra il Lex. 3, 2ª, attribuendogli il valore di 'faux' 'coupe' 'taille', benchè poi non rechi se non esempi in cui gli spetta solo il senso di 'faux'; e sebbene con 'falx' soltanto spieghi questa voce l' antico Rimario (Steng. 41). Noi incliniamo a vedervi una variante fonetica di *talh*, col valore di 'modo' 'maniera', che ben gli conviene in questo luogo, e che spetta infatti al *talh* provenzale. Per l' alternare del *d-* col *t-* si confronti il *delha* accanto a *telha* = 'cortex tilie' nel Rimario (Stengel 64). O s' ha da leggere *esdaill*? Ma che significherebbe? — "Mon sentiment est qu' il vaudrait mieux écrire *esdaill* en un seul mot. Car qu' est-ce que *es*, avec votre lecture? [*es* sarebbe per noi uguale ad *est*, cfr. Chrest. 48, 28]. *A esdaill* serait une locution adverbiale. Le sens, d' après le contexte, pourrait être *ça et là, hors de la voie droite.* Or *endalh* (pron. *endai*) signifie en limousin la même chose que le français *andain* (voy. Littré) et même davantage (si Littré ne s'est pas trompé) c' est-à-dire: toute la rangée de foin abattu par un faucheur avec son *dalh (dai)*, d' un bout à l' autre du pré. Cela fait comme une longue allée droite couverte d' herbe couchée. D' après cela, *anar a endalh* aurait très bien pu se dire dans le sens de *aller droit devant soi;* à la manière d' un faucheur, et un écrivain même moins hardi qu' Arnaud Daniel aurait pu s' en autoriser pour créer, si elle n' existait pas dejà, l' expression *anar a esdaill,* qui signifierait le contraire, grâce au changement du préfixe.

46. Citato dal Lex. 2, 166ᵇ. Noi adottiamo la lezione di SPL, contro l' altra che ha l' autorità della prima e della terza famiglia di codici, perchè così solo ci sembra venirne un senso ragionevole. Non già che sia da rifiutare come troppo strana la frase: 'ai fam d' amor'; chè anzi essa ricorre, insieme col 'badalhar', in XII, 12—4; nè ad ogni modo rifiuteremmo mai nulla per siffatte ragioni. Ma se si toglie al primo verso la negativa, riesce negativo il secondo; e non sapremmo che voglia dire una frase come: "Ho fame d' amore e ne sbadiglio; non seguo misura nè regola; e mi conforto ecc." Soprattutto contradittorio ci parrebbe l' *Er.* — *Badalhar* dice tanto 'sbadigliare' quanto 'sospirare'; qui noi incliniamo al secondo significato, parendoci di scorgere in questo verso riassunto il pensiero dominante della stanza antecedente, che, cioè, sebben l' amore lo faccia soffrire, egli seguita ad amare.

47 *Taill* = 'règle' (Glossaire).

48. Avevo creduto dapprima che la buona lezione fosse il *sols* che sta nella prima e in quasi tutta la seconda famiglia di codici; e interpretava il *sols* per 'sole', senza articolo perchè qui bellamente personificato. E all' *egaill* credeva di poter attribuire il senso di 'attesti' 'dica il vero' cioè 'sia giusto' 'faccia le cose giuste' od *eque*. E il chiamare il Sole a testimonio della sincerità e grandezza del suo amore, mi pareva in Arnaldo una bella mossa poetica, ispirata da reminiscenze classiche: oltre che riconfermava tutto il pensiero della stanza quinta. Se non che, accettata la lezione di SPL per i due versi precedenti, pareva logico accettarla anche per questo, che con quelli si lega, tanto più che per esso c' è l' appoggio anche di CR nella terza famiglia. Restava allora di trovare un' altra spiegazione plausibile dell' *egaill*; e questa mi fu suggerita dal seguente luogo di R. de Vaqueiras: Mas com qes voilla s' o egaill (MG 273 528, Arch. 35 413; st. 3ª, citata anche nel Breviari, cfr. MG I 184); dove *egaillar, s' o egaillar* par dica sicuramente 'fare il suo comodo' 'passar sopra a qualche cosa' 'non badarci' (cfr. il fr.: *ça m' est égal*); il qual ultimo senso ben sembra convenire anche al luogo d'Arnaldo.

46—48. "En y songeant de nouveau, je crois trouver pour ces trois vers, spécialement pour les dernier, une interprétation qui me satisfait un peu mieux que celles aux quelles vous avez pensé. Je paraphrase légèrement pour être plus clair: Je ne veux point me séparer d'Amour; c'est pourquoi (*don*) je soupire (ou plutôt *gémis*?) et ne suis mesure ni règle (je sui comme un homme égaré). Que seulement il m'en tienne compte, il m'en dédommage! ou Pourvu qu'il .. (proprement *me l'egale*, ou *égalise*, ou *me l'arrange*). — Aujourd'hui *eigar* (*aequare*) n'a en limousin d'autre signification que *arranger, mettre d'accord, réparer un désordre quelconque*." Chab.

49. Adottiamo la lezione di SPL, perchè confortata dal lontano R, e perchè si vede come un copista potesse staccarsene onde evitare l' iato, e rendere più chiara la frase coll' *auzim*; mentre non si capisce come un amanuense avrebbe potuto ricavare la nostra lezione dall' altra.

51. La rima sarebbe ripetuta dal v. 76; ma qui la voce ha un senso diverso, e diventa 'equivoca', come spesso in Arnaldo.

58. Rima ripetuta; ma ciò avviene abbastanza spesso nel commiato.

III.

Bibliografia, e classazione dei codici. — Sta in ECa; editi il primo e il secondo in MG 428 427, inedito il terzo. Alcune stanze di E sono state pubblicate dal Diez, L. u. W., 358—9 in n.

Queste tre lezioni, che per il posto tenuto nei mss. dalla poesia parrebbero dover appartenere ad una sola famiglia, si dividono invece in due, come mostrano le varianti e meglio ancora la lacuna di EC al v. 4: EC stanno da un lato e contano per uno; *a* sta dall' altro e conta pur esso per uno. Conviene tuttavia notare qualche speciale convenienza tra C ed *a*, la quale si spiegherà ricordando come assai di frequente C sia eclettico; così per questa poesia egli avrà probabilmente attinto alla fonte di E e a una vicina a quella di *a*.

Argomento. — Esulta il poeta e canta, benchè s' appressi l' inverno, per il conseguito premio d' amore; si volge poi a dir le lodi della sua bella, la quale non sappiamo chi sia, ma pare fosse di sangue non nobile, se il poeta, ai v. 27—8, dice di ridersi dell' altrui nobiltà, alludendo così forse alle sconfitte toccate da qualche gentildonna, l' aragonese o Meglio-di-bene.

2. *Entrecims.* Ricorre ancora una volta in IV 4, ma qui e là si resta incerti sul suo significato; nè risolve la questione il Lex. 2, 396ª, traducendo 'sommet'. Se non che, confrontando questi due luoghi con II 3 (E l' aussor cim), dove *cim-s* è sicuramente, come spiega il Rimario (Stengel, 51), = 'summitas arboris', e va accompagnato dall' *aussor* che abbiamo anche qui (in IV 4 gli corrisponde il *sus*), siamo indotti a credere che anche *entrecim-s* sia qualcosa di molto simile a *cim-s*; forse le cime de' rami tondeggianti di frondi e di foglie.

4. Su *vaisa* vedi Diez, II 211. — "Vayssier, diction. rouerg.: *Baysso, abaysso,* s. f., coudrier, noisetier sauvage..., gaule, baguette de coudre dont on se sert pour les ouvrages de vannerie." Chab.

6. Tra *vei* ed *au,* che diplomaticamente hanno uguale autorità, preferiamo il *vei,* perchè si capisce come ad esso potesse venir sostituito da un amanuense, amante delle cose chiare, l' *au*; e non viceversa. Del resto in tutte le lingue avviene questo scambio tra i verbi denotanti la percezion dell' udito e quella della vista. Ricordiamo, per un di più, la Ch. de Rol. v. 1021: Devers Espagne vei venir tel bruur (dove ci pare inutile la correzione dell' Hofmann, accolta anche dal Müller: *brunur*); e il Foscolo, nei Sepolcri, v. 78—81. — *Sordezir* è notato dal Lex. 5, 268ª con un solo esempio nel significato di *sordescere*; manca con quello che ha qui di *surdescere* (= 'ammutolire',) verbo che appare la prima volta in S. Agostino.

9—12. Citati dal Lex. 3, 452ª.

14. *Cela,* secondo l' etimologia e secondo l' attestazione del Rimario (Stengel, 62), ha un *e* stretto, e darebbe quindi una rima inesatta; e sorge quindi il sospetto che esso risalga, anzichè a *celat,* a un **cellat* da *cella,* cfr. l' *entre-celar* 'premunire', citato dal Lex. 2, 373ª, e a torto, crediamo, messo tra i composti di *celar*. Ben è vero che nel mod. limosino si ha *cialá assalá* 'mettre à l' abri' (Chabaneau, Gram. p. 316, 378); ma, pur concesso che questo verbo risalga a *celare,* non ci sembra ch' esso provi una pronuncia limosina antica *cèla,* giacchè l' *a* da *ĕ* vi si è svolto, pare, nelle forme in cui era atono. Forse il poeta volle qui, come in V 42 e VI 34, tendere un piccolo tranello ai critici del suo tempo.

18—9. Citati dal Lex. 2, 517ª secondo C.

20. Nota il *be* di questo verso e il *mante* del v. 18 rimanti con *fe* e *re,* cioè in *e* stretto. Il fenomeno sembra analogo a quello, segnalato dal Rimario, di *gra-s* e sim. con *a* stretto.

28. *Reirazar* = 'zero' 'nulla'; e torna assai opportuno l' esempio a confortar l' altro che ne abbiamo in B. de Born, e che fu successivamente studiato dal Raynouard, dal Diez, dal Bartsch e dallo Stimming, nessuno dei quali conobbe il nostro, cfr. Stimming, B. de Born, p. 261. La composizione di *reirazar* par chiara: esso dice 'ultima sors', e va risolto in *reir* (retro) e *azar* 'sorte'. La lezione di C (*razonar*) si vede che è troppo 'ragionata' da chi non intendeva il suo apografo; merita invece qualche considerazione quella di E, che potrebbe risolversi in *rei-z-azar*

= 'cosa-di-sorte'. Ma è inutile crear qui un altro essere, dal momento che la lezione di *a* è appieno soddifacente.

30. L' *eguar* di EC ha tutta l' aria d' una glosa al *doblar* di *a,* che in tal senso (far le due, far la coppia) non ha esempi.

35. La lezione di E, corretta col soccorso della rima in Qu' enveial m' emble, dà un senso chiaro in apparenza, ma che ripugna alla logica. Infatti, se l' amante si volgesse ad un' altra, non sarebbe già 'l' invidia', ma bensì la gelosia o il dispetto o simile che gli potrebbe involare la sua dama. Nitida e logica è invece la lezione di *a*, con cui sostanzialmente s' accorda C, il quale ha in più l' *eu* (scritto *en*), e manca del *iail.* La lezione che diamo nel testo è quindi anche diplomaticamente assicurata. E confronta un simile pensiero in X 23, che c' induce a interpretare il *jail* per 'jam illam' anzichè 'jam illi'.

38. *Pontremble.* Chi è quel da Pontrèmoli? Uno dei Malaspina, parrebbe; ma quale? Probabilmente quell' Alberto, fortunato rivale di Rambaldo di Vaqueiras, e che, come appare da una lettera di Rambaldo al marchese di Monferrato, usava rapire e tener celate nel suo castello le fanciulle che gli piacevano, come Seldina de Mar! Non consta invero che Alberto o altri della casa Malaspina fossero signori di Pontremoli al tempo in cui fioriva Arnaldo, giacchè secondo il Litta (Malaspina, Tav. II[a]) solo vel 1253 Corrado dello Spino secco avrebbe avuto, per poco tempo, la signoria di quel comune; ma è noto che il marchese Alberto tenne in suo possesso il castello di Grondola, che è su quel di Pontremoli, e poco ne dista, e però Alberto ben potè esser detto, forse lusinghevolmente, 'quel da Pontremoli'. — Per l' *é* di *Pontremble* vedi la nota a IV 3.

41. L' *o* largo che mostra qui *croia,* cfr. Chrest. 130, e Parn. oc., 273—5, par escludere l' etimo *crūdja* proposto dal Diez, II 23. — Sarebbe mai da **claudia*? si domanda lo Chabaneau.

42. *Amis*, forma francese, secondo R. Vidal (Steng. 87). — "R. Vidal, à propos de ce mot, comme en d'autres occasions, a bien pu se montrer un peu trop puriste. Le fait est qu'on trouve *amis* pour *amics,* et de même *enemis,* chez d'autres troubadours de la bonne époque comme P. d'Auvergne MW I 91, A. de Mareuil MW I 154, G. de Born., ib. 187 etc. Je doute que ces formes soient dues à une influence française. Elles représentent simplement une prononciation locale." Chab.

47—8. Allusione al *Roman de Troie,* cfr. Birch-Hirschfeld, Ep. Stof., p. 8—10, dove si citano altre allusioni di trovatori allo stesso romanzo; vi manca però, con molte altre, la nostra.

49. Ci resta qualche dubbio se non sia preferibile la lezione di *a,* la quale col superlativo mediante *par*, insolito nel provenzale, ha qualcosa di più riposto dell' altra. Suonerebbe strana tuttavia l' aggiunta del *Tant.*

50. *Trenta* (= *triginta*) mostrerebbe d' avere, contro le norme etimologiche, un *e* largo anche in B. de Born, Al doutz v. 10, e Mout mi plai v. 5; e si cfr. il vn. *trènta* di fronte al toscano *trénta.* Ma si dovrà piuttosto sospettare, che tutte queste uscite in *enta* partecipino alle sorti di *en-s,* che il Rimario (Stengel, 47) e le rime attestano chiuso, anche nei casi in cui l' etimologia lo vorrebbe aperto.

55. L' *o* di *pros* è attestato stretto anche dalle rime di P. Vidal 38, 25; 32, 53; ciò che conferma l'etimo *prŏd-*, ed esclude il *prŏbus* proposto già dal Littré.

IV.

Bibliografia, e classazione dei codici. — Sta in A e in Dª (G. de Borneil); e stava nell' apografo di N², attribuita a G. de Bornelh (Revue des l. r., 1881, giugno, p. 280). A è stampato in MG 1284, per Dª abbiamo una nostra collazione. In MG 425, coll' indicazione di A, è dato un testo conflato di A e Dª (e non già quello di A con mutata ortografia, come affermò lo Stengel, Arch. 51, 139). E con lezione mista avea dato alcuni frammenti di questa canzone il Raynouard, Ch, V 37—8, riprodotti poi dal MW II 79.

Le due lezioni che possediamo di questa canzone, mostrano parecchie divergenze fra loro; e questo fatto, unito all' altro che in Dª essa è attribuita ad altri, ci fa credere che esse non appartengano a una stessa famiglia. Insorgono anche per ciò dubbii assai gravi sul vero autore della canzone; più gravi assai che se si trattasse della semplice autorità di D contraposta a quella di A. Non si tratterebbe più, infatti, di due testimonii contraddittorii, uno dei quali più autorevole dell' altro, e che tutti e due abbiano attinto alla stessa fonte; ma di due testimonii indipendenti, l' uno dei quali può ben valere, per quanto noi sappiamo, l' altro. S' aggiunge, a favore di G. de Bornelh, l' autorità dell' apografo di N², autorità tuttavia assai scarsa, perocchè sembri assai probabile l' identità di questo apografo o della sua fonte con quella a cui attinse Dª.

Argomento. — La primavera richiama il poeta alla letizia e all' amore. Ma l' amor sincero è assai raro, e infiniti sono gli inganni del falso; anch' egli ne è vittima e si rassegna, benchè sdegni gli amori disonoranti. Il gaudio che gli dà la sua donna è 'fino' e quanto mai grande.

1. Citato dal Lex. 3, 446ª. Su *giure* 'diacciuolo' vedi Diez, II 321.

2. *Puois ni comba* sono messi insieme anche da E. Cairel, in un componimento in rime difficili che par risentire l' influenza d' Arnaldo (Arch. 33, 441ª); e questo riscontro sembra assicurare che le due parole sieno a prendere nel loro significato comune di 'poggio e valle' (su *comba,* vedi Diez, I 134). Se non che *comba* ritorna in rima al v. 42; e poichè è contro l'uso d'Arnaldo il ripetere in rima (eccezion fatta per il commiato) una stessa parola collo stesso significato, siamo indotti a sospettare che o nell' uno o nell' altro luogo *comba* dica qualche cosa di diverso da 'valle'. E il Glossaire parrebbe confortarci nel nostro sospetto, attribuendo alla parola anche il valore di 'tertre' 'colline', che tuttavia non vediamo onde sia stato desunto. Restano quindi le due seguenti ipotesi: o nel v. 42 *comba* è quasi un aggettivo, e riscontra all' *enois* di XV 43 (e questa ipotesi ha l' adesione dello Chabaneau); ovvero nel v. 2 *comba,* anzichè essere un nome comune, è un nome proprio. E *Combe* abbonda nel mezzodì della Francia, come nome di villaggio; ma in tal senso non converrebbe al luogo nostro. Piuttosto si potrebbe sospettare che con *puois* s'intendesse il 'poggio' per eccellenza, nominato poi per esteso al v. 36; e che *Comba* denotasse il picco di *Come* (= prov. *Coma? = Comba?* ma tale evoluzione è solo del guascone!) che appartiene allo stesso gruppo vulcanico di monti. (Nuovo dizion. geogr. univ.; Venezia 1831: vol. IV, pte Ia p. 1343).

3—4. Citati dal Lex. 2, 296a, meno le ultime due parole. — Su *entrecim*, v. la nota a III 2. -- Un vb. *pomar* è ignoto ai lessici; par indichi il "maturare dei frutti". — Rispetto all' *é* di *trembla* notiamo ch' esso appare stretto, contro le ragioni etimologiche, anche in Chrest. 139, 28; e 31, 25. Cfr. anche il *Pontrémble* di III 38, la cui base pare sicuramente *Ponte-trĕmulo.*

7. Citato dal Lex. 4, 610b.

10. Forse nel *partz* s'accoglie anche l'*s* enclitico, che va connesso con *volv*; ma anche assolutamente si trova questo vb. per 'volgersi', v. il Lexique.

11—12. Citati dal Lex. 5, 261a. Il senso del luogo non è ben chiaro. A noi pare che il soggetto di *asoma* (su questa voce vedi la nota a IX 17) sia un *joi-s*, ripreso mentalmente dal v. 9. Facendo soggetto il vicino *fals' Amors*, bisognerebbe, col Raynouard, interpretare l'*asoma* per 'regna' 'domina': "l' amor falso non alligna dove regna la lealtà"; che ci par quasi una tautologia.

13. *Doas*, bisillabo, è condannato dalle Leys, I 46; e forse Arnaldo voleva così arcaizzare o latineggiare. Così l' adopera anche F. da M. in MW I 322.

15—16. Nota il passaggio dal plurale al singolare; ne abbiamo un altro esempio ai vv. 19—20.

16. Citato dal Lex. 2, 330b. *Cartat* è veramente 'carestia', onde qui forse 'preziosità'.

18. Citato dal Lex. 4, 244a e di nuovo 5, 372b, con traduzione erronea in ambedue i luoghi. Spiega, infatti, il Raynouard *moiol* per 'mozzo' della ruota, e *retomba* per 'cycloide', sempre della ruota; ma essi dicono invece: 'bicchiere' e 'bottiglia'. Di *moiol* 'bicchiere' io non conosco se non questo esempio, e un altro di anonimo (Arch. 34. 378); oltre quello dell' antico Rimario = "scyfus vitreus" (Stengel, 54 e cfr. p. 123 ove è riferita la retta interpretazione data dal Tobler del nostro luogo). La parola è diffusissima nell' Italia superiore, come si può vedere presso il Mussafia, Beitrag z. Kunde etc. p. 79, s. *mizuolo.* Essa è entrata anche nel lessico italiano: *miolo mojolo*; e il Sacchetti, che usa quest'ultima forma, la dice parola lombarda (Nov. 82). L' etimologia fu cercata dal Mussafia prima in *mediolo-*, poi in *modiolo-* (modiolum 'situla'; modiolus 'mensura liquidorum' DC). Forse quella di *mediolo-* non era da abbandonare così risolutamente: nel luogo capitale, infatti, che il DC cita per *modiolus*, il testo legge *mediolis*, ed è un puro arbitrio del Vocabolarista il correggerlo in *modiolis.* Ed è poi noto *media* 'vini mensura'. — Di *retomba* già il Raynouard avea veduto il vero significato di 'bottiglia' (Lex. 5, 372a)', e citava due luoghi dove l' amore è paragonato, per la sua fragilità, a una *retomba.* E questo significato era già additato da un luogo riferito dal DC. Noi ritroviamo questa parola collo stesso significato in XVII 36. Si ha anche in Flamenca, v. 606.

19. Abbiamo dapprima creduto che la buona lezione stesse in A, dove pigliando il *cel* come usato avverbialmente (*cels* = 'cautela', Stengel 46; Flamenca, v. 5946) al pari di *merveilles* e *mon voil* dell' a. fr., si otteneva un senso passabile. Se non che si aveva in tal modo ripetuta al v. 27 la rima *embla*, nell' identico significato: ciò ch' è contro le abitudini d' Arnaldo. — Abbiamo allora meglio considerato la lezione in apparenza impossibile di Dª, e, mutato, come richiede la rima, l' *esclemba* in *esclembla*, ne ottenemmo tal voce che subito rivelava stretta parentela col vnz. *sga'embro*, romagn. *sgalèmbar*, sicil. *scalembru* 'storto': tutte voci che insieme a *sghembo* piem. *sghinb* ecc. il Diez, II 66, riconduce all' a. a. ted. *slimb* (= ted. mod. schlimm), che ha lo stesso significato. Un vb. prov. *esclemblar* (cui risponderebbe un vnz. *sgalembrar*) potè quindi formarsi col significato di 'storcere', 'sviare'; e, trattandosi qui di capelli, 'scompigliare'. — ["Je ne connais rien, en provençal ancien ou moderne, qui puisse être mis à l'appui de votre hypothèse sur l'origine et le sens d'*esclembla*. Je la trouve en tout cas fort ingénieuse." Chab.] Rispetto al *gignosetz* abbiamo avuto torto probabilmente nel metterlo, contro l' autorità dei codici, al nominativo, facendone un aggettivo apposto ad *il* pronome, quasi: "egli, da furbetto"; meglio era lasciare intatto (come vuole lo Chabaneau) il *gignoset* e scorgervi un avverbio analogo all' *altet* di XIII 1.

20. Citato dal Lex. 2, 446ᵇ, con questo solo esempio nel significato di 'capigliatura'. L'abbiamo ancora in IX 34, con questo stesso significato. Pare si tratti di un latinismo. — Rispetto al *pend* nasce il sospetto ch' esso possa anche valere quanto l' it. 'appende'.

21. Verso difficile, che i codici non ci permettono di sanare sicuramente. Siamo costretti intanto a mutare il *bruit* pf. in *brui* pres., affine di dare al verso la giusta misura. Ci resta poi a interpretare l' *auzil*, che deve dire 'orecchio' o 'audito'. Sarà esso da lasciar tale e quale? o lo si dovrà correggere in *auril* 'orecchio', con *i* intatto, come nell'it. *origliare*? Un *auril* 'orecchio' è registrato dal Lex. 2, 148ᵇ, con un esempio dal Girartz; ma nel luogo corrispondente del codice di Oxford, edito dal Foerster, sta *aurtil* v. 2719 (= orteil). Più cauto sarà dunque attenersi ad *auzil*, che s' incontra anche nel *Rimarium* ambrosiano, comunicato dal Rajna allo Stengel, e stampato colle grammatiche provenzali (p. 108). *Auzil* ha potuto venire da *auril* sia per evoluzione fonetica, e sia, come par più probabile, per influenza analogica di *auzir*.

26. 'Un dat mi plomba' = 'm' inganna'. Nel senso proprio è 'falsificare i dadi', inserendovi da un lato del piombo affinchè, gettati, mostrino sempre una data faccia, l'opposta a quella piombata; al traslato ha il senso che troviamo qui. Altri potrebbe credere che la frase fosse speciale ad Arnaldo, cui vedemmo accusato di perdersi al tavoliere; ma essa è invece comune fra i trovatori, v. Stimming, B. de Born, p. 279.

27. Non si vede a chi vada riferito l' *o*: forse alla 'posta del gioco', ch' è sottintesa nella frase.

30. Il Raynouard, Ch. V, 38, attenendosi specialmente ad A legge: Qu' una devisa m.; ma come poi l' intendesse non si vede. Noi prendiamo quel *devisa* per un prtc. di *devire*, nel senso di 'divisata', e spieghiamo:

'Donna Menzogna stessa, in persona'. Non possiamo tuttavia addurre esempio alcuno in cui *devis* abbia questo preciso significato, benchè *devire* dica appunto anche 'divisare'. — "Votre *na devisa Messoigna* me paraît bien hasardé; mais je ne trouve rien de mieux à vous proposer." Chab.

32. Nessuno dei codici dando una lezione ragionevole, ricorriamo al doppio emendamento che mettiamo nel testo. Nè era difficile il leggere un *porta* come *posca,* che sta in A.

33. Il nostro *tals* combina le due lezioni, ciascuna delle quali da sè ripugna; quella di A per il senso, quella di D^a per la metrica. Non sappiamo tuttavia addurre alcun esempio d' un *se s* in enclisi su *tal* o simile parola. Accogliendo la lezione di D^a tale e quale si sarebbe costretti alla elisione dell' i in Qui. — Lo Chabaneau ci regala, dalle sue Note, i seguenti esempii di enclisi analoga a quella che noi abbiamo ammesso nel testo: Voil mais que *malm* voillaz, Arch. 35, 446; Si franca*ment* tenetz garnit lo cap, Arch. 36, 394; *Pueism* doblet l'esmais, MG 582, 3. E prosegue: "Mais ne vaudrait-il pas autant garder la leçon de A et voir dans *liure* l'indic. présent 1re personne: je vous le livre, je vous le donne pour tel (comme nous disons aujourd'hui) [que] il tiendra coucou pour colombe, etc."

36. Il *Puy de Doma* è il più alto d' una catena o gruppo di picchi vulcanici (958 tese), e sta nel centro del dipartimento che ne prende il nome, poco lungi da Clermont-Ferrand. E vedi anche la nota a IX 85.

37. *S' apilar* pare significhi qui 'rannicchiarsi', 'farsi piccino', mentre per norma dice 'abbandonarsi' 'appoggiarsi'. Come l' autore stesso avverte, abbiamo qui un motto proverbiale; e un altro ne abbiamo, pare, al v. 39.

39. La lezione dei mss. è abbastanza imbrogliata; ma il Raynouard, Ch. V 37, la imbrogliava anche di più, leggendo: Si 'l trai l' uoill sol, puois l' uoil ongna. — Noi ci atteniamo ad A, solo mutando il *sol* (che è anche in D^a) in *el*. — Il proverbio sembra denoti l' estremo della pazienza: "Se Amore ti cava un occhio (e il cavare gli occhi era allora delle offese o vendette più comuni) e tu gli ungi (gli medica) il suo".

42. Citato dal Lex. 2, 447a. Su *comba* vedi la nota al v. 2.

43–4. Sospettiamo fortemente che ci sia qui un' allusione agli amori di cui si trattava nel componimento n. I°; e l' allusione è specialmente nella frase: "el col groma" = egli raccoglie sudiciume. *Groma* non ha esempii nei lessici; ma starà coll' it. *gromma*. — "Nous n' avons plus le subst. *groma,* mais le verbe correspondant, *groumá,* est encore fort usité. Il s'applique aux ragouts, sauces, etc., cuits à petit feu et qu'on y laisse trop longtemps. Ce qui se dépose et s'attache au fond de la casserole serait naturellement la *groumo,* quelque chose par conséquent de très analogue à votre *gromma.* Mais le subst. *groma* pourrait aussi bien, et même mieux, désigner l'action de *gromar* que l'effet de cette action; dès lors, employé métaphoriquement, il n'y aurait rien d'extraordinaire à ce qu'il exprimât l'état d'un homme épris d'une coquette (*fals' amor*) qui le fait languir dans une vaine attente, *cuire,* comme nous disons vulgairement, *dans son jus,* tout en encourant elle-même le blâme auquel l'exposent les assiduités des galants." Chab.

45. *Cortil* pare dica 'corte di campagna'; e qui s' alluderebbe quindi a una ricca villana.

49. *Bertran* è il trovatore-guerriero? Vedi l' introduzione, p. 3.

49—52. Simile espressione in G. de Bornelh, MG. 1370.

50. Rima ripetuta dal v. 7; ma qui *apoigna* ha significato diverso.

51. *Ploignar* = **plumbeare* = fr. *plonger* manca ai lessici provenzalis, che conoscono solo *plombar*. — "Les patois modernes ont seulement *plounjá*, au sens du fr. *plonger*; mais le *ploignar* d'A. Daniel existe aussi, du moins en limousin. On prononce *plunhá*. Quant à la signification, ce verbe n'a plus que celle de *presser fortement*, par ex. du linge pour le faire entrer dans une malle, laquelle est très voisine de celle d'*enfoncer*, par conséquent de *plonger*." Chab.

52. Citato dal Lex. 4, 576[a] con questo solo esempio, dove *plovil* è tradotto 'plonge'; erroneamente, come mostra l' etimologia e il contesto. *Plovilar* viene da *pluere*; e ci par bellissima voce per indicare la pioggia dei raggi quando il sole discende lento nel mare.

V.

Bibliografia, e classazione dei codici. — Sta in E ed *a*; il testo di E è stampato in MG 415, per *a* abbiamo una nostra collazione. Alcuni frammenti, secondo E, ne furono anche stampati dal Raynouard, Ch. V, 37, e riprodotti dal MW II, 76—7, e dal Galvani, Rivista, I 275.

Considerando che questa canzone sta solo in E ed *a*, e che essa vi è ordinata nella stessa serie; e considerando gli errori comuni, e le varianti fra le due lezioni, gravi talvolta ma pure non sostanzialmente divergenti, concludiamo che le due lezioni appartengano ad un' istessa famiglia, il cui capostipite meglio è rappresentato da E che non da *a*.

Argomento. Il ritorno della primavera ridesta il poeta all' amore, e d' amore tutto lo riempie. Egli si sente felice; e viene spiegando la natura dell' amor suo, causa di tanta felicità: è stato fedele e costante; ha sfuggito ogni inganno; e però ora ha raggiunto il suo voto. Questa fortuna non può toccare agli amanti che vivono di menzogne.

1. E, fa andare il primo verso sino a *parer*.

4. Nessuna delle due lezioni ci par buona, mancando in *a* la corrispondenza fra i due membri; e restandone offesa la metrica in E.

5. L' *adoncx*, comune ai due codici, è contrario al metro, e mette in evidenza la stretta parentela delle due lezioni.

10. Citato dal Lex. 5, 421[a], secondo E, ma cangiando il *trahug* in *tribug*. Più innanzi, tuttavia, cita il Raynouard anche le forme *trabug*, *trabus*, *trahut*. Quelle uscenti in sibilante o in palatina, anzichè a *tributum*, devono risalire a *tributio*. *Trabus* acc. pl. è anche in B. de Born, VI 9, e lo Stimming (p. 241) crede stia per *trabut-z*; ma esso potrebbe anche stare per *trabuz-s*.

11. Già il Mahn nella sua edizione di E avea indicato la vera lezione: *capdel*.

13—4. La chiave di questi due versi ci è data forse da P. d' Alvernha, che dice della sua donna: Qu' ensenhamens e beutatz l' es abrics (MG

1721, 7 ecc.). Arnaldo par descriva qui allegoricamente il castello di cui l'Amore l'ha fatto donno, e dice che la casa (*estar*) è costrutta di fedeltà pattuita (cioè, sicura) e di dottrina (dottrina e fedeltà vi giacciono, cioè vi stanno per casa, fanno da casa [o vi stanno di casa?]); e che essa casa ha dintorno (si fa contorno di) il buon pregio. — *Estar* per 'maison' è dato dal Lex. 3, 203ᵃ con un esempio d' una carta del 1168, e si legge anche nella Flamenca, v. 3287, 3520. *Atornar* manca di esempii nel significato che mostrerebbe qui; ma questo significato gli conviene etimologicamente. L' *adorna* di E ha l' aria d' una correzione fatta da chi non intese la lezion vera; e poi riviene nel commiato.

15. *Estug* = *studium,* anche per il significato. E manca con questa accezione ai lessici.

16. *Fizel* ha, contro l' etimologia, un *e* largo, v. Stengel 46, e cfr. l' it. (agg.) *fedèle* e l' a. fr. *feaule*.

17—8. Citati dal Lex. 3, 234ᵇ, secondo E, ma correggendo erroneamente in *estug* l' erroneo *estrug* del ms. — *Esdug* è spiegato dal Lex. 3, 85ᵃ solo con 'manière', 'art d' éconduire'; ma qui dice chiaramente 'fuga', 'diserzione'.

20. Sul costrutto: *la miels,* veggasi lo Stimming, B. de Born, p. 251. Anche in italiano: 'la meglio' per 'la migliore'. *Delida* è participio, non di *delir* = *delere,* ma di *delir* = *deligere* (l' *estida* di *a* sarà da ricondurre ad *es-lida*). E cotesto *delir* manca bensì ai lessici, ma ha qualche esempio: si vegga l' Arch. 33, 435ᵃ (R. d' Or.). Lo Chabaneau propone dubitando: *Quel mieils aia d' eslida,* ovvero *ai ad eslida*, pigliando *eslida* per 'scelta', sostantivo.

21. Citato dal Lex. 3, 589ᵇ, secondo E, e tradotto così: "D' où paraît le soleil jusqu' au jour qu' il éclaire", ch' è un modo di tradurre atto a riempiere gli occhi o le orecchie, ma non la mente (e le traduzioni del Raynouard sono, nei luoghi difficili, quasi tutte così). Noi crediamo che la difficoltà del luogo stia nel *jorn,* il quale dice e 'giorno' e anche 'mattino', come prova G. Riquier scrivendo: Per que m' en deg esforsar *jorn e ser,* citato dal Lex. stesso, 3, 587ᵇ. Avendo significato 'mattino' temporalmente, ben potè *jorn* dire anche 'mattino' in senso locale, cosicchè il nostro luogo venga a dire: "Da dove tramonta il sole, fino all'oriente dove arreca il giorno"; e la novità della frase stava nell' invertire i due termini, e nel dare appunto a *jorn* questo significato men comune. Ma il verso non fu inteso da nessuno dei due copisti, l'opera dei quali ci resta: tutti e due (o un loro predecessore comune) cangiò il *part* in *par*, presupponendo si dovesse esprimere qui il termine solito ad esser primo in simili frasi; quello di *a* poi andò più oltre e compì l' alterazione, sostituendo all' incomodo *jorn,* il *ser* e acconciando il tutto insieme abbastanza ingegnosamente mediante il *pos* sostituito al *quez*. Di *ajornar,* che manca al Glossaire, il Lex. 3, 589ᵇ non reca se non che esempi d' Arnaldo, questo, e l' altro in VII 26, dove pure i due termini sono invertiti; cfr. *aiornar* = 'clarescere' nel Donatus (Steng. 28).

23. Citato dal Lex. 5, 432ᵇ; nè di *s' atropelar* = 'se réunir avec quelq.' vi si recano altri esempii: e manca al Glossaire. Il senso preciso della parola pare: 'mettersi nella schiera di q.'

24. Non è ben chiaro quel *ver dig.* Sarebbe una sola parola, col senso di 'veridicità'?

25. *Espelar* non ha nel Lex. se non il valore di 'expliquer'; ma qui sembra aver l'altro senso, spettante al ant. fr. *espeler*, di 'significare'. Se pure non è da preferire la lezione di *a*: *s' espel* = 'si pronunci'.

28. Citato dal Lex. 5, 381ᵇ, traducendo il *trastornar* con 'dénaturer', mentre veramente dovrà dire 'mutare'.

33. Cfr. l' Introduzione, p. 10.

39. Nota il nominativo *κατὰ λόγον*; cfr. Stimming, B. de Born, 229.

42. Rima in apparenza ripetuta; ma qui *trastorna* significa 'si rivolge', ed è usato riflessivamente.

43. La rima che va su *-órs* mostra che qui *cors* non è *corpus*, ma *cursus*; e *de cors* risponderà quindi al nostro "di corsa". Altri esempi provenzali in Lex. 2, 489ᵇ. Par s' abbia qui un tranello alla critica, vedi le note a III 14, e VI 34.

VI.

Bibliografia, e classazione dei codici. — Sta in E e C, editi ambedue in MG 433—4. Le due lezioni sembrano appartenere a una stessa famiglia, come mostrano alcuni errori che hanno in comune, v. 9, 12, 14, 26, 31 ecc.

Argomento. Il trovatore, escluso per colpe insussistenti dall' intrinsichezza della sua dama, colla proibizione, per giunta, di non più cantare di lei e di non parlarle se non 'ab tres', procura di riacquistarne le grazie mediante questa canzone che le fa cantare da alcuni amici. — Simili casi d' interposizione d' amici o d' amiche per rimettere l' accordo tra due amanti inimicati sono frequenti oggidì, nè meno frequenti furono tra i trovatori. Se ne contano nella vita di P. de Capduoill, di B. de Born, di Ugo di s. Cyr. e di G. de Balaun; più notevole è ancora quello di Riccardo di Barbezieu (Diez, L. u. W., 532 segg.).

4. Non conosciamo altri esempii di *esperar* costrutto coll' *a* e l' infinito; e però sospettiamo fallaci le due lezioni. Si potrebbe correggere: esperi far ecc.

7. Verso oscuro, e probabilmente per ragioni intrinseche. Qui deve essere espressa, a quanto sembra, la condizione alla quale la donna avrebbe ancora ammesso Arnaldo a parlarle. Forse ella gli avea proibito di palargli 'a quattr' occhi' cioè 'à deux'; ed egli induce tre amici o amiche, le quali cantino questa canzone, e così le parla 'ab tres'. Pare ad ogni modo doversi sottintendere un *que* prima dell' *ab tres;* poichè altrimenti non vedremmo qual senso ragionevole se ne potrebbe avere. — "Peut-être simplement, en mettant une virgule après *tort*: *car j'en ai bien le loisir* (de faire une chanson), *vu que autrement je ne parle pas avec trois personnes.* C'est-à-dire, je sui maintenant dans la solitude, sans compagnie; j'ai donc tout le loisir de faire la chanson *que m'es mestiers qu'eu fassa.* Rien, ce me semble, n'implique nécessairement, de la part de la dame, la prohibition de ne plus chanter d'elle et de ne plus parler *estiers qu'ab tres.*" Chab.

16. *Mas* pare qui equipollente al *pos, pos que.* Altri esempi di quest' uso di *mas* abbiamo in VIII 8, IX 45 ecc. (vedi il glossario) e in Chrest. 90, 14; MG 480, 1; Chans. alb. 8479 ecc. — "*So* serait peut-être mieux écrit *s'o.* Quant a *mas,* je ne crois pas qu'il ait ici le même emploi que dans VIII 8. En lui donnant la signification de *puisque,* comment ce vers se joindrait-il au précédent? [ne darebbe la ragione, *poichè* (il voler aver ragione in amore) è pensiero da pazzi]. Je pense qu'il faut simplement traduire *mas* par *mais,* en faisant du vers entier une sorte de parenthèse. Mais j'aimerais mieux encore corriger *mal.* Vous savez combien dans certains mss. *l* et *s* (*ſ*) se ressemblent." Chab.

18. Cioè, di cosa in cui voi non ci avete nè potete aver colpa.

19. Di ritorno dall' oriente, cioè sana e salva a Bari, ch' era uno dei porti più frequentati da chi faceva quel viaggio. E il perigliare per via era faccenda ben naturale, da non potersene dare la colpa ad alcuno. Le due frasi hanno l' aria di proverbii.

22. Nota il *bon* = *bŏnus* che rima in *-ón* (stretto), analogamente a *be bes* = *bĕne* che rima in *é* o *és*; vedi le note a III 18 e VII 1.

23. *Vol* dice qui 'ama'; così che la rima è equivoca e non ripetuta.

26. Abbiamo corretto il *puec* in *poc,* onde avere conformità ortografica, col *dol, vol* ecc.

28. Citato dal Lex. 4, 535 b. *Es* = *est* ha, contro le ragioni etimologiche, un *e* stretto, cfr. P. Vidal, N° XXV, v. 17 dell' ed. del Bartsch, e Chrest. 69, 9; 81, 31; 84, 22 ecc. Esso è stretto anche nell' odierno *rouergat;* mentre largo è quello di *es,* seconda persona, vedi lo studio dell' Aimerich (Zeitschrift, III 353) n. 133.

34. Il *cort* non può essere nè *cohorte* (cfr. *córtz* XV 15), nè *curto* (cfr. XV 22), giacchè non ci par probabile che Arnaldo si sia permesso una rima inesatta. Forse il testo è guasto; e forse ancora quel *cort* risponde a *corde,* e sarebbe uno dei non pochi latinismi d' Arnaldo. In questo caso si tratterebbe qui, come in III 14 e in V 43, d' un tranello teso dal trovatore ai critici del suo tempo . . . e del nostro. — Lo Chabaneau proporrebbe: *d'Arnaut recort.*

35. Nell' impaginazione è uscita la variante *deves* che per questo verso offre C.

VII.

Bibliografia, e classazione dei codici. — Sta in AcGQIKN²LNDERC. Il testo di A è pubblicato in MG 1291 e Arch. 51, 142; per tutti gli altri abbiamo nostre collazioni. Un testo critico ne fu tentato dal Rochegude, Parnasse occit., 254, servendosi di IECR; e questa lezione fu riprodotta dal MW II, 72, e dal Galvani, Rivista I 271—2, aggiuntavi una versione letterale.

Varia l' ordinamento delle strofe nei mss. al modo che segue:

AcGQ: 1. 2. 3. 4. 5. 6. 7
IKN²: 1. 2. 3. 4. 6. 5. 0
LDNE: 1. 2. 3. 5. 4. 6. 0
C: 1. 3. 4. 2. 6. 5. 7
R: 1. 2. 3. 4. 0. 6. 0;

secondo i quali dati i nostri codici si dividerebbero in quattro classi, giacchè R, colla sua lacuna, dovrà stare con AcGQ o con IKN². Che se si badi alla presenza o all' assenza del commiato, le classi si ridurrebbero a due: AcGQC; IKN²LNDER. Considerando invece tutti uniti i dati dell' ordinamento delle strofe e delle lacune e quelli delle varianti, siamo condotti a mettere da un lato il solo A (cfr. v. 7, 12, 16, 18, 25—6, 59, 74), e dall' altro tutti i rimanenti, pur facendovi alcune debite distinzioni. Formano un gruppo in disparte, più vicino ad A, cGQ, dove la lezione del v. 59 farebbe anzi sospettare che *c* abbia attinto a più fonti, a quella di GQ e a quella di A; IKN², coi quali spesso va R, formano un altro gruppo, che trammezza fra il primo ed il terzo, costituito da LNDE. C poi, come è sua abitudine, dà una lezione mista, che nel complesso s'attiene a questa seconda famiglia, ma qua e là s' accorda con A. — Ci resta ora di dar ragione delle apparenti contraddizioni tra questa e le precedenti classificazioni. Il gruppo cGQ può combinare con A nell' ordinamento delle strofe e nell' avere il commiato, senza che perciò siamo obbligati a metterlo nella famiglia di A, contro le indicazioni delle varianti (v. 12, 25—6 ecc.); esso potè mantenere quell' ordinamento ch' era ancora nel capostipite della 2ª famiglia, o riacquistarlo, quando s' era già fatto indipendente dai gruppi affini. Lo stesso si dica rispetto alla presenza in esso del commiato. Come poi C possegga il commiato, è anche più facile a dichiarare, vista la sua natura eclettica, già comprovata anche per questo caso. IKN² sono fatti su più d' una fonte, come mostra la lezione di K al v. 14 e quella di N² al v. 48 ecc. Fatta pertanto l' eccezione di R ed L, noi ci troviamo qui a una classazione di codici molto simile a quella che si aveva per la canzone IIª. Nè questa classazione è contraddetta dal posto che la nostra canzone tiene ne' singoli codici; solo che esso farebbe supporre più intimi i rapporti fra R e C.

Da queste conclusioni noi partiamo per ricostituire il testo: abbiamo A contro tutti gli altri; C incerto, ma quando s' accordi con A non privo di autorità, in quanto si vede dalla lezione del commiato ch' esso aveva per seconda fonte un testo ben diverso da quello onde vien A.

Argomento. Il poeta è tutto devoto d' amore; se poco ne parla, gli è per cautela. Il tacere gli costa; ma ben lo merita la sua bella, ch' egli non può per nessun modo lasciare, benchè deva contentarsi di vederla soltanto. Folle è chi parla: i ciarlieri lo rovinano; e però egli finge, e glie n' è grata la sua bella che gli ha largito un piccolo favore, ch' egli tuttavolta non dirà qual sia stato. Se più spesso glie ne facesse di tali, più spesso egli canterebbe. Intanto le fa sapere che mai obblierà quello che ha avuto. — Pare la prima o delle prime per Meglio-di-bene; è in parole piane, e però il biografo provenzale seniore potè crederla opera d' un giullare assegnata poi ad A. Daniello.

1. Nota l' *a* e l' *ésta* del v. 12 in rima con altri *-a*, i quali secondo l' avvertimento di U. Faidit (Stengel, 45) erano stretti. E poichè per *a* ed *esta* non si può sostenere che l'alterazione dell' *á* sia dovuta direttamente alla nasale in dileguo, tanto più che, nel moderno limosino, l' antico *a* = *habet* è *o* (Chab., 22) e analogamente è *so* l' ant. *sa(p)* e *go* l' ant. *va ga* = *vadum* (Chab., 268, 366), come *gra* è ora *gro* ecc. (*está* è ora

áito, coll' accento ritirato); noi crediamo di poter spiegare il fenomeno, dicendo ch' esso ci riveli in condizioni embrionali lo sviluppo ch' è normale sul campo francese. L' *á*, che restava scoperto, o avea dopo di sè solamente l' *s* mobile della flessione, inclinava ad *è* (per oscurarsi poi in *o*, cfr. l' *o* finale napoletano), ch' è appunto il suono stretto dell' *a*; e ciò avveniva *anche* nei casi (perciò appunto rilevati dal Rimario) in cui l' *a* fosse seguito da quel fantasma di consonante ch' era l' *n* indifferente.

4. *Se tornar* è 'rivolgersi', e quindi 'rivoltarsi' 'ribellarsi' come dice appunto in questo luogo.

12. Accettiamo la lezione di A perchè confortata da C, e meglio conveniente al v. 13, secondo la lezione di A, e di *c*GQ.

14. Il *plaing,* che diplomaticamente sarebbe solo ammissibile, ci pare turbi il senso, mentre si dà l' aria di chiarirlo. Ha detto prima il trovatore, che tien celato nel petto ciò che pensa e che sente; ed ora si contraddirebbe, con questa lingua che 'plaing', e nondimeno il cuor seguita nelle sue aspirazioni?! Ottimo è invece per il senso il *feign* di *c*L, cui s' accosta C, e confortano R ed I col loro silenzio. Difficile è tuttavia spiegare come il medesimo errore, *plaing,* siasi insinuato in A: o esso era già nella sua fonte, o esso l' ha attinto a qualche codice della 2ª famiglia, o casualmente vi si è incontrato con i codici d' altra provenienza. Le condizioni della seconda famiglia fanno sospettare che nel loro capostipite la parola fosse di difficilissima lettura, o mancasse.

16. Il *gen* della 2ª famiglia ci pare contrario al senso; e forse fu destato del *gen* del v. 19.

17—18. Cfr. per questa frase MG 792, 6.

25. Il senso richiede si dia qui la preferenza alla lezione della 2ª famiglia. La lezione di A non dice nulla di buono, benchè abbia le apparenze della chiarezza. Il copista non intese che il *per so* antecipava ciò ch' è detto nei due versi seguenti.

26. Citato dal Lex. 3, 589ᵇ, secondo IK; *ajorna* vi è tradotto erroneamente con 'brille'. Cfr. la nota V 21. Il *Que* di A pare assolutamente necessario al senso, e però necessario risulta anche il resto della lezione. Forse i copisti della seconda famiglia (o de' suoi antenati) vollero schivare l' insolito *sols* senza articolo per giunta; IK si contentarono di espungere il *que,* aggiungendo l' articolo; gli altri s' attennero al volgato *soleills,* e dovettero essi pure espungere qualche cosa: espunto fu il *que,* il quale spesso può venir sottinteso nel provenzale.

37. Il diminutivo *lengueta* non è notato dai lessici; ma non ha in sè nulla d' improbabile. E poichè non vediamo che cosa possa significare *il lengua tadorna* o *l. tandorna* dei codici della 2ª famiglia, siamo ridotti a scegliere fra questo *lengueta* di A e *c*, e il *lengua adorna* di C, col duro iato che vi si sente. Ma delle due lezioni, la prima è anche diplomaticamente meglio guarentita, ed essa sola darebbe una ragione delle altre lezioni, prive a quanto si vede di senso; e però alla prima ci atteniamo. — Lo Chabaneau mi avverte che *lengueta* è parola tuttora molto in uso; e dal dizionario dell' Azaïs cita: "*Lengueto d'argent,* langue doréo; on le dit d'une personne qui parle agréablement."

40. Qualche dubbio ci lascia quel *tals,* che starebbe avverbialmente per 'talmente'. O s' ha da correggere in *c' als* = 'che altrimenti'? Si noti anche la lezione di C: *tal hora*, che darebbe un senso buonissimo, ed ha un che d' insolito nel provenzale.

42. Il Rochegude legge qui: *fugen*; ma non ha per sè codice alcuno.

45. *Pero* = perciò, vale a dire, per essere io discreto e buon simulatore, come è detto nella strofa IV.

46. Qui pure l' *ab* di A, è confortato, oltre che da *c* e IK, da C.

52. Non vediamo come possa star qui *soven* = 'spesso'. Ciò fu sentito dall' amanuense di C, il quale pensò di rimediarvi, col suo *sufren*, che così si ripeterebbe in rima dal v. 9. Ma probabilmente *soven* non è il solito avverbio. Esso potrebb' essere il participio presente d' un *sovir*, fatto corrispondere da R a *suffren* nel v. 9. E questo *sovir* potrebbe essere o *subire* o *sopire*, piuttosto il primo che non il secondo, e lo abbiamo probabilmente anche nell' a. fr. '*assouvir* bataille' (Diez, II 209). Nè si potrà opporre la recente età di *subir* nel fr., e di *subire* nell' italiano; giacchè antico è lo sp. *subir* 'salire'. Ma più probabile pare a noi che questo *soven* sia da ragguagliare a = *sub vento*, vnz. *sottovento* 'di nascosto' 'sottecchi'; cosicchè lo si potrebbe scrivere anche *so ven*. Altri esempi di cotesto *soven* par a noi di vedere in MG 630—1, 4 (souenz, R. d' Or.) e (ma non certo del tutto) MG II 31, l. 18 (R. Vidal de B.). (Vano sarebbe l' argomento che contro *soven* = *subinde* si volesse desumere dalla rima, poichè anche *soven* 'spesso' rima cogli *-en* da lat. *-ente* o *-endo*).

60. Citato dal Lex. 4, 74ᵇ, secondo E.

67. Sulla mancanza del segnacaso dinanzi a nome di persona, v. Diez, Grammaire, III 116. Il senso di *ren* (da *rendre*) non è ben chiaro; par dica: 'riferisci', 'narra' e questo significato attribuisce a *rendre* anche il Lex. 5, 84ᵃ, benchè l' esempio citato non sembri adatto a provarlo. D' altra parte riesce strano che Arnaldo chiami 'grazida' la sua canzone; e si può quindi sospettare che la sola 'Chanssos' deva stare fra due virgole, e che il senso sia: 'Rendi, o canzone, gradita Meglio-di-bene, cui Arnaldo non obblia': ch' è però un costrutto e un senso stentato.

VIII.

Bibliografia, e classazione dei codici. — Sta in AHIKN²NDEC; la prima stanza anche in *b*, che è stampato in Barbieri, p. 35. Il testo di A abbiamo in MG 1298 e in Arch. 51, 144; quello di C ed E è a stampa in MG 418—9; degli altri abbiamo nostre collazioni. Il Raynouard, Ch. V 38, ne ha dato due frammenti (secondo E o C), riprodotti dal MW II 77—8, e il primo anche dal Galvani, Rivista, II 97. — In tutti i mss. le stanze stanno nello stesso ordine, solo C inverte la seconda e terza.

Ora prendendo in considerazione il posto che questo componimento tiene nei singoli mss., e l' apparato delle varianti, si è indotti, ad onta della divergenza di C nell' ordinare le strofe, ad attribuire tutte le otto lezioni ad una stessa famiglia. Ben è vero che ai vv. 2, 19, 22, 43, 56, A parrebbe costituire una famiglia a sè, mentre ad un' altra dovrebbero appartenere i rimanenti, che hanno in comune alcuni errori; ma poi si vede in altri versi (30, 32, 33, 38, 54) che A participa ad alcuni errori comuni a parecchi fra gli altri codici; onde si conchiude una stretta affinità fra esso e loro. Tutti, adunque, i mss. di questa canzone vengono da un unico capostipite, il quale al v. 31 e 38 era già guasto e venne poi diversamente guastandosi ancora nei diversi gruppi de' suoi discendenti. Questi gruppi si possono costituire così: A, HIKN² (v. 21, 32, 38), ND (v. 54), EC; pur notando che C (v. 44—5, 31) si stacca talvolta da E per avvicinarsi ad A, onde si conchiude, al solito, che esso attingesse per lo meno a due fonti, a quella stessa di E, e ad una vicina ad A: e questa pluralità di fonti ci spiega anche la sua divergenza nell' ordinare le stanze.

Argomento. Con di fuori la primavera, e con dentro l' amore, il poeta canta l' affetto che lo rende felice. Si guarda però bene di svelarlo: nulla sa d' amore chi crede che il parlare non debba nuocergli: e se ne avvedrà con suo danno. Il poeta ama, è felice; ma cela: e cela, perchè vuol conservarsi la donna sua, ch' è la migliore fra quante furono da Maria Vergine in poi. Fedele a una fedele, egli esulta, ma tace.

1—2. Rifiutiamo la lezione della maggioranza, perchè ci pare sospetto l' *els*, per dire "sovra i". Poi la lezione di A ci continua l' antitesi ch' è in *autet e bas*: i rami saranno quelli degli alberi, in alto; i *renc* saranno i 'filari' o le 'siepi' in basso. Il Dal Plà (Barbieri, p. 35) traduceva questi due versi: "Altetto e basso tra le sottili foglie, suono novo, de' fior ne' rami, si rende"; e il Galvani (Riv., II 97): "Altetto e basso entro le prime foglie suon nuovo di fiori e di rami si rende . . ."; e segue un commento anche più singolare.

7. La lezione *pel* di A pare più conveniente; ma non è necessaria, e però stiamo colla maggioranza.

8. Per il *mas* = 'poi' vedi la nota a VI 16.

11. Sottinteso: "della mia donna". Ma vedi la nota seguente.

12—16. Nota l' ardito distacco di *jois* del suo genetivo *d' amor*. — *Fóla* è tradotto dal Rimario (Steng., 63): "sub pede calcat". — Ma vogliamo confessare che questa interpretazione del luogo non ci soddisfa più interamente; e dubitiamo che migliore fosse quella che alle prime ci si presentava e che consiste nel togliere il punto dopo il *venc* (v. 11) facendone soggetto il *jois*; e mettere poi un punto dopo *anta*. Nel v. 14 poi bisognerebbe leggere con HIKN² *vau* anzichè *va*. E si tradurrebbe: "Ringrazio Iddio, e i miei occhi per la forza conoscitiva (= conoissensa) dei quali mi venne il gaudio, il quale del tutto uccide e calpesta l' ira e l' onta che n' ebbi. Ora, sen dolga chi vuole, io vado su in Amore, al quale sono fermamente fido."

16. Tutti i mss. hanno, come A, *ferms*, mentre la rima vuole *frems*; ma non ci sentiamo di ammettere qui una rima inesatta. E *frems* è, d' altronde, forma provenzale ben nota. — Lo stesso caso, per la stessa parola, ci si presenta in XIV 25.

20. Nota il *prénc*, in contraddizione coll' ital. *prèndo*. Piuttosto che d' un' influenza della forma del perfetto (*prénc*, Stengel 21ª) su quella del presente, crediamo si tratti delle ragioni stesse che si discorrono in nota a XII 46: o vi ha influito la nasale, o vi ha influito l' *i* ch' è finale nella forma parallela *prendi*.

21. Qui probabilmente c'era nel codice, onde vennero tutti i nostri, una lacuna, che A seppe riempire e gli altri lasciarono sussistere.

25. Citato dal Lex. 3, 453ᵃ. — Rispetto alla rima, che, come mostrano *tems* (Steng. 47), *frems, absems* e *nems*, va su *ems* stretto, si noti che *gems* è fatto rimare con *tems, nems, ensems, rems* (= *rĕmus*) ecc. anche da G. de Bornelh, in MG 1385, 5; e da P. R. de Tolosa, MG 790, 2. Riguardo al *crems* del v. 34 e al *prems* del v. 52, noteremo che il primo riapparisce in rima con *tems* ecc. in XIV 33, e che il secondo appare anche sotto la forma *preins* (Diez, Gram. II 199; Choix, V 247: tenzone fra Lantelm e Lanfranc Cigala), la quale potrebbe sembrar adatta a chiarire anche la ragione di *créms* e *géms*. Essa mostrerebbe infatti che il suono stretto, o incerto, dell' *e* in queste voci sia dovuto: o al nasalizzarsi del *m* (*n*) che segue, ch' è la ragione più probabile; o alla presenza più o meno latente d' un *i*, che si svolge dal nesso *ms ns* (cfr. *preis* accanto a *pres* da *prehensus* e sim.), il qual *i* avrebbe agito per assimilazione sull' *e* per natura largo, con cui era a contatto. E si noti che nel moderno *rouergat* si ha *créñi* (con *e* stretto) da *trĕmo* **trĕmeo*; Zeitschr. III 339. — E si vegga la nota a XII, 46.

28. Supponendo che il soggetto di *falsa* fosse il *qui* del v. 30, io cercava di darmi ragione di quel *l' escoills* ch' è in tutti i codici; ed esitava tra l' emendare: *falsals escuoills*, con un plurale inaudito di questo sostantivo, e lo scusare *l' escuoills* acc. sing. coll' esempio di *midons* dove l' *-s* si è fissato sul tema. Se non che lo Chabaneau giustamente mi avvertiva che il *falsa* può voler dire anche 'si falsa' 'diventa falso', ed *escuoills* esserne il soggetto. E allora il *Qui di* del v. 30 varrebbe quanto un 'quando uno dice' ecc. — *Escoills* è voce non precisamente interpretata sin qui, e alla quale troppi e troppo diversi significati attribuiscono il Glossaire, il Lexique e il Bartsch nella sua Chrestomathie; nè fu abbastanza sin ora investigata la sua etimologia, che dovea mettere sulla strada d' indicarne il significato fondamentale. Il Diez, I 132, lo riconnette a *colligere*, e lo ragguaglia all' ant. prtg. *escol* 'scelta'. Se non che il senso delle due parole, come appare dal Diez stesso, è totalmente diverso; ed *escoills* non potrà essere staccato da *scoill-s* 'école', 'leçon' (Glossaire). Ora, *scoill* è evidentemente da *schola*, e ne è stato ricavato come *joi* da *joja*: il Glossaire, infatti, attribuisce ad *escoill escueill* anche il significato di 'confrérie', 'classe'. Il significato primitivo di *escoills* sarà dunque stato l' etimologico di 'scuola', onde si potè svolgere l'altro di 'qualità', che è il più frequente: noi crediamo anzi che Arnaldo stesso ci offra un esempio di *escoills* nel suo senso primitivo, o quasi, in IX 89, ove esso dice 'scuola' o 'maestro'. In una poesia, tribuita da alcuni mss. ad A. Daniello, *escuoills* ha il valore d' 'insegnamento' o 'rimprovero' (MG 413—14, st. 6), e difatti è sostituito in un altro codice da *jangluelh* (MG 6). E se il Rimario antico traduce *escolhz* 'color' (Stengel 54), non sarà difficile intendere il passaggio ideologico da 'qualità' a 'colore'.

29. *Fadenc* è tradotto 'fadaise' dal Lex. e dal Glossaire; ma qui deve significare tanto quanto *fadions*, o *faiditz*, e si riconnetterà, non con *fatuus*, ma col bassolat. *faida* 'nimicizia'; cfr. la nota a XIV 22.

Il poeta vuol dare un termine antitetico a *drutz*, e dice *fadenc* = "colui ch' è bandito dalla sua bella".

30. Il *di* = *dicit* è in tutti i codici, e lo troveremo anche al v. 55. La forma normale della 3ª pers. è *ditz*, ma *di* (talvolta *dii*) può ben stare, come *fai, jai* da *facit jacet*.

30—1. Citati dal Lex. 2, 508ᵇ secondo EC. *Crebantar* = 'rompere', 'rovesciare' è ben noto, e vien dedotto da *crepare crepant-are*; qui tuttavia la forma meglio garantita diplomaticanente è *creanta*, col -p- svanito, del qual processo, insolito nel prov., abbiamo un altro esempio nel *reproer-s* di XIV 35. Siccome poi la lezione *us* del v. 32 par da rifiutare anche perchè ripeterebbe la rima del v. 6 (si spiegherebbe col Raynonard: "nessuna cosa, che *al* cuore [rovini] tolga l' uso del pregio"), ci persuadiamo a mutare il *ca, cal* dei mss. in *quel* = che lo. Confessiamo tuttavia che il v. 31 ci lascia qualche dubbio.

33. *Enfrus* = 'smanioso', 'cupido'; l' antico Rimario lo traduce 'homo insatiabilis' (Steng., 60; e cfr. MG 406, 3). Dal Dict. del Mistral lo Chabaneau mi cita: "*Enfrun* = avide, glouton. — *S'enfrouna* = se gorger, se soûler."

34. Citato dal Lex. 2, 514ᵇ. Per *crems*, partic. d'un ipotetico *crémer*, il Lex. non cita se non questo luogo, e un altro pur d' A. Daniel, che troveremo in XIV 33. Il Diez, II 266, lo crede un arcaismo. Sulla natura del suo *e* vedi la nota al v. 25.

35—6. Ha l' aria d' un proverbio.

38. Il motivo del *trenc* che apparisce iu alcune lezioni par sia da cercare in un *tienc* per *tenc* del loro prototipo.

39. Citato dal Lex. 3, 133ᵇ. — Nota l' *o* stretto di *pistola*, che risalirà ad *epistula*, ben nota variante di *epistola*, o lo dovrà all' essere questa voce di formazione letteraria.

39—40. Dalla fondazione del Cristianesimo in poi: con che viene esclusa dal paragone, senza nominarla, Maria Vergine. E bisogna convenire che il modo dell' esclusione e del paragone è ben trovato.

43. *Absems* manca ai lessici; ma è chiara la sua composizione. La rarità della parola spiega il mutamento di A.

47. *Retener* è il verbo tecnico per dire: "accettar quale amante."

50—2. Citati dal Lex. 3, 233ª. Siamo incerti se *brus* sia qui per *bruns* = 'fuscus' (Stengel, 60), o seppure non sia il rappresentante provenzale, finora non riconosciuto, dell' etimo che abbiamo nell' ital. *brusco* = 'aspro' 'mordente': lo *-sc* può ridursi in prov. a *-s*, cfr. *freis* = 'fresco', *bos* = *bosc*. — Di *estrus* agg. il Raynonard, l. c., non reca se non questo esempio; il Glossaire lo traduce con 'sauvage' 'rétif'.

50—4. Citati dal Lex. 4, 280ª, secondo HIKEC, col v. 52 crescente d'una sillaba. La buona lezione pare sicuramente quella di ND con l' insolito *als* per *a las*. — Su *prems* vedi la nota al v. 25. — *Comorder* è dato dal Lex., l. c., con questo solo esempio; ed è tradotto, erroneamente, con 'exciter'. Esso si legge anche in XV 32, dove significa 'afferrare', come bene vide il Tobler, presso Levy, G. Figueira, p. 86. Qui pare significhi 'abboccare' 'beccare'. — L' *o* neutro è da riferire logicamente a *jois*, seppure non s' ha qui un costrutto analogo a quello di IV 27. —

Trepar è spiegato dal Rimario con "manibus (?) ludere" (Stengel, 34, 103—4; e Flamenca v. 749), cfr. *treps* in XV 36. — "Le verbe *trepá* est encore usité. Il signifie *sauter, trépigner.*" Chab.

56. Non ci par sostenibile il cangiamento di persona che qui fanno tutti i codici tranne A: la ragione del cangiamento fu forse il *di* = *dicit*, mentre di solito risponde a *dico*.

57. La rima è ripetuta dal v. 54; tuttavia con qualche differenza di significato.

IX.

Bibliografia, e classazione dei codici. Sta in AIKN²RaCDHNUV. Il testo di A è stampato in MG 1302 e in Arch. 51, 146; quello di U in Arch. 35, 381, e MG 1303; quello di V in Arch. 36, 433, e fu da noi riveduto sul codice. Per C ed I abbiamo la stampa del MG 416—7 e insieme l' apparato del Bartsch (le varianti date soltanto dalla stampa del Mahn sono messe in corsivo nella nostra tabella); di tutti gli altri possediamo collazioni. — Il Raynonard ha dato la quarta stanza, in Ch. V 39, seguendo quasi in tutto R; e la stanza fu riprodotta dal MW II 77; il Galvani poi, Rivista, II 98—9, ne ha dato la prima stanza attenendosi più specialmente a D, e aggiungendovi una traduzione e qualche non ispregevole commento. — Il Bartsch fu il primo, ed unico sinora, che tentasse, nelle quattro edizioni della sua Chrestomathie prov., affrontare le immense difficoltà di questa canzone; e se ne cavò da par suo, pur lasciando in più d' un luogo aperto il campo a nuove ricerche. Piacquegli anche ridurre le stanze ad otto versi, producendo così molte rime al mezzo; ma poichè l' autorità dei codici è contraria a una siffatta distribuzione (che del resto riguarda più l' occhio, che non la metrica, cioè l' orecchio) non la possiamo approvare.

Nell' ordine delle strofe svariano da quello che noi seguiamo IKN², che trasferiscono la terza dopo la quinta, ed *a*, che porta la quinta dopo la seconda. — La partizione dei versi nelle singole strofe presenta parecchie discrepanze. Dividono al nostro modo: UIKN²CHDa; in A la distribuzione è irregolare e la strofa vi ha ora 14, ora 15, ora 16 versi; peggio ancora in V. Di R ed N nulla ci consta di preciso. Giovandoci di questi dati, e di quelli già raccolti studiando l' ordinamento delle poesie entro i singoli codici, e soprattutto considerando l'apparato delle varianti, veniamo alla conclusione che le dodici nostre lezioni vadano divise in due famiglie, come mostrano specialmente i vv. 29, 46, 53—4: AIKN²RaCDHN; e UV. Se tuttavia consideriamo il posto che questo componimento tiene in U, saremmo indotti a fare di queste lezioni piuttosto due classi che non due famiglie, nella prima delle quali AIKN² sembrano fra loro più strettamente uniti degli altri. E gioverà notare che pur qui I mostra d' aver attinto a doppia fonte al v. 24, e K d'aver fatto lo stesso al v. 75.

Argomento. — S' approssima l' inverno e la natura si disamora; ma il poeta canta, benchè torbidamente minaccioso ed oscuro, i pregi della sua bella. Egli nutre ancora buone speranze, e si raccomanda alla sua donna. Poi invia il canto elaborato al re d' Aragona, del quale loda la liberalità.

1. *Amara,* contrapposto a quella 'dolce' (v. 4) della primavera; e cfr. l' 'acris hiems' di Orazio, Carm., I IV 1.

1—2. È probabilmente cercata l' allitterazione in questi due versi; cfr. XI 1—2.

3. P. d' Alvernha avea detto: Pos dels verts folhs vei clarzir los guarrics (MW I 93), in una composizione il cui principio pare il tema di questa d' Arnaldo; e G. de Calanson, imitando Arnaldo: Sitot l' aura s' es amara, Don s' esclareisson li branc (MW III 33).

4. Scriviamo *doutz* con A e senza apostrofo, parendo probabile che A con quest' insolita grafia ci abbia conservato un *doutz* = *dulcis* (masch. e fem.), che leggo anche in un 'vers' a rime difficili, di E. Cairel, in Arch. 33, 444[b]; mentre a *dulci-a* risale il *doussa* comune e il *douce* del francese.

5. La rima va su *etz* stretto; e un tal *e* mostra *letz*, contro l' etimologia, anche in P. Rogier, MW I 117; e in G. de Bornelh in MG 1385, 2.

7. *Ramenc* così è definito da Deude de Pradas: Ramencx es cel c' om pren el ram ab latz, ab ret (Lex. 5, 37[b]); e *ramengo* è detto tuttora nel trevigiano d' uccello preso al bosco, in antitesi a quello allevato in gabbia, e che però conserva incontaminati i canti spiratigli da natura. Cfr. Diez, I 340, s. ramingo; e Littré, s. ramage.

8. Nota la bella graduazione da *balps* a *mutz*.

5—8. Citati, insieme col primo, dal Lex. 2, 172[b], secondo C o D.

9—8. "Non solo da canori gli uccelli son divenuti balbi o silenziosi, ma non vanno più sempre appajati come in primavera". Così il Galvani, Riv. II 98; e cita l' E duy fan lor dommey, di Ugo Brunenc, ch' egli reputava di Arnaldo (MG 5, 413—4; e Ch. V 35, MW II 76). Di *par-s* in tal senso non conosciamo altri esempii.

11. *M' esfortz* pare significar qui: "ho bisogno di sforzo per", quasi fosse scritto: *m' es fort*; ma poichè i lessici non mostrano questa funzione di *s' esforsar*, sorge il sospetto che s' abbia a dividere *m' es fortz*, dove il *fortz* rappresenterebbe un lat. *fórtius*, che pronunciato romanamente *fortĭus* diede il *forceis* (per il quale e per *genceis* non è da ricorrere all' analogia di *sordeis* da *sordĭdius*). *Fortz* potrebb' essere, adunque, un latinismo speciale d' Arnaldo.

14. Probabilmente il *liei* ha qui un *e* stretto come il *lieis* di XIV 13; infatti *nei, amei, estei, domnei* mostrano sicuramente un tal *e*.

15. Su questa 'frase fatta' veggasi Stimming, B. de Born, p. 242. Allude allo straniarsi che fece la sua donna da lui. Su questo soggetto va la canzone VI.

17. Non sapremmo vedere qual senso ragionevole dia la lezione di ACD ecc. accolta anche dal Bartsch, che pur conosceva quella di RIK da noi accettata. Secondo ACD ecc. e secondo il Bartsch, Arnaldo dice, che teme di morire per l' abbandono della sua bella, *qualora l' affanno non lo consumi*: ciò che è contraddittorio ed assurdo. Secondo IKN²R e secondo la nostra interpretazione, il poeta dice: "onde (dell' abbandono) temo morire, se (la donna amata e sdegnata) non m' allevia gli affanni". E il significato insolito di *asomar* confortiamo coll' analogo di *som* 'cima', *som-s soma* 'lieve' (v. 109), *som* 'lievemente' (MG 320, 5; Arch. 35, 103[a]), onde ***asomar*** potè venir a dire 'sollevare' 'alleviare'. Che se la lezione: *Sil afans* fosse la giusta, bisognerebbe interpretare *l' asomar* con 'paraître' come fa il Glossaire, e tradurre: "se l' affanno non mi vien fuori, non mi si sfoga (a parole)". [Je traduirais non pas *soulage*, ma *achève, termine, met fin à*, proprement *fait la somme de*, ce qui au fond, dans le cas présent, est la même chose. Chab.] — Oppure il vero si celerebbe nella lezione misteriosa di ***a***? Un *adomar* potrebbe risalire ad *ad-dominare*, e signficare 'sottomettere' 'vincere'.

21. *Crel* è da equiparare a *cre* (= *credit*) *lo*? ovvero a *crem cren* (cfr. la lezione di C) da un *crendre crémer* = fr. *craindre* = lat. *tremere*? Noi stiamo per quest' ultima interpretazione, che dà un concetto più chiaro e vivo; e la confortiamo col fatto che *crems*, participio di questo verbo, è una delle non poche parole che s' incontrano solo in A. Daniel, cosicchè siamo indotti ad ammettere che, come egli ha adoperato una voce, possa aver adoperata anche l' altra di questo raro vocabolo, il quale pei Provenzali era probabilmente un francesismo. In quanto alla contrazione di *cren lo* in *crel* rimandiamo alla nota al v. 45. E si potrebbe anche scrivere *crenl*, come si scrive *enl* per *el* = *in illo*. "*Credit* est ce qui me paraît le plus sûr: *relativement à laquelle mon coeur croit mes yeux*". Ch.

22. Anche *pretz*, come *letz* (v. 5), ha un *e* stretto contro l' etimologia; cfr. MW I 117—8, II 120—1, e MG 1078, e insieme il fr. *prix priser* che dà la chiave dell' anomalia.

23. Su *nec* 'muto' o 'segreto', vedi la nota del Tobler in Philippson, Der M. v. Montandon, p. 79.

24. Il Barstch legge con U: don ai gonencs; e spiega: "onde (dai quali messaggi segreti) ho lamenti"; ma questo *gonenc* non lo trovo nei lessici, e solo lo incontro nel Diez, Gram. II 348, che probabilmente lo prese qui, dal Bartsch: manca infatti nella seconda edizione della Gram. (1858); nè so trovarne alcuna base etimologica conveniente (*grondir*? *gronir*?). Se ci facciamo ad esaminare le altre lezioni, troviamo essere chiarissima quella di R; *dos aguilens*, per dire 'poca cosa' 'nulla' si trova in G. de Bornelh (Lex. I 397, MG 1381, 5); e *un aguilen* collo stesso significato è in P. d' Alvernha, MW I 95 (Chantarai), e nel Monaco di M., e propriamente in quella stanza della sua satira contro i trovatori del tempo, che ferisce il Daniel, MW II 61 (No valc sos chans un aguilens). Se non che la chiarezza stessa di questa lezione sembra deva assolutamente escluderla, non essendo possibile vedere una ragione per cui la si avrebbe alterata. Consideriamo, adunque, le altre; e prima di tutto quella divergentissima di *a*, che, sotto le sue stranezze apparenti, più l' una volta cela il vero. *Amovencz* potrebb' essere un derivato di *amover* 'far muovere', e il *dos* [allora non sarebbe più da conguagliare a *duos*, ma a *dons* = 'doni'; e il senso del luogo sarebbe: "doni, sollecitazioni", ovvero: 'doni sollecitativi'. E se ora torniamo all' *aigonencs, agonencs,* diremo ch' esso o sarà una variante fonetica di *aguilens*, o che pur in esso si celi qualcosa di somigliante ad *amovencz*, quasi glossato dal copista di *a*. Manca, invero, ai lessici un vb. *agonar*, e un sost. *agon-s*, derivati da *acus*; ma si hanno gli analoghi *agulion*, *agulio-*

namen; ed è ben ammissibile un *agon-enc*, col senso di 'pungente' 'sollecitante', o con quello di 'sollecitazione' 'incitamento'. E poichè, in tanta incertezza logica e lessicale, il partito più conveniente par quello di attenersi a ciò che dà la maggioranza dei codici, noi scriviamo nel testo: *dos aigonencs*, lezione che ha sulle altre anche il vantaggio d' essere la più chiusa. — „Je ne comprends pas ce vers. *Aigonencs* ne serait-il pas la corruption d'un nom de monnaie? p. ê. *raimonencs*. Cfr. *amouencz* (p. ê. *amonencz*) de *a*". Chab.

25. Il Bartsch traduce il *s' esdutz* 's' allontana', seguendo in ciò il Lexique e il Glossaire; ma non vediamo che senso ragionevole abbia allora questo luogo. Il poeta vuol dire evidentemente: "d' altra donna raro si occupa o si compiace la mia preghiera (amorosa), per ciò che ecc." Qui *s' esduire* parrebbe dunque valer quanto *se desduire*; seppure non è da dividere *s' es dutz*. — O la lezion vera sarebbe in CDHN, che risalgono insieme a un *eslutz* da *esluzir* ignoto ai lessici, che però conoscono *esluchar* 'illuminare'? Esso potrebbe significare quanto *s' esclairar* 'rischiararsi' e 'rallegrarsi'; seppure, con un traslato che nel nostro poeta non può parer strano, egli non dice che il suo pregar d' amore in versi raramente s' illumina, cioè s' abbella (delle lodi) di altra donna.

29. Verso di lezione incerta. Forse nel comune capostipite delle due classi o famiglie c' era lacuna d' una sillaba, che UV lasciarono sussistere e gli altri colmarono con l' *et* e con l' *ad*. La lezion primitiva fu probabilmente un composto di *auzir*, come *eisauzir*, registrato appunto dal Glossaire. Il semplice *auzir* pare escluso dal fatto ch' esso ritorna in rima, in luogo dove non v' è ragione per sospettarlo, al v. 27. — Si potrebbe pensare anche ad un *adautir azautir* = 'aggradire', cfr. *azautimen* nel Lexique.

31. *Grei* è tradotto dal Bartsch con 'grazia'; e mentre del sost. cita solo questo esempio, tre ne ha d' un vb. *grejar* = 'plaire' 'agréer': tutti e tre, tuttavia, alquanto sospetti; cfr. per uno il Tobler, presso Stimming, B. de Born, p. 281. Più probabilmente questo *grei* è il sost. verbale di *grejar* 'pesare', cosicchè il nostro luogo sarà da spiegare: "buone parole, senza (i soliti) gravami o accuse". — Rispetto alla qualità dell' *e*, che in *grei* da *grĕvio-* (per *gravio-*) dovrebbe esser largo, e invece è qui richiesto stretto dalla rima, si potrà supporre s' abbia qui lo stesso fenomeno che spieghiamo per *siéi* = *sex* in nota a XIV 37; e lo stesso si dica del *brei* al v. 65. Con *ei* stretto rima infatti il *grei* anche in B. de Born, Pos als baros, v. 16, e cfr. *gréja* in Chrest. 144, 28. Forse poi non è da trascurare il *segrei* di IKN², che ha l' aria d' una glossa, e potrebbe invece essere forma insolita per *segretz segres*, come si ha *francei* per *frances* in B. de Born e nel Girarts, cfr. Stimming, B. de Born, p. 266; e per l' *-etz* in *-ei*, Chabaneau, Gram. limous., p. 27.

34. Veggasi su *coma* la nota a IV 20.

36. *Vencutz* è preferito dal Bartsch; ma noi non vediamo come esso si leghi col verso seguente. Il poeta dice: "guarda, Amore, ch' io son venuto (a tale), che ecc."

39. Il Bartsch spiega nel Glossario questo *detz* da *decem*, forse in senso generico di 'parecchi' 'molti'. Ciò pare a noi insostenibile; e pensiamo che il *detz* sia da risolvere: 1) o in *d'estz, d' etz* = 'di questi'; 2) o in *de tos* ridotto a *dets* come *no vos* a *nous, si los* a *sils* e simili. E a questa seconda spiegazione diamo la preferenza.

40. Il *precx*, accettato dal Bartsch, oltrechè ha poca autorità diplomatica, offende il logico procedere del pensiero; ed è escluso anche dal fatto ch' esso ritorna sicuramente in rima al v. 57.

41. *Se trencar* per 'uccidersi', come pare voglia dir qui, non ha altri esempi nei lessici; ed è importantissimo come conferma alla etimologia *internecare*, proposta dal Diez, I 427. Questa stessa frase si ha in P. Ramon: c' anz es ben miels quet trenx, MG 791, 4.

45. *Mals* legge il Bartsch, senza che dal Glossario si vegga come lo ha inteso. Noi ci atteniamo a *Mal* da *mas* + *lo,* come *von* da *vos* + *ne* e simili; cfr. Stimming, Litteraturblatt, 1881, p. 182. Interpretiamo poi il *mas,* come un *pos,* sostituzione che vedemmo ben accetta ad Arnaldo in VI 16. Il poeta dà qui la dimostrazione di ciò che ha detto prima, cioè ch' egli è un drutz fis, cars e non vars.

46—7. Il Bartsch traduce il *vers* con 'primavera'; ma ciò non può stare, giacchè la rima corre su un *e* stretto, e *vers* 'primavera' ha un *e* largo, cfr. Stengel, p. 48. Qui dunque *vers* non può essere che il plurale, abbastanza frequente di *ver-s* = *verum*; e allora si vede subito che la buona lezione del v. 46 è il *cobrir* di UV, e non il *soffrir* degli altri, il quale viene escluso anche dal fatto che *sofrir* = 'tollerare' ritorna in rima al v. 63.

48. *Nei* mostra aver qui un *e* stretta, come vuole l' etimologia; cfr. tuttavia *nèu nieu* (: fieu : dieu ecc.) in MG. 165, 5.

51. Citato dal Lex. 3, 482b.

53. Le lezioni possibili sono qui due: quella preferita dal Bartsch: *quem tralutz*; e la nostra, la quale ha il vantaggio, oltre il resto, d' essere diplomaticamente più sicura rispetto alla seconda parola, in cui appunto sta il nodo della questione. Nè questo *traluzir*, o *traluire*, che pur compare sotto la forma di *trelüzi* nel moderno *rouergat* (Zeitschr., III 339), ha, ch' io sappia, altri esempi nel provenzale antico; nè questo composto pare adatto a dire 'illuminare', come vuole il Bartsch. Il nostro *trahuz* è confortato, invece, dal fatto che Arn. Daniello, come vedemmo in V 10, mostra delle preferenze per questa forma colla sibilante o palatina in fine. — "*Treluzi* n' est pas seulement rouergat. Il appartient encore à d' autres dialectes. Les poëtes modernes de la Provence en font un très grand usage· ainsi que du subst. *trelus*". Chab.

54. *Aizir* = 'accogliere', 'appagare'; l' *auzir* d' alcuni codici è inammissibile, perchè esso s' è gia visto in rima v. 37.

56. *Quez* è tradotto con 'parum loquens' e regolarmente segnato tra le rime in *etz* stretto dal Faidit (Stengel, 50). — "*Quez,* malgré l' étymologie, est ordinairement *larg* chez les autres troubadours". Chab.

59. Restiamo incerti tra *fort* e *fors.* Preferiamo il primo, giacchè per la sua distanza da *clars,* cui si riferisce, potea dar motivo alla sostituzione.

65. *Brei,* da *brejar* per *breviar,* forma mancante al Lex., ma attestata dal Glossaire, che ha *breja* = *breje* = 'abrège'. E poichè anche *brei* è insolito, ed è poi diplomaticamente meglio assicurato, merita la preferenza sul *grei*, di cui s' è compiaciuto il Bartsch. — Rispetto alla qualità dell' *e* in *brei*, vedi la nota al v. 31.

67—8. Citati dal Lex. 4, 594ª. La frase: no valer una poma (o *una mela*) è abbastanza frequente, cfr. MW I 138, e Chrest. 90, 14 (P. Ramon de Tolosa).

73. Nota l' *etz* = *estis* con *e* stretto, dovuto forse all' *-s-* estruso; ma cfr. *és* in VI 28, ed *és* = *estis* in Chrest. 97, 6.

74. Qui *decs* rima in *e* largo; e però deve significare 'terminus', cfr. la nota a I 2; e Arnaldo vorrà dire che la sua donna potea far cessare, arrendendosi, tutte le stranezze di lui.

76. L' *ai* vai risolto, crediamo, in *a — i* = 'havvi'; cfr. Chrest. 170, 22.

77. Non vediamo come il Bartsch abbia inteso questa parola. Noi vi scorgiamo il partic. passato di *pareisser* (cfr. it. *parso*, *ap-parso* ecc.), nel significato di 'apparire'. Il B. non nota participio di questo verbo (p. 144).

76—8. Par di risentire l' eco di questi versi nel sonetto primo del Petrarca: Ma ben veggi' or, sì come al popol tutto Favola fui gran tempo: onde sovente Di me medesmo meco mi vergogno.

80. La lezione: *de faut* (probabile, ma non attestato masch. di *fauta*) par deva cedere dinanzi all' altra, d' *ufaut*, ch' è più riposta. *Ufaut* non ha esempii nei lessici, ma è ben noto *ufana* 'vanità', dal cui tema *uf-* (cfr. Diez, I 435) ben potea movere la nostra parola, che il Bartsch traduce con 'arroganza', ma sarà meglio tradurre con 'vanità', come l' etimo insegna, e il contesto conferma.

85. Il Bartsch legge: d' *Edoma*, e nel resto come noi: intendendo, come ebbe la bontà di scriverci, con *Edom* l' *Idumaea* biblica: ha egli pensato a Debora, nativa appunto di Edoma? — La nostra interpretazione move da una certa convenienza che ci è parso di vedere fra questo luogo e l' altro dell' VIII, st. 5ª. Ivi si diceva che la donna d' Arnaldo è la più bella che sia stata al mondo dopo Maria; e qui si direbbe che Arnaldo ama la sua donna più che Dio non ami Maria Vergine, "quella di Doma." Pensammo, infatti, che qui si accenni a un santuario della Vergine sul Puy de Dome, o in altro luogo portante il nome di *Dome*, prov. *Doma*; e che il trovatore etimologizzasse quasi su *Doma*, scorgendovi una variante di *domna*. Il prof. C. Chabaneau, interrogato su questo punto, rispose: "Je ne crois pas qu'il faille penser ici à la Ste Vierge, ni à un sanctuaire du Puy de Dome. Cfr., dans B. de Born le fils: Et etz plus leials vas joven No son a Dieu cilh de Cadonh. *Cilh de Cadonh*, ce sont les moines de Cadouin, abbaye célèbre du Périgord. Je lirais dans Arnaut: Ans vos dezir plus que Deu cil (*ou* cel?) de Doma. *Doma* est une petite ville du Périgord où il a pu exister du temps d' Arnaut Daniel un monastère ou seulement un ermitage". — E questa interpretazione dell' egregio collega trova appoggio in XIV 25—7.

87. I lessici non conoscono *condutz* se non nel significato di 'vivanda' o 'banchetto', che qui non sembra convenire, quando non si voglia intendere quell' *e* per *en*, tanto più che poi si loda il re d' Aragona per la sua liberalità nel regalare e convitare. Ma *condutz* significa anche 'famiglia' (Meyer, Rec. p. 177, l. 28) e ha dovuto indicare anche una specie di canto, come mostra il fr. ant. *conduit* (cfr. F. Wolf, Ueber die Lais, p. 4 e 6) e l' ant. it. *condotto* (Guitton d' Arezzo, canz. XXII, st. I[a]) e il blat. *conductus*. In origine pare fosse un canto da processione, una specie di coro religioso, cfr. Ducange s. v. e A. D' Ancona, Origini del teatro italiano, I 60 e 64. Il Förster mi avverte che l' a. fr. *conduit* si trova spesso in congiunzione con *chançonete, retruenge, son, note*; e le citazioni del DC lo fanno arguire un canto popolare. Il Bartsch spiega nel Glossario il nostro *condutz* con *geleit* = 'commiato(?)' della canzone; ma non vediamo con quale fondamento.

89. Su *escuoills* vedi la nota a VIII 28.

90. Per *pretz* con *e* stretto, vedi la nota al v. 22.

91. Poichè la rima va su *ecs* largo, questo *secs* dovrà rispondere a *caecus*, e non a *siccus*, come mostra di credere il Bartsch nel glossario alla Chrest.

96. *Portz* sta per *ports* = *portes*.

97—8. Due interpretazioni ci pajono possibili di questo luogo. La prima troverebbe la sua giustificazione nel seguente luogo di R. d' Orange: Que ges lanza ni cairel Non tem ni brans asseris Con bai ni *mir son anel* (MG. 1072, 9). "Mirare o baciare l' anello" era adunque uno degli omaggi dell' amante alla sua donna, omaggi copiati da quelli che il vassallo prestava al suo signore. Qui, pertanto, Arnaldo direbbe alla sua canzone, che vada al re, e per primo *gli miri l' anello* (quasi: gli faccia reverenza); e poi gli dica, che ecc. . Secondo questa interpretazione, bisogna, infatti, intendere quel *ders* (da *derdre derger* = *de-erigere*) nel senso di 'innalza', "dì all' alta persona" del re: ciò che pare alquanto strano. La seconda interpretazione, che a noi meglio piace, è questa: *anel* non sarebbe l' anello della mano, ma una specie di 'saliscendi' (cfr. ant. fr. *anel:* Espiet vint à l' us, si fait *l' anel* crouler, La roïne l' oï, sel corut defermer, Hist. litt. d. l. Fr. XXII 702), e *mirar* direbbe allora 'cercare' cogli occhi; il *ders* poi direbbe semplicemente 'alzi', o 'alza' imperativo, e sarebbe l' atto di aprire la porta, alzando l' *anel*. Ma *mir* dovrebbe stare allora per *mirs* = **mires*. Ovvero questo *mir* sarebbe un aggettivo = *mirus*? In questo caso, l'enigma che non sappiamo risolvere dovrebbe stare nel *ders* del verso seguente.

100. *D' Aragon* = 'lungi d' Aragona'; *quel saut* = che di corsa, a salti, cfr. *los sautz menutz* in Chrest. 34, 17, e *lo cors* 'di corsa' in J. Rudel, Pro ai, st. 6 (ed. Stimming, p. 48).

102. A che cosa allude qui Arnaldo? Sarebbe egli stato citato, mentre era in Aragona, a rispondere di qualche accusa provocata da fatti simili a quelli ricordati nel sirventese, dinanzi a qualche 'sottile legato di Roma?' (cfr. IV, st. 4[a]). E *Roma* starebbe per l' 'autorità romana', 'il legato di Roma'? Siamo ridotti a non poter fare che ipotesi: e però ne proponiamo altre due, alle quali tuttavia non diamo eguale importanza. Tra i nomi che troviamo dati ai mercenarii di quel tempo, c' è anche quello di *Roma* (Romà?): "Primo Basculi, postmodum Teuthonici, Flandrenses, et ut rustice loquar, Brabansons, Hannuyers, Asperes, Pailler, Navar, Turlau, Vales, Roma, Cotarel, Catalans, Aragones, quorum dentes et arma omnem pene Aquitaniam corroserunt" (Gaufridus Vosiensis, ap. Labbe, Bibl. nov., II 328). L' origine di questo nome si ricava dallo stesso autore, che narra in altro luogo (II 326) d' una spedizione d' un legato romano (Enrico) contra gli eretici albigesi. È dunque possibile che Arnaldo in questo luogo accenni alla presenza nel suo paese di questi *Roma;* e si può anche supporre, ch' egli giochi qui fra il nome dei legati di Roma, e quello dei feroci esecutori degli ordini romani. — Possiamo, infine, supporre guasto questo luogo tanto difficile a interpretare; e una delle possibili restituzioni sarebbe allora questa, suggerita da U: Mas sai m' ongla m' adoma = "ma qui mi tien legato la mia unghia"; alludendo così alla donna cantata nella sestina, ove ricorre *ongla* e *oncle* e sulle due parole si gioca. Di *adoma* abbiamo toccato in nota al v. 17.

105. Intendi: "tutte le sere", e non "tutto servo"; giacchè la corrispondenza delle rime vuole un *e* stretto.

106. *Domnei* è la 1ª pers. del pres. indic.; Arnaldo parla sempre in prima persona, cfr. VIII 56.

107. *Arnaut* è caso retto; cfr. per l' irregolarità della flessione Stimming, B. de Born, p. 295—6. "*Arnaut* ne pourrai-il être ici au génitif?" Chab.

109. *Soma* agg. = 'superficiale', 'lieve': ha altri esempi come sostantivo per 'cima', e nella frase *en som.* Il Bartsch traduce la parola con 'suprême' 'höchste'; ma noi non vediamo qual senso egli così raccogliesse dal nostro luogo.

X.

Bibliografia, e classazione dei codici. — Sta in ABIKN²NVUDHaCR e in Sg. Il testo di A è stampato in Arch. 51, 144 e MG 1296; quello di B in MG 1312; quello di V in Arch. 36, 442 (e lo abbiamo collazionato sul ms.); quello di U in Arch. 35, 379 e MG 1297. Di tutti gli altri, eccettuato Sg, abbiamo collazioni. Il Rochegude ne ha dato una specie di edizione critica su RICBN, attenendosi specialmente ad R; e questo testo è stato riprodotto in MW II 72. Tre stanze intere e tre dimezzate ne avea dato il Salvini, secondo U, presso il Crescimbeni, II 238.

La tradizione ms. di questo 'chantar' è molto intricata; e i dati d' ordine diverso che abbiamo per classare le dodici lezioni si contraddicono fra loro. — Nulla è a dedurre intanto dalla distribuzione delle strofe; non è anzi nemmeno possibile determinare qual sia l' ordine vero. Eccone il prospetto:

AB: 1, 2, 3, 4, 5, 6, 7;
NV: 1, 4, 3, 2, 5, 6, 7;
a: 1, 4, 2, 3, 5, 6, 7;
U: 1, 4, 2, 3, 6, 5, 7;
IKN²: 1, 4, 3, 6, 2, 5, 7;
DH: 1, 3, 4, 2, 6, 5, 7;
C: 1, 3, 4, 5, 2, 6, 7.

In R poi non solo sono spostate le strofe, ma si scambiano il luogo anche le mezze strofe a questo modo:

1. $3^{1-4}+4^{5-7}$. $4^{1-4}+5^{5-7}$. $5^{1-4}+3^{5-7}$. $6^{1-4}+2^{5-7}$. $2^{1-4}+6^{5-7}$. 0. Ammettere otto classi di mss. per questa composizione pare a priori non conveniente; nè le varianti confermerebbero una tale ipotesi. E poichè nessuno forse degli ordinamenti delle strofe nei mss. sodisfa al procedimento logico della composizione, converrà piuttosto conchiudere che l' ordine delle strofe fosse già sconvolto nella lezione onde mossero tutte le superstiti conosciute: e questo sconvolgimento originale spiegherebbe come e perchè, per vie diverse, i singoli copisti tentassero di rimediare al malanno.

Se consideriamo il posto tenuto da questa composizione nei singoli mss., ci viene suggerita la seguente classazione, la quale è in buonissimo accordo con quanto sappiamo in generale sulle loro affinità: 1) ABIKN²DNH; 2) UV; 3) a; 4) CR. Se non che, passando a studiare l' apparato delle varianti, questa provvisoria classazione si trova essere fallace. I vv. 11, 12, 19, 24, 38, 39, 42; e poi i vv. 17, 32, 41 ci dicono che tutte le nostre ezioni vanno divise in due classi, la prima costituita di ABIKN²N; e la seconda di VUDHaCR, coll' avvertenza tuttavia che in questa VU stanno quasi a sè e trammezzano fra le due. D' altra parte al v. 1, 8, 25 si mostrano delle speciali convenienze di DH coi loro soliti affini IKN²N; e viceversa U discorda al v. 1 da V. Come si spiega tutto ciò? Anche qui noi siamo costretti a ricorrere all' ipotesi della contaminazione, procedimento che altrove potremmo constatare ben noto ai copisti di D ed H (cfr. la classazione dei mss. in XVII). D ed H appartengono, rispetto alla loro diretta discendenza, alla classe di AIKN²N; ma hanno accolto molte varie lezioni della seconda famiglia RCa. Viceversa VU, discendenti diretti della seconda famiglia, pare abbiamo attinto ad esemplari della prima. Chi, del resto, vuol farsi un' idea della confusione di parentele avvenuta nella tradizione di questa poesia, confronti in ispecie le varianti dei vv. 5, 20, 34 ecc. — Constatate queste contaminazioni e confusioni nella tradizione, saremo più facilmente scusati se nella costituzione del testo procederemo incerti assai. Intanto avvertiamo che per l' ordine delle strofe seguiamo U, come quello che men peggio par sodisfare al senso.

Argomento. — Amore ajuta il poeta a elaborare un canto per la sua bella. È inverno, ma egli arde egualmente d' affetto. Per la sua bella egli fa voti e sagrificii d' ogni genere; e n' è compensato dal grato aspetto di lei. Egli l' ama fin troppo; ed è tutto in potere di lei; e piuttosto che a lei rinuncerebbe ad esser papa. Se essa non ne lo rimunera con un bacio, farà peccato mortale. Per gli sgarbi che ne riceve, non cessa dall' amare: l' amare è il suo solo conforto. Arnaldo è tale da far per amore qualunque pazzia. — È diretta alla donna aragonese, Laura (?).

1. Citato dal Lex. 4, 49ᵇ, secondo U (?), mentre d' ordinario nelle citazioni di questo componimento il Ray. si riferisce al principio di C. — *Sonet* deve significar qui 'aria musicale', cfr. P. Guillem, in MW I 25: En aquest guai sonet leugier; e non ha quindi nulla a vedere col 'sonetto' italiano. — Su *leri* vedi il Diez, II 358. — La rima pare sia in *e* largo, ad onta dei sospetti che potrebbe destare *emperi* di fronte al fr. *empire;* cfr. tutttavia la nota XII 46.

2. Citato dal Lex. 2, 392 e 3, 64ᵇ; e insieme col precedente fu citato dal Redi secondo U, coll' avvertenza "di passaggio" che Arnaldo con ciò vuol significare il grande studio da lui posto nelle sue poesie, dicendo che "puzzan d' olio" (ca puze d' oli). Questa interpretazione fu accettata anche dal Salvini. — *Capuizar* (chapuiar ecc.) e *dolar* si trovano spesso riuniti (MG 157, 6), come quelli che denotano le due operazioni principali che lo stipettajo fa al legno nel suo lavoro.

4. Cfr. Petrarca, son. 16 in Vita: "Nè ovra da pulir colla mia lima".

5. Preferiamo la lezione di N, ch' è confermata da R, come quella ch' è più riposta delle altre, e permette di spiegare delle altre l' origine: da *marves* si sarà venuti al *mà (mai) es pl.* di IK; onde poi al *me depl.*, essendo *esplanar* solo usato al traslato; e infine al *m' apl.*, con dicitura chiarissima, ma con offesa della metrica. La lezione di ABVa potrebbe anche essere intesa: "mi ha del tutto e mi ecc." (così traduce il Diez, 356), e col suo raro *de plan* pretendere a maggiore autenticità che non quella da noi preferita; ma è da considerare che qui sembra evidentemente cercata l' antitesi col v. 2: egli, il poeta, digrossa e pialla i suoi versi; l' Amore glieli liscia e indora.

7. Il vb. *mantener* ci pare costringa ad accettare la lezione di *a*, secondo il quale è la donna che mantiene (difende e fa durare) il Pregio: poichè ben parrebbe potersi dire che il Pregio *governi* una donna, ma non che la *mantenga* nel significato trabadorico; *governar* è "aver cura di".

8. Citato dal Lex. 4, 207ᵃ, secondo la nostra lezione.

9. Citato dal Lex. 2, 443ᵃ.

13. Preferiamo *plou* a *mou*, perchè *mou* c' è già in rima al v. 6 con significato identico: *mou* inoltre ha l' aria d' una glosa.

16. Citato dal Lex. 4, 365ᵃ.

17—8. Citati dal Lex. 2, 385ᵃ, secondo C, con questo solo esempio di *acert*, che manca anche al Glossaire, sebbene *acert* sia nel Parnasse, 257. La nostra lezione è largamente guarentita dai codici; e si potrà darne la ragione in uno di questi due modi: 1) *issert* sarà ricavato da *escernir*, che è tradotto con 'perficere' dal Donatus (Stengel, 37), e propriamente da un **ex-cernitus*; e avrebbe il significato di 'compimento', come vorrebbe il Donatus, o quello di 'prospettiva' 'aspettazione' (cfr. *exspectare*) come vorrebbe l' etimologia; 2) *issert* più probabilmente sarà una formazione analoga all' a. fr. *desserte* 'merito' 'guadagno' cfr. prov. *desservir* 'mériter' 'gagner' (Lex. 5, 213ᵇ), e verrà da un *ex-servire*, come *desservir* parrebbe piuttosto da *de-ex-servire*, che non da *dis-servire*; e il nostro *issert* tanto varrebbe allora quanto l' a. fr. *desserte*.

20. Impossibile ci par qui arrivare sicuramente alla lezione autentica. Attenendoci al criterio che nelle copie il più difficile e raro ceda il posto al più chiaro e comune, preferiamo il *gai* ch' è in VDII, e il *grailet*, (forma non registrata dai lessici) datoci da *a*.

21. Su questa e simili frasi che troviamo in XVI 44, veggasi lo Stimming, B. de Born, 250. Non è tuttavia accidentalmente qui posto il nome di Lucerna; poichè non pare si tratti della Lucerna svizzera, o della Luserna piemontese, ma bensì della Luserna ove si svolge tanta parte delle Enfances Vivien (= Lucena in Valenza), che vedremo ben note ad Arnaldo, in XVI 44. E poichè il gioco su *lebre* nel v. 44 fa credere che questa canzone sia per la bella aragonese, è subito spiegata la preferenza anche qui data a Luserna.

25—6. Citati dal Lex. 2, 148b; e il primo anche 2, 396a. In questo luogo *sobretracima* è tradotto con 'domine', nel primo più esattamente con 'surmonte'. Il vero significato di *tracimar sobretracimar* pare sia quello dell' it. *tracimare*, che si dice delle acque de' fiumi le quali trapelano dall' argine senza ancor romperlo; e qui parrebbe si paragoni il cuore della donna amata a un fiume la cui onda potente tracima ed allaga e tien coperto il cuore dell' amante; e, al contrario delle acque traripate leggermente, più non svanisce per evaporazione. *Eisaurar* è tradotto dal Lexique solo con 'élever'; ma qui esso mostra il significato etimologico di 'evaporare', cfr. Diez, I 366.

27—8. Versi oscuri, dei quali non si vede bene il collegamento logico con quanto precede. Forse essi racchiudono un doppio senso e giocano intorno ad esso; ad ogni modo in due guise si può interpretare la loro lettera: 1) "e tanto ha fatto l' usuraja co' miei versi (coll' opera mia), che ormai è divenuta padrona del laboratorio e della bottega"; 2) "e per tante primavere ha rinnovato (l' allagamento) che ormai possiede di me laboratorio e bottega". Che se fosse vero, come vuole il Glossaire, che *renou* significasse anche 'rinnegamento', sarebbe possibile anche una terza interpretazione: è tuttavia da sospettare assai che il Rochegude abbia scambiato fra loro *renou* e *renieu* (da *renegare*). Secondo il Raynouard, invece, *renou* non direbbe che 'usura'; ma è da considerare la parentela con *renovar*, e il *renovus* con cui è tradotto dal Rimario (Steng., 56). Rispetto all' *obrador e taberna* pare si tratti d' una frase fatta, per dire 'tutto l' avere'. — Chi invece accettasse in ambidue i versi l' *ai* per *a*, secondo la grande maggioranza dei codici, si troverebbe anche più impacciato a connettere logicamente questi due versi coi precedenti. In quanto alla lezione di IKN² (*d' amor*), certamente essa dà un senso seducente, e che ben si lega con ciò che precede ("tanto ho fatto economia d' amore, che ora ne posseggo il laboratorio e la bottega"); ma essa ha il difetto della troppa chiarezza, non potendosi imaginare ragione alcuna per cui gli altri codici avrebbero mutato il *d' amor* in *de ver devers d' aver*. — "Est-il bien sûr que *vers* représente ici *versus*? *Renou* (= fr. renouveau?) ferait penser à *ver*. Le poëte a-t-il voulu dire que sa dame avait des printemps à revendre?" Chab.

29—30. Citati dal Lex. 2, 106a; dove erroneamente è messo il nostro *apostoli* con *apostole* = *apostolus*. *Apostoli-s*, ch' è frequente nella Ch. de la Croisade contre l. alb., par di stampo francese, e risale ad *apostolicus*, a. fr. *apostolies* (s. Alexis, in assonanza di *o* largo). — Da questi due versi è forse possibile ritrarre qualche indizio intorno all' anno in cui questo canto fu composto. Essi accennerebbero infatti a una contemporanea vacanza delle sede apostolica e dell' impero: vacanza ch' ebbe luogo appunto nell' aprile del 1191, quando morì papa Clemente III, ed Enrico VI, figliuolo del Barbarossa, era ancora e restò per qualche tempo semplice re eletto de' Romani. Qualcosa di simile si avvera del resto anche nel 1216, alla morte di Innocenzo III.

29—32. Citati dal Lex. 5, 523b. Di *revert* sost. il Lex. l. c. ha questo solo esempio; manca al Glossaire.

34. *Annous,* in una sola parola, è attestato dal Rimario (Steng., 56).

36—8. Citati dal Castelvetro (Consid., p. 69), che vi raffronta i primi quattro della stanza quinta della canzone petrarchesca: "Verdi panni" ecc.

38. La lezione di ABIKN² ci ha l' aria d' un verso pur che sia, messo a colmare una lacuna dell' apografo; ed era suggerito dal v. 10. Si noti la lacuna di N, solito ad accordarsi con ABIKN².

39. Di fronte ad attestazioni di due famiglie di codici qui perfettamente divise, siamo ridotti a consultare soltanto l' intima convenienza delle due lezioni con ciò che precede e che segue. E poichè ci pare improbabile la giunzione del plur. *motz* col singolare *rima*; e conveniente invece appar quella antitesi fra *son* e *rima,* accettiamo per la seconda parte del verso la lezione della seconda famiglia. Rispetto alla prima parte, solo la lezione di AB ci sembra collegarsi bene col rimanente, quando s' intenda quel *si* nel significato di 'sebbene'.

40. Citato dal Lex. 4, 3a. Notisi il *laura* da *laurar* per *laorar* = *laborare,* con accento spostato. Si avrà forse a cercarne il motivo in un continuatore, ora perduto, di *lábor?* Non par necessario. Cert opar qui di vedere un gioco sul nome della bella aragonese: Laura.

41. *Un ou* per 'nulla' 'poco' è frequentissimo in provenzale; si vegga il Girartz, vv. 603, 4200, 4495, 5628 (ed. Förster), e MG 722, 8 ecc.

42. Undici codici, con qualche lieve differenza, s' accordano nel dare *Monclin,* di fronte al solo R che ha *Monclar,* dovuto probabilmente a qualcuna delle bizzarrie o saccenterie solite. Il Diez (L. u W., 355 seg.) ammise invece che in R stesse il vero, avendo egli creduto di trovar qui indicato il Montclar nel Caorsino, onde avrebbe tratto il nome la donna amata da Arnaldo. E un Montclar avrebbe potuto trovare il Diez anche in Catalogna (Milà, p. 291), meglio così combinando questo dato geografico cogli altri della canzone. Se non che l'esame del luogo, qualunque lezione si preferisca, mostra che il Diez si è qui ingannato, quando forse non si volesse sostenere che *audierna* fosse un nome finto della donna, e con *Cil de Monclin* o sim. si designasse furbescamente il marito. Il luogo nostro ha tutta l'aria d'una delle solite allusioni a coppie d'amanti celebrati nei romanzi o nella leggenda popolare. Ma chi sarà allora questa Audierna, e chi questo signor di Monclin? G. Paris, al quale mi rivolsi per ajuto, rispose; "J'avais cru jusqu'ici d'après Diez que Audierna était la maîtresse d'Arnaut et le seigneur de Moncli son époux. N'ayant pas sous la main le *Parnasse occitanien*, je ne puis voir le contexte; mais les vers qui vous me citez semblent bien contenir une allusion. Je ne connais aucun poème auquel je puisse la rapporter; un Guillaume de Monteler figure dans les Loherens; mais il n'y joue pas le rôle d'amoureux et il n'y a pas d'Audierna. Bernard de Monteler a été un personnage épique français qui est devenu en Italie *Bernardo di Chiaramonte*; mais on ne connaît de lui que son nom". Se *mondi* fosse la lezion vera, si potrebbe pensare anche a Berart de Moudi(dier), spesso celebrato dai trovatori come esempio di vero amante; ma neppur qui combinerebbe il nome della donna amata, almeno di quella (*Gloriant*) che figura nel Gaufrey (cfr. Birch Hirschfeld, Ep. stof., 71—2). Nè maggior luce ci danno le varianti *manclin* (a), *ancli nancli* (C); cosicchè siamo costretti a restare colla curiosità insodisfatta. Non sarebbe questo, del rimanente, l'unico caso in cui nella letteratura trobadorica si alluda a un romanzo o a un racconto ora del tutto sconosciuto; nè A. Daniello era scrittore da preferire le allusioni più volgari. — Rispetto ad *Audierna*, *Odierna* è da vedere ciò che ne hanno scritto il Suchier e il Meyer nella Romania, II 96, 435—6.

43. Nota la lezione di C, la quale mostra come sia antico il sospetto che in *aura l'aura* si celi il nome della donna amata da Arnaldo.

45. *Suberna* ricorre qui e in XVI 6 ove si allude a questo luogo; si legge poi di nuovo nella satira del Monaco di Montaudon, con allusione a questi due luoghi. Il Doni la tradusse 'vento tempestoso'; il Raynouard, Lex. 5, 281ᵇ, con 'débordement'; più felicemente il Rochegude aggiunse a 'débord' anche 'courant, cours de l'eau'; e il Diez lo rese con *Strom*, cfr. Et. Wb. II 431. L'etimologia e il contesto vogliono che significhi: 'corrente', 'corrente ch. vien dall'alto', o 'l' alta corrente'.

43—5. Imitati dal Petrarca, nel son: Beato in sogno, e nella sestina. Là ver l'aurora. E l'imitazione fu già notata dal Velutello, e poi dal Tassoni, che citò anche i vv. 43—4 (Consid., p. 324).

XI.

Bibliografia, e classazione dei codici. — Sta in AIKN²RHNDCE ed S^g. Il testo di A è stampato in MG 1299 e Arch. 51, 145; quello di C ed E in MG 423—4. Degli altri, tranne S^g, abbiamo collazione. In tutte queste lezioni è identico l' ordine delle strofe; s' accordano i codici anche nel posto che assegnano a questa poesia; nè le varianti impediscono di considerare tutte le dieci lezioni come derivate da un unico capostipite, il quale era già oscuro o guasto al v. 16 e fors' anco al v. 7. Le dieci lezioni vanno poi suddivise in gruppi non sempre chiaramente determinati, che sarebbero: A, IKN²R, HND, CE; si veggano i vv. 2, 8; ma si confrontino i vv. 16, 35, 39.

Argomento. Poichè l'inverno s'accosta, prega Arnaldo l'Amore d'insegnargli un bel canto, che tutto ad amore s' ispiri. Egli sta per toccare la meta de' suoi desiderii, poichè se prima la bella gli era stata severa, ora muta stile, ed il poeta è spinto dal Gaudio a chiederle l'estremo favore. — Il *chans* è diretto alla donna di *Agramont*, che avea cominciato coll' esser *acre* e finiva coll'esser 'dolce'.

1—2. Nota l'allitterazione, cercata, pare, a indicare il soffio rude del vento invernale.

2. Nessuna delle lezioni dei mss. dà un buon senso: men cattiva par quella di CE, la quale ha, se non altro, un senso apparente. E diciamo apparente, perchè è chiaro che i *brancs* sono già contenuti nei *bruels*, e s' ha quindi una volgare tautologia. Poi, la stessa apparente chiarezza non consiglia di dar la preferenza a questa lezione. E però, combinando il testo di A con quello di IKN²R, siamo venuti al *brusina*, che riteniamo identico al *bruzina* = 'bruine' del Glossaire. Il Diez, II 241, pare disposto a identificare questa voce con *bruina* (che manca non solo al Lex. ma anche al Glossaire), uguale per significato al fr. *bruine* = 'pioggia fina e gelata'. La rarità della forma dovette consigliare le alterazioni che abbiamo nei codici. — Intorno a *busina* scrive lo Chabaneau: "Le mot existe en Périgord, au sens de *pleuvoir menu*; *bousino* = il tombe une petite pluie fine. En Provence et ailleurs, ce verbe signifie *cuire* (au figuré), *causer une douleur cuisante*; et de plus *bourdonner, murmurer, gronder, faire tapage* (Azaïs et Mistral)".

2—4. Citati dal Lex. 5,343a, secondo C, e sarebbe il solo esempio di *entretenir*, che manca al Glossaire.

3. Leggiamo *entreseignon* col primo gruppo di codici, che ci par parola meglio appropriata al contesto. I lessici non hanno veramente *entresenhar*, ma conoscono *entresenha* 'bandiera' ecc.; e del vb. c' è un esempio in Ue Brunet, in una canzone attribuita ad A. Daniel (MG 412, 1). Ben è vero che il Lex. 2, 377a cita il luogo di U. Brunet sotto *entressenher* (= *intercingere*); ma il contesto vi si oppone (no i a ram no s'entreseng de blancas flors e de vert fuoill; la lezione di M muta poi questo verbo in un sostantivo *entreseinh* MG 413, 1). Qui, pertanto, il poeta accennerebbe al variar del colore delle foglie quando, in tardo autunno, vanno ingiallendo, e accartocciandosi.

4. Il Rayn., Lex. 5, 343a, scrive staccati *sobre* e *claus*; ma a questo modo il luogo, già oscuro, si oscura anche di più. Con *sobreclaus* pare voglia indicare il poeta il racchiudersi e accartocciarsi delle foglie vizze, attribuendo l'epiteto, anzichè a *fuoilla*, ai *rams* che la portano.

7. Per accettare la lezione dei codici (tranne R) bisognerebbe qui ammettere che Arnaldo abbia usato un *ne* alla francese per *non*, come mostrerebbero anche le varianti di XVI, 10. Ma ciò non è necessario, poichè il vero può stare in R, solo mutando il *chans* in *chan*. E seguendo R abbiamo omesso il *tal* ch' è negli altri codici; mentre, non tenendo conto di R, s'avrebbe potuto omettere il *que*.

8. *Afrancar* = 'abbonnire', 'render liberale'; e il 'cor agre' pare quello della donna amata, e sia da intendere 'cuore acerbo', 'cuor duro'.

9—10. Citati dal Lex. 3, 201a.

12. *Cuoilha* dev' essere qui da *cŏlere* e non da *colligere*: così richiede il senso, nè vi si oppone la forma. Poi *cuoilla* da *colligere* ritorna in rima (tuttavia con significato ad ogni modo diverso) al v. 28. *Colre* 'coltivare' manca al Lexique; ma sta nel Glossaire, che traduce *coli* con 'je sers, courtise, *cultive*'.

13. Il *niula* c' è dato quasi tale e quale da R. Il Lex. ha *niola*.

16. La buona lezione si raccoglie da N, che forse ebbe un esemplare dinanzi ove stava *pis*. Da *pis*, che non ha senso alcuno (quando non si ricorra a *pissar!*) si venne al *pens*, che ha un senso apparente; e di là poi, preso l'*e* per un *o*, si venne a *pois puois*. La lezione *mor* è chiaramente una correzione d'un copista il quale s'accorse come le altre lezioni non dessero senso alcuno. Rispetto a *sagre*, notiamo che ci par difficile riconnetterlo con *sagrar* = 'consacrare'; e stampando la parola così noi avevamo in mente il *sagna* 'guérit' del Glossaire. Ora invece saremmo disposti a scrivere *s' agre*, scorgendovi un verbo *agrar* derivato da *agre* (v. 24) 'dimora' 'nido'; il quale *agrar* potrebbe significare 'mettere in casa' 'accogliere', cfr. il fr. *airer* 'far il nido'. — Assai notevole è la lezione di questo e del verso precedente nel Breviari di M. Ermengau, vv. 32579—80: Mas sil romp trefas nil cuelh | Vertz mor tro leals lo sagre. È, in fondo, la lezione di ACE, acconciata in modo da dare la giusta misura al secondo verso. Trasportando, come vuole la rima, il *vertz* in fine al v. 15, se ne avrebbe ancora una lezione inaccettabile, poichè *vertz* = *viridis* ha un' *e* stretta.

21. Non volendo ammettere la sineresi di *fai al* in una sola sillaba, preferiamo la lezione *fal* ch' è alquanto dura, ma non impossibile, essendo qui *faire* adoperato come 'verbo vicario' di 'tormentare' o 'pungere', mentalmente connessi con *friula*. — E *friula* scriviamo poichè lo *fr* è nella maggioranza dei codici, ed ha la sua giustificazione etimologica: si confronti *afible-s* in Flamenca v. 2530, 3594. Il *fiula* (*fibula*, *fivula*, *fiula*, cfr. *faula* da *fabula*) di A meglio s' accorderebbe coll' *afiula* che abbiamo al v. 37. — Lo Chab. si domanda se il *friula*, anzichè da *fibula*, non fosse da *frigula*, che si ha nel Diefenbach = 'genus avis', e che si potrebbe raccostare a *frigilla*.

23—4. Citati dal Lex. 2,34[a] secondo CE. *Agre*, secondo il Raynouard significherebbe 'vol' 'essor' 'élan'; ma veramente esso non può dire che 'dimora' 'nido', e sarà un derivato di *ager*, cfr. Diez, I 8, e v. Chabaneau in Revue des ll. rr., t. XVI, p. 180 (1879), ove indica un altro esempio col significato di 'nido' nel Breviari, v. 32920. Lo stesso Chabaneau mi avverte che *agre* è adoperato dal *de Vales* (sec. XVII). per tradurre il virgiliano *arva*. Noi sospettiamo in questo luogo un doppio senso: il letterale forse quale lo dà il Lexique; e l'altro osceno, con *pena* raccostato a *penis*, e *auzels* col senso traslato che ha in italiano; i *desertz* sarebbero i 'solitarii campi' della donna desiderata.

27. Qui *ferm* pare valga quanto il *ferma* 'demeure' del Lex, 3,312[b]. Non si trova nei lessici. Una simile imagine incontrammo in V, 8—9.

28. Nota il costrutto abbastanza insolito ed ardito, poichè il *De leis* ecc. dipende dai sostantivi enumerati nei vv. 25—6. Si noti anche l'uso insolito di *plus* senza articolo, con valore di superlativo.

29. *Escriula* manca ai lessici. È da *stridula*, o è una nuova derivazione da *escridar* 'sgridare'?

30. La lezione del verso non si può sicuramente ricostruire. R e C suffragano fortemente la nostra. — Rispetto all' *ó* di *lonc*, si confronti l'ital. *lungo*, dialet. *lóngo*, e il *lóigna* in IV 14 e XVI 4.

32. Degli amori di Meleagro e Atalanta ebbe Arnaldo notizia da Ovidio, Met. VIII, 260 segg. Forse non è inutile ricordare che si tratta d'un amore puro, e per una vergine.

37. *Afiular* manca ai lessici; ma ha netta la sua giustificazione storica in un *ad-fibulare*, onde anche il fr. *affubler* (Diez, II 199), e anche un prov. *aflibar* che manca ai lessici, ma si legge nell Arch. 34, 199[a].

38. Nota il *somonc*, rimante in *-onc* stretto, contro ciò che vorrebbe l'etimologia; ma confr. *somos*: *envejos* (MW II 169) e *somona*: *dona* (= *donat*) (MW II 193). La ragione di questa anomalia dev'essere quella stessa per cui si ha *bó bós* da *b ŏ n u s* o *vé vénon* da *v ĕ n i t v e n i u n t.* Così da ***s u b - m ŏ n c t*** si ebbe ***somó***, onde, forse per analogia, o per il persistente effetto della nasale, anche ***somónc*** da ***s u b - m ŏ n e o.***

39. *Prec* = 'domanda amorosa', cfr. la nota a I 4. L' ***espertz*** è spiegato 'propinquus' dall' antico Rimario (Steng. 49); cfr. il portog. *perto* e lo sp. *prieto.* Sull' etimologia veggasi il Diez, II 167. ***Espertz*** in questo senso è noto al Glossaire, non al Lexique.

42. Vedi la nota a VIII 26.

43. *Estuich* da ***estujar*** 'tener in serbo'.

45. *Un travers jonc* = 'lo spessore d'un giunco', 'un niente', cfr. Lex. 3, 596[b]. Se tuttavia si riscontra a questo luogo il v. 30 della sestina, sorge il sospetto che *jonc* sia una mala lezione di *onc* = ***u n g u i s***, e che Arnaldo avesse qui in mente il "transversum unguem" dei Latini.

47. Questo ***somertz*** = 'sommergi' suppone un infinito ***somerdre,*** onde poi nel presente ***somerd-s somerts somertz***? Oppure si dirà che il *g* palatino di ***mergere,*** venuto all' uscita regolarmente passò in *ć*, e quindi in *tz* come in *patz* da ***pace***? Tutti e due i procedimenti sono possibili; ma quest' ultimo è più probabile, cfr. Giortz da ***Georgius.***

48. Citato dal Lex. 4, 486[a] con questo solo esempio di ***peleagre.*** — Anche qui noi sospettiamo un' allusione oscena; e in grazia di questa crediamo che la parola sia stata forzata a dire al tempo stesso ***pel*** e ***agre***; vale a dire la parte pilosa della donna, il cui nome, come vedremo, comincia per ***agre.*** E si noti che a questo doppio senso già si mirava col ***somertz*** del verso antecedente. Il nostro sospetto pare sia passato per la mente anche all' amanuense di R, che scrisse ***pelueagre***, scorgendo nella prima parte della parola, anzichè ***pel***, forse un' allusione a ***pelvis.***

50. Citato ma non inteso dal Lex. 2, 34[b]. Qui s' indica il casato della donna amata, il quale cominciava per ***Agre.*** Vedi l' Introduzione a p. 67—9. A seconda della fede che si creda meritare la notizia dataci dal Barbieri in aggiunta a ciò che il biografo provenzale dice sulla donna di Bovilla, amata da Arnaldo, si potrà affermare questo 'chans' sia stato scritto per Laura d'Aragona, o per Meglio—di-bene. Se sussistono i nostri sospetti di sensi osceni che si celino sotto il letterale in ben due luoghi del componimento, sarebbe più ragionevole dirlo composto per l' aragonese, l' amor per la quale sappiamo essere stato fortunato, mentre tutto fa credere che fortunato non fosse quello per la dama di Bovilla. ***Agremont Agramont*** si ha tanto in Catalogna, quanto al di quà dei Pirenei, vedi Milà, Trobab. 57. — "Je ne trouve d' Agremont (Aigremont) que dans le département du Gard. C' est bien loin du pays des la dame de Boville; ce qui appuie votre conjecture". Chab.

XII.

Bibliografia, e classazione dei codici. — Sta in AIHKN²DLUR*ac*UCMM[c] ed S[g]. Il testo di A è a stampa in MG 1282 e Arch. 51, 139; quello di V in Arch. 36, 442 (e l' abbiamo collazionato sul codice); quello di R in MG 950; quello di U in Arch. 35, 379 e in MG 1283; quello di C ed M in MG 435—6. Di tutti gli altri, tranne S[g] abbiamo collazione. Il Salvini ne ha dato una stanza e mezza, secondo U, presso il Crescimbeni, II 237. — L'ordine delle strofe è uguale alla nostra stampa in AH-IKN²DLUR; mentre ac MM^cUC invertono la seconda e la terza. E poichè il senso dimostra con sicurezza che questo secondo gruppo ha un ordinamento erroneo, conchiuderemo senza più che questi sei codici sieno imparentati fra loro. Che se prendiamo a considerare il posto che i singoli codici assegnano a questa composizione, siamo indotti a dividere il primo gruppo in tre: A; HIKN²DL; R, il quale viene invece indiziato di parentela colla seconda classe. Se poi teniamo conto d'un accordo nell' ordine d'una sola coppia tra C ed HIKN²DL, e del fatto che M ed *a* possono parere degli estratti di C, e che R deve derivare da una fonte a cui anche C ha attinto, come mostra l'accordo nella falsa attribuzione, saremmo indotti a conchiudere che alla classe HIKN²DL appartengano anche CMM^caR; e una terza classe sarebbe costituita da U*c*V. Ma se passiamo a considerare le lacune comuni a parecchi codici, e soprattutto l'accordo nelle varianti e negli errori, si vede confermato che A costituisce una classe o famiglia a sè, cfr. i vv. 5, 17, 22, 24, 30—2, 51—2, 53—4; che la seconda famiglia è costituita da HIKN²LD, nella quale H ha qualche suo privilegio speciale, cfr. i vv. 11, 13, 28—9, 53; che RacUCMM^c costituiscono una sola famiglia, cfr. i vv. 14, 19, 21 e anche i vv. 13, 28, 30, 48: coll'avvertenza tuttavia che in essa fanno un gruppo a parte *ac*, e U al quale si collega R; e un altro è costituito da CMM^c, dove MM^c hanno notevoli accordi con A. V resta sospeso fra la seconda e la terza classe, e probabilmente è di provenienza mista. Siccome poi la stanza quinta sta solo in C ed MM^c, che vedemmo costituire un gruppo della terza famiglia, sarà più che lecito dubitare della sua autenticità, tanto più che Arn. Daniello, autore della sestina, mostra un' aperta predilezione per il componimento di sei strofe. Ma si può anche sospettare che questa quinta strofa sia stata aggiunta da Arnaldo stesso in una seconda redazione della canzone, a significare la vittoria riportata e il gaudio avuto dalla sua bella; e quest'ipotesi d'una doppia redazione ci spiegherebbe anche meglio le notevoli differenze tra versi interi delle varie famiglie di codici. Rispetto al secondo commiato, che abbiamo in R, non par dubbio lo si deva dire spurio. R attribuisce il componimento a G. de Bornelh; e il commiato a *Sobrecors*, che starà per *Sobretotz*, l'amico di Giraldo, sarà stato aggiunto per quasi autenticarne la dubbia autorità. Il primo motivo dell'attribuzione a Giraldo è da cercare probabilmente nel v. 7, ove si credette di veder ricordato il solito *Sobretotz*.

A r g o m e n t o. Cantano gli augelli d'amore, ed anche il poeta vuole cantar la sua bella, della quale ha immenso desiderio, e che ha saputo scegliere bellissima fra le belle. Ne ha avuto già un bacio e ne desidera gli abbracciamenti notturni. Poi si pente dell' ardita parola, temendo di perderne il premio d' amore promesso, ed inveisce contro i referendarii che hanno di recente fatto fallire anche il re Ferdinando di Gallizia, al quale il poeta muove aspro rimprovero.

1—2. Questo principio pare imitato da una canzone di R. d'Orange, Arch. 33, 434.

2. Manteniamo la lezione di A, perchè si capisce come da essa potessero essere occasionate le altre, e non viceversa. *Lais* è parola alquanto rara nel provenzale, e pare un termine tecnico per esprimere il canto degli uccelli, cfr. Inf. V, 46, Purg. IX, 17. Le altre lezioni hanno invece parole vulgatissime, e che si presentavano da per sè a surrogare la parola insolita. Si noti inoltre che *sons* pare non proprio in questo luogo; mentre i *lais, cantars* e *voutas* di questo verso sembrano disposti a far da contrasto agl' incomposti *brais* e *critz* del primo verso. *Lais* è tradotto 'dulcis cantus' nel Rimario (Steng. 41); e cfr. Diez, II 355.

3—4. Citati dal Lex. 4, 621b. Anche qui *precs* è 'prego amoroso', cfr. la nota a I, 4.

7. *Obra* da *ŏpera* dovrà avere normalmente un *o* largo, cfr. it. *òpera*, fr. *oeuvre*, ant. *uevre* ecc. Darà esso, adunque, una rima inesatta? Sarebbe strano l'avessimo a trovar qui dove il poeta espressamente avverte di voler scansare i versi mal fatti e le rime sbagliate. Se esaminiamo, infatti, le altre rime in *obra*, vedremo come molto probabilmente tutte abbiano avuto, checchè sembrino richiedere le ragioni etimologiche, un *o* largo. Rispetto al *sobra* del v. 15 e 59 notiamo per primo ch'esso è fatto rimare con *obra* e con *cobra* = *-cuperat* anche da P. Cardenal (MW II, 203), ma in un componimento ove le rime sono trattate con molta libertà, anzi con licenza. Ma più importa ricordare che l' *ŭ* di *superat* è stato trattato nel limosino come fosse stato un *ŏ*, onde si ha *sòbre* = *sŭpero*, accanto a *soubrâ* = *superare*, come *pròvo* da *prŏbo* accanto a *prouvâ* = *probare* (Chabaneau, Gr. p. 288). — *Colobra*, da *colŭbra*, parrebbe dover avere un *o* stretto; ma l' a. fr. *culuevre coluevre* e insieme lo spagn. *culebra* (da *culuèbra*) accennano nettamente di risalire, insieme col *colòbra* d'Arnaldo, a un *colŏbra* [*Colobra* e *colobre*, dans les dialectes modernes, ont toujours *ò* jamais *ou*; le rouergat qui diphthongue l' *ǫ* en *ouo* dit *coulouobre*. Chab.] — Che il *descobra* del v. 31 e il *cobra* del v. 55 abbiano un *o* largo, par indicato e dalle analogie romanze (it. *còpro*, sp. *cuebro*, a. fr. *cuevre covre*) e dal fatto che l'ant. provenz. dittongò questo *o* radicale (v. III, 14), e dall'altro che nel limosino attuale si ha *queubro* 'copro' (Chab., p. 288), dove l' *eu* rappresenta l' antico *uè*, *ò*; e ciò ad onta che la vocal radicale di questa forma sia un *ŏŏ*, che ben avrebbe potuto contrarsi in *ō*. — Rispeto a *Dobra*, ci limiteremo a ricordare il *Dŏberum Dŏberienses* di Macedonia (Forcellini); e che, ad ogni modo, in un nome locale non si potrebbe richiedere un' esattezza di pronuncia stragrande. — Resta il *cobra* da *-cŭperat* (Diez, I 130), dove l' *o* par indicato largo dall' analogo ital. *ricòvero*.

8. *Estrampa* è detta dalle Leys la rima che resta isolata; ma qui si vede che la parola significa 'imperfetta'.

10. *Destouta* sost., manca ai lessici. È chiara la sua connessione con *destolre* 'distogliere'; noi diciamo: "distorsi o distorre dalla sua strada".

11. La lezione di A (*al prim*) è confortata da quasi intera la terza famiglia. È chiaro come l' errore della seconda famiglia sia nato da uno scambio col principio del v. 21, dove il caso inverso s' è avverato per la terza (tranne MMc).

12. Cfr. II 46. Rispetto alla lezione, ci parve preferibile il *gran* al *tal*, perchè essendo contraddittorie le attestazioni della terza famiglia, e l'autorità della prima neutralizzando quella della seconda, restava solo il criterio della convenienza; e il *tal* appariva allora come non proprio di fronte al *tal* del verso seguente.

13. Allusione a Viviano, nipote di Guglielmo (S. Guglielmo) dal corto naso. Ora, due poemi del ciclo narbonese ci restano in cui si narra di fame patita da Viviano, il *Covenant* e *Les enfances Vivien.* L'allusione meglio conviene a questo secondo; ma siccome il Gautier, Epopées II 379, ove solo io poteva aver notizia delle *Enfances,* attribuiva questo poema al secolo XIII, restavo alquanto incerto. Ai miei dubbii così rispose G. Paris: "Il me semble, comme à vous, que l'allusion d'Arnaut Daniel s'applique bien plus naturellement à la chanson des *Enfances Vivien* qu'à celle de *Covenant*; dans ce dernier poème, il est vrai, Vivien est également cerné et privé de nourriture; mais ce n' est qu'un trait passager, et il s'en tire même en faisant tuer des chevaux [cfr. Gautier, III 420, 422]; dans les *Enfances* au contraire l'épisode de la faim tient une grande place, la famine est longuement décrite, et c'est à ce récit que devait penser tout homme du temps qui entendait les vers du troubadour. Quant à la date assignée par Gautier au poème, elle est très-certainement erronée; non seulement l'assonance, mais tout le style l'assigne visiblement au milieu (environ) du XII siècle, e l'idée d'y voir un *pastiche archaïque* ne se discute même pas". Crede poi anche G. Paris che la *Luserna,* altrove ricordata da Arnaldo (X, 21; XVI, 44), sia la *Luiserne* delle *Enfances Vivien,* di *Turpino* e del *Gui de Bourgogne*; e s'abbia quindi nuova conferma che Arnaldo conosceva bene le *Enfances Vivien,* e che ad esse egli alluda nel nostro luogo. Come notammo a suo tempo, anche il Diez (p. 357) sospettò che la Luserna di Arnaldo dovesse essere verso l'Ebro.

14. Sul senso di *badaill* vedi la nota a II 46; ma qui e là si ragguagliano evidentemente i segni esterni della fame a quelli del desiderio amoroso.

15. Nota il verso colla cesura lirica. Similmente foggiati sono il v. 24 e 43, e il v. 5 secondo la lezione di A. E la frequenza di questo verso nella nostra composizione non può essere accidentale, ma sarà indizio invece che essa è lavoro giovanile d'Arnaldo. Con ciò s'accorda anche la data che tenteremo di assegnarle più innanzi.

17. Secondo i lessici, *rampa* non dice se non 'crampe'; ma pur è chiaro dover esso significare qualcosa d'analogo all' *ira*: si confronti *ranpoinar* = "dicere verba contraria derisorie" nel Donatus (Steng., 33), e si vegga il Diez, I 340, dove è mostrata la probabile connessione etimologica delle due parole.

19—20. Questi due versi stanno, a parer nostro, come fra parentesi; e così tutta la stanza viene ad essere costituita da un solo periodo.

23. Citato dal Lex. 2, 438 b con questo solo esempio di *colobra* = *colubra.*

25. *Causitz* ha qui un senso o un' applicazione insolita; e questo deve aver consigliato i copisti di A*a*C a cercarvi un sostituto in *grazitz*: ciò che sarà avvenuto indipendentemente. *Causitz* non può dir qui, come suole, 'eletto' 'elegante'; esso significherà 'buono' o 'bonario' come in MW III 133, cfr. *chauzimen* 'pietà' in Lex. I 345. Ma poichè *causir chausir* dice anche 'discernere' 'vedere', potrà sospettarsi che *causitz* abbia anche significato quanto il nostro 'oculato'; e quindi *Deus lo causitz* sarebbe quanto dire: "quel Dio che tutto vede, che tutto sa intendere". Sorge, infine, anche il sospetto, che *grazitz* e *chausitz* sieno erronee lezioni di altra perduta, la quale ha lasciato di sè traccia alquanto diversa in *c*.

27. Alla leggenda di Longino cieco, guarito dal sangue di G. C., allude anche Ponz de Chapdenil, p. 50, ed. Napolski: essa era molto diffusa in occidente per il Vangelo di Nicodemo, c. x. [Il centurione del Vangelo ebbe il suo nome di Longino dalla λόγχη (lancia) con cui trafisse il costato di Gesù].

28. Seguiamo A, poichè la lezione della seconda famiglia ripete inettamente l'*ensems* dal v. seguente; e quella della terza famiglia è dubbia, avendo CMMc cosa del tutto diversa. Forse il motivo ad alterare la buona lezione di A stava nell' apparente tautologia: *voilla, sil platz;* ch'è invece un modo di squisita costesia in domanda cotanto delicata.

30. *Uns* al pl., con questo significato, è alquanto raro; e di qui forse il motivo al variare; ma è tutt' altro che inammissibile, cfr. Diez, Gram. III 18, e il Girartz vv. 7298, 7306—7, 7559, 7562 ecc. (ed. Foerster).

32. Cfr. R. d'Orange, MG 306, 7: Quan la candelam fetz vezer vos baisan rizen.

34. *Envoutas*, da *envolver*; e pare dica 'in boccio', "coi petali ancora avvolti su sè stessi".

36. *Roam,* messo così in colleganza con *Jerusalem,* non pare poter essere la capitale della Normandia; tanto più che *Roam* = Rouen si legge più innanzi al v. 44. Starebbe questo *Roam* per *Roais* = Aleppo?

39. *Ondra* manca ai lessici, che pur hanno *ondrar ondrat*; cfr. sp. *honra.* Hassi qui un continuatore di *hŏnor,* o un sostantivo estratto da *honrar*? Propendiamo per la seconda ipotesi. — *Dobra* dev' essere *Douvres,* come spiega anche il Glossaire; e il re di Dobra sarà il re d' Inghilterra.

40. Il re di Navarra. *Estela* è *Estella,* e *Luna-pampa* è Pamplona, Pampa-luna, come già ha notato il Glossaire.

44. Il signore di Roam o di Normandia è il re inglese, già prima altrimenti indicato, o chi in questo tempo teneva quel feudo.

45. *Sur* è Tiro, v. il Glossaire e Stimming, B. de Born, 236. E poi che qui è detto espressamente che questo re *tiene* (al presente) non solo Tiro, ma anche Gerusalemme, ne conchiuderemo con piena sicurezza, credo, che la canzone sia anteriore al 1187, anno in cui il re Guido di Lusignano perdette Gerusalemme e fu fatto prigione, mentre i resti dei Cristiani si raccolsero a difesa entro Tiro. Dal 1187 in poi solo nel 1229, per un trattato conchiuso da Federigo II, Gerusalemme e Betlemme ritornarono per alcuni anni in poter dei Cristiani; ma sembra affatto impossibile ritener così tardo il nostro componimento. — Rispetto a *Jherusalem* noteremo ch' esso par ripetuto dal v. 37 (e ciò potè consigliare il copista di C a sostituirvi *Betleem*); ma ivi esso indicava (*tot*) il regno di Gerusalemme, mentre qui designa solo la città. — E anche da avvertire che, secondo l' antico Rimario (Stengel, 17), *Jherusalem* uscirebbe in *em* largo, e sarebbe quindi una rima inesatta. Ma trattandosi di un nome proprio, e straniero per giunta, non oseremmo dar torto ad Arnaldo e ragione ad Ugo Faidit.

46. *Rependi* sta per *repenti*, cfr. *pendensa* per *penedensa* in Chrest. 316, 20, e l' a. sp. *rependidos* in D' ovidio e Monaci, Manualetti, I 53. — E poichè *rependi* da *re-poen(i)t(e)o* dovrebbe avere secondo le norme etimologiche un' *é* stretta, come stretta dovrebb' essere quella di *endi* (v. 22) da *indicus*, bisognerà conchiudere, o che Arnaldo abbia qui adoperato rime inesatte, o che *entendi estendi* ecc. abbiano pur essi, contro l' etimologia, un' *e* stretta. E questa seconda ipotesi ci pare di gran lunga più probabile; e il fatto si spiegherebbe, o raffrontando a *entendi* ecc. il *mint, sint, cossint* di XIII 10, 17, 38, e anche il pavano *continti lusinti* (Ruzzante, Moschetta, Prologo e A. I sc. 3ª) e il trevig. rust. *a mominti*, ecc.; e se ne concluderebbe che anche per il provenzale abbia valore quella norma fonetica, che così larga applicazione trova soprattutto nell' Italia superiore (v. specialmente Ascoli, Arch. glott. I 308, 425), per la quale accanto al singolare *quel quest* si ha il plurale *quigi* (= *quili*), *quisti*, per influenza dell' *-i*, il quale mostrerebbe qui la sua azione anche sull' *e* tonico largo; oppure ammettendo che pur per *-endi* valga l' eccezione segnalata dal Rimario per *-en-s*, v. la nota a XVII 5: che è l' ipotesi sostenuta dallo Chabaneau nella sua *Gram. limousine.*

48. Il Lexique non assegna ad *acampar* che il significato di 'radunare'; ma il Glossaire conosce pur quello di 'combattere' 'campeggiare', che gli spetta qui. [Acampar a encore, en d' autres textes, le sens de *disperser*, Chrest. 415, 11. Les deux significations, *ressembler* et *mettre en fuite* ont survécu l' une et l' autre dans les dialectes modernes. Chab.] — Per la lezione di questo verso e del precedente ci siamo attenuti ad H, prezioso rappresentante di tutta una famiglia, il quale per il v. 47 è confortato anche da C. I due nomi di santi, che appariscono in R*aUc* e in C, pare fossero ben noti nel mezzodì di Francia. S. Leidier è un nome locale onde ha tratto il suo il trovatore Guglielmo; e una vita di S. Geni sta in Labbe, Nova Bibl., II 564.

49—50. Citati dal Lex. 4, 247ª come fossero un verso solo. — *Deschausitz* è tradotto 'rusticus', 'injuriosus' dal Rimario (Steng., 52); e 'villano' in opposizione a *chausitz* 'eletto', 'elegante' pare il suo significato più comune, e che qui pur calza bene.

51. *Si* vale quanto 'sebbene', cfr. X 39. — *Galecs*, con *e* largo, deve essere = *Gallaecus, Gallaicus* 'galiziano'. *Galics* per 'abitanti del Galles' in Inghilterra usò P. d' Alvernha, M.W. I 94; e *galisc* per *galesc* è biasimato come forma non provenzale da R. Vidal (Steng., 87). Che qui si tratti dei 'Galiziani' è mostrato anche dal nome *Ferrans*, che si ha poi: re portanti il nome di Ferdinando non appariscono nel medio evo se non in Ispagna.

51—6. L' incertezza della lezione del v. 54 e anche degli altri avrebbe bisogno, per esser tolta, che si chiarisse a qual fatto preciso si riferisca questo luogo d' Arnaldo: ciò che, purtroppo, non è a noi possibile. Esponiamo, se non altro, le ipotesi che ci si sono affacciate, come le meno improbabili. — Cominciamo intanto col notare che par indubitabile si accenni nel v. 55 a un re Ferdinando di Galizia, ossia di Leon, col qual regno la Gallizia fin dal 1073 venne riunita; e possono quindi esser presi in considerazione: o Ferdinando II (1157—1188), o Ferdinando III (1230—1252; re di Castiglia fino dal 1217). Ma poichè vedemmo che la composizione è, secondo ogni probabilità, anteriore al 1187, siamo indotti a riferire a Ferdinando II l' allusione del trovatore. Un altro dato, per determinare l' età di questo componimento e la presente allusione, ci è fornito dal v. 58, ove, come vedremo, si accenna all' incoronazione d' un re di Francia. Ora, incoronazioni di re francesi, in questo giro di tempo, ne abbiamo tre: quella di Filippo II Augusto, avvenuta, vivendo ancora il padre, il 29 maggio 1180; quella di Lugi VIII, consacrato il 6 agosto 1223; e quella di Luigi IX, consacrato il 29 novembre 1226. E siccome solo quella di Filippo II Augusto avviene mentre v' è in Leon e Gallizia un re di nome Ferdinando, pare indubitabile che a quella incoronazione, e non alle altre, alluda Arnaldo; e ciò combina a meraviglia col dato già desunto dal v. 45: che, cioè, la canzone sia anteriore al 1187. Fissata, per tal guisa, l' età più probabile nella quale dev 'essere avvenuto il fatto da Arnaldo rimproverato al re dei *Galecs*, abbiamo dovuto escludere il sospetto che qui si trattasse di ciò che narra Roderigo di Toledo sul conto di Ferdinando III: aver il re citato a corte in Valladolid Roderico di Didaco, quantunque crociato (lib. IX, cap. II; nel vol. I, p. 284 dei *Rerum hisp. scriptores aliqui*, Francoforte, 1579); e il sospetto veniva anche escluso dal fatto che Ferdinando non era ancora a quel tempo re di Leon e Galizia. Abbiamo anche per un momento dubitato, che si accennasse qui ai fatti istessi rinfacciati da Bernardo di Rovenac a un Infante d' Aragona, il quale avrebbe preso e ucciso durante una tregua un suo barone *Raymon Guillem* (MW III 135). Il Diez suppone che questo fatto sia avvenuto verso il 1274: che sarebbe assolutamente troppo tardi per il Daniello; il Milà invece lo attribuisce al 1224—26 (p. 160 segg.), ciò che combinerebbe colla data dell' incoronazione di Luigi IX, ma obbligherebbe a rinunciare alle conclusioni imposte dal v. 45, e a supporre che un infante-re (D. Jayme) di Aragona potesse esser detto re dei *Galecs*. Abbandonate pertanto queste due spiegazioni come impossibili, abbiamo fermato la nostra attenzione all' anno 1180 par cercarvi qualche fatto che poco o molto rassomigliasse a quello accennato da Arnaldo; ed ecco ciò che trovammo. Il 5 aprile del 1181, giorno di pasqua, venne ucciso in una imboscata, non lungi da Montpellier, il conte Raimondo-Berengario III di Provenza; e come autori dell' uccisione sono indicati i cavalieri di Ademaro di Sicardo da Marueil. Il fratello del conte, re Alfonso II d' Aragona, ne avrebbe vendicata la morte con molti saccheggi nei territori dell' assassino (G. Vosiensis, in Labbe, Nova Bibl., II 326). Questa è la relazione del fatto secondo il cronista, priore di Vigeois; ma altrimenti se ne discorse dai poeti del tempo. B. de Born, infatti, in un sirventese contro Alfonso II, dice, tra le altre, "che potrebbe ricordargli anche il fatto di Berengario di Bezaudun [Raimondo-Berengario, conte di Provenza, cfr. la nota dello Stimming, p. 283], che da lui fu ucciso a tradimento, con eterna vergogna del suo lignaggio" (Stimming, 190). Nè probabilmente fu questa la sola versione eterodossa del fatto, narrato dal cronista; e forse un' altra è accennata da A. Daniel in questo luogo. A. Daniel farebbe autore dell' imboscata il re Ferdinando di Galizia e Leon, il quale era appunto parente (anche il *cosin* di alcuni mss. può avere lo stesso significato generico) del conte Raimondo-Berengario, essendo egli figlio d' una Berengaria, morta nel 1148, sorella del padre di Alfonso II e di questo Raimondo-Berengario. Ammessa questa ipotesi, si vedrebbe combinare il nome di *Ramon* dato dai migliori mss., insieme alla sua qualità di figliuolo del conte, in quanto egli per sè non era che luogotenente, dal 1168 in poi, del fratello re Alfonso. (Veggasi per tutti questi dati il volume VI dell' Arte di verificar le date). Le altre inesattezze d' Arnaldo si spiegherebbero facilmente ricordando ch' egli confessa di non essere stato presente al fatto, che anzi era lontano in Francia, quando fu perpetrato; e, lontano, potè credere trattarsi semplicemente d' una cattura anzichè d' un' occisione; e l' essere il fatto avvenuto di pasqua, potè far credere che Raimondo fosse diretto in pellegrinaggio a qualche santuario. — Noi, del resto, non vogliamo troppo insistere su questa ipotesi; e aspettiamo qualche lume maggiore da chi ha mezzi più abbondanti per conoscere i particolari di quel tempo.

55. Citato dal Lex. 2, 422^b, secondo CM.

57. Nota la ripetizione di *obra* dal v. 7; ma qui ha senso alquanto diverso.

58. *Estampa* non può essere che *Etampes Estampes*, come già vide il Rochegude; ed *Estampes* facea parte dei dominii immediati del re di Parigi. L' epiteto di *bon* può ben essere quasi un ringraziamento dei regali che Arnaldo come giullare avrà avuto nelle feste per l'incoronazione, ma potrebbe essere stato anche suggerito dalla fresca età in cui allora si trovava Filippo Augusto (16 anni), e dall' indole di lui assai promettente.

60. Non intendiamo l' *ampa.* — "Peut-être: *noi sampa.* Je trouve les mots suivants dans les glossaires: *Sampo*, égout, mare. — *Sampaia* (*sambeja*) essaimer, en parlant des abeilles; et activement, convoiter. — *Sampeja*, boiter. — *Sampouna* rapiécer". Chab.

XIII.

Bibliografia, e classazione dei codici. — Sta in AUcaTGQHDNIKN²S^g. Il testo di A è stampato in Arch. 51, 142 e in MG 1292; quello di U in Arch. 35, 378 e in MG 1293; quello di T in MG 422. Di tutti gli altri, tranne S^g, abbiamo collazione. — Una stanza e mezza di questo componimento è stata pubblicata, di su cU, dal Salvini, presso il Crescimbeni, II 237; e la prima strofa fu data, secondo IK, nello Choix, V 39, onde la riprodussero il MW II 78, e il Galvani, Rivista I 275.

La tradizione ms. di questo canto non è punto chiara e sicura, come si può anche subito vedere dalle divergenze numerose dei codici nell' ordinare le strofe. Eccone lo specchietto:

AT:	1. 2. 3. 4. 5. 6. 7
UcGQIKN²:	1. 2. 3. 5. 4. 6. 0
DNH:	1. 2. 4. 5. 3. 6. 0
a:	1. 2. 5. 6. 4. 3. 7

Se ora, partendo dai diversi dati, o combinandoli insieme, tentiamo la classazione delle tredici lezioni, ne abbiamo i seguenti risultati. Badando al posto che ciascun codice assegna a questa composizione, si conchiuderebbe che AIKN²DNH¹ devano infallantemente appartenere a una stessa famiglia, alla quale potrebbe appartenere anche T, quando lo si considerasse come un estratto dell' originale che ha servito per quegli altri. Ma lasciando stare questa lontana probabilità, vediamo invece che T s'accorda con U, e che tutti e due pajono estratti di *c*; con *c* poi s'accordano GQ: onde avremmo una seconda famiglia costituita di TUcQG. Resterebbe a sè *a*, il quale è solo anche nell' ordinamento delle strofe. Ma se l' ordinamento delle strofe confermenebbe la posizione isolata di *a*, esso non conferma la costituzione delle altre due famiglie: la contraddice anzi apertamente, scindendo la prima in tre e mandando IKN² con U*c*GQ. Se, infine, pigliamo per criterio la presenza o l' assenza del commiato, avremmo ancora delle risultanze diverse dalle prime, poichè A verrebbe staccato dal suo gruppo e collegato invece con *a*T, e U*c* verrebbero riuniti con la prima famiglia così decapitata. Ricorrendo all' 'ultima ratio' delle varianti, noi veniamo a conclusioni che, sebbene non del tutto sicure, sembrano conciliarsi con tutti i dati sin ora esaminati. Una prima classe o famiglia è costituita dal solo A, il quale si mostra diverso dai suoi soliti affini IKN²DHN non solo per la presenza del commiato, ma anche per la lezione dei vv. 13, 19, 21, 28, 30, 32, 33 ecc. E bisognerà conchiudere che A, pur avendo dinanzi un originale che s'accordava con IKN²DNH, s' è servito per questa poesia d'altra fonte che gli parve migliore e più completa. Una seconda famiglia è costituita da IKN²DNH, ai quali le varianti obbligano ad unire GQ, pur serbando essi una certa indipendenza, come mostrano i vv. 15, 35, dove s'accostano ad A. Che se questa riunione di GQ ad IKN²NDH pare contraddetta dal posto che nei due gruppi è assegnato a questa poesia, è pur da notare che GQ, come il resto del gruppo, mancano del commiato; e che in simili rapporti essi si trovano per il nº II e VII. Una terza famiglia sembra costituita da T*a*, i quali s'accordano nell' aver il commiato, benchè discordino nell' ordine delle strofe; e si mostrano sicuramente imparentati nelle lezioni del v. 27 e 30. La loro parentela tuttavia non è costante, ed *a* spesso piega verso U*c*, e T al v. 25 inclina verso la terza famiglia, e in altri casi è solitario. Restano U*c*, i quali sembrano costituire una quarta famiglia, vicina per molti lati ad A, e per altri ad *a*, e forse sono sorti per contaminazione. Da queste incertezze nella classazione dei dei codici viene qualche incertezza alla costituzione del testo; e così fin dal principio ci resta qualche dubbio se nell' ordine delle strofe s'abbia a seguire AT, costituenti una famiglia e mezza, o pure U*c*, GQIKN², costituenti pur essi probabilmente una famiglia e mezza. Ci atteniamo ad AT, parendoci che A solo valga più di U*c* riuniti, la natura dei quali non ci è ben chiara.

Argomento. — È la primavera, e l'innamorato poeta vuol cantare d'amore. Egli d' Amore è servo, e dei servi veraci; è saggio, e nulla prenderebbe in iscambio della sua bella. Vorrebbe esser sempre con lei; e perchè adunque andar fingendo d' amar altre? Senza lei gli è nojosa la vita; e lei sempre ha nel cuore. Vorrebbe aver più d'ingegno per meglio lodarla.

1. Citato dal Castelvetro (Consid., 72) secondo IK o Q (e groes); e raffrontato al petrarchesco: "Verdi panni, sanguigni, oscuri e persi".

1—2. Citati dal Lex. 4, 550ª secondo IK. Nota l'allitterazione: *vei verm. vertz verg. vaus*; e *blans blancs, plans plais.* — *Plais* è tradotto 'nemus plicatum' dal Rimario (Steng. 41), e 'bois plié' 'taillis' dal Glossaire. Se non che il contesto qui richiede piuttosto una voce che faccia antitesi a *plans* e con essa si venga graduando; e però noi crediamo s'abbia qui un maschile di *playa*, cioè *plai-s*, col valore stesso di 'piaggia'. Su *playa* veggasi poi il Diez, I 316.

3. *Tint* da *tentir tendir*, con *i* nella tonica determinato probabilmente da quello che si aveva in uscita, cfr. *sint* = *sentio* v. 10, *mint* = *mentio(r)* v. 17, *cossint* = *consentit* v. 58. Probabilmente abbiamo qui delle forme speciali al dialetto d' Arnaldo, che ci spiegano com' egli potesse altrove (XII; v. la nota al v. 46) far rimare *entendi aprendi* e sim. con *endi, rependi.* — L' accordo tra T e *c* in *tuit* può ben essere accidentale; non così parrebbe del *voutz voltz* di UT.

6—7. Citati dal Lex. 3, 422ᵇ, secondo T, ma con qualche lieve differenza; ed è questo l'unico esempio che il Raynonard adduca di *notz gandres* (così egli scrive) = 'noix muscade'. Il Glossaire ne fa invece tutta una parola: *noigandres*, e la traduce come il Raynonard. Noi fin dalle prime pensammo di riconnettere questa voce col latino *juglans*, che viene spiegato quasi un *Iovis glans*; e circa il *noi* (*notz*) eravamo incerti se correggerlo in *joi*, rappresentante la prima parte del composto latino, oppure vedervi una 'Umdeutung' suggerita dai rappresentanti provenzali di *nuce*. Se non che l' Ascoli ci avvertiva esserci una via molto più sicura per uscire di queste difficoltà, poichè Plinio ripetutamente ha la frase appositiva: *nuces juglandes.* Qui adunque si avrà probabilissimamente un continuatore di *nuce-juglande-*, dove il *nuce* avrebbe avuta una risoluzione analoga a quella di *jace- noce-* in *jairai noirai* = *jacere* + *habeo, nocere* + *habeo.* La grafia *notz gandres* accennerebbe invece all' autonomia del primo membro del composto. *Gandres*, è da *glandes* con metatesi; mentre la forma *grandres*, attestata da T, presenterebbe una propaginazione del *l*, mutato poi in *r*. — Su questa strana parola lo Chabaneau ci comunica la seguente nota: "Ce mot, — s'il a existé au sens que Raynouard et Rochegude lui donnent, — ne vit dans aucun des patois que je connais. Honnorat dit: *Gandres*, vieux langage, muscat; mais il a dû prendre cela dans Raynouard, et ce dernier, aussi bien que Rochegude, a pu expliquer comme il l'a fait, pour simple conjecture, le mot en question, d'après le passage d' A. D., où se trouve le seul exemple qu'il en cite, et probablement qu'il en connût. L'abbé Vayssier, dans son dictionnaire patois français du dépt. de l'Aveyron (Rodez, 1879), donne l'article suivant: — *Nousau ..., roscal de gand,* s. f. Noix de gand, espèce de noix médiocrement pleine. Et précédemment: *Groumesto*, s. f. et adj. Noix de *gand*, espèce de noix grosse, mais peu pleine. Voy. *Nousau.* — Y a-t-il quelque rapport étymologique (car pour le sens il est clair qu'il n'y en a pas) entre cette expression de *noix* (ou *roscal*) *de gand* et le *gandres* d'A. Daniel? Peut-être bien; mais je n'en sais pas trouver." — [Forse il rapporto logico tra *gand* e *gandres* sta nella *grossezza* della noce indicata; e ciò confermerebbe l'etimologia di *nuce-juglande,* ossia 'noce reale'].

13. Il *partidors* non dice nulla, mentre è chiaro, benchè ignoto ai lessici, il *parcedors*; e i lessici stessi (il Glossaire) conoscono *parcer* 'perdonare'. Notevole è che il *partedors* stia in *Uca*GQ (mentre *T* va qui solo): ciò che parrebbe confermare il dato dell' ordinamento delle canzoni in questi mss., sulla parentela di GQ con *c*; ma l' errore ha potuto anche svolgersi indipendentemente.

14. *Blandres* è ignoto ai lessici, che hanno *blandir*; ed è un curioso esemplare di un verbo passato dalla quarta alla terza conjugazione latina. ["Cfr. *ordre bordre* (= *-dir*) dans R. d'Or., MG 320. Cette substitution de *-re* a *-ir* est assez commune, aujourd'hui, dans la région orientale de la langue d'oc. C'est l'analogie des doubles formes comme *segre* = *seguir* etc., qui a dû amener cela. Dans la Croisade alb. v. 5123, on lit *retendre* pour *retentir*. Les Leys, II 402, constatent l'existence simultanée de *resplandres,* que vous avez dans cette pièce, et de *resplandir*. Mistral emploie *sentre* pour *sentir,* d'autres *duerbre* [veneto *vèrzer*] pour *dubrir* etc. — *Pleure*, dans Flamenca 19491, est probablement le même mot que *plevir*." Chab.] — Il concetto di questo verso è riprodotto ligiamente da Ugo Brunenc, in MW III 206.

15. Non intendiamo la lezione di *a*THDNIKN[2]; mentre ci pare che quella da noi adottata e che sta in A, *Uc*, GQ, oltre essere bene autorizzata, dia anche un buon senso, quando si intenda il *mas* per 'poi' 'inoltre'. E abbiamo già notata la predilezione di Arnaldo per il *mas* in luogo di *pos*, cfr. il Glossario.

16. Questo verso ammette due interpretazioni, a seconda che si pigli *l'aizina* per sostantivo o per verbo. Noi inclíniamo a vederci il verbo *aizinar*, anche perchè sarebbe insolito il *bes* e *maus* nomin. singolare senza articolo; e così poi ne viene un senso più ragionevole.

19. Il *pensan* di GQHDN è illogico, e poichè manca ad IK par da supporre che con *pensan* si sia da un comune capostipite di quei codici riempiuta una lacuna. E la lacuna si deve esser formata perciò che un amanuense credette di dover correggere l'apparente tautologia che abbiamo tuttora in A*c*T e più si rilieva in *a*. Ma la lezione di A non avea bisogno di conciere, distinguendosi in essa tra 'pensiero' e 'sentimento'; (cfr. XVII 7); e solo può esservi alquanto sospetto il secondo *el* che andrebbe scomposto in *e* + *el* (= *in-illo*), dova l'*e* di *el* risulta già da una contrazione. Ma un siffatto *el* abbiamo anche in P. Ramon de Tolosa, il qual forse imitò questa forma da Arnaldo (Chrest. 89, 4; non notato dal Bartsch nel glossario). — *Cor* e *sen* sono spesso accoppiati, v. Revue, 1881, dic., p. 28.

21. Il *valer* pare diplomaticamente ben assicurato, e da preferire anche in sè al vulgato *esser*. Riguardo al *tant cum* di A esso ha il vantaggio di essere più chiaro dell' *on plus* degli altri codici; ma non è abbastanza autorevole. Probabilmente la lezione ci presenta una frase pregnante; ed è come fosse detto: "valere come Alessandro, quando più (*on plus*) ebbe di potere".

22-23. Qui par esserci allusione a un fatto reale, cioè a servigi di cuoco prestati da Arnaldo alla sua bella; nè ci deve sorprendere che un giullare, il quale vagava di questa in quella corte, si prestasse a portare, insieme colle nuove politiche e di società, qualche ricetta culinaria. E di tali ricette stanno in più d' un antico ms. Qualcosa di simile si ha in una canzone dl G. Ademar, Lex. I 346 e MG. 342, 5; dove il trovatore dice che preferirebbe 'esser cuoco' della cugina della sua donna, che non essere signor del Marocco.

24. Il *de* pare un error commune ad A e Uc (ai quali manca *ben*, e sono i soli cui manchi); ma sarebbe temerario conchiuderne necessaria parentela. Tolto il *de* la lezione di A s' accorda interamente con quelle della quarta famiglia. Rispetto a *ie'n* per *ieu'n* vedi E. Levy, G. Figueira, p. 91.

25. Le due sole lezioni, che pajano sodisfare al contesto, sono quelle di A e di *a*, la prima delle quali è confortata da *c* e GQ.

26. Sull' accordo della seconda e quarta famiglia stabiliamo la lezione di questo verso, che tuttavia, insieme coi due seguenti, ci lascia più d' un dubbio.

27—28. Dopo molte dubitazioni intorno a questo luogo, siamo tornati all' interpretazione, che ora risulta dalla nostra punteggiatura. In quanto a *tréu* monosillabo, per 'tributo', ne reca un esempio sicuro, perchè in rima con *breu* e *neu*, il Lex. 5, 421 (Leys) e un altro se n' ha in Arch. 34, 415a; e potrebb' essere un sostantivo estratto da un succedaneo di *tribuere*, analogo all' ant. spagn. *treverse* ('osare'). E potrebbe anche darsi che il *treu* fosse da scrivere *trev* o *trev'* 'tregua' 'pace', e forsanco 'visita' 'corteggiamento', cfr. *trevar* = 'frequentare' presso lo Stengel, 34; ciò che egualmente sodisferebbe il senso e le ragioni lessicali. — Prima di fermarci a questa interpretazione, che ha anche il sommo vantaggio di togliere una certa ripetizione di quanto già era stato detto nei vv. 20—1, avevamo pensato che un qualche guasto ci fosse nel testo del v. 27, e che propriamente il *mas* ci fosse più del bisogno, e che si dovesse correggere il *geing* in *gen*, e far poi *treu* = *tributum* di due sillabe; ma questo emendamento, che pur pareva dare un senso abbastanza ragionevole, ('ch' io non vo' punto, in luogo del caro tributo [che pago] altrove, possedere le ricchezze del Tigri e del Meandro'), urtava contro tutto ciò che si può affermare sulle famiglie dei codici. — La lezione *Meandres* è integrata da noi, raccostando *Mandres* e *Menadres*. Ma è pur curioso che in una canzone (MG 368) di G. de S. Leidier o di G. de Calanson, ove si imita questa serie di rime, stia *Menandres*. Rispetto alla ricchezza (del limo) del Meandro si vegga Plinio 5. 29, 31, e Ovidio, Met. VIII, 162; al Tigri è attribuita la ricchezza forse perchè si favoleggiava che avesse le sorgenti nel paradiso terrestre, o perchè traversa la fertilissima Mesopotamia.

29. *Enuocs* è usato qui aggettivamente, come *enois* in XV, 43; e l' uso sembra risentirsi dell' origine di questa parola: *in odio*. Il *c* è duro all' uscita della parola anche in P. R. de Tolosa, imitatore d'Arnaldo, presso MG 790, 1, dove rima con *locx focx* ecc. Un altro esempio se ne ha in Chrest. 274, 27.

30. *Car* vale qui 'quapropter', ossia *quare*, come vuole l' etimologia. Il copista dell' apografo della quarta famiglia non l' ha inteso, e però vi ha sostituito il suo *mais*.

35. La lezione della prima e seconda famiglia, pur confortata da GQ, non par da accettare in confronto a quella della quarta famiglia, cui sembra confortare la terza: essa infatti è troppo chiara perchè da essa un copista potesse partire, per andar a cercare il *vei l' el cor* = "la veggo nel (mio) cuore."

37. Qui *anouus* sembra dire sicuramente 'anno', e non 'annuale' o 'anniversario', come spiegano i lessici.

41—42. Citati dal Lex. 5, 277 b.

XIV.

Bibliografia, e classazione dei codici. — Sta in T, edito in MG 426; e in *a*, del quale abbiamo collazione. Il Raynouard, Ch. v 36, ne ha dato alcuni frammenti secondo T, ma con capricciose correzioni; e questi frammenti furono riprodotti dal MW II 79. Identico è nei due mss. l' ordine delle strofe; e benchè in molti punti notevolmente divergano nella lezione, e T sia manchevole d' una stanza, gli errori che hanno in comune al v. 3, 37, li rivelano d' una stessa famiglia, e propriamente in quelli stessi rapporti in cui li vedemmo in XIII.

Argomento — Questo 'chantar' si collega strettamente coll' altro che abbiamo al n. X. Pare che il poeta, abbandonata la bella aragonese, che un anno prima gli dava tanta noja, abbia ora trovata altra donna meglio disposta a contentarlo. Egli è pieno d' amore; ma non sa bene se sarà corrisposto; la sua donna gli ha fatto un bello sembiante, ed egli n' ha preso motivo a cantare; poi ricorda un proverbio, che gli dà a sperar bene, se saprà essere costante. E costante egli protesta di voler essere per sempre.

2. *Derc* è sost. verbale di *derdre*; il Lex. 3, 137 b ne cita un esempio dalle Leys, col significato di 'position' 'place'.

3. La correzione di *joi* in *noi* è imposta dal contesto. Ed è poi chiaro come il copista dell' apografo comune ad *a* T abbia qui inavvertitamente riprodotto il *jois* del primo verso.

4. Allusione al commiato del n. X; e l' allusione fatta mediante questa frase mostra come essa avesse destato un certo rumore per la sua stranezza.

5. La rima sembra andare su *eis* stretto (cfr. *eis* = *ipse*, *encreis*), e *pieis* sarà dunque da riaccostare al fr. *pis pire*, piuttosto che all' it. *peggio*.

6. Circa questo *astrucs*, caso retto, veggasi lo Stimming, B. de Born, 229, che ne reca esempi copiosi.

7. Il verso nei codici cresce d' una sillaba; e però ne espelliamo il *joi* ch' è affatto inutile, e cela forse una chiosa al *gau*.

10. Nota il *cerc* rimante in *e* stretto: onde vien confortata l' etimologia **circare* in confronto di **quaericare*.

12. Anche in questo *un ou* par di scorgere un' allusione a X 41.

13. All' *e* di *leis* è attribuito il suono stretto anche da R. d' Orange,

Chrest. 67, 12, cfr. Stengel, 116. Nella forma *lieis,* l' *e* veniva a trovarsi tra due *i,* e dovette risentirne l' influenza.

14. *Don* = 'signore'; ma si potrebbe anche scrivere *don'* = 'donna'. — *Clucs* è un participio affatto anormale di *clure*, che abbiamo ancora in Choix, V 248, MG 1063, 3 e Arch. 34, 378 b, sempre unito ad *uoill-s.* Esso ripeterà il suo *c* inorganico da un presente sulla foggia dell' ital. *chiuggo* (= **cludio*), cfr. *clugeras* fut. in Lex. 2, 410 a; o lo avrà da un perfetto *cluc* per *clus.* [*Cluc* pourrait être une forme analogue à celles qu'on a en si grand nombre en italien, et se rattacher à *clucat*, comme *colc* (*solelh colc*) à *colgat.* Chab.] Da questo *cluc* è il frequentativo *cluchar a-cluchar* = 'chiudere gli occhi'. — Non siamo, del resto, ben sicuri sul significato di questo verso, che parrebbe dire, aver il poeta chiuso il cuore e gli occhi in quella nuova donna; cosicchè l' *ac* (*aic* in *a*) sarebbe da considerare come prima persona sing. del perfetto. La lezione di *a* direbbe: "Rispetto alla quale non ebbi chiusi nè gli occhi nè il cuore"; e va forse preferita.

16. *Decs,* come mostrano le rime, è = 'terminus'; e 'fuori dei termini' par dica: 'fuor del dovere'. Il senso del luogo dev' essere, come mostra il contesto: "ti prometto di lasciar stare per sempre tutte le altre donne, eccetto l' usar loro quelle attenzioni che non sono contro il debito".

18. Verso imbrogliato, e non facile a sanare, stante la troppa divergenza dei due mss. Ma sia che si preferisca la lezione dell' uno o quella dell' altro, ci pare che, voléndone cavare un senso, occorra ammettere, come noi facciamo, la rima rotta: *berc-car,* cfr. le Leys. I 52. Attenendoci a T dobbiamo correggere il *te* in *tem*; e resta poi sempre alquanto strano quel *l'*, che si riferisce a una 'mancanza di gaudio' sottintesa, e suggerita dal *de joi sems* del v. 17. La lezione di *a*: *que l' ai agut bercar,* oltre che pare in contraddizione col presente *mou* che segue, lascia l' *l* in sospeso. O si dovrebbe correggere in: *quez ai* ecc.?

19. Citato dal Lex. 3, 250 a con questo solo esempio di *sobrefais* = 'surcharge'.

21. *Eis* = *exit* ha, secondo il Rimario (Steng., 45) e l' etimologia, un *e* largo; ma si confr. l' a. fr. *ist* e il pavano *inse* = *exit* (Ruzzante, Moschetta, A. I. sc. I a).

22. *Faducs* (circa il nomin., v. la nota al v. 6) è tradotto dai lessici con 'sprezzato', 'fastidioso', ciò che non conviene al nostro luogo, dove si aspetterebbe qualche cosa come 'perduto' o 'morto'. Abbiamo quindi pensato per un momento a mutare il *faducs* in *faitz ucs,* intendendo: "tosto i miei parenti dovranno alzare per me i gridi (*ucs*) che si fanno pei morti": ma poi trovammo più probabile che il *faducs* sia bene la vera lezione, ma vada inteso al modo stesso che vedemmo usato da Arnaldo *fadenc* in VIII 29, cioè col significato di *faiditz* = 'cacciato' 'esigliato' e quindi 'perduto'. Un simile pensiero si ha in R. d'Or.: Nom tenra murs . . que non hiesca de mon aire, don fort len mi veyran mais miey paren, MG 359, 6.

23. *Convers* è prtcp. di *convertir.*

25. Il *frems* par richiesto dalla rima, cfr. VIII 16.

25—7. Cfr. la nota a IX 81 - 5.

29. Secondo la lezione di T, che darebbe un buonissimo costrutto e sodisferebbe anche alla rima mutando semplicemente il *meu* in *micis*, il verso manca d' una sillaba; secondo quella di *a*, parrebbe che ne avesse una più del bisogno. Ma non sarà a dire impossibile l' elisione dell' *i* di *mi*, cfr. *neis* = *ni* + *eis* (cfr. tuttavia *mi eis* in due sillabe, in MG 26, 3); e questa lezione ci sembra preferibile per la rarità di quel *eis* invece del comune *meteis* (= *met-ipse*). — O si dovrà assolutamente fare due sillabe di *mi eis*, ed omettere allora il *que*? Ma questo *que* sta in ambedue i codici, e noi lo lasciamo.

31. La lezione di T dà una rima inesatta, che non crediamo probabile in Arnaldo. Correggendo l' *esmes* in *esmers*, come richiede la rima, e come consiglia la lezione di *a*, si ottiene una voce che il Lex. 4, 306[a] cita con un solo esempio di G. de Bornelh e spiega con 'pur', ma che più probabilmente va spiegato con 'immerso'; tant' è vero che qualche codice (p. es. N, in MG 800) vi sostituisce *enmers*. E dato, come par probabile, che la lezione primitiva fosse questo raro *esmers* = 'immerso', si spiega facilmente come uno dei copisti ricorresse pur qui ad *enmers* di cui più chiare sono anche le ragioni etimologiche; mentre l' altro sostituiva *esmes*, voce d' uso comune e ben sodisfacente al senso. *Esmers* sarà da conguagliare, non ad *ex-mersus*, ma a *mersus*, con l' *es-* rinforzativo che hassi in *escalfar espaventar* e sim.

32. Quest' imprecazione è una variante dell' altra, che vedemmo comunissima, in VIII 26, e ritroveremo ancora in XVII 42.

33. Su *crems* vedi la nota a VIII 34; e per l' esattezza della rima rispetto a questo *crems* e rispetto al *gems* del v. 41, vedi la nota a VIII 25.

35. *Reproers*, invece del comune *reproviers*, anche in Girartz, v. 5991, 6797 (ed. Foerster).

37. La lezione dei codici non pare dia senso alcuno. La nostra correzione è suggerita dal v. 49. — Rispetto al *sieis*, che contro l' etimologia e l' indicazione del Rimario (Steng. 45) mostra un *e* stretta, si cfr. il fr. *six*, che starà appunto per *sieix*, come *dix* per *dieix*, con l' *e* contornato e assorbito dai due *i*.

38. Probabilmente le parole: can sera blancs mos sucs, vanno intese come fossero tra parentesi, ed esprimono un giudizio doloroso d' Arnaldo, non già la condizione posta dalla donna per farlo contento. E l' uso di questo costrutto parentetico vedemmo già in XIII, st. 4.

40. Citato dal Lex. 5, 415[a], con questo solo esempio di *ufecs*, che vi è tradotto con 'altier'. Si confronti la nota ad *ufaut* in IX 83.

42. *Aërc* = *ad-ërigo*, inf. *aërdre*.

46. Qui pure par di resentir l' eco del commiato del n. X.

47. *Cucs* manca al Lex., e dal Glossaire è tradotto: "habit ou partie d' habit" (?). Noi vediamo in *cucs* un curioso allótropo di *sucs* (v. 38); si cfr. l' it. *cucuzzo cucuzza* = 'capo', e Diez, I 148. Abbiamo anche sospettato che *cucs* stesse per *cug-z* 'pensiero', col *-g* rinforzato e indurito come in *cnoc-s* (XIII 29); ma la prima spiegazione ci pare molto meglio fondata e probabile.

51. Citato dal Lex. 4, 150a, con questo solo esempio di *manecs*, che vi è tradotto 'fixe'.

XV.

Bibliografia, e classazione dei codici. — Sta in BAEDHIKN²NFU*a*. Il testo di B è stampato in MG 97; quello di A in MG 1294 e in Arch. 51, 143; quello di U in Arch. 35, 380 e MG 1295; quello di F in Stengel, Blumenlese, 100; di tutti gli altri abbiamo collazione. — Il Salvini ne avea già dato metà della prima stanza e il commiato, secondo U, presso il Crescimbeni, II 238; il Raynouard lo diede nel Ch. V 34, secondo B, omettendone la stanza sesta; e questo testo fu riprodotto in MW II 75, aggiuntavi la sesta stanza secondo I.

Il posto, che i singoli mss. assegnano a questa canzone, farebbe supporre derivate da un' unica fonte tutte queste lezioni, fatta forse eccezione per quella di *a*, che accennerebbe a diversa provenienza anche colla falsa attribuzione a R. d'Orange. Lo studio delle varianti conferma, nel complesso, questa conclusione. Ma il fatto che *a* si vede essere strettamente legato con U (vv. 12, 15, 17, 27—8, 43), ci fa sospettare che anche *a* appartenga alla stessa famiglia degli altri, e solo se ne distingua per una miglior conservazione e maggiore indipendenza di derivazione. Assegnando, pertanto, tutte le dodici lezioni ad una sola famiglia, dobbiamo tuttavia distinguere i diversi gruppi in cui essa si divide; e vediamo questi gruppi potersi ridurre a tre: AB; EDHIKN²NF (dove tuttavia sono molto notevoli gli speciali accordi di IK con *a* ai vv. 25, 12); ed Ua, dove tuttavia U è notevolmente più vicino al resto della famiglia.

Argomento. — Il poeta è affannato d' amore: ama più che non dica, per ciò che la sua donna è la bellissima di quante mai abbia vedute. Non osa manifestarle a parole l' animo suo; e dispererebbe di sè se non avesse mai a goderla. Accenna alla vendetta presa di un referendario (?).

1—2. Nota l' allitterazione per *s*-, che, in principio di canzone, abbiamo anche in XI e XIII; e si noti l' artificioso distacco di *d' amor* dall' *afan* che lo regge: distacco analogo a quello in II 7—9.

5. Difficile determinar qui la vera lezione: quella diplomaticamente più sicura sarebbe: *al prim vezers*, come hanno AB, essendo l' *al prim* confortato da Ua, e il *vezers* da AB e insieme da EDHIKN²NF. Ma bisognerebbe allora ammettere un *vezers* indeclinabile, analogo all' *escoills* discusso rispetto a VIII 28; e questo *vezers* è dato infatti in una canzone di A. de Maruolh, secondo la lezione di U (Arch. 35, 405b). Ma poichè di questa canzone solo questo testo è a stampa diplomaticamente (quello dello Ch. III 212 toglie via questa singolarità grammaticale); e poichè U non è codice, per norma, corretto sotto il rispetto grammaticale, non abbiamo osato mantenere questo *vezers*, caso retto del singolare, in Arnaldo, e abbiamo accolto nel testo il *vezer* di U*a*, non essendo conveniente al senso il plurale dei codici del secondo gruppo.

6—7. Citati dal Lex. 3, 52b.

6. Benchè il *cent bos* sia diplomaticamente meglio difendibile, abbiamo preferito il *cochos*, che sembra più riposto.

7. L' *am* per *ai* che sta in B e in *a* è dovuto alla saccenteria dei copisti che non intendevarno il senso di questo verso, il quale difatti è un poco imbrogliato. Esso tuttavia diverrà chiaro quando dopo *l' ai* si sottintenda il *dire*, che sta infine del verso: "Quando la veggo, non so, tanto le ho [a dire], che dire." E così mostrò d' intendere questo luogo il Petrarca, nel son: Pien d' un vago pensier, dove descrive una simile condizione psicologica, e conchiude: "e poi ch' i' aggio Di scovrirle il mio mal preso consiglio, Tanto le ho a dir, che incominciar non oso". Questo riscontro fra i due luoghi era già stato fatto dal Tassoni, Consid., p. 243, e dal Galvani, Osserv. 491; il quale aggiunge giustamente che un simile pensiero si svolge nel son.: Più volte già dal bel sembiante umano.

8. Nota come le rime equivoche del primo verso d' ogni stanza sieno disposte a due a due.

9. Citato dal Castelvetro (Consid., 193), che l' attribuisce a G. de Bornelh, e vi raffronta la chiusa della prima stanza della canzone petrarchesca: In quella parte ecc.

12. Su *anar* coll' acc., si vegga il Diez, Gramm. III 102.

19. *Dois* è da un **doxit* per *docuit*, e non già da *duxit* nel senso di 'educavit'; e ciò è mostrato dall *o* largo, che richiede una base con *ŏ* in posizione, cfr. *dòhts* da *dŏc-tus* (Stengel, 51); cosicchè devono cadere a questo riguardo tutti i dubbii del Diez, II 278.

21. La lezione di AB, che per lungo tempo ci ha qui impedito di scorgere il vero, è da lasciare anche perchè farebbe ripetere, contro l' uso d' Arnaldo, l' infinito *dire*, collo stesso significato che ha al v. 7.

22. Nota qui la distinzione, messa in rilievo, tra *breus* e *cortz*. *Breus* riguarda il tempo; *cortz* la quantità, e dice propriamente scarso, cfr. l' it. "corto a quattrini" ecc.; e il Lex. 2, 496ª, dove è riferito il verso: Corta d' amor e corta de franqueza.

25. Verso difficile a ricondurre alla sua forma autentica. Il *ses* pare diplomaticamente ben sicuro; e resta quindi a scegliere tra *dich dichz dir*, giacchè la lez. *dins* non pare sostenibile, neppure come la presenta *a*, quasi dicendo: "se il cuore, ch' è dentro, non si spiega". Nessuna delle tre lezioni par meritare, per razioni diplomatiche o per ragioni di significato, la preferenza; e d' altra parte nel testo originale dovett' esservi qualche cosa onde potesse svolgersi, forse indipendentemente in IK ed *a*, il *dins*. Questa parola originale, insolita, opiniamo abbia potuto essere *dirs*, plurale di *dir* (cfr. il fr. *dires* pl.); e l' accettiamo nel testo.

26. Non ci può esser qui dubbio sulla lezione: escluso *rosiẹrs*, che sembra sicuramente errato, i conforti maggiori dei mss. restano per *rózers*, o *rósers*, forma tramezzante fra la buona e la guasta. Il *Roines* di U è benissimo possibile, ma è mal confortato; e il *Reis* di *a* pare che indichi piuttosto il 'Reno' che non il 'Rodano'. Gioverà poi qui raccogliere tutte le varie forme che abbiamo incontrate di questa parola in provenzale. *Roze* (= *Rózen*) scrive l' autore della vita di S. Trofimo, in Chrest. 392, 22, ed è la forma tuttora vivente; e *Rózer-s*, che pare la forma più commune, si legge, oltrechè nel nostro luogo secondo HN²(DIK), anche in P. Vidal, XVII 9; mentre in XLIV, 71 il Bartsch accetta dai codici la lezione *Rozier* (citato poi nel glossario come *Rozer-s*); e *Rozer-s* è registrato anche dal Glossaire. *Roine-s* (da *Rhod'nus*, come *paire* da *patre- padre-*) si legge in MB² n. 102, e ripetutamente nel Girartz (ed. Foerster), v. 1127, 1211; è dato da U nel luogo nostro, e da IK nel primo luogo da noi citato di P. Vidal (v. la edizione del Bartsch, p. 103). *Rozal* poi, nella Chans. de la crois. contre les alb., v. 4871, pare significhi la campagna lungo il Rodano (v. il glossario del Meyer), seppure non indica il Rodano stesso. Rispetto alla forma *Rosier-s Rozier-s*, a noi non pare la si possa considerare come probabile o possibile succedaneo di *Rhŏdanus*, e la crediamo dovuta a un semplice errore dei copisti, i quali avevano in mente il Rozier = *Rosarium* nel Linguadoc.

27. *Dotz* è qui 'corrente'; cfr. l' ital. *doccia* nell Orl. fur. XXIV 51.

28. Verso intricato. Noi opiniamo, che il *d' amor* dipenda da *dotz*, e che qui si paragoni quindi la corrente impetuosa d' amore, che per gli occhi scende nel petto d' Arnaldo, alla corrente del Rodano rigonfiato dalle piogge. E di questi distacchi d' un genitivo dal nome che lo governa, ne vedemmo già qui stesso un esempio al v. 2. Temiamo tuttavia che un errore possa celarsi nell' *estanc*, il quale potrebb' essere corruzione di *estant* col significato di 'statim' 'sull' istante', e che quindi avesse ragione *a*, secondato da U, di scrivere *amors*. In questo caso, il dettato ne verrebbe più netto, e significherebbe: "Il Rodano, gonfiato dalle piogge, non ha tal empito, che amore con empito più grande non m' irrompa nel cuore, tosto che io la rimiro." Noi ci atteniamo tuttavia alla prima interpretazione, sia perchè parte da un costrutto più involuto e difficile e quindi più conforme alla maniera d'Arnaldo, e sia perchè ci par bello e vero quell' *estanc*, che la corrente amorosa va a fare nel cuore dell' innamorato. — Rispetto al *tan la desire* di alcuni codici, notiamo ch' esso si lega men bene con ciò che precede; e che K mostra qui d' aver usufruito un doppio originale.

29. Su *bortz*, che è nel Rimario (Steng. 57), vedi le note dello Stengel, Chabaneau e Tobler (ib. p. 126), ai quali tuttavia è sfuggito questo luogo, dove la parola par significhi 'manchevole', 'difettoso'.. (La chiosa del Rimario: *mannum surius* [o *suri*'] andrà spiegata con: *manuum simus* [= *semus*]; e il senso proprio di *bortz* sarà adunque quello di 'monco'). Non isfuggì tuttavia al Castelvetro, che lo cita nella Giunta ottava alle Prose del Bembo secondo la lezione di DIIIK (*fols*), e riguardo a *bortz* si bisticciò col Bembo, sostenendo che venga da *abortus abortivus*, e dica 'imperfetto'. Un secondo esempio della parola abbiamo incontrato nel solito precursore di Arnaldo, in R. d'Or.; v. Arch. 33, 435.

30. Citato dal Lex. 3, 136ª.

32. Su *comors* vedi la nota VIII, 54.

33. Non crediamo aver sufficiente motivo per lasciare la lezione: *e jois* per l' *enueis enois enuois* di TN²K, sebbene con questa venga duplicata l' antitesi. *Enois* non è parola tanto insolita da aver potuto provocare il mutamento. D' altra parte, benchè la rima corra su *o* largo che può anche dittongarsi in *uo*, non crediamo che *jois* sia rima impossibile, spettando ad esso etimologicamente un *o* largo sia che lo si derivi da *jocus* o da *gaudium* (Arch. glott. III 346). Piuttosto ci par di vedere che il copista del ms. adoperato dagli amanuensi di IN²K, dove la rima va su *ueis* (*pueis, dueis, engrueis*), abbia cercato in questo modo di riparare alla stonatura. Per la stessa via s' era messo, ma con maggior riserbo, quello di E, che scrisse: *e jueis*, spirato dagli stessi motivi.

34. Qui il *lecs* e *glotz* pare abbia un significato insolito, e propriamente quello di 'godente' anzichè l' altro comune di 'smanioso' 'goloso'.

36. Citato del Lex. 2, 211ᵇ. Su *treps* v. la nota a VIII 53; *bortz* è tradotto dal Rimario (Steng. 57) con 'ludus'; nè in questa forma monosillabica ha altri esempi, mentre ben noto è invece *biortz* 'cursus equorum' (Steng. ib.) del quale *bortz* pare una contrazione, cfr. Diez I, 44.

38. Verso oscuro assai, e che solo in D acquista un certa chiarezza. Ma la lezione di D, la quale in tutto il resto s' accorda con IIKN, non pare abbia probabilità di averci qui serbato il vero. Ricorrere a congetture, come *d' ogan* (o ad un ipotetico, ma probabile *d' oncan*, assai più vicino alla lettera dei codici) non sembra plausibile, mancandoci interamente la base del contesto logico. In tali condizioni, la via più sicura c' è parsa quella di attenerci alla lezione meglio attestata: *don unc*, che scriviamo *don-unc*, nell' ipotesi che s' abbia qui un composto, col significato di 'dona-mai' 'taccagno', il qual bene s' accorderebbe con ciò che qui si dice di cotesto *lausengiers*.

39. Anche qui abbondano le difficoltà, e se ne vede, nel verso seguente, il perchè. Il poeta accenna misteriosamente a una sua avventura con uno che avea ciarlato degli amori di lui; poi si pente d' aver detto anche quel poco. — *Esbrugir* non è dato dai lessici; ma è un composto confortato da molte analogie, e potrebbe ben significare: 'far motto', 'far rumore'. O s' ha da dividere: *No s' es bruit?* Ma *bruire* coll' ausiliare *esser* ci pare inaudito. E scrivendo: *ses bruit* = 'senza rumore', non vediamo che senso dia l' insieme. Rispetto alla seconda parte del verso, si può ancora essere incerti tra: *solses t.*, e *sols sos t.* La forma *tresors* non è registrata dai lessici; ma è francesismo abbastanza frequente, cfr. Levy, G. Figueira, p. 87, e forse si ha qui un indicazione della patria del *lausengier*, pelato da Arnaldo. — Lo Chabaneau propone un' assai buona interpretazione di questo verso e del precedente. Consiste nel riferire l' *aquel* a un *solatz* sottinteso, mettendo allora una virgola prima di *don* e un' altra dopo *esbrugit*; e leggendo *sols es*. Si tradurrebbe: "come fece quel [solazzo], del quale nessun finto referendario potè dir parola, che è il mio solo tesoro".

40. Qui *enuois* potrebb' essere preso tanto come sostantivo quanto addiettivamente, come al v. 43.

43. La buona lezione ci par data qui da *a*U, coi quali va D. Gli altri codici pare volessero rimediare col loro *En* a una supposta mancanza d' una sillaba, al qual difetto pare volesse ovviare pur U col suo *non vus* per *nous*. Ma è ben tollerabile l' iato tra *sia* ed *enuois*, costituenti così quattro sillabe.

43—5. Tutte e tre le rime del commiato sono ripetute dalla canzone; senonchè *motz* ha qui un senso diverso da quello del v. 6. — Questi tre versi furono citati dal Redi, Bacco in T., p. 94, di su U.

XVI.

Bibliografia, e classazione dei codici. — Sta ABEDNLIKN²cUVTCR; la prima strofa è anche in b. Il testo di A è stampato in MG 1300 e in Arch. 51, 145; quello di B in MG 135; quello di E in MG 412; quello di U in Arch. 35, 378, e in MG 1301; quello di V in Arch. 36, 411 (e fu da noi collazionato sul codice). Di tutti gli altri abbiamo collazione. — Di questa canzone ha stampato il Barbieri la prima stanza, secondo il libro di Michele (Poes. rim., p. 50); il Salvini ne pubblicò la metà secondo U, presso il Crescimbeni, II 237. Diede la canzone intiera il Raynouard, Ch. V 32, seguendo C, tranne che al v. 41 s'attenne ad AB; e questa stampa del Raynouard fu riprodotta fedelmente in MW II 71, e dal Galvani, Rivista I 271—2, con correzioni parte congetturali e parte desunte da D (Il Galvani, p. 271 in nota, dice: "consultando varii manoscritti ho potuto indurvi alcune varianti non ispregevoli").

L'ordine delle stanze è molto confuso nei varii mss.; e poichè nessuno parve darcelo tale quale lo richiederebbe il logico svolgimento della canzone, abbiamo dovuto ricorrere a un ordinamento nuovo, di fronte al quale i nostri mss. si comportano così:

ABEDNL: 1. 4. 5. 3. 2. 6. 7 (7 solo in E)
IKN²: 1. 4. 2. 5. 6. 3. 7
cU: 1. 4. 5. 3. 6. 2. 7
VTC: 1. 2. 4. 5. 3. 6. 7 (7 manca in V)
R: 1. 6. 4. 5. 3. 2. 7

Da questi dati saremmo indotti a distribuire le nostre quindici lezioni in cinque classi; ma unendovi quelli del posto che i singoli mss. assegnano a questa canzone, le cinque classi si riducono a tre: la prima costituita di ABEDN, IKN², L, questi tre ultimi meno sicuri degli altri; la seconda di CR e probabilmente anche di V; la terza di TcU. Se poi consultiamo anche l'apparato delle varianti, vediamo ridursi le tre classi o famiglie a due sole, le quali vanno poi suddivise in parecchi di quei gruppi, che alla prima prova si presentavano come classi. La prima famiglia abbraccia ABEDNLIKN² (vv. 9, 19, 27, 31, 39), e si divide in due gruppi, il secondo dei quali è formato da IKN² i quali ai vv. 26, 28, 35, 36, 38, 39, 44, 45 mostrano speciali concordanze colla seconda classe e particolarmente con *Uc*, così che ci sentiremmo inclinati ad ammettere che pur per questa canzone i tre codici disponessero di doppio originale, uno spettante alla famiglia prima, l'altro alla seconda. N² poi par più contaminato ancora. La seconda famiglia si suddivide in due gruppi essa pure: *Uc* (vv. 5, 15, 19, 21, 25); e VTC, dove TC sono strettissimamente uniti. R sta con questo secondo gruppo, ma come di consueto divaga solitario.

Argomento. — Come avverte il poeta, abbiamo qui una canzon breve su un soggetto lungo e complicato. Egli vi narra, riassumendola, tutta la storia del suo amore felice per la bella aragonese, e riproduce gl' inseguamenti datigli in proposito dall' Amore in persona. La canzone si distingue alquanto dalle altre, perchè vi abbonda, come nella XII, l' elemento narrativo.

1. Citato dal Lex. 2, 395^b. *Branchas* mostra qui nettamente il significato del nostro 'fronde', che noi pure sogliamo contrapporre a 'foglie'. La lezione di *Cc* e in parte di T (*dels*) dice più chiaramente: "prima che le punte delle rame si dissecchino e si spoglino di foglie"; ma la chiarezza così ottenuta è a danno della verità, poichè le cime dei rami sono le ultime a spogliarsi. Crediamo quindi che la buona lezione sia quella ch' è anche diplomaticamente più sicura, secondo la quale si dice che "le cime restano secche di fronde", anzichè dire che "le fronde si disseccano sulle cime".

5. Scriviamo *duoich,* sebbene AB abbiano *duich,* non già perchè reputiamo impossibile la riduzione di *doctus* a *duich,* ma perchè i due codici scrivono normalmente *uo* il dittongo che succede ad un *ǒ* latino in sillaba aperta o in posizione palatile. I codici che hanno *duz* scambiano probabilmente il succedaneo di *doctus* con quello di *ductus,* cfr. la nota a XV 27. (Il Lex. ha un infinito *duire* = 'insegnare', che il Raynouard manda insieme con *duire* = *ducere*; ma è chiaro che esso *duire* sta per *doire* e risale a *docere*).

6—7. Allusione al commiato del n. X. Il poeta annuncia la sua vittoria, cfr. Diez, L. u. W., p. 357.

6. Citato dal Lex. 5, 281^b.

7. Citato dal Lex. 2, 489^a.

10. Non ci pare possibile ricondurre sicuramente questo verso alla sua forma autentica. La lezione di AB non è forse da scartare assolutamente (cfr. per il *ni* = 'nec', 'et non', quando preceda altra negativa, Chrest. 90, 14 [P. Ramon de Tolosa], e Chabaneau, Gr., p. 339); pure il confronto delle varianti non ci persuade che questa fosse la lezione primitiva. La lezione di EDNL dà una sillaba di troppo al verso, appunto, per aver voluto aggiungere al *ni* il *non* negativo, senza toccare il testo che consuona con quello di AB. In IK e V si ha la lezione, che noi (non senza qualche dubbio) abbiamo preferito; se nonchè IK, d' accordo con AB, lasciano il *non*. Questa lezione, che sodisfa alla metrica e alla grammatica, pare confortata da *Uc*, che solo mutano il *serva* in *seg* (*seg'*). La lezione di TC, e così pure quella di R, coincidono con quella di EDNL, senonchè vi si sodisfa alle esigenze del metro col sostituire il *prec* e *ser* monosillabi al *serva* di questi codici, il quale pare assicurato dalla coincidenza di V con tutta la prima famiglia. Una lezione, che ben sodisferebbe a tutte le esigenze, e che pare, infatti, si trovasse nel capostipite della seconda famiglia, sarebbe: Ni autra non *cerc* ni 'n blanda (o: Ni non cerc autra n. b.); e un *cerc* autentico sostituito da *sierva* vedemmo anche in XIV 10. E poichè questa lezione, colla sostituzione di *cerc* a *serva,* sarebbe pur quella di EDNL si può sospettare che ad essa spetti il vanto dell' originalità. Si noti anche la lezione di N^2, che rimedia o cerca rimediare al disagio di EDNL, col suo *nautra* per *ni autra* che ricorda il monosillabo *mi eis* di XIV 29.

11. Citato dal Lex. 2, 467a; dove l' *acoigna* (*acuynda*, secondo C) è tradotto con 'accueille'.

13. I lessici non dànno per *noca nonca* che il significato di 'nunquam'; ma qui esso mostra di dire 'nondum'. Nè hanno i lessici altri esempi di *ivernar* riflessivo, se pure l' *s*, che è diplomaticamente probabile, non ispetta al *nonca*, come mostra di credere nella sua stampa il Raynouard.

14. Citato a metà dal Lex. 3, 456b. — Anche in questo *laurs* par di scorgere un' allusione al nome della donna amata (cfr. la nota a X 40), come poi fece con troppa frequenza il Petrarca. Il quale ebbe forse in mente il nostro luogo dove dice che Amore e la sua donna l'hanno trasformato "d' uom vivo in lauro verde, che per fredda stagion foglia non perde" (Canz. I, st. 2, in v. di m. L.). — Rispetto alla qualità dell' *e* in *genebres*, e in tutte le rime corrispondenti, insorgono dubbii non lievi. *Lebres*, *celebres* e *febres* dovrebbero avere, secondo etimologia, un *ẹ* (largo); e un tal *e* potrebbe avere anche *genebres*, cfr. l' it. *ginèpro* e fr. *genièvre* che postulano una base latino-volgare *junĭpero*. Se non che il *sebres* del v. 35 e probabilmente anche *Ebres* hanno un' *ẹ* (stretta). Che cosa se ne conchiuderà? Che Arnaldo abbia mescolato rime con vocal tonica di diversa qualità, e che tal licenza abbia creduto di potersi arrogare in vista della estrema rarità di siffatte rime? Prima di accogliere una siffatta ipotesi, sarà bene da considerare una diversa possibilità; e cioè, che tutte le rime sieno in *-ébres* anzichè in *-èbres*. In *-ébre*, infatti, rimano *febre* e *genebre* in E. Cairel, cacciatore anch' esso di rime difficili (Arch. 33, 441); e analogamente si sarà potuto dire *lébres celébres*, tanto più che in quest' ultimo esempio si tratta di un *ĕ* che solo in pronuncia romanza riceve l' accento.

16. Questa stessa frase ricorre in XIV 32. *Vuoilla* dice qui pure 'ami'.

19. La lezione della prima classe non dà, ci pare, alcun senso, non avendo *clam* il senso di 'dubbio' o 'disputa'. D' altra parte è chiaro come dal *dan* che sta nella maggioranza della seconda famiglia, potesse svolgersi, per una svista dell' amanuense, il *clam* (*cl* = *d*), e non viceversa. Resterebbe solo a spiegare la divergenza di U*c*, dove si gioca tra *fol* e *afolar*.

21. Citato dal Lex. 2, 373a.

22. La lezione originale pare indubbiamente quella serbataci da L; tanto più che tutti i codici della prima famiglia e tre dell' altra (U*c*V) hanno tal lezione che non dà buon significato ed è graficamente assai vicina alla nostra. TC da un lato ed R dall' altro si sono ingegnati di supplire le parole che nel loro originale non s' intendevano. Un' altra non lieve difficoltà di questo verso sta nell' *afranchas*, che C, offendendo la rima, muta in *afranhas*, togliendo così la difficoltà logica. Ebbe il copista di C un sentore di vero, nel suo emendamento? e starebbe questo *afranchas* per *afranhas*, come *estancar estanchar* stanno per *estanhar*? Cfr. un' analoga evoluzione fonetica nell' *enoc-s* di XIII 29, e anche *tenc venc* da *teneo venio*. E il senso par qui richiedere imperiosamente *adfrangere*. Ma *afrancar*, ch' è l'altra parola in apparenza più probabile in questo luogo, ha sensi variatissimi (cfr. Philipson, Der Mönch etc., 84), dovuti forse a un mescolamento d' alcune sue forme con altre simili di *afranher*; e noi dobbiamo lasciare in sospeso la questione.

23. *Vuoilla* è ripetuto dal v. 16; ma qui ha il significato normale ed etimologico di 'velit'. Per evitare l' apparente ripetizione di rime alcuni codici della seconda famiglia vi sostituiscono *acuoilla*.

25. Cfr. IV 7.

26. *Colar* deve significar qui, come mostra il contesto, 'cedere' o 'partire'; e il significato di 'partire' gli spetta anche in un luogo della Vida d. S. Honorat, citato dal Lex. 2, 437[b]. Esso suona: Ar collan li baro e teno lor cami; e il Ray. lo traduce: „Maintenant les barons *s'écoulent*(!) et tiennent leur chemin. Del resto il Glossaire traduce rettamente *colar* anche con 'marcher' 'partir'; e 'partire' esso significò in ant. ital., cfr. Nannucci, Man. I 525, e Diez, II 22. Lo stesso significato ebbe nel bassolat., v. la Chronica di frate Salimbene, p. 198 (Parma, 1857). Che poi questo *colar* 'partire' non sia da confondere con *colar* 'colare' si rileva anche dalla qualità dell' *o*, che in questo è stretto, in quello è largo.

27—28. Citati dal Lex. 4, 404[b]. — Abbiamo creduto dapprima che la buona lezione di questi due versi fosse data dei codici della prima famiglia, confortati, rispetto a *d' Userna* o *de Userna*, dalla maggioranza dei codici della seconda. E per mettere in accordo logico questa stanza colle precedenti, pensavamo di emendare il *passarai* in *passat ai*; e ne avevamo: E passat ai part las palutz de Userna, Mon pelerin, lai on cor en jos Ebres. In *Userna* credevamo di scorgere *Ugernum*, antico nome di *Beaucaire* (Papon, Hist. de Prov., II 47, 68), dove appunto il Rodano in antico ristagnava e faceva paludi (Orl. Fur., 39, 72; Aliscans, ed. Guessard, p. XII); nel *mon pelerin* poi credevamo di veder indicato bizzarramente *Montpellier*; e tutto il luogo ci sembrava volesse indicare la strada molte volte ripetuta dal poeta per andare di Provenza in Aragona, dove dimonava la sua bella. Sottoposta questa nostra interpretazione del luogo al prof. Chabaneau, al quale domandavamo particolarmente se sapesse indicarci una qualche frase analoga per denotare Montpellier, egli rispose: "Montpellier n'a jamais été expliqué de cette façon. Quant à un *mons peregrinus*, *mon pelegri*, *mont pelerin* je n'en connais pas. J'ai vainement cherché, je me suis vainement informé. A priori, si l'on suppose qu'A. D. a composé sa chanson en Périgord, on serait porté á chercher Userna (ou Euserna?) et Mont Pelegri non pas à Beaucaire et à Montpellier, mais dans une région plus occidentale, par exemple Userne dans le territoire qui forme aujourd'hui les departements des Basses et hautes Pyrénées, de la haute Garonne, de l'Ariége et des Pyrénées orientales, et Mon pelegri dans les Pyrénées elles-mêmes. Peut-être est-ce cette chaîne de montagnes que notre troubadour a entendu ainsi désigner. Peut-être encore faudrait-il chercher Userna et Mon pelegri au-delà des Pyrénées, en Espagne même. C'est ce qu'indiquerait la leçon: Lai on cor en jos Ebres." L' impossibilità di arrivare a una sodisfacente interpretazione del luogo secondo la lezione che diplomaticamente era parsa migliore, mi spinse a meglio considerare le varianti isolate della seconda famiglia; e tosto mi persuasi che la lezion buona doveva essere quella di *c*, cui confortava pienamente R. *La palutz de Lerna* potè esser nota ad A. Daniello per la lettura delle Metamorfosi d'Ovidio (IX 69), autore che dobbiamo supporre a lui abbastanza famigliare. Seguitando poi la dicitura dei codici della seconda famiglia (nella quale oramai vidi doversi cercare, con maggiore speranza di riuscita, il vero) compresi come l'*Ebres* non potesse essere l'*Ibero* spagnolo, ricordato nel v. 45, ma bensì l'*Hebrus* tracico, che il trovatore potè conoscere leggendo le Eroidi ovidiane, II 114, o i Fasti. E il pelegrino, che passa la Grecia (la palude lernea, presso Argo) e la Tracia, è quello che va in oriente, al s. sepolcro; non l'altro, cui pur si poteva pensare, che andava a S. Jacopo di Compostella, attraversando i Pirenei. E il pellegrino ai luoghi santi sarebbe ancor meglio indicato se nell'*Ebres* di questo verso s'avesse a vedere, anzichè l'*Hĕbrus* tracico, l'*Iberus* e *Hĭberus* asiatico, che nasce nel Caucaso e scorre per l'attuale Georgia, che sarebbe anche meglio raccomandato dalla rima, v. la nota al v. 14. Ma trattandosi di nomi stranieri, che poterono esser trattati con molta libertà, non vogliamo troppo insistere su quest' ultimo argomento.

29 Con questi versi il poeta ripiglia il discorso per conto proprio; mentre fin' ora avea riferito gl' insegnamenti di Amore. — *Pons e planchas* indicano 'strade e sentieri', le prime cavalcanti i fiumi con un ponte, gli altri cavalcanti i torrenti con una semplice *plancha* (lo Steg dei Tedeschi). Le due parole stanno assai spesso insieme nella frase *far plancha e pon* di qualcuno = "passargli sopra", "schiacciarlo" (cfr. Gisi, Der Troub. G. Anelier, p. 29; Levy, G. Figueira, p. 86): alla qual frase risponde la nostra antica (in Cielo dal Camo) "far ponti e scale" di qualche cosa.

35. Citato dal Lex. 5, 172ª. — *Sebres* dovette avere, secondo l'etimologia (*separes*) e secondo l'analogia dell' it. *scèvro*, un' *e* stretta; vedi la nota al v. 14.

36. Rispetto alla prima parte del verso non ci par dubbio che la buona lezione sia quella da noi adottata, che ha per sè tutta la prima famiglia, e due codici (VT) della seconda. Ed è poi chiaro come dal *part* si potesse svolgere il noto *Paris*; mentre non si vedrebbe perchè dovesse avvenire lo svolgimento inverso. Rispetto alla seconda parte restiamo incerti fra *Sanchas, Casanchas* e *Rocafranchas*. Accettiamo il primo, perchè meglio attestato; ma senza poter dire qual luogo volesse così indicare il poeta. Dice il Galvani: "in quel *Sanchas* s'accennerebbe forse ad uno dei molti *Sancy* che si trovano in Francia" (Riv. I 273); noi invece pensammo dapprima a *Saintes* (= *Santŏnes*), il quale ricondotto, secondo l'analogia di *pointa jointa*, alla sua forma latina, avrebbe giusto dato un *Sanctas*, che in prov. suonerebbe appunto *Sanchas*. Chi poi ricorresse ad emendamenti, avrebbe dinanzi a sè campo estesissimo, scorrendo i confini occidentali d' Eropa; e potrebbe pensare ad *Avranches* ecc. — Frasi simili a questa, per lodare una donna, ricorrono abondantemente in provenzale, v. Stimming, B. de Born, p. 260.

37. La stessa frase è in Ponz de Capduoill, XIV 39 (ed. Napolski); e cfr. Chrest., 75, 23. Una simile frase sta anche nelle Antiche rime volgari, ed. D'Ancona e Comparetti, I 418.

39. Citato dal Lex. 4, 205ª; e anche dal Castelvetro (Consid.), che vi raffronta il verso: "Vero dirò, forse e' parrà menzogna", della canzone petrarchesca: Nel dolce tempo ecc.

40. L'*abrassa* della maggioranza della prima famiglia par dica lo stesso dell'*acola* che segue, ed è quindi sospetto. Inoltre, l'*embrassa* di E e IKN² favorisce la lezione della seconda famiglia: *elam baisa*: e però questa lezione abbiamo preferito.

40-1. Citati dal Lex. 2, 234ᵇ secondo C; e il v. 41 anche secondo la lezione della prima famiglia, con questo solo esempio di *bolerna* = 'brouillard', 'brume', che il Glossaire traduce 'tempête'. Noi adottiamo la lezione della prima famiglia, anche perchè nella seconda non poca è la discordia, e maggiore è la volgarità. Rispetto alla forma dell'ultima parola restiamo incerti. La maggioranza della prima famiglia darebbe *bolerna*; la maggioranza della seconda, *buerna*: forma questa meglio attestata dai lessici. *Buserna*, che manca ai lessici, sarà una mala grafia o mala lettura d'un *bulerna*, scambiato l'*l* con un *s* lungo. E poichè *buerna* è più sicuro che non *bolerna*, e rivela anche subito la sua connessione etimologica con *buf-ar*, cfr. l'it. *bufèra* (Arch. glott., III 301), e poichè l'*-f-* estruso suole essere rappresentato talvolta da un *h*, che ne rappresenta la più antica riduzione, ci sarà permesso di sospettare che *bolerna* stia per *boherna*, e quindi sia da identificare con *buerna*.

42. S'ha a leggere *dolor* o *doler*?

43. Citato dal Lex. 2, 395ᵇ. — Una simile frase abbiamo qui in IX 34, e in R. d'Orange, MG 366, 10: *del suc entro la sabata*.

44. Su *Lucerna* vedi la nota a X 21; e cfr. Diez, L. u. W. 357.

45. Citato dal Lex. 3, 94ᵃ. — La nostra lezione si fonda specialmente su U e *c*; e ci sembra preferibile alle altre, che ripetono una frase del v. 28, anche perchè più riposta, e perchè nè il *senhoriu* nè il *rei* sembrano poter esser corsi dall' Ebro. E il *renc* di IKN²C è troppo poco confortato. — "J'aimerais mieux *del renc per on* (ou *en que*). *Renc* me paraît confirmé par *ric* de T, et *rei* de A etc. ne l'infirme peut-être pas autant qu'il pourrait sembler, *rei* pouvant provenir de *rein* (*rei*). *On que* proviendrait de *en que* (qui est en *c*), mal lu." Chab.

XVII.

Bibliografia, e classazione dei codici. — Sta in ABHILDQcUFIK-N²PSRVMMᶜCf, e nel saragozzano. Il testo di A è pubblicato in Arch. 51, 140 e in MG 1289; quello di B in MG 95; quello di U in Arch. 35, 376 (e ne abbiamo anche una copia di sul ms.); quello di F in Stengel, Blumenl. co. 29-30; quello di P in MG 1288 (e anche nel vol. 39 dell'Arch., che non potemmo avere); quello di S in MG 430; quello di V in Arch. 36, 441 (e ne abbiamo anche una nostra collazione); quello di C in MG 429. Di tutti gli altri, escluso Sᵍ, abbiamo collazione o copia. — Di questa canzone pubblicò il Salvini mezza la prima stanza e il commiato e qualche verso staccato, presso il Crescimbeni, II 238, seguendo i mss. laurenziani; il Diez, L. u. W. 358, ne diede la prima stanza, secondo B (AD che hanno la stessa lezione non erano accessibili al Diez); e il Galvani prima nell' Educatore, III 316, e poi nella Rivista, II 189, ne stampò e tradusse le prime due stanze, seguendo specialmente D, ma apportandavi gravi e capricciose alterazioni.

L' ordinamento delle strofe nelle venti lezioni che possediamo di questa canzone è alquanto vario; ne diamo uno specchietto:

ABQcUFIKN²SP: 1. 2. 3. 4. 5. 6. 7
LHD: 1. 2. 4. 3. 5. 6. 7
UMM^cCf: 1. 2. 3. 4. 6. 5. 0
R: 1. 4. 2. 3. 5. 6. 7.

E rispetto al primo gruppo è a notare che di F, mutilo, non si può bene determinar l' ordinamento e che IKN² fanno scambiare fra loro il posto alle due seconde metà della stanza seconda e quarta, con che il loro ordinamento s' accosta d' alquanto a quello di R. — Avremmo, adunque, secondo questi dati indicata una divisione delle venti lezioni in quattro gruppi, nel primo dei quali IKN² hanno una posizione speciale. Considerando invece il posto che i singoli codici assegnano alla canzone, avremmo, con qualche incertezza, i seguenti risultati: 1) ABIKN²DHLF; 2) CRVMM^cSP; 3) cU; 4) Q. Se poi riscontriamo queste conclusioni provisorie con quelle suggerite dalle varianti, e tiriamo la somma, abbiamo, che tutte le venti lezioni vanno divise in due famiglie: 1) ABLHDQcUFIK: 2) PSRVMM^cCf: ne abbiamo, cioè, confermata la divisione indicata dal posto tenuto dalla canzone nei mss., e determinata la parentela del terzo e quarto gruppo col primo; ciò che era indicato anche dall' ordinamento delle strofe. Se non che l' ordinamento delle strofe staccava dal primo gruppo LHD ed IKN²; ed ora le varianti ci dànno chiara ragione di questo distacco. In questi due gruppi di codici abbiamo, infatti, uno de' più cospicui esempii che si possano addurre di contaminazione. IKN² (ai quali pare attenersi strettamente F) stanno per le prime quattro strofe con la seconda famiglia, con la famiglia, cioè, alla quale spetta R, cui si rivelavano affini anche nell' ordine delle strofe (si veggano i vv. 11, 17, 23—4, 25—8, 32); nelle stanze quinta e sesta, invece, se ne togli il v. 47, essi s' accordano colla prima famiglia. Più chiara e meglio documentata è la contaminazione in DHL. I copisti di H e di L confessano di contaminare, riferendo in margine la lezione che essi trovavano in altri esemplari: L, al v. 42, accoglie una lezione che è anche in D, ma in margine segna quella di SP; H, al v. 3, accoglie la lezione che abbiamo anche in C, e in margine ne segna un' altra che tramezza fra quella di AB e quella di IKN²; e al v. 47 H accoglie la lezione di D, ch' è quella della seconda famiglia. Che poi HL insieme con D attingessero a più d' una fonte, anche senza avvertirlo, parrebbe provato dal v. 47 stesso, dove HD seguono la lezione della seconda classe, mentre per norma si tengono abbastanza stretti ad AB. Un caso curiosissimo di contaminazione si avrebbe (se la nostra collazione è esatta) in H al v. 22, dove le lezioni delle due famiglie sono messe una dopo l' altra. Alcuni dubbii di contaminazione destano anche U*c*; e V della seconda familia, il quale nondimeno mostra pur qui qualche rapporto con U (v. 16, 31). Ma chi vuol persuadersi come la tradizione di questo componimento sia eccezionalmente contaminata, confronti le lezioni del già discorso v. 17. Questa artificiosissima canzone fu molto studiata e copiata; e il critico d' oggi ha avuti per essa molti parziali predecessori, che ricorsero perfino ad una specie di apparato critico.

Argomento. — Il poeta è innamorato di altissima donna (Meglio-di-bene), e per averne qualche piccolo favore è disposto a tutto tollerare. Protesta della sincerità e costanza del suo affetto; inveisce contro i referendarii; e si dice preparato ad aspettare.

1. Il Galvani, Educatore, III 346, tradusse questo verso: "Sì mi forza (cfr. la lez. di D) Amore di gioja donar tanto l'aria." Rettamente lo scrisse ed intese poi nella Rivista, l. c.

3. Il senso sarebbe più esplicito, mutando il *per* (*p*) in *pel*; e forse l'oscurità prodotta dal *per* indusse ai mutamenti varii che abbiamo specialmente nei codici della seconda famiglia. Ma nessuna delle varie lezioni può competere in autorità con quella da noi preferita.

4. Accogliamo la lezione di AB, confortata da C, perocchè a suo favore militano anche i codici che leggono *qu'es pes* o *qu'espes* (DVMMcf). Infatti questa lezione, che pur essa ha appoggi in ambedue le famiglie, o s'intenderà = "che questo (*es* = *est*) pensiero"; e parrà meno conveniente all'insieme di *quel pes* = "che il pensiero", o si vorrà dividere: *qu'espes*, e veder qui un riflesso del lat. *spes* 'speranza', e non si capirà come la speranza potesse a vicenda sollevare ed abbattere Arnaldo innamorato, o come la speranza potesse crescergli o scemare, perciò ch'egli amava così alto. Pure questa interpretazione, d'una certa apparente chiarezza, sedusse parecchi copisti, che mutarono l'*espes*, insolito o inaudito, in *espers* volgatissimo per 'speranza'. Secondo noi, la genesi delle varianti di questo verso sarebbe: *quel pes* — *quefpes* — *quespers*. La lezione autentica dà un senso preciso e buono, benchè alquanto riposto. Essa dice: "il pensiero (di amare una donna così alta) al tempo stesso mi solleva e mi abbatte"; lo solleva per l'altezza dell'oggetto desiderato, lo abbatte per la grande difficoltà d'arrivarvi. — Altri forse penserà anche a vedere in quel *pes* il 'piede', quasi il poeta dicesse: "dirigendomi a lei così alta, un piede va avanti e l'altro mi ricade indietro"; ma la nostra interpretazione ci pare da preferire.

5. Diplomaticamente sarebbe da preferir forse l'*E* al *Mas*. Noi adottiamo *mas*, che in questo luogo ha l'insolito significato di 'poi', che vedemmo prediletto da Arnaldo, vedi la nota a IX 45 e VIII 8, e il glossario.

6. *Voler* dice qui 'amare', cfr. XVI 16. Lo stesso pensiero in B. da Ventadorn: E pretz m'en mais car en fui tan auzatz qu'en tan aut loc ausei m'amor assire (MG 122).

7. La stessa distinzione tra *cor-s* e *sen-s* in XIII 19. Il *sens* del v. 23 par sia invece da ricondurre a *sensus*. Rispetto all'esattezza della rima, ricordiamo l'avvertimento del Rimario (Stengel, 47, 117), che tutti gli *en-s* finali sieno stretti, come infatti indica l'uso dei trovatori, v. Chrest. 98, 44 (vens = *vincit*: eissamens) e per *sen* cfr. P. Vidal I 12 ecc. E si vegga la nota a VII 52.

9. Citato dal Lex. 3, 111 b.

10. Cfr. la nota a XVI 15.

11. La lezione di *f* e quella di *Uc* sembrano confortare quella da noi accolta e che sta in LHD: essa par anche preferibile per ragioni logiche.

12. Citato dal Lex. 5, 371ª. — Merita qualche considerazione la variante di IKN²H confortata dai codici che hanno: *O segrai-*; l' *El* direbbe "e la".

14. Si noti l' *esmer* (= *ex-mĕret*), che rima con voci in *er* stretto, mentre *esmeri* par abbia un *e* largo in X 8. Il Rimario antico non cita queste forme, ma ha *esmera* in un luogo incerto se si parli di *era* largo o stretto o ambiguo (Steng. 61 e cfr. p. 128, e insieme le rime della canzone nº 21 di P. Vidal, ed. Bartsch). L' uso d' Arnaldo confermerebbe l' ipotesi dello Chabaneau, il quale crede che in quel luogo del Rimario sieno accumulate rime in *-era* largo ed *-era* stretto. — Il Salvini, l. c., stampò questo verso così: E pois en leis nos taing cóm rem es mar, e tradusse: E poi in lei noi siam qual remo in mare.

16—7. I codici della seconda famiglia dànno qui una lezione più chiara; ma appunto perciò non hanno probabilità di conservare l' autentica che a noi par di vedere in AB ecc. La contraddizione tra il primo e il secondo verso è solo apparente, poichè se il *desir* è *doutz*, e quindi Arnaldo non avrebbe dovuto desiderare d' esserne alleviato, quel *desir* è tale da fargli dolere i fianchi per i troppi sospiri. Anche un' altra interpretazione è possibile; e si ha, ammettendo che il secondo verso sia come un' apposizione a *respeitz*: così che il poeta venisse a dire: "La viva speranza, che si adempia un mio dolce desiderio, onde ora mi dolgono i fianchi, mi ristora e mi allevia il peso del male." Confessiamo tuttavia che il costrutto ci parrebbe allora troppo artificioso anche per A. Daniello!

19. Nota il *car* col significato di 'quapropter' che vedemmo anche in II 58 e XIII 30. *Parc* è il lat. *parco*, infinito *parcer*, verbo dimenticato dal Lexique (dove tuttavia c' è *parssa* 'épargne' 4, 431), ma ricordato dal Glossaire e illustrato dal Diez, Gram., II, 188. Qui *parc* sembra significare 'dimentico', quasi come cosa perdonata. — "*Parcer* existe en limousin sous la forme *parci*, et aussi, d'après Béronie, sous la forme *parce*. Outre la signification propre, qui est la moins commune, ce verbe a aussi celle de *se passer de*, p. ex.: *auriam be parci aquelo plovio*, nous nous serions bien passés de cette pluie." Chab.

20. Citato dal Lex. 2, 447ᵇ. — Su *comba* vedi la nota a IV 2; *en comba* è 'in basso', cfr. *a val*. — Il *pois* non pare a noi stia per *pois que*, come vuole il Rayn., ma che dica 'inoltre'; cfr. l' *e pois* di I 8.

21. Citato dal Lex. 5, 371ᵇ, insieme con metà del seguente. E lo cita anche il Castelvetro, Consid., p. 43.

25. Citato dal Lex. 3, 165ª, insieme con mezzo il seguente, secondo C.

26. Il *ferm-s voler-s* è una frase assai frequente nei trovadori, cfr., per es., MG 333, 2; 869, 5; il Mon. di Mont. IV 19 (ed. Phil.) ecc. Qui l' abbiamo ancora al v. 36; e la vedremo poi dar come l' intonazione alla sestina (v. 1). Anche il Petrarca, o fosse reminiscenza trobadorica, o fosse incontro fortuito, dice: Del mio fermo voler già non mi svoglia (Ball. 4ª in v.); e: Lo mio fermo desir vien dalle stelle (Sestina Iª, st. 1ª). — Il resto del verso è spiegato da un luogo di Ugo Brunenc, che ha l' aria d' essere un' imitazione di questo: Quecs entenda que m' amors no s' esbranca, qu' enans branca e creis e bruelh' en branc (Parn. occit., 394), in una canzone piena di reminiscenze arnaldesche. (A torto il Tassoni raffronta a questo *eisbranc* lo *sbranco* del Petrarca, nel son.: "Di dì in dì", v. 3). E poichè adunque pare accertato che devasi scrivere pur nel nostro luogo: *eisbranc*, scriveremo conseguentemente anche *eisforc* (anzichè *queis forc*), quantunque manchi nei lessici un *eisforcar*, il cui significato è del resto evidentemente dato dagli elementi che lo compongono. — "Je persiste à croire qu'il vaut mieux écrire: *queis forc ni queis branc*, le sens étant: ne croyez pas que mon amour se disperse, ni se *fourche*, ni se *branche*, c'est-à-dire se divise (entre plusieurs maîtresses), à la façon d'une fourche ou d'un tronc qui se ramifie. *Esbranca*, dans le vers d'U. Brunenc que vous citez, a un sens tout différent, celui d'*ébrancher*, couper ou briser les branches." Chab. — Ma noi ci permettiamo qualche dubbio intorno a quest' ultima affermazione, e crediamo che l' egregio collega non abbia forse apprezzato abbastanza l' argomento da noi desunto dal trovarsi l' *esbranca* del Brunenc in una composizione ricca d' imitazioni arnaldesche. E ciò proverebbe almeno che il Brunenc ha letto, come noi leggiamo, il luogo d' Arnaldo.

27. *Parc* sta per *part*, come *perc* per *pert*, cfr. Stimming, B. de Born, p. 279, e Diez, Gram. II 194.

30. Il *desir*, che è nei codici della seconda famiglia, sodisfa meglio la grammatica; ma il *desires*, ottativo, dà maggior ampiezza alla protesta d' Arnaldo, poichè vien a dire che non solo non v' è uomo che tanto desideri ecc., ma neanche ve n' è uno che tanto potesse desiderare ecc. Questa e simili sconcordanze di tempi sono bene illustrate dal lato grammaticale dallo Stimming, B. de Born, p. 250.

34. Citato dal Lex. 2, 222a. *Blanc* ha qui il valore di 'innocente' 'puro', che i lessici non gli assegnano.

36 *Retomba*, che trovammo già in IV 18, dice 'bottiglia', come già vide anche il Raynouard, Lex. 5, 372a, dove si citano due luoghi nei quali l' amore è paragonato per la sua fragilità a una *retomba*. E vedi in Du Cange-Henschel s. retumba: "De retumba et cyfis vitreis, de caepis et aliis." — L' autorità dei codici vorrebbe poi che si leggesse *es* anzichè *hieis*, che è solo in AB; e l' *es* starebbe bene se *retomba* significasse semplicemente 'vetro'; ma dicendo esso 'bottiglia' solo l' *hieis* è qui ammissibile, come mostra anche il riscontro di IV 17-8: Tuit li plus savi en vant (d' Amore) hivre, ses muiol e ses retomba.

37. *Som* = *sŏm-nus* (cfr. sŏpor) parrebbe daver avere un *o* largo, e che quindi la rima qui fosse inesatta; ma il Rimario (Steng. 55) dà l' *o* stretto tanto a *soms* = *somnium* quanto a *sons* 'sopor'. (In ital. invece si ha *sònno* accanto a *sógno*; ma *soms* 'sonno' o 'sogno' è fatto rimare da A. de Mar. con *cóms* 'conte', Chrest. 97, 30). Per le ragioni dell' anomalia si veggano le osservazioni dello Chabaneau, presso Stengel 125, e la nostra nota a VIII 25.

43. Poichè *estrait*, ch' è la lezione meglio confortata diplomaticamente, non pare dar senso alcuno, ed *estranh* è troppo poco attestato, nè ben conviene logicamente, siamo ridotti a scegliere tra l'*escaich* di B e l'*estraich* di AL, confortato indirettamente dai molti codici che hanno *estrait estrat, estrag*. *Escaich* potrebb' essere participio da *escazer*; e significar qui che è "decaduta l'usanza di regalar cavalli e marchi": ma preferibile ci sembra l'*estraich*, parola tecnica delle scuderie, che ha il suo riscontro nel fr. *estrac*, ragguagliato dal Diez II 296 al ted. *strack* (manca al Littré), e starà insieme coll' it. *stracco, straccare*, pr. *estraguar*, cfr. Diez, II 71. Resterà solo ancor dubbio se s'abbia a scrivere *estraich* con AL o *estrag* (= *estrac*, con c duro) come C. Rispetto al significato di tutta la frase, si confronti nella biografia di Peirol: Et esdevenc joglars et anet per cortz e receup dels barons draps e deniers e cavals.

44. Nota che qui *tombar* è intransitivo, mentre era transitivo al v. 4.

46. Preferiamo il *Queus* al *Vos* della maggioranza perchè quadra meglio al senso; e anche diplomaticamente è ben confortato, avendo per sè AB (non contaminati), e l'autorevole gruppo MV della seconda famiglia.

47. Scriviamo *malastres* colla maggionanza dei codici, cfr. *malans*, e *malmes* II 36. *Malsastres* pare una saccente correzione di copista.

50. Nota le parole di chiusa, che sono ripetute dal v. 8 quasi tornando col pensiero al punto di partenza.

Nota metrica. — L'arte della rima in questa artificiosa e solenne canzone merita d'essere considerata qui a parte. E prima di tutto è chiaro aversi qui un cospicuo esempio di quelle assonanze, che fanno le veci della rima (v. la Introduzione, p. 21), e accarezzano dottamente l'orecchio. I primi tre versi escono in voce con *a* tonico, seguito da consonante molteplice; il quarto e il quinto in voce con *o* stretta tonica; i tre rimanenti in *e* stretta e larga tonica: cosicchè nella stanza abbiamo la ripercussione graduata dei tre suoni vocali fondamentali. Nè qui sta tutto l'artificio: *larga, embarc* assuonano anche rispetto alle consonanti; e pur *franc* assuona più leggermente con una; *tomba* e *som* pur essi assuonano con una delle due consonanti, e l'assonanza s'annuncia ancora più piena in *plom tom*, che stanno per *plomb tomb*; minore è invece l'artificio in *voler, sens, conquesta*, se pur qui non si cela un tratto d'arte vera. Chi ben considera lo svolgimento delle singole stanze noterà che in ciascuna di esse il pensiero comincia a mostrarsi involuto e faticoso, per poi venirsi facendo più netto e fluente sulla fine. Ora che fa il trovatore per secondare colla forma questa condizione del pensiero? Mette nella prima parte della stanza rime difficili, e facili e fluide le mette verso la fine! — Sono poi anche da rilevare certi rapporti, che non sapremmo ben dire se accidentali o ricercati, tra le parole rimanti da stanza a stanza. Abbiamo: *larga* v. 1, *larc* v. 11; *embarc* v. 3, *embarga* v. 9; *tomba* vb. att. v. 4, *tomba* sost. v. 13, *tom* v. 21, *tomba* vb. intr. v. 44, *retomba* v. 36; *som* v. 5, *som* v. 37; *descarga* v. 17, *decarc* v. 35; *parc* v. 19, *parc* v. 27; ancora: *franc* v. 2, *flanc* v. 18, *eisbranc* v. 26, *blanc* v. 24, *cranc* v. 42. Sono, come si vede, in parte rime equivoche (Leys, I 188), rime consonanti leali (consonansa leyal I 158—9), rime derivative (Leys I 184—6). Ma sorge il dubbio se questi variati rapporti e qualità di rime sieno cercati per accrescere il legame musicale e ideale tra le diverse stanze, o se invece non si sieno imposti da sè, per la scarsezza di rime così *caras*. Infatti il Rimario non ne dà che dieci per *-arc-s*, undici in *om-s* stretto; ben diciotto per *-anc-s*. Vi manca *-omba* e *-arga*.

XVIII.

Bibliografia e classazione dei codici. — Sta in ABIKN²CRaHED SMM^cGQUcV; i primi tre versi anche nelle Leys, III, 330; il commiato anche in b*. Il testo di A è stampato in Arch. 51, 139 e in MG 1285; quello di B in MG 145; quello di U in Arch. 35, 381 e in MG 1286; quello di V in Arch. 36, 379 (e l'abbiamo conferito col ms.). Per KRaHEDN²SMM^cGQcb abbiamo collazioni o copie; per I (che erroneamente nel *Grundriss* è detto trovarsi in MG 573) e per C ci serviamo dell'apparato critico dato dal Bartsch, nella sua Chrestomathie, 4ª edizione. — Abbondano e sono piuttosto antiche le stampe parziali o integrali di questa canzone-sestina. Il Doni (Marmi, p^{te} III p. 158 dell' edizione originale) ne diede le prime tre stanze secondo E (v. l'Introduzione, p. 66); le quali furono poi riprodotte dal Salvini, presso il Crescimbeni, II 239, mentre nella pagina precedente ne avea dato i primi tre versi secondo Uc. Nella Poes. rim. del Barbieri (1790) se ne stampò il commiato secondo il libro di Michel de la Tor, ca. 33 (= b); e il Ginguené riprodusse ancora una volta il testo del Doni, nell'Hist. littér. d. l. Fr., XV 435. La diede il Raynouard nel Choix, II 222, seguendo specialmente C, qua e là corretto coll'ajuto di B; e questo testo fu riprodotto dal Brinkmeyer, Blumenlese, p. 116—7 (Halle, 1849), e dal MW II 70. Anche il Galvani riprodusse in sostanza il testo del Raynouard, nelle Osserv., p. 101, pur giovandosi qualche poco di D; ne ristampò poi le due prime stanze nell'Educatore storico, III 345, e per intiero lo diede di nuovo, secondo il Raynouard, nella Rivista, II 187. E una quarta volta publicò il testo di questa sestina in una ristampa dei Marmi del Doni, procurata dal Fanfani (Firenze 1863: cfr. Mussafia, Sitzungsberichte der W. Akademie, 1867, p. 342). Quattro edizioni ne diede, infine, il Bartsch nella sua Chrestomathie, fondandosi principalmente su BIC.

La classazione delle diciannove lezioni (ventuna, comprese le frammentarie) di questa canzone è opera presso che disperata. L'ordine delle strofe è identico in tutti i testi; e nessun ajuto ne vien quindi da questo lato. Ajuto assai modesto ne viene poi dal posto che i codici assegnano al nostro componimento; nè d'altro canto si potrebbe far troppo assegnamento su questi dati, vedendo che AB hanno testo quasi identico, eppure non s'accordano nell' assegnare il posto alla canzone. Notiamo ad ogni modo, che da cotesti dati si possono rilevare degli accordi fra CR (che può esserne un transunto) S ed AIKN²; poi, tra MM^cc (e quindi anche GQ per le gene-

* L'intiera sestina sta anche in un foglietto sciolto, in calce al ms. bolognese 1290; ma ripete pura e semplicemente la lezione di M, del qual codice è stato riconosciuto copia dal Mussafia (Sitzungsberichte der W. Akademie 1867, p. 450) Un' altra lezione della sestina sta in un canzoniere catalano posseduto dal signor Aguilò, e descritto dal Milà; ma non n' ebbi la copia fattami sperare.

rali analogie) e B. L'esame delle varianti, invece, senza permetterci di venire a nessuna precisa conclusione, consiglierebbe di dividere tutte le nostre lezioni in due classi, costituita la prima da ABIKN², la seconda di tutti gli altri. Questa divisione si fonda in ispecie sulle lezioni dei vv. 34, 4, 11, i quali pare determinino anche i sottogruppi in cui andrebbe divisa la seconda famiglia. Non ci arrestiamo a rilevare i molti e gravi dubbii che insorgono contro questa classazione, che, per primo, urta contro gl'indizii dati dal posto assegnato dai codici alla sestina: diremo solo che la lezione del v. 37 mostra un errore sicuro comune a tutti i codici tranne CRaMMᶜc, e consiglierebbe di metterli tutti in una sola classe contrapposta a quella o a quelle, in cui andassero distribuiti i cinque che hanno la lezion buona. Ma le contraddizioni e le discrepanze s'aumenterebbero in tal modo, anzichè scemare; e la conclusione sarà che, o gravi contaminazioni sono avvenute nella tradizione di questo componimento come in quella del precedente, o che l'errore del v. 37 è avvenuto indipendentemente in più codici: la quale possibilità non si può assolutamente negare.

Argomento. Meditazione affannosa d'amore per una bella già per sè non facile a conquistare e molto severamente custodita dai parenti.

1. Sul *ferm voler* vedi la nota a XVII 24.

1—2. Citati dal Lex. 3, 152.

3. La lezione: *sitot de maldir s'arma,* con *arma* vb. sostituito ad *arma* = *anima*, parve dapprima preferibile al Bartsch (Dante-Jahrb., III 314); ma egli s'attenne poi nella Chrestomathie all' altra, che noi pure adottiamo, e che è meglio confortata dai codici.

1—3. Singolare è la svista del Diez (L. u. W., p. 354) nel tradurre questo luogo. Egli scrive: "Sehnsucht, die ins Herz mir eingeht, vermag nicht auszureissen Zahn noch Nagel dem Kläffer, der durch Lug verliert die Seele"; ciò che non solo non corrisponde all' originale, ma non pare dia nemmeno senso ragionevole.

5. Sull' *a frau* 'di frodo' 'di nascosto' vedi lo Stimming, B. de Born, 248; e MG 363, 3; a frau ni a saubut. — Rispetto all' *aurai* noi crediamo ch' esso vada risolto in *aura + i* (cf. ai = a + i in IX 76), ciò che pare sia stato sentito anche dai copisti di CRGQ.

6. La *cambra* è propriamente la 'camera da letto', vedi il glossaire alla Flamenca edita da P. Meyer.

10. La lezione *ni ongla* è diplomaticamente da preporre all' altra: *neis l'ongla,* che il Bartsch ha preferito; essa, infatti, è in tre codici della prima famiglia, su quattro che la costituiscono; e in nove su quattordici della seconda. Giudicando sotto l'aspetto della convenienza logica parrebbe ancora preferibile *ni ongla,* poichè il tremito della paura, invece di apparire per ultimo nell' unghia (all' estremità delle dita, che si stendono e irrigidiscono), vi apparisce anzi alle prime. Ma non vogliamo insistere su questa parte dell' argomentazione.

10—11. Il Galvani, Osserv. 101, 103, raffronta al primo di questi versi il dantesco: Non avea membro che tenesse fermo (Inf. VI 24), e al secondo quello del Petrarca: Ch' io fuggo lor come fanciul la verga (Son. 24 in v.).

12. Accettiamo questa lezione, quale il Bartsch la ricompone cogli elementi dati da BIC. Essa dà un buon senso, e si lega assai bene col verso che segue.

13. Sottintendi il *prop* del verso che precede.

14. Citato dal Lex. 2, 371 b.

19. La sorella dello zio d'Arnaldo è la madre sua; onde si vede attribuito qui ad *oncle* il senso etimologico di *avunculus* = 'zio materno'.

25. Non è ben chiaro a che cosa alluda qui Arnaldo; certo pare ad ogni modo, per la connessione di questo col verso seguente, che si accenni a un fatto della storia primitiva del mondo. È quindi da respingere l'interpretazione del Galvani, che scrive: "Allude alla verga di Aronne che fiorì eccezionalmente nel tabernacolo fra tutte quelle dei capi delle tribù d'Israele" (Rivista II 187). Noi crediamo che l'allusione tocchi forse l'albero della scienza del bene e del male, che si disseccò per la prima colpa dell'uomo, e diede poi i semi (tre granelli) onde, attraverso molti prodigi, s'ebbe l'albero della croce e della salute del mondo. Su questo legno della croce o della redenzione s'ebbe nel medio evo una leggenda, che sotto forme tanto quanto variate si diffuse per tutto il mondo cristiano, e della quale s'ebbe anche una tardiva redazion provenzale, inedita ancora*, ed analizzata dal Fauriel (Hist. d. l. poés. prov., I 263). Su questa leggenda, che s'ha pure in italiano (Scelta di curiosità, n. 106, ed. d'Ancona), dettò uno dei suoi dotti studii il Mussafia (nei Rendiconti dell'accademia d. Vienna, vol. LXIII. puntata seconda). E qui leggiamo che secondo una versione greca, anzichè i tre granelli, si piantano tre tizzoni i quali dopo quaranta giorni verdeggiano (p. 179); e che secondo un altro gruppo di versioni, Iddio concede a Seth (figliuolo di Adamo) anzichè i granelli, un ramo (non è detto se verde o secco; ma secco era ormai l'albero della vita), il quale poi rigermoglia (p. 194); cosicchè parrebbe che a una di queste due versioni, e probabilmente a questa seconda alludesse specialmente Arnaldo. — Giova però ricordare che P. de Corbiac chiama Maria Vergine "verga secca frug fazens" (Chrest. 212, 28); e che nei *Gautz* di G. Folqueys, c'è un luogo (Chrest. 293—4) il quale in parte conforterebbe la spiegazione del Galvani. Ivi infatti si vuol mostrare che nella verga di Aronne [= lo fraire de Moysen], la quale "portet flor e fuelh' e frug", è raffigurata la Vergine: "Aissi co la verga flori Ses tot' humor que non senti, Aguist tu filh que ses semensa D'ome vene a vera naissensa". E se la "secca verga" è Maria, verrebbe dal luogo nostro un senso migliore. Esso direbbe: "nè ai tempi del nuovo, nè ai tempi dell'antico testamento". Infine, questa secca verga potrebbe essere anche quella di S. Giuseppe che sola fiorì (emisit florem!) tra quelle dei pretendenti alla mano di Maria; si vegga il Calmet, Dictionarium, I 457a (Venetiis, MCCCXCV).

26. Una simile espressione si ha in R. d'Orange: ane pus Adams manget del pom (MG 363, 5). — Leggiamo poi *mogron* con AB, perchè rispetto ad esso il *foron* degli altri (meno C) ha l'aria d'una glossa, che

---

* Fu edita in questa frattempo da G. Meyer negli Atti della Accademia di Monaco. Una simile versione pubblica anche il Graf, di su un codice del Museo brittanico, nel Giornale di filol. romanza, IV 99 segg. Una terza edizione se ne dà dal Suchier nei suoi *Denkmäler*.

facilmente poteva venir in mente a parecchi copisti, indipendentemente l'uno dall'altro. Oltracciò crediamo che l'*hyssiron* di C lo conforti, poichè anch'esso è una glossa e ci conferma nell'ipotesi che glossa sia il *foron*; o è una mala lezione, racconciata poi alla meglio, e allora si vede che essa solo in *mogron* e non in *foron* poteva avere la sua ragione ed origine.

28. Il Bartsch legge, combinando B con C: Non cuit qu'anc fos mais en cors ni en arma. Noi esitammo un poco tra: N. c. fos anc e. c., non es en arma (oppure: ni es en arma), e l'altra che diamo nel testo, e che abbiamo preferito, perchè suffragata da due codici della prima famiglia e da sei della seconda (giacchè la lezione di GQ dice la stessa cosa), e perchè il *non eis* 'e neanche' colla sua rarità spiega come alcuni copisti delle due famiglie potessero ricorrere a mutamenti. Indirettamente la suffragano poi anche i mss. che hanno *non es*. La lezione preferita dal Bartsch è pur essa confortata da codici di tutte e due le famiglie (BC), ma con minor numero di voti; nè si vedrebbe perchè mai il *ni en a.* avrebbe dovuto venir surrogato dal *non eis en a.*

31—2. Citati dal Lex. 4, 374ª, con questo solo esempio d'*enonglar*, che pare una creazione d'A. Daniel.

33. Citato dal Lex. 3, 444ᵇ.

34. Citato dal Lex. 2, 499ᵇ.

37. Crediamo che la buona lezione sia: *sa chansson*, anzichè *son cantar*; sebbene quest'ultimo abbia il suffragio d'un maggior numero di codici. Se non che *chansson* è da preferire, ci sembra, perchè esso è dato, nella seconda famiglia, appunto da quattro sui sette codici (CRMMᶜ; EbS) che hanno il vero rispetto alla disposizione delle due ultime parole di questo verso, come subito mostreremo; in secondo luogo, torna chiaro che a molti fra i copisti quel *chansson*, applicato alla sestina, dovesse parere un error da correggere senz'altro in *cantar*, mentre viceversa non si vedrebbe alcun motivo perchè un copista avesse dovuto mutare il *cantar* in *chansson*. Infine è da considerare, che *chansson* non solo è in tutte e due le famiglie dei codici, alla pari di *cantar*, ma anche della prima ha per sè i due più autorevoli e meno soggetti a sospetto di contaminazione. *Canzone*, del resto, fu detta la sestina non solo tra i Provenzali, ma ancora da Dante (De v. e., II 10) e dal Petrarca (Sestina VII). — Rispetto alla collocazione delle due ultime parole di questo verso, dobbiamo rilevare una curiosa svista del Bartsch e del Mussafia. È noto che nel commiato si ripete, per norma, sotto il rispetto metrico, l'ultima parte della stanza, conservando esattamente l'ordine dei versi e delle rime. Nè qui v'è indizio che il trovatore volesse fare altrimenti, poichè a questa norma sono informati i due ultimi versi, per i quali non c'è divergenza fra i codici e fra gli editori. E il Raynouard, infatti, stampò esattamente: *d'ongla e d'oncle*, dove l'*oncle* echeggia il terzultimo verso della stanza sesta. Il Bartsch invece, che pur nel 1871, nel Dante-Jahrbuch III 314, ammetteva la giustezza della disposizione delle rime data dal Raynouard, poichè su quella istituiva il confronto colla disposizione corrispondente nella sestina dantesca, nella seconda, terza e quarta edizione (nel *Lesebuch* segue ancora il R.) della sua Chrestomathie (1868, 1875, 1881), stampa:

d'onc' e d'ongla, relegando in nota la lezione giusta di C: e il Mussafia, nell' ottimo suo studio sui canzonieri provenzali del Barbieri (Rendiconti, LXVI, I, p. 218; 1874), chiamava erronea la lezione di C, la quale invece è mostrato esser la vera anche dal fatto che, come mi accenna lo Chab., solo così le sei parole si succedono nel commiato colla norma stessa con cui si succedono nelle singole stanze.

38—9. Il senso di questi due versi non è chiaro. Se fosse degna di fede la chiosa latina, trovata dal Barbieri in un suo codice, (v. l'Introduzione, p. 2), secondo la quale con ***Desirat*** si designava B. de Born, bisognerebbe spiegare il nostro luogo così: "Arnaldo manda la sua canzone, col permesso della donna amata, all' amico Desirat". Ma contro questa interpretazione sta, ci pare, il ***pretz*** (***jois*** in alcuni MSS.), e il ***chambra***, frasi che denotano abbastanza sicuramente una donna. Ma se ***Desirat*** è una donna, sorge ancora il dubbio se essa sia la dama d'Arnaldo, o altra sua patrona cui univa nella lode alla donna amata. Nel secondo caso, il v. 38 sarà da intendere della donna amata, e nel ***verga*** saremmo indotti a vedere un' allusione oscena; nel primo caso, che a noi pare più probabile, la donna designata nel v. 38 sarebbe una confidente ed amica della donna amata, una mediatrice cortese fra il poeta e la sua donna. E ***verga*** sarebbe allora da intendere per 'padrona', come 'scettro' per 'regnante'; e la mediatrice che possedeva l' anima della dolce signora d' Arnaldo era pregata di farle avere la studiata canzone. Si noti, del resto, che la lezione: ***verg'a,*** invece di ***verga, verja,*** è una nostra novità, consigliata da S; e noi non sapremmo neppur lontanamente sospettare ciò che gli altri editori intendessero, leggendo come hanno letto. Il Galvani (ed ha avuti molti colleghi in Italia e fuori) se la cava così: "Arnaldo inframette (!) suo cantare d' unghia e d' avoncolo — Con grado (!) di lei che di sua verga l'arma (?) — Suo desir è ch'appresso dentro la camera entri" (Riv., II 189; ma cfr. Osserv. 104, dove le cose vanno men male). — La lezione fin' ora accettata è, del resto, da rifiutare anche perchè muta qui l' ***arma*** = ***anima*** in ***arma*** da ***armar,*** come fanno alcuni codici anche al v. 3.

Prospetto delle Rime.

[Si segnano in corsivo le rime che, o sono, o sembrano gravemente indiziate di essere inesatte.]

a (stretto).

a VII 1; esta VII 12; certa VII 23; va VII 34; sa VII 45; pla VII 56.

agre.

agre (agg.) XI 8; agre? (v.) XI 16; agre (s.) XI 24; Meleagre XI 32; magre XI 40; peleagre XI 48.

aill.

braill II 7; ombraill II 8; faill II 16; traill II 17; terraill II 22; trebaill II 23; devinaill II 31; trassaill II 32; daill(?) II 37; assaill II 38; vaill II 39; badaill II 46; taill II 47; egaill II 48.

ais.

assais I 19; mais I 20; estrais I 21; savais I 22; esglais I 23; rais I 24; cais I 25; bais I 26; putnais I 27.

am.

fam XII 4; fam (s.) XII 12; ram XII 20; jassam XII 28; Roam XII 36; Roam XII 44; blasmam XII 52.

ama.

ama VII 5; clama VII 16; aflama VII 27; brama VII 38; flama VII 49; liama VII 60.

ampa.

estrampa XII 8; rampa XII 16; escampa XII 24; lampa XII 32; Lunapampa XII 40; acampa XII 48; escampa XII 56; Estampa XII 58; ampa (?) XII 60.

an.

chan XIII 5; semblan XIII 12; veillan XIII 19; cercan XIII 26; talan XIII 33; aman XIII 40; derenan XIII 43; — an XIV 3; dan XIV 11; afan XIV 19; can XIV 27; antan XIV 35; semblan XIV 43.

anc.

franc XVII 2; estanc XVII 10; flanc XVII 18; eisbranc XVII 26; blanc XVII 34; cranc XVII 42.

anchas.

branchas XVI 1; franchas XVI 8; estanchas XVI 15; afranchas XVI 22; planchas XVI 29; Sanchas XVI 36.

ancs.

brancs XI 2; estancs XI 10; flancs XI 18; francs XI 26; blancs XI 34; crancs XI 42.

anda.

comanda XVI 3; blanda XVI 10; desmanda XVI 17; ganda XVI 24; vianda XVI 31; granda XVI 38.

andres.

noigandres XIII 7; blandres XIII 14; Alixandres XIII 21; Meandres XIII 28; Flandres XIII 35; resplandres XIII 42; espandres XIII 45.

anta.

chanta VIII 4; anta VIII 13; escanta VIII 22; creanta VIII 31; caranta VIII 40; atalanta VIII 49.

ar.

blasmar III 26; reirazar III 28; par III 29; — merceiar VI 5; salvar VI 12; Bar VI 19; desamar VI 26; nomnar VI 33; — sobramar XV 2; esgar XV 9; lauzar XV 16; devinar XV 23; egar XV 30; dar XV 37.

ara.

amara IX 1; clara IX 18; gara IX 35; ampara IX 52; car'a IX 69; para IX 86.

arc.

embarc XVII 3; larc XVII 11; parc XVII 19; parc XVII 27; descarc XVII 35; marc XVII 43.

arga.

larga XVII 1; embarga XVII 9; descarga XVII 17; esparga XVII 25 avarga XVII 33; arga XVII 41.

ars.

pars IX 9; non-pars IX 10; rars IX 26; preiars IX 27; cars IX 43; vars IX 44; clars IX 60; pensars IX 61; pars (prtc.) IX 77; gabars IX 78; dars IX 94; manjars IX 95.

art.

tart XIII 4; art XIII 11; esgart XIII 18; gaillart XIII 25; part XIII 32; art (s.) XIII 39.

aura.

daura X 5; aura X 12; saura X 19; isaura X 26; restaura X 33; laura X 40; aura X 43.

aus.

braus XI 1; claus XI 9; laus XI 17; soaus XI 25; non-aus XI 33; repaus XI 41; — vaus XIII 2; coraus XIII 9; maus XIII 16; jornaus XIII 23; sivaus XIII 30; anoaus XIII 37.

aut.

aut IX 15; azaut IX 32; chaut IX 49; baut IX 66; ufaut IX 83; saut IX 100; Arnaut IX 107.

auta.

asauta VIII; azauta VIII 17; gauta VIII 26; trassauta VIII 35; auta VIII 44; sauta VIII 53; gauta VIII 56.

e (stretto).

mante III 18; be III 20; re III 21; fe III 23.

ebres (stretto?).

lebres XVI 7; genebres XVI 14; celebres XVI 21; Ebres XVI 28; sebres XVI 35; febres XVI 42; Ebres XVI 45.

ecs (largo).

Malecs I 1; *decs* ('vitium') I 2; canecs I 3; precs I 4, IX 57, XII 3, XIV 8; pecs I 5, IX 40, XII 19, XIV 48; becs I 6, IX 6, XII 35; grecs ('stereo'?) I 7; secs cecs ('caecus') I 8, IX 91, XII 27, XIV 32; *plecs* I 9; necs IX 23; decs ('terminus') IX 74, XII 11, XIV 16; grecs ('graecus') XII 43; Galecs ('Gallaecus') XII 51; senecs XIV 24; ufecs XIV 40; manecs XIV 50.

ei (stretto?).

liei IX 14; grei IX 31; nei IX 48; brei IX 65; amei IX 32; estei IX 99; domnei IX 106.

eis (stretto?)

pieis XIV 5; lieis XIV 13; eis ('exit') XIV 21; eis ('ipse') XIV 29; sieis XIV 37; encreis XIV 45.

el (largo).

ramel V 2; auzel V 4; castel V 9; capdel V 11; fizel V 16; bel V 18; atropel V 23; espel V 25; cel ('caelum') V 30; apel V 32; fradel V 37; isnel V 39.

ela (largo).

gela III 9; novela III 11; *cela* (?) III 14; cabdela III 16.

em (stretto).

entendem XII 5; Guillem XII 13; baizem XII 21; mandem XII 29; *Jherusalem* ('il regno di G.') XII 37; *Jherusalem* XII 45; sabem XII 53.

embla (stretto).

trembla IV 3; asembla IV 11; esclembla IV 19; embla IV 27; sembla IV 35; assembla IV 43.

emble (stretto).

asemble III 33; emble III 35; Pontremble III 38; asemble III 40.

ems (stretto).

tems VIII 7, XIV 1; frems VIII 16, XIV 25; gems VIII 25, XIV 41; crems VIII 34, XIV 33; absems ensems VIII 43, XIV 9; prems VIII 52; nems VIII 53; sems XIV 17.

en (stretto).

aten VII 8; soffren VII 9; gen VII 19; presen VII 20; solamen VII 30; vezen VII 31; deffen VII 41; feignen VII 42; soven VII 52; temen VII 53; franchamen VII 63; ren (vb.) VII 64. 67; pren VII 68.

ene (stretto).

rene VIII 2; vene (pf.) VIII 11; prene VIII 20; fadene VIII 29; tene (ps.) VIII 38; retene (pf.) VIII 47.

enes (stretto).

ramenes IX 7; aigonenes (?) IX 24; trenes IX 41; renes IX 58; fadenes IX 75; doblenes IX 92.

endi (stretto).

entendi XII 6; estendi XII 14; endi XII 22; atendi XII 30; rendi XII 38; rependi XII 46; aprendi XII 54.

ens (stretto).

sens XVII 7; obediens XVII 15; sens (= senno) XVII 23; noncalens XVII 31; talens XVII 39; desconoissens XVII 47; atens XVII 49.

enta (stretto).

genta XII 49; trenta III 51; senta III 54; manenta III 56; prezenta III 58; ententa III 60.

er (stretto).

voler XVII 6; esmer XVII 14; ver (= 'verum') XVII 22; aver XVII 20; jazer XVII 38; tener XVII 46.

ere (stretto).

dere XIV 2; cere XIV 10; bere- (ar) XIV 18; clere XIV 26; dere- (vb.) XIV 34; aere XIV 42.

eri (largo?).

leri XI 1; esmeri X 8; proferi X 15; queri X 22; emperi X 29; soferi X 36.

erna (largo).

governa X 7, XVI 34; iverna X 14, XVI 13; Luserna X 21, XVI 45; taverna X 28; enferna X 35; Audjerna X 42; suberna X 45, XVI 6; esquerna XVI 20; Lerna XVI 27; buerna XVI 41.

ers (stretto).

plazers IX 13; volers IX 30; vers (= verum, pl.) IX 47; espers IX 64; avers IX 81; ders IX 98; sers ('serus') IX 105.

ers (largo).

encers XIV 7; conquers XIV 15; convers XIV 23; esmers XIV 31; sers XIV 39; suffers XIV 47; fers XIV 49.

iers (largo)*.

entiers XV 3; plazentiers XV 10; mestiers XV 17; estiers XV 24; sobriers XV 31; lausengiers XV 38.

ert (largo).

cert X 3; apert X 10; issert X 17; pert X 24; revert X 31; desert X 38.

ertz (largo).

tertz XI 7; culvertz XI 15; desertz XI 23; certz XI 31; espertz XI 39; somertz XI 47; ofertz XI 49.

es (stretto).

tres VI 7; merces VIX 14; agues VI 21; es ('est') VI 28; defes VI 35.

esta (largo).

conquesta XVII 8 50; envesta XVII 16; resta XVII 24; festa XVII 32; testa XVII 40; amonesta XVII 48.

etz (largo).**

letz IX 5; pretz IX 22; detz IX 39; quetz IX 56; etz ('estis') IX 73; pretz (s.) IX 90.

ia.

drudaria III 25; paria III 27; amia III 30; sia III 32.

ida.

vida III 17, VII 33; escrida III 19; escarida III 22, VII 11; partida III 24, VII 10; retsida V 6; plevida V 13; delida ('scelta') V 20; cobida V 57; faillida V 34, VII 44; guida V 41; chausida VII 21; encobida VII 22; aizida VII 32; brugida VII 43; crida VII 54; delida VII 55; oblida VII 65, 70; perida VII 66; grazida VII 69.

il.

quil IV 5; april IV 8; mil IV 13; vil IV 16; auzil IV 21; gentil IV 24; sotil IV 29; fil IV 32; apil IV 37; humil IV 40; cortil IV 45; seignoril IV 48; Nil IV 49; plovil IV 52.

ill.

perill; fill; Cornill; issill; fonill; penchenill; rovill; gandill; cill; atill; dozill; penill; perill; I 37–49.

im.

prim II 1; vim (s.) II 2; cim II 3; refrim II 10; crim II 11; lim II 12; lagrim II 25; rim II 26; gauzim II; noirim II 35; fim II 40; partim II 41; vim (vb.) II 49; Caim II 50.

ima.

lima X 4; cima X 11; escrima X 18; sobretracima X 25; rima (vb.) X 32; rima (s.) X 39.

---

* Teniamo distinte, come fa Ugo Faidit (Stengel p. 48—9) questa e la precedente serie di rime, benchè alcune delle prime sieno permutabili colle seconde.

** Vedi nelle Correzioni ed Aggiunte.

ims.

entresims III 2; vims III 4; refrims III 5; prims XII 7.

iut.

tint XIII 3; sint XIII 10; mint XVIII 17; vint XIII 24; quint XIII 31; cossint XIII 38.

ir.

frezir II 10; reverdir III 12; tenir III 15; — clarzir IX 3; dir IX 12; morir IX 16; eslir IX 20; adauzir(?) IX 29; servir IX 33; auzir IX 17; cobrir IX 46; refrezir IX 50; aizir IX 54; sofrir IX 63; jauzir IX 67; sofrir IX 71; partir IX 80; desir IX 84; formir IX 88; mir IX 97; ir IX 101; remir IX 104; albir IX 108.

ire.

dire XV 7; assire XV 14; adire XV 21; remire XV 28; jauzire XV 35; tire XV 42, 45.

is.

amis III 42; noiris III 44; abelis III 45; Paris II 47.

itz.

eritz XII 1; marritz XII 9; grazitz XII 17; chausitz XII 25; floritz XII 33; ditz XII 41; deschausitz XII 495.

iula.

piula XI 5; niula XI 13; triula XI 21; escriula XI 29; afiula XI 37; viula XI 45.

iure.

giure IV 1; desliure IV 9; hiure IV 17; viure IV 25; liure IV 33; escriure IV 41;

obra (largo).

obra XII 7, 57; sobra XII 15; colobra XII 23; descobra XII 31; Dobra XII 39; cobra XII 47; cobra (s.) XII 55; sobra XII 60.

[u]oes (largo).

gruoes XIII 1; fuoes XIII 8; luoes XIII 15; cuoes XIII 22; enuoes XIII 22; juoes XIII 36.

oia (largo).

croia III 41; Savoia III 43; joia III 46; Troia III 48.

oigna (stretto).

coigna IV 6, XVI 4; apoigna IV 7 e 50, XVI 25; loigna IV 14 e 47, XVI 4; poigna IV 15; desloigna IV 22; moigna IV 23; messoigna IV 30; XVI 39; caloigna IV 31; acoigna IV 38, XVI 11; oigna IV 39; vergoigna IV 46; ploigna IV 51; somoigna XVI 18.

oill (largo).

doil II 1; bruoill II 10; orguoill II 19; janguoill II 18; tuoill II 46.

[u]oilla (largo).

fuoilla II 6, III 1, XI 4, XVI 2; bruoilla II 9, III 6; tuoilla II 15, III 8, XI 44, XVI 9; orguoilla II 18, III 3, XI 20; despouilla II 24, XVI 37; janguoilla II 27; vuoilla II 33, XVI 16 e 23; acuoilla II 36 e 51; muoilla II 42; duoilla II 45, XI 36, XVI 30; capduoilla II 54 e 56; destuoilla II 55; euoilla XI 12 e 28.

[u]oills (largo).

fuoills VIII 1, IX 4; huoills VIII 10, IX 21; acuoills VIII 19; escuoills VIII 28, IX 89; orguoills VII 37, IX 72; capduoills VIII 46, IX 55; desacuoills IX 38.

[u]ois (largo).

puois XV 5; puois (s.) XV 12; duois XV 19; engrois XV 26; jois XV 33; enuois XV 40 e 43.

ol (largo).

sol VI 2; dol VI 3; destol VI 9; tol VI 10 e 31, VII 58; fol VI 16, VII 3; vol VI 17 e 23, VII 14; mol VI 24; afol VI 30, VII 36; dol (vb.) VII 25; col (s.) VII 47.

ola (stretto).

gola VIII 3; fola VIII 12; meola VIII 21; cola VIII 30; pistola VIII 39; sola VIII 48.

ola (largo).

escola XVI 5; viola XVI 12; afola XVI 19; cola XVI 26; vola XVI 33; acola XVI 40; sola XVI 43.

oli (largo).

doli X 2; coli X 9; oli X 16; toli X 23; Apostoli X 30; destoli X 37.

om (stretto).

som XVII 5; plom XVII 13; tom XVII 21; nom XVII 29; som (= 'somnus') XVII 37; com XVII 45.

oma (stretto).

poma (vb.) IV 4; asoma IV 12, IX 17; coma IV 20, IX 34; Roma IV 28, IX 102; Doma IV 36, IX 85; groma IV 44; goma IX 51; poma (s.) IX 68; soma IX 109.

omba (stretto).

comba IV 2 e 42, XVII 20; tomba (vb.) IV 10, XVII 4 e 44; retomba IV 18, XVII 36; plomba IV 26; colomba IV 34, XVI 28; tomba (s.) XVII 12.

o[n] (stretto).

razon VI 1; chanson VI 4; perdon VI 8; lairon VI 11; non VI 15; Guascon VI 18; bon VI 22; don VI 25; companhon VI 29; son ('suum') VI 32.

onc (stretto).

adonc XI 6; tronc XI 14; embronc XI 22; lonc XI 30; somonc XI 38; jonc XI 46.

or (stretto).

color II 4; flor II 5; valor II 14, III 34; amador II 19; seignor II 20; aussor II 21; aillor II 28, III 36; ador II 29; paor II 30, III 37; plor II 42; doussor II 43; trichador II 52; bauzador II 53; cor (vb.) II 56; honor II 57; gensor III 39.

orda (largo).

acorda VIII 9; corda VIII 18; desacorda VIII 27; morda VIII 36; recorda VIII 45; comorda VIII 54 e 57.

orna (stretto).

sojorna V 7, VII 15; atorna V 14; ajorna V 21, VII 26; trastorna V 28 e 42, VII 59; morna V 35, VII 48; adorna VI 45; torna VII 4; adorna (agg.) VII 37.

ors (stretto).

amors V 5, VII 2, XIII 6; aillors V 12; VII 24, XIII 27; socors V 19, VII 57; lauzenjadors V 26; valors V 33, XIII 20; amadors V 40; cors V 43, XIII 41; paors VII 13; dolors VII 35; sors VII 46; parcedors XIII 13; sabors XIII 34; ricors XIII 44.

ors (largo).

estors XV 4; tors XV 11; demors XV 18; fors XV 25; comors XV 32; tresors XV 39.

ort (largo).

acort I 28; Durfort I 29; tort I 20, VI 6; deport I 31, VI 27; contrafort I 32; mort (prtc.) I 33; ort I 34; desconort I 35; estort I 36; cofort VI 13; mort (s.) VI 20; cort (?) VI 34.

ortz (stretto).

sortz XV 1; sortz (vb.) XV 8; cortz XV 15; cortz (agg.) XV 22; bortz (agg.) XV 29; bortz (s.) XV 36

ortz (largo).

esfortz IX 11; deportz IX 28; fortz IX 45; mortz IX 62; tortz IX 79; portz IX 96; acortz IX 103.

os (stretto).

joios III 50; faisos III 52; razos III 53; pros III 55; chansos III 58; fos III 59.

otz (stretto).

motz XV 6 e 44; totz XV 13; rotz XV 20; dotz XV 27; glotz XV 34; votz XV 41.

ou (largo).

mou X 6, XIV 20; plou X 13, XIV 36; nou X 20, XIV 44; renou X 27; annou X 34, XIV 28; ou X 41, XIV 12; bou X 44, XIV 4.

outas (largo).

voutas XII 2; destoutas XII 10; coutas XII 18; assoutas XII 26; envoutas XII 34; toutas XII 42; esmoutas XII 50.

ues.

astrues XIV 6; clues XIV 14; fadues XIV 22; dues XIV 30; sues XIV 38; eues XIV 46.

ug.

frug V 1; brug V 3; condug V 8; trahug V 10; estug V 15; esdug V 17; fug V 22; adug V 24; tug V 29; desdug V 31; forsdug V 36; destrug V 38.

us.

cadahus VIII 5; us VIII 6; sus VIII 14; mus VIII 15; us (= 'unos') VIII 23; clus VIII 24; jus VIII 22; enfrus VIII 33; plus VIII 41; Ihesus VIII 42; brus VIII 50; estrus VIII 52.

utz.

becutz I 10; agutz I 11; pelutz I 12; essutz I 10; palutz I 14; glutz I 15; rendutz I 16, IX 59; drutz I 17, IX 42; condutz (ptc.) I 18; brancutz IX 2; mutz IX 8; lutz IX 19; esdutz 25; vengutz IX 36; trahutz IX 53; volgutz IX 70; brutz IX 76; condutz (s.) IX 87; mantengutz IX 93.

Glossario.

[Sono registrate qui soltanto le parole: a) che non s' incontrano se non in A. Daniel, e stanno in carattere grasso; b) che nel nostro autore mostrano un significato non constatato negli altri, e stanno in carattere corsivo spazieggiato; c) quelle che hanno dato occasione a speciali osservazioni nelle note, e stanno in carattere tondo comune. Dei verbi si cita l' infinito, quando esso sia ben sicuro, ma le forme insolite si dànno nella loro realtà; i sostantivi si segnano nella forma del nominativo singolare; gli aggettivi nella loro forma maschile o femminile, spoglia di flessione. I nomi di persona e di luogo, che ci parve opportuno di notare, hanno l' iniziale majuscola e stanno nel carattere che loro spetta secondo che sono solo in Arnaldo od altro].

absems VIII 43.
acampar XII 48.
afiular XI 37.
t' afranchas (da afranher?) XVI 22.
agre XI 24.
s' agre (?) XI 16.
Agre[mont] XI 50.
ai (= a + i) IX 76.
aigonenc-s IX 24.
ajornar V 21; VII 26.
amara IX 1.
amis III 42.
anel-s (?) IX 97.
annou-s X 34; XIV 28.
anoau-s XIII 37.
s' apilar IV 37.
asomar IX 17.
Atalanta XI 32.
s' atornar V 14.
s' atropelar V 23.
Audierna X 42.
aurai (= aura + i?) XVIII 5.
auzel-s (?) XI 24.
auzil IV 21.

Bar VI 19.
blanc XVII 37.
blander-s XIII 14.
bort-z XV 36.
bortz XV 29.
brancha XVI 1.
brejar IX 65.
brus (?) VIII 50.
bruzina (?) XI 2.
buerna XVI 41.

cambra XVIII 6.
canec I 3.
car XIII 30; XVII 19; II 58.
chaptener I 2.
causit XII 25.
cluc XIV 14.
cobra XII 55.
colar XVI 26.

Correzioni ed Aggiunte.

Pag. 3. — Anche il Clédat, Du rôle hist., 65, crede che la *Mielz de ben* di B. de Born sia donna Guiscarda viscontessa di Comborn. Giova poi ricordare che una severa *Na miei'ls de ben* è cantata anche da Gaucelm Faidit, Arch. 33, 454[a].

Pag. 7. — Porta-joja. "Je retrouve le même nom, porté par un jongleur, à ce qu'il paraît, dans une pièce inédite de Amaneu (et non Ameus) de la Broqueira: Quan reverdeion." Chab.

Pag. 17. — Anche nella canzone IV si hanno, secondo la grafia da noi adottata, degli sdruccioli in rima; ma non tutti questi, come quelli della XI, hanno una base sicuramente sdrucciola nel latino. Si avverta poi che noi parliamo di sdruccioli all' italiana, poichè nel provenzale sono bissillabi tanto *hiure liure* quanto *piula niula.*

Pag. 21—22. — Debbo alla cortesia di G. Paris la conoscenza e il possesso d' un curioso libretto del Comte de Gramont: Sextines précédées de l'Histoire de la sextine dans les langues dérivées du latin, Paris, A. Lemerre, 1872; e ne trascrivo il seguente periodo. "En réalité la sextine n'est autre chose qu'une rêverie, où les mêmes idées, les mêmes objets se présentent à l'esprit sous des aspects successivement différents, mais qui conservent des uns aux autres une certaine ressemblance, ondoyant et se transformant comme les nuages de l'air, commes les flots de la mer, comme les flammes d'un foyer." (p. 33—4).

Pag. 28. — Tra i mss. posseduti già dal conestabile Lesdiguières è ricordato anche un *Livre de Fantaumerie.* Avrà esso avuto qualche rapporto colle *Phantaumarias* del Nostradamus? Ciò par probabile allo Chabaneau, v. Revue des ll. rr., 1882, maggio, p. 212.

Pag. 38, 18. — Cancella il nome di ***Marcabruno.*** Vedi Romania, VI 119—29.

Pag. 42. — Lo Chabaneau mi comunica una specie di sestina inedita di Pons Fabre d' Uzes, la quale sta in C 382 r. È in versi ottonari ossitoni; e le parole in rima vi cangiano spesso di significato diventando cosi semplici rime equivoche. L'ordine arnaldesco nella successione delle parole-rime è osservato solo nella seconda stanza. Anche il commiato è irregolare, poichè non contiene che cinque delle sei parole.

Allo stesso Chab. debbo l'indicazione, che l'autore della Flamenca, vv. 1714—18, par ricordi il Daniello: Chansons e lais, descorts e vers, Serventes et autres cantars Sapia plus que nuls joglars, Nèis Daniel que saup granren Nos pogr' ab lui penre per ren. V. la nota del Meyer, pag. 366.

Pag. 58, l. 19. — Dopo 'commentatore' aggiungi 'del Purgatorio'. E sarebbe anche a tener conto della Nidobeatina.

Pag. 59, 8. — Il 1425 è la data che, secondo il Quadrio, portava il codice ambrosiano; ma non è provato che sia pur quella della *Leandrheride*. Vedi R. Renier, nell'Archivio storico per Trieste, l'Istria ed il Trentino, I 315 (Roma, 1882), dove questa composizione è attribuita agli ultimi anni del secolo XIV.

Pag. 63, n. 3. — Da un lettera del Monaci (6 maggio 1882) stralciamo quanto segue: "Il Colocci aveva incaricato Pietro Summonte di procurargli una traduzione delle rime di Folchetto fatta dal Cariteo, e dal Colocci veduta tempo innanzi. Il Summonte non riuscì a ritrovare quel quaderno tra le carte del Cariteo già morto [prima del 1515, cfr. Tiraboschi, Lett. ital., VI 1138; Venezia, 1823], ma si rivolse al nipote del Cariteo medesimo, anch' esso istruito in provenzale *et con molta instantia lo ho indutto ad farmi questa gratia, di tradur lo Folchetto et anco lo Arnaldo Daniello.* Chiude il Summonte la sua lettera al Colocci, dicendogli: *la traductione . . . la ho fatta far ad mio modo . . . quale vi mando con la presente, che son tre quaderni in quarto di foglio, et sono in tutto carte XXX.* Siffatta descrizione corrisponde esattamente al Vatic. 4796, e poichè il Casassagia dice nella sua lettera d'aver fatta la traduzione secondo le istruzioni del Summonte, resta chiaro che qui abbiamo nè più nè meno che il ms. a cui accennava il Summonte nella sua lettera al Colocci data il 20 luglio 1515." [Cfr. Il canz. portog., ed. Monaci, p. IX.] — Occorre appena ricordare che il Cariteo era oriundo di Barcellona, con che si spiega la dimestichezza di lui e di suo nipote col provenzale. E le versioni del Cariteo sembrano anche spiegare come l'amico di lui Sannazaro fosse il primo tra i rinnovatori italiani della sestina.

Pag. 70. — Altri autori di sestine e rinnovatori di questa forma poetica ricorda il Blanc, Gram. der ital. Sprache, p. 765. Ne rileviamo i nomi di J. Sannazaro e di L. Groto, e quello di A. Torti che scrisse una sestina sestuplice (di 36 stanze), parafrasando il salmo sessantanovesimo. Il conte De Gramont poi, nel citato suo libretto, ricorda sestine spagnole dell'Herrera (sec. XVI) e di Francisco de Rioja (sec. XVII), oltre quella che il Cervantes pose nel primo libro della Galatea. Tra i portoghesi autori di sestine egli cita il Camões e Giorgio de Montemayor [ma quelle che stanno nella *Diana*, e che sole noi conosciamo, sono in castigliano; e forse il De Gramont confonde la patria colla lingua del Montemayor].

Egli ne indica anche una francese del secolo XVI. dovuta a Pontus de Thyard, uno della pleiade.

Pag. 72. — Il MS. it. cl. X, cod. 82 della Marciana (Miscellanea dello Zeno) reca a p. 163—4 un indice di nomi degli uomini illustri volgari, "le vite de' quali M. A. Nicoletti ha scritte". E tra questi nomi è pur quello di A. Daniello. (Jahrb. VIII 214—5). Ma non ci fu dato di trovare quest' opera del Nicoletti nè a Venezia, nè a Cividale, nè a Udine [L. Biadene].

Pag. 200, nota al v. 14. — Il Biadene mi ricorda che nei nostri antichi rimatori (v. Carducci, Intorno ad alcune poesie ecc., p 74; D'Ancona, Rime antiche, I 92; ecc.) *cielata*, o anche *cellata*, pare stia logicamente più vicino a *cella* che non a *celare*; e se ne avrebbe conforto alla nostra ipotesi che pur il *cèla* di Arnaldo risalga a **cellat* anzichè a *celat*.

Pag. 217, nota al v. 5 (letz); p. 218, n. al v. 22 (pretz); p. 220, n. al v. 56 (quetz); p. 221, n. al v. 73 (etz); p. 222, n. al v. 90 (pretz). — Abbiamo errato nel dir stretto l' *e* delle voci qui esaminate; e causa dell' errore fu l' aver prestato troppa fede all' attestazione del Faidit rispetto all' *e* di *quetz* che vedevamo sicuramente stretto anche nel luogo da noi citato di R. de Vaq., in MG 1078. Questa falsa persuasione ci condusse anche a non credere fondata l' asserzione del Thomas, ricordata e confortata di nuovi argomenti dal Meyer, Romania VIII 158 e 471: che, cioè, avessero, contro l' etimologia, un' *e* larga tutti gli *-etz* (o *-es*) della 2ª plurale del presente indicativo, mentre stretto è l' *-etz* del futuro e del presente soggiuntivo. Un articolo del Neumann, nel *Literaturblatt* III 469 n., ci fece meglio esaminar la questione e accorti del nostro errore. Le rime in *-etz* della canzone IX sono adunque da dire larghe, come già abbiamo avvertito nel Rimario; e l' incertezza dell' *e* in *quetz* benissimo resterà spiegata col riscontro dell' it. *chèto*, che è la forma popolare della parola, daccanto a *quièto* e *quèto*, che sono la forma letteraria e semiletteraria del latino *quietus*. — Vogliamo poi anche avvertire che la legge scoperta dal Thomas e confermata dal Meyer era già abbastanza chiaramente accennata dal Rimario antico (Stengel, 50), ove è detto che in *etz estreit* vanno "totas las segondas personas del plural del presen del coniunctiu delz verbes de la prima coniugazo"; con che si veniva implicitamente ad affermar larghi tutti gli altri. Restava a determinare e a dichiarare l' eccezione dell' *etz* nei futuri.

Pag. 221—2, nota al v. 87. — Crede il Biadene che *condotto* nel luogo di Guittone da noi citato dica sempre (in senso metaforico) 'vivanda', come nella canz. V, st. I dello stesso autore. E così spiegano la parola i nostri lessici e così la spiegava il Nannucci. Nell' interpretarla con "una specie di canzone" noi ci siamo fondati non tanto sulle analogie basso-latine, francesi e, pare, anche provenzali, quanto su ciò ch' è detto nella seconda stanza della canzone stessa, dove è affermato che il da Leona aveva poetato "In piana ed in sottil rima ed in chiara", e anzi "in modi tutti", e che sapeva il francese e il provenzale meglio dell' aretino.

Pag. 226, nota ai vv. 27—8. — Il Gloss. ha: *renieu* = usure, intérêt; e *renou* = reniement, usure. Di qui abbiamo noi male arguito l'esistenza d'un *renieu* da *renegare*, che non è punto attestato e neppure molto probabile. Pare poi sicuro, come abbiamo avvertito, che il Rochegude si sia ingannato nell'attribuire a *renou* anche il valore di 'reniement', che a noi parve poter meglio convenire a *renieu*. *Renieu*, come avvertono le Leys II 208 (e me lo ricorda il Biadene), e come afferma il Lex. 4, 339b, è un allotropo di *renou*; ed era forma probabilmente francese o franceseggiante, che perciò le Leis, l. c., riprovano.

Pag. 230. — Il v. 18 è citato dal Lex. 2, 70b.

Pag. 262, nota al v. 9. — S ha qui *entra* invece di *intra*; e se ne potrebbe trarre qualche conforto alla proposta del Böhmer (Ueber Dante's Schrift d. v. e., p. 33 n.) di accogliere nel testo questo *entra* ottenendo così una perfetta assonanza con *verga*, vedi l'Introd. a p. 21.

Pag. 265, 4—6. — Lo Chabaneau mi avverte ch'io non ho qui bene espresso il suo pensiero. Dovevo dire, che nella lezione di C, da me adottata e difesa, non solo le tre rime del commiato ripetono nello stesso ordine, e ciò secondo la regola generale, le rime 4, 5 e 6 dell' ultima stanza, ma che anche le tre rime interne del commiato ripetono ordinatamente le rime 1, 2 e 3 della stessa ultima stanza. E questa norma è osservata anche nella sestina di B. Zorzi.

Citazioni abbreviate.

Archiv = Archiv für das Studium der neueren Sprachen, ed. Herrig.

Barbieri, ovvero Barbieri, Poes. rim. = Barbieri, Dell' origine della poesia rimata.

Chab, ovvero Chabaneau = Chabaneau, Grammaire limousine. [Dove non c' è indicazione di pagina, si tratta di osservazioni fornitemi dallo Chabaneau per lettera.]

Chrest. = K. Bartsch, Chrestomathie provençale. Quatrième édition.

Crescimbeni = Crescimbeni, L' Istoria della volgar poesia . . . pubblicata unitamente ai Comentarii; Venezia, 1731.

Diez = Diez, Etymologisches Wörterbuch der romanischen Sprachen. Dritte Ausgabe.

Diez, Gram. = Diez, Grammaire de langues romanes.

Diez, L. u. W. = Diez, Leben und Werke der Troubadours.

Diez, Poesie = Diez, Die Poesie der Troubadours.

Galvani, Oss. = Galvani, Osservazioni sulla poesia dei trovatori.

Galvani, Riv. = Rivista filologico-letteraria.

Glossaire = Essai d'un glossaire occitanien.

Groeber, Liedersamml. = Groeber, Die Liedersammlungen der Troubadours. Nelle Romanische Studien, ed. Böhmer, Heft IX.

Jahrb. = Jahrbuch für romanische und englische Literatur.

Lex. = Raynouard, Lexique roman.

Milà = Milà y Fontanals, De los trobadores en España.

MB = Mahn, Die Biographien der Troubadours. Zweite Auflage.

MG = Mahn, Gedichte der Troubadours.

MW = Mahn, Die Werke der Troubadours.

Parn. occit. = Le parnasse occitanien.

Petrarca. = Le citazioni fatte con una cifra si riferiscono all' edizione di Milano 1875 nella Biblioteca classica economica del Sonzogno.

Choix = Raynouard, Choix des poésies originales des troubadours.

Stengel, ovvero Steng. = Die beiden ältesten provenzalischen Grammatiken, ed. E. Stengel.

Stimming, ovvero Stimming, B. de Born = Bertran de Born, Sein Leben und seine Werke, ed. A. Stimming.

Le sigle dei codici sono, con poche aggiunte, quelle del Bartsch, e si dichiarano più innanzi a p. 83—4.

Errori di stampa.

Pag. 1, lin. 14 leggi: avventura. — 2, 3 dal basso: Raynouard. — 5, 4 avventura. — 5, 3 dal basso: *o se non.* — 7, 13 prosegue. — 13, 29 d'Arnaldo. — 14, 18 le allusioni. — 17, 14 Orange. — 18, 1 osservarne. — 19, 15—6 mono-assonanti. — 19, 2 dal basso: 173. — 20, 4: I, 164. — 24, 29 Orange. — 25, 2 scuola. — 28, 27 Pradas. — 28, 34 significare. — 33, 5 argomenti. — 33, 7 sostenitore. — 34, 12 pourtant. — 34, 20 un' at. — 43, 5 'compar'. — 44, 8 Alighieri. — 44, 2 dal basso: 1283 e il 1287. — 46, 7 dal basso: la. — 47, 11 cancella: alla. — 48, 6 arnaldesca. — 48, 25 Cosicchè. — 48, 1 dal basso: s' informa. — 59, 8: 1425. — 60, 3 dalla. — 65, 28 senza. — 69, 1 dal basso: Gramont-français. — 70, 8 ecc. — 70, 27 che più. — 71, 9 salita. — 71. 33 Documenti. — 72, 4 nel 1710. — 75, 7 attribuisce. — 75, 26 *filologico.* — 77, 3 dal basso: presidente. — 78, 9 che. — 78, 23 classazione. — 83, 8 C (parigino. — 85, 8 dal basso: con invece di un. — 87, 11 dal basso: ecc. — 91, 12 dinanzi. — 92, 13 di sp. — 113, 30 comtar. — 114, 16 miei. — 116, 6 qu'. — 137, 4 ambedue. — 144, 1 IKN². — 186, 2 dal basso: potrebbe. — 187, 16 al 1173. — 188, 24 del v. 3. — 190, 6 essere il. — 190, 39 C'est ce. — 197, 31 dall' int. — 198, 8 delle. — 199, 17 le. — 199, 18 auxquelles. — 201, 2 soddisfacente. — 205, 1 dal basso: du g. — 208, 5 dal basso: suis. — 209, 25 Aimeric. — 210, 11 tramezza. — 216, 16 Raynouard. — 218, 8 dal basso: più d'una. — 219, 5—6 essere. — 223, 18 pourrait-il. — 224, 18 tramezzano. — 224, 26 abbiano. — 224, 2 dal basso: tuttavia. — 227, 21 Certo par. — 227, 31 Catalogna. — 228, 18 che vien. — 231, 39 pays de la. — 235, 17 cortesia. — 236, 5 D'Ovidio. — 236, 25 *rassembler.* — 240, 20 Raynouard. — 240, 38 par simple. — 244, 9 *clugal.* — 247, 4 intendevano. — 250, 19 richiederebbe. — 251, 33 senonchè. — 254, 7 dal basso: Europa. — 255, 32 qui est dans *c.* — 255, 9 dal basso: vol. 49. — 256, 1 apportandovi. — 257, 38 eu fui. — 259, 40 dover. — 260, 17 maggioranza. — 263, 8 dal basso: MDCCXCV.

HALLE A. S. TYP. D' EHRH. KARRAS.

Beschnidt, E., Die Biographie des Trobadors Guillem de Capestaing u. ihr histor. Werth. 1879. 8. — ℳ 1.

Bibliotheca Normannica. Denkmäle[illegible] Literatur und Sprache herausgegeben von Hermann S[illegible]

Theil I. **Reimpredigt,** hrsgg. v[illegible] 1879. 8. ℳ 4,50.

Theil II. **Der Judenknabe.** 5 g[illegible] nische und 8 französische Texte. Herausge[illegible] Wolter. 1879. 8. ℳ 4.

Birch-Hirschfeld, A., Ueber die den provenzalischen Troubadours des XII. und XIII. Jahrh. bekannten epischen Stoffe. Ein Beitrag z. Literaturgesch. d. Mittelalters. 1878. 8. ℳ 2,40.

Bischoff, Fr., Der Conjunctiv bei Chrestien. 1881. gr. 8. ℳ 3,60.

Der Münchener Brut, Gottfried von Monmouth in französischen Versen des zwölften Jahrhunderts aus der einzigen Münchener Handschrift zum ersten Mal herausgegeben von Konrad Hofmann und Karl Vollmöller. 1876. 8. ℳ 5.

Il Canzoniere Chigiano. L. VIII. 305. pubblicato a cura di M. Molteni e E. Monaci. 1878. 8. ℳ 12.

Li Chevaliers as deus espées. Altfranzös. Abenteuerroman zum ersten Mal herausgeg. von W. Förster. 1877. 8. ℳ 15.

Coleccion de enigmas y adivinanzas en forma de diccionario por Demófilo. 1880. kl. 8. ℳ 3.

— de cantes flamencos recojidos y anotados por Demófilo. 1881. kl. 8. ℳ 1,00.

Communicazioni dalle Biblioteche di Roma e da altre Biblioteche per lo studio delle lingue e delle letterature romanze a cura di E. Monaci. vol. I. II. 1875—80. 4. ℳ 65.

— vol. I. **Il Canzoniere Portoghese** della Biblioteca Vaticana messo a stampa da E. Monaci. Con una perfazione con facsimili e con altre illustrazioni. 1875. 4. ℳ 45.

— vol. II. **Il Canzoniere Portoghese Colocci-Brancuti** pubblicato nelle parti che completano il Codici Vaticano 4803 da E. Molteni. 1880. 4. con un facsimile. ℳ 20.

Denkmäler der provenzalischen Litteratur hrsg. von Prof. Dr. H. Suchier. Bd. I. 1882. gr. 8°. ℳ 20.

Li Dialoge Gregoire lo Pape. Altfranzösische Uebersetzung des XII. Jahrhunderts der Dialoge des Papstes Gregor, mit dem lateinischen Original, einem Anhang: Sermo de Sapientia und Moralium in Job fragmenta, einer grammatischen Einleitung, erklärenden Anmerkk. und einem Glossar. Zum ersten Male herausgeg. von W. Förster. Bd. I: Text. 1876. 8. ℳ 10.

Graf, A., I Complementi della Chanson d'Huon de Bordeaux, testi francesi inediti tratti da un codice della Biblioteca Nazionale di Torino. I. Auberon. 1878. 4. ℳ 4.

Hentschke, G., Die Verbalflexion in der Oxf. Hs. des Girart de Rosillon. 1882. 8. ℳ 1,60.

Joufrois. Altfranzösisches Rittergedicht zum ersten Male herausgegeben von K. Hofmann und Fr. Muncker. 1880. gr. 8. ℳ 3,60.

Körting, G., Dictys und Dares. Ein Beitrag zur Geschichte der Troja-Sage in ihrem Uebergange aus der antiken in die romantische Form. 1874. 8. ℳ 2,80.

Leopardi, Giacomo, Opere inedite pubblicate sugli Autografi Recanatesi da Giuseppe Cugnoni. 2. voll. 1878/79. 8. ℳ 22.

Manuel, Don Juan, El libro de la Caza. Zum ersten Male herausgegeben von G. Baist. 1880. 8. ℳ 6.

Mariengebete. Französisch, Portugiesisch, Provenzalisch, herausgegeben von H. Suchier. 1877. 8. ℳ 1,60.

Meister, J. H., Die Flexion im Oxforder Psalter. Grammatikalische Untersuchung. 1877. 8. ℳ 3,60.

Napolski, Dr. Max von, Leben und Werke des Trobadors Ponz de Capduoill. 1880. 8. ℳ 4.

Philippson, E., der Mönch von Montaudon. Ein provenzalischer Troubadour. Sein Leben und seine Gedichte, bearbeitet und erklärt mit Benutzung unedirter Texte aus den Vaticanischen Handschriften Nr. 3206, 3207, 3208 u. 5232, sowie der estensischen Handschrift in Modena. 1873. kl. 8. geh. ℳ 2,50.

Poema del Cid. Nach der einzigen Madrider Handschrift mit Anmerkungen und Glossar neu herausgegeben von Prof. Dr. K. Vollmöller. Theil I: Text. 1879. gr. 8. ℳ 2,80.

Rambeau, A., Ueber die als echt nachweisbaren Assonanzen des Oxforder Textes der Chanson de Roland. Ein Beitrag zur Kenntniss des altfranzösischen Vocalismus. 1878. 8. ℳ 6.

Reinsch, R., Die Pseudo-Evangelien von Jesu und Maria's Kindheit in der romanischen und germanischen Literatur. Mit Mittheilungen aus Pariser und Londoner Handschriften versehen. 1879. 8. ℳ 3,60.

Rencesval. Edition critique du texte d'Oxford de la Chanson de Roland par Ed. Böhmer. 1872. 16. ℳ 1,60.

Riese, Jul., Recherches sur l'usage syntaxique de Froissart. 1880. 8. ℳ 2.

Schuchardt, H., Ritornell und Terzine. 1875. 4. ℳ 8.

Stengel, Ed., Mittheilungen aus französischen Handschriften der Turiner Universitäts-Bibliothek, bereichert durch Auszüge aus Handschriften anderer Bibliotheken, besonders der Nationalbibliothek zu Paris. 1873. 4. ℳ 2,50.

Stimming, Prof. Dr. A., Bertran de Born, sein Leben und seine Werke, mit Anmerkungen und Glossar. 1879. 8. ℳ 10.

Suchier, Prof. Dr. H., Ueber die Matthaeus Paris zugeschriebene Vie de Seint Auban. 1876. 8. ℳ 2.

Thibaut, Messire, Li Romanz de la Poire. Erotisch-allegorisches Gedicht aus dem XIII. Jahrhundert. Nach den Handschriften der Bibl. Nat. zu Paris zum ersten Male herausgegeben von Fr. Stehlich. 1881. 8. ℳ 4,00.

Trautmann, M., Bildung und Gebrauch der tempora und modi in der Chanson de Roland. I. Die Bildung der tempora und modi. 1871. kl. 8. ℳ 1.

Tuim, Jehan de, Li Hystore de Julius Cesar. Eine altfranzösische Erzählung in Prosa. Zum ersten Male herausgegeben von F. Settegast. 1881. 8 ℳ 9,00.

Ulrich, J., Die formelle Entwicklung des Participium Praeteriti in den Romanischen Sprachen. 1879. 8. ℳ 0,80.

— Rhätoromanische Chrestomathie. Texte, Anmerkungen, Glossar. 2 Theile. 1882—83. 8. ℳ 11.

Vietor, W., Die Handschriften der Geste des Lohérains. Mit Texten und Varianten. 1878. 8. ℳ 4.

Lightning Source UK Ltd.
Milton Keynes UK
UKHW030644070223
416609UK00013B/2932

9 781272 949785